Religion spielen und erzählen

Kinder begleiten in Schule und Gemeinde

Herausgegeben von
Wolfgang Gerts, Ingrid Ryssel, Gunnar Urbach, Gerhard Vicktor und Doris Westheuser
im Auftrag des Redaktionsbeirates der Kindergottesdienst-Zeitung »Meine Welt«

Graphische Gestaltung: Doris Westheuser

Dem Redaktionsbeirat gehören außer den Herausgebern an:
Annette Kinder, Wolfgang-Jürgen Stark, Dietrich Steinwede und Klaus Stolzmann

Gütersloher Verlagshaus Gerd Mohn

Die Deutsche Bibliothek - CIP-Einheitsaufnahme

Religion - spielen und erzählen:
Kinder begleiten in Schule und Gemeinde / hrsg. von Wolfgang Gerts ...
im Auftr. des Redaktionsbeirates der Kindergottesdienst-Zeitung »Meine Welt«.
Graph. Gestaltung: Doris Westheuser. -
Gütersloh: Gütersloher Verl.-Haus Mohn, 1992
ISBN 3-579-02194-X
NE: Gerts, Wolfgang [Hrsg.]; Westheuser, Doris [Ill.]

ISBN 3-579-02194-X

Umschlaggestaltung: Doris Westheuser, Versmold, unter Verwendung von 4 Fotos
von © PRESSEFOTO MICHAEL SEIFERT, Hannover
Satz und Reproduktionen: Götz, Gütersloh
Die Geschichten und die kreativen Bausteine sind Übernahmen
aus der Kindergottesdienst-Zeitung »Meine Welt«.
Druck und Bindung: PPK - Partner für Print und Kommunikation GmbH, Bielefeld
Printed in Germany

Was will dieses Buch?

100 Geschichten sowie etwa 120 kreative Bausteine möchten Kinder bis zum 12. Lebensjahr anregen, sich auf den christlichen Glauben einzulassen. Zu ein und demselben Thema oder Problem werden entweder über ein Spiel, eine Bastelarbeit, ein Rätsel oder über eine Geschichte Zugänge eröffnet. Alle Erzählungen und kreativen Vorschläge stehen auf dem Hintergrund eines biblischen Textes. Je nach Lernsituation kann der biblische Bezug mehr oder weniger in den Vordergrund treten.

Die Angebote des Buches richten sich deshalb sowohl an Kinder mit weniger als auch an die mit mehr religiöser Erfahrung und Kenntnis. Die Entscheidung über die Intensität der religiösen Dimension, mit der den Kindern begegnet werden soll, kann individuell von den Benutzern des Buches bestimmt werden.

Die Verbindung von spielerisch-kreativen Elementen mit erzählerischen Texten macht ernst damit, daß Kinder nicht nur über den Sinn des Hörens verfügen; sie tasten, riechen, möchten Rätselhaftes selbst entschlüsseln, sie singen gerne und wollen sich vor allem bewegen.

Was soll erreicht werden?

Das Buch spricht, wie gesagt, alle Sinne der Kinder an. Entsprechend breit ist das Spektrum der verschiedenen Lebensalter der Kinder, die durch die kreativen Bausteine und die Geschichten zum Zuhören und Mitmachen motiviert werden können.

Für die Schülerinnen und Schüler des Religionsunterrichts in Grund- und Hauptschule ist das Buch eine Fundgrube. Ebenso finden ErzieherInnen sowie Mitarbeiterinnen und Mitarbeiter des Kindergottesdienstes für die Kinder im Kindergarten und in der Gemeinde methodische Anregungen wie in einem Nachschlagewerk. Deshalb gehört das Buch in die Handbibliotheken der Kindergärten, Kirchengemeinden und Schulen.

»Religion - spielen und erzählen« ist ein didaktisches Fachbuch, das zu biblischen Texten und zu Themen unserer Zeit verschiedene Methoden, eine große Bandbreite von Inhalten sowie fix und fertig verwendbare Arbeitsblätter als Kopiervorlagen zur Verfügung stellt. Die Vorbereitung für alle in der Religionspädagogik praktisch Arbeitenden wird spürbar erleichtert und bekommt erfrischend neue Impulse.

Im August 1992 *Die Herausgeber*

Eine Hilfe zur Benutzung dieses Buches

Sie arbeiten im Kindergottesdienst.
Oder Sie bereiten sich auf den Religionsunterricht vor.
Dabei hat jeder seine eigene Methode.

Das Neuartige dieses Bandes liegt darin, daß er sowohl eine schnelle Vorbereitung erlaubt, als auch verschiedene Ansätze zuläßt. Er soll Ihnen ermöglichen, bei Ihrer eigenen Methode der Vorbereitung zu bleiben und dennoch auf das Nachschlagen in einer mittleren Bibliothek zu verzichten.

Bitte überprüfen Sie, welches der folgenden drei Beispiele Ihrer Art, eine Gruppen/-Schulstunde vorzubereiten, entspricht:

1. Sie beginnen bei einem **Thema**. Dazu suchen Sie zuerst eine geeignete **Erzählung**.

2. Sie beginnen bei einem **Thema**. Dazu suchen Sie zunächst ein **Spiel** oder eine Arbeitsvorlage, um die Kinder mit dem Thema vertraut zu machen.

3. Sie orientieren sich an einer **biblischen Geschichte** und möchten sie erzählerisch in die Welt der Kinder unsetzen und kreativ entfalten.

Für jedes dieser Vorhaben finden Sie folgende Bestandteile in diesem Buch:

- eine Zusammenstellung von Texten;
- eine Zusammenstellung von kreativen Entfaltungen, Arbeitsaufgaben und Spielen;
- eine Zusammenstellung von Registern: Bibelstellenregister, Stichwortregister und ein Methodenregister. Wenn Sie sich für einen dieser drei Zugangswege entschieden haben, können Sie nach einem der drei folgenden Beispiele vorgehen:

1. Sie beginnen bei einem Thema. Dazu suchen Sie einen geeigneten Text.

Der Textteil ist nach Stichwörtern gegliedert. Wenn Sie dort nicht den geeigneten Einstieg finden, können Sie im **Stichwortregister** weitere Texte zu Ihrem Thema finden. Die fettgedruckten Zahlen geben den Schwerpunkt des Beitrages an, den die Herausgeber gesetzt haben.

Für eine kreative Entfaltung benutzen Sie anschließend den kreativen Teil. Auch hier können Sie mit Hilfe des Stichwortregisters beliebig erweitern.

Bei jedem Text und bei jedem kreativen Teil finden Sie weitere Hinweise.

Zum Beispiel erfahren Sie einen Bibeltext, der sich im Rahmen Ihres Themas einbringen läßt. Darüber hinaus: weitere Stichwörter, unter denen sich nachzuschlagen lohnt - bei Texten Querverweise auf kreative Anregungen und umgekehrt - und immer einen methodisch-didaktischen Hinweis, der weitere Ideen zum Umgang mit dem Thema birgt.

2. Sie beginnen bei einem Thema. Dazu suchen Sie einen kreativen Einstieg.

Der kreative Teil ist nach Stichwörtern gegliedert. Wenn Sie nicht den geeigneten Einstieg finden, können Sie im **Stichwortregister** weitere Anregungen zu Ihrem Thema finden.

Für eine Vertiefung durch Texte benutzen Sie anschließend den Textteil. Auch hier können Sie mit Hilfe des Stichwortregisters beliebig erweitern.

Weitere Hinweise finden Sie bei jedem kreativen Teil und bei jedem Text. Sie erfahren zum Beispiel auch Bibeltexte, die sich in Ihr Thema einbringen lassen.

3. Sie orientieren sich zunächst im Bibelstellenregister.

Es sind mehr Bibelstellen vorhanden, als Sie zunächst annehmen. Die Evangelien enthalten parallele Erzählungen, Worte und Gleichnisse. Mit Hilfe einer Konkordanz verschaffen Sie sich eine Übersicht, ob Ihre gesuchte Bibelstelle, falls Sie sie nicht sofort finden, über einen »Paralleltext« zu erreichen ist. Wir gehen davon aus, daß Sie nun Erzählungen aus der Welt der Kinder oder entsprechende Spiele und kreative Entfaltungen suchen, die mithelfen, den Bibeltext in die Erfahrungswelt der Kinder zu übertragen.

Dazu helfen Ihnen alle Angaben im Bibelstellenregister. Sie finden dort sowohl Texte als auch Anregungen und Arbeitshilfen, die den Bibeltext in das Leben der Kinder entfalten. In den didaktischen Hinweisen am Schluß jeder Einheit sind weitere Ideen ausgeführt.

Am konkreten Beispiel ausprobiert, sieht der Umgang mit dem Buch so aus:

I. 1. Sie möchten zum Thema »**Schöpfung**« arbeiten. Dazu wird das **Stichwortverzeichnis** aufgeschlagen (das Stichwortverzeichnis orientiert sich übrigens ausschließlich an den Geschichten und kreativen Vorschlägen des Buches, so daß zum Teil Stichworte in einer Konkretion auftauchen, wie man sie üblicherweise in solchen Verzeichnissen nicht findet). Dort entdecken Sie folgende Zeile:

Stichwörter	**Geschichten**	**Kreatives**
Schöpfung	3, 43, **77, 78, 79, 80,** 82, 85	**169, 170, 171, 172, 173,** 180, 181, 183, 189, 190

2. Sie haben sich aus dem Angebot möglicher Geschichten und kreativer Zugänge die Geschichte Nr. 77 und den kreativen Vorschlag Nr. 169 ausgewählt.

3. Unter der **fettgedruckten** Nr. 77 und Nr. 169 stoßen Sie beim Blättern im Buch auf das Vorleseangebot bzw. auf die kreative Spielmöglichkeit zu Ihrem Thema Schöpfung. Bei beiden Vorschlägen finden Sie außerdem noch Hinweise auf die biblischen Kontexte sowie auf weitere Stichworte, die zum Thema Schöpfung in Verbindung stehen. Mit den neuen Stichworten könnte nun, wenn gewünscht, über das Stichwortverzeichnis wieder dasselbe Vorgehen wie eben beschrieben eingeleitet werden.

II. Sie möchten aber von einer biblischen Geschichte ausgehen. Deshalb schlagen Sie im **Bibelstellenregister** nach. Sie suchen beispielsweise Vorschläge zu Lukas 12, 16-20 im Zusammenhang mit einer Vorbereitung auf Erntedank.
Bei der Suche nach dieser Bibelstelle stoßen Sie beim Aufschlagen des Bibelstellenregisters auf folgende Zeile:

Bibelstellen	**Geschichten**	**Kreatives**
Lukas 12, 16-20	16	117, 118, 119

Sie überprüfen die beiden Vorschläge und stellen fest: Die Geschichte Nr. 16 und als kreativer Vorschlag die Nr. 117 bieten inhaltliche und methodische Hilfen zum Umgang mit dem Bibeltext für das Erntedankfest. Im übrigen wird bei den Geschichten oft auch auf weitere Bibeltexte verwiesen. Das ist ein Angebot, die biblische Grundlage zu erweitern und zu vertiefen.

III. Eine ganz andere, aber sehr praxisorientierte Zugangsmöglichkeit bietet das Buch über sein **Methodenregister**.
Angenommen, Sie haben bereits einige Zeit zum Thema »**Bekennen**« sehr kognitiv gearbeitet, so daß Sie pädagogisch herausgefordert sind, die Methode zu wechseln. Also schlagen Sie das Methodenregister auf. Aus dem Angebot der verschiedenen Methoden entscheiden Sie sich zum Beispiel für ein **Bewegungsspiel**. Aus der Sammlung der Bewegungsspiele steht die Nr. 114 in inhaltlichem Zusammenhang mit Ihrem Thema.

Alle Beispiele zeigen, wie einfach und effektiv zugleich das Buch durch die erstellten Register und Verzeichnisse zu handhaben ist.

In jedem Fall werden Ihnen die zusätzlichen Angaben helfen, ein Thema oder einen Text auf eine Stunde zu beschränken oder auf eine Anzahl von Stunden zu erweitern. Da dieser Versuch, das Material kind- und lehrer-/mitarbeitergerecht anzubieten, erstmalig ist, interessieren uns Ihre Erfahrungen damit.
Auch für Korrekturen und Ergänzungshinweise sind wir dankbar.

Wo Sie sich auch immer befinden, bei einer Geschichte, bei einem kreativen Teil oder in einem Register: Sie finden überall einen Hinweis, wo Sie weiterarbeiten können.

Sollte diese Art der Vorbereitung Ihnen zusagen, empfehlen wir Ihnen den Bezug der Kindergottesdienst-Zeitung »Meine Welt«, die wöchentlich neu Beispiele dieser Arbeitsweise vorstellt.

Stichwörter

Stichwörter

Bibelstellen

Bibelstellen

Bibelstellen

Quellenhinweise

Wir danken folgenden Verlagen für die freundliche Abdruckgenehmigung:

Nr. 11: John Burningham, Simp, der Hund, den niemand wollte. Jonathan Cape Ltd., London/GB.

Nr. 19: Christa Schlüter, Das Brotfest. Nach: Christa Schlüter, Christina fällt was Neues ein. R. Brockhaus Verlag, Wuppertal und Zürich 1992.

Nr. 54: Christine Merz, Wie kann man nur Öskül heißen? Aus: Was Kinder bewegt. Verlag Herder, Freiburg.

Nr. 77: Renate Schupp, Die gelbe Blume. Bohem Press, Zürich.

Nr. 82: Ruth Dirx, Ihr Weißen seid verrückt. Aus: Menschengeschichten. Drittes Jahrbuch der Kinderliteratur. Hrsg. von Hans-Joachim Gelberg. Beltz Verlag, Weinheim und Basel 1975. Programm Beltz & Gelberg, Weinheim. Gulliver-Taschenbuch Bd. 100.

Fotos:
Nr. 108: pbp-Poss
Nr. 117: Archivfoto »Meine Welt«
Nr. 132: Beratungsstelle für Gottesdienste und andere Gemeindeveranstaltungen, Frankfurt/Main
Nr. 153: Hans Lachmann

In jenen Fällen, in denen es nicht möglich war, den Rechtsinhaber zu ermitteln, konnte ausnahmsweise keine Abdruckerlaubnis eingeholt werden. Honoraransprüche der Fotografen bleiben gewahrt.

Autoren

Doris Westheuser gestaltete die kreative Umsetzung aller sonstigen Beiträge nach eigenen Ideen und Ideenvorgabe aus dem Redaktionskreis.

Methoden

Basteln

101, 104, 107, 110, 113, 122, 123, 128, 133, 134, 137, 140, 146, 147, 152, 158, 162, 163, 169, 170, 186, 187, 189, 196, 197, 207, 208, 211, 215, 216, 218, 220

Bildbetrachtung/Beobachtung/Information

102, 108, 139, 153, 171, 172, 173, 175, 176, 178, 182, 183, 185, 188, 189, 191, 192, 194, 195, 210, 212, 213, 214

Bewegungsspiele

114, 130, 132, 133, 155, 157, 167, 171, 174, 177, 180, 181, 200, 204

Kochen

112, 119, 123, 159, 217

Malen

108, 109, 128, 129, 133, 135, 140, 146, 149, 150, 160, 168, 169, 179, 187, 189, 195, 196, 203, 211, 212

Rätsel

111, 112, 116, 117, 118, 121, 124, 131, 138, 141, 144, 145, 148, 151, 154, 160, 161, 164, 165, 176, 177, 185, 189, 190, 193, 197, 202, 206, 219, 221

Schreibspiele

103, 105, 106, 115, 120, 125, 131, 133, 135, 136, 142, 143, 156, 166, 179, 183, 184, 199, 201, 205, 207, 209, 216

Würfelspiele

104, 126, 127, 186, 198

Biblischer Bezug: Lukas 2, 1-14
Biblische Erläuterung: Friede auf Erden

Kreativer Zugang: 101, 102, 122, 123, 132, 214, 215, 216, 217, 218, 219, 220, 221,

Inhalt: Lisa überzeugt mit Hilfe einer Weihnachtsspiel-Probe ihre Mutter davon, daß sie Zeit und Ruhe zum Adventfeiern braucht.

Zeit

Weihnachten

Alle Jahre wieder

Erzählung von Elke Bräunling

»Ach, bin ich froh, wenn die stressige Vorweihnachtszeit endlich zu Ende geht.« Erschöpft saß die Mutter beim Abendessen und rührte lustlos in ihrem Teller.
»Aber die Aufführung unseres Weihnachtsspiels schaust du dir doch an? Bitte, Mutti.« Fast flehentlich sah Lisa ihre Mutter an.
»Ach, Schätzlein.« Mit einem bedauernden Kopfschütteln streichelte die Mutter Lisas Wange. »Es tut mir leid, aber du weißt doch, an diesem Nachmittag habe ich bereits drei Termine – und die kann ich nicht absagen.«
»Nie hast du Zeit für mich. Nie!« Empört stampfte Lisa mit dem Fuß auf. »Du hast auch eine Mauer um dich herum gebaut. Schade!« » Was habe ich?« Erstaunt blickte die Mutter auf. »Eine Mauer gebaut?« »Jawohl – so wie in unserem Stück.« Die Mutter schüttelt den Kopf. »Ich verstehe überhaupt nichts, außerdem bin ich müde.« Ärgerlich wollte sie sich abwenden, doch als sie Lisas traurigen Blick sah, hielt sie inne. »Was meinst du mit Mauer bauen?« fragte sie.
»Na das, was ihr alle tut: Ihr habt furchtbar viele Termine, seid immer müde, und ihr jammert, daß die Weihnachtszeit so hektisch ist. Aber das alles hat doch nichts mit Weihnachten zu tun. Darüber denke ich oft nach, seit wir das neue Weihnachtsspiel einüben.«

Nun war die Mutter hellwach geworden. Es klang ernst, was Lisa sagte. »Es muß ein interessantes Stück sein«, meinte sie schließlich. »Wovon handelt es denn?«
»Von Weihnachten, Mutti. So wie es früher war ohne Streß und Termine, ohne große Geschenke und Einkaufen.« »Das klingt schön, Lisa«, murmelte die Mutter nachdenklich. »Und es erinnert mich an meine Kindheit. Ja, da war die Weihnachtszeit ruhig und besinnlich.« Mit verträumtem Blick lehnte sie sich zurück und versank in Erinnerungen. Wirklich, damals war es schöner gewesen.
Warum nur? Was machte man falsch? Endlich öffnete sie wieder die Augen. »Weißt du was, Lisa?« sagte sie. »Für heute vergessen wir alle Termine. Morgen ist auch noch ein Tag. Jetzt legen wir eine schöne Platte auf, und du erzählst mir von eurem Stück, okay?«
»Prima, Mutti.« Glücklich fiel Lisa der Mutter um den Hals. »Es ist fast so wie in unserem Stück«, dachte sie dabei und lächelte.

Wenig später saßen sie gemütlich am Tisch, schauten in den hellen Schein der Adventskerzen, und Lisa begann zu erzählen.
»Es ist Vorweihnachtszeit. Auf einem Spielplatz treffen sich Kinder, und sie unterhalten sich über Weihnachten, vor allem aber über ihre Geschenkwünsche. Und da sind sie nicht sehr bescheiden. Ja, irgendwie klingen sie auch traurig. Man merkt, daß sie sich alleine fühlen und daß die Erwachsenen wenig Zeit für sie haben. Das Weihnachtsfest finden sie langweilig, und sie sagen, das einzig Gute an Weihnachten seien die Geschenke, das gute Essen und das tolle Fernsehprogramm. Und weil alle so denken, möchte jeder den anderen mit seinen Geschenkwünschen übertreffen, weißt du, noch mehr, noch teurer und so.
Ein kleines Mädchen beginnt zu erzählen, wie sie mit ihrer Familie feiert, nämlich mit Singen, Spielen, Basteln, Weihnachtsschmuck, Musik und so. Was sie erzählt, klingt schön und feierlich. Die Kinder lachen das Mädchen aus. Sie können ja nicht zugeben, daß sie neidisch sind.
Also, das Mädchen ist enttäuscht und geht weg auf eine Mauer zu.

Das Mädchen will hinter der Mauer verschwinden, doch ein alter Mann, der den Kindern zugehört hatte, nimmt es an die Hand, und beide gehen wieder zu den Kindern zurück. Und der Mann sagt offen zu den Kindern, daß sie nur neidisch seien und daß sie ihre Gefühle eingemauert hätten und deshalb gar nicht wüßten, wie man sich freut und wie man richtig feiert.«
Die Mutter unterbrach Lisa. »Das meintest du also vorhin?« fragte sie leise. »Findest du, daß wir auch eingemauert sind?«
Lisa fuhr fort:
»Die Kinder geben zu, daß sie nicht sehr glücklich sind und auch, daß sie von Weihnachten nur wenig wüßten. Also erzählt ihnen der alte Mann, was es über Advent und Weihnachten zu sagen gibt. Er spricht von alten Gebräuchen und wie Weihnachten früher in seiner Kindheit war. Das klingt so schön, daß die Kinder alle gebannt zuhören und sich hier und da ein paar Tränen wegwischen, heimlich natürlich. Ja, und nun wissen sie viel mehr als zuvor – und klar, sie wünschen sich, daß Weihnachten wieder so toll wie früher werden soll. Und noch etwas: Sie wollen nicht länger eingemauert

sein, und sie fragen den Alten, wie sie die Mauern um sich herum niederreißen könnten. Darauf meint der alte Mann nur, sie sollten selbst überlegen, wie sie etwas ändern könnten. Und das tun sie auch. Sie machen viele Vorschläge, und bei jedem guten Einfall fällt ein Stein aus der Mauer.«

2 Advent

Weihnachten

Warten

Zeit

Biblischer Bezug: Jesaja 11, 1-10; Lukas 1, 5-23

Biblische Erläuterung: Warten auf Gottes Friedensreich

Kreativer Zugang: 101, 102, 132, 214, 215, 217, 218, 219, 220, 221

Inhalt: Markus ist ungeduldig; er kann nicht abwarten, was er zu Weihnachten geschenkt bekommt. Deshalb versucht er, das Geheimnis zu enträtseln.

Warten können

Erzählung von Andreas Kleinschmidt

Weihnachten rückte näher, und wie in jedem Jahr fragte sich Markus, was er diesmal von seinen Eltern geschenkt bekommen würde.

Des öfteren schlich er seiner Mutter nach. Er tat so, als wolle er ihr bei der Arbeit helfen. In Wirklichkeit aber wollte er nur herausbekommen, welches Weihnachtsgeschenk sie für ihn gekauft hatten.

»Glaubst du, ich wüßte nicht, was du mit deiner Fragerei herausbekommen willst«, sagte Mutter schließlich. »Aber bis Weihnachten wirst du dich schon noch gedulden müssen, Markus. Überleg' einmal selber: Wenn ich dir jetzt schon sagte, was du geschenkt bekommst, dann wäre es gar keine Überraschung mehr für dich. Auch das Warten und die Vorfreude gehören zum Weihnachtsfest dazu.« »Aber es dauert noch so lange bis Weihnachten«, stöhnte Markus. »Noch vier Wochen.«

»Ich weiß, was wir tun werden, damit dir das Warten nicht ganz so schwerfällt«, sagte Mutter und lächelte.

Am Sonntag war erster Advent.

Mutter hatte einen Adventskranz aus Tannenzweigen mit vier Kerzen gekauft und ihn auf den Wohnzimmertisch gestellt.

Markus durfte die erste Kerze anzünden.

»Ich werde dir an jedem Adventssonntag etwas über dein Geschenk erzählen«, sagte Mutter.

»So wird dir die Zeit bis Weihnachten nicht ganz so lang. Heute verrate ich dir, daß dein Geschenk eine braune Farbe hat.«

In der nächsten Woche überlegte Markus angestrengt, was Mutter gemeint haben könnte, aber er kam nicht darauf.

Am zweiten Advent durfte er die zweite Kerze am Adventskranz anzünden. Mutter las eine Geschichte vor, und dann verriet sie ihm auch wieder etwas über sein Geschenk. »Du wirst es sehr lieb haben«, sagte sie.

Aber auch das half Markus nicht sehr viel weiter. Denn es war doch klar, daß die Eltern für ihn ein Geschenk ausgesucht hatten, das ihm gefallen würde. Als er am dritten Advent die dritte Kerze angezündet hatte, sagte Mutter: »Dein Geschenk kann man nicht nur sehen, sondern auch hören.«

Je mehr seine Mutter Markus über sein Weihnachtsgeschenk erzählte, um so spannender wurde es für ihn. Als am vierten Advent alle vier Kerzen am Adventskranz brannten und es bis Weihnachten nur noch wenige Tage waren, erzählte Mutter: »Dein Geschenk, Markus, hat noch gar keinen Namen. Den Namen mußt du ihm selber erst noch geben.«

Ein Geschenk ohne Namen – so sehr Markus darüber nachdachte, er kam nicht darauf, was es sein könnte.

Als er am Heiligen Abend dann endlich in das Wohnzimmer gerufen wurde, lag da ein kleiner Hund, ein Dackel, auf einer Decke unter dem Weihnachtsbaum. Vor Überraschung und Freude bekam Markus zuerst gar kein Wort heraus.

Er nahm den kleinen Hund auf seine Arme und streichelte ihn.

»Wie wirst du es denn nun nennen – dein Weihnachtsgeschenk ohne Namen?« fragte Vater.

»Ich weiß noch nicht. Das muß ich mir erst noch überlegen«, antwortete Markus.

»Laß dir nur ruhig Zeit«, sagte Mutter.

»Du hast ja jetzt gelernt, daß alles seine Zeit braucht. Vor Weihnachten kommt nun einmal zuerst die Adventszeit: die Zeit des Wartens. Aber um so größer ist am Ende die Freude. Ist es nicht so, Markus?«

Markus nickte und sah stolz und glücklich auf den kleinen Hund in seinen Armen. Er fand, daß es das schönste Weihnachtsgeschenk war, das er je bekommen hatte.

Biblischer Bezug: Jesaja 40, 3-11; Jesaja 11, 1-10; Micha 5, 1.3.4.
Biblische Erläuterung: Warten auf Gottes Friedensreich
Kreativer Zugang: 101, 102, 132, 133, 136, 169, 183, 189, 190, 191
Inhalt: Kinder besuchen das neugeborene Jesuskind an der Krippe. Sie tragen es um die Welt, immer mehr Kinder schließen sich an. Auf dem Weg überwinden sie, was das Leben und die Umwelt stört.

Weihnachten

Gerechtigkeit

Frieden,

Schöpfung

Umwelt

Weg

Der Traum vom Kinderkreuzzug

Erzählung von Gudrun Pausewang

Die Kinder, die in der Heiligen Nacht um die Krippe standen, betrachteten das Neugeborene traurig. »Wir können nicht mehr gut schlafen«, sagten sie. »Hilf uns!«
»Unsinn«, sagte ein Junge. »Wie kann uns das unsere Ängste nehmen, so klein und mager, wie das ist . . .«
Da hob Maria das Kleine aus der Krippe und legte es dem Jungen in den Arm. »Nehmt es mit«, sagte sie. Und Josef nickte freundlich. Die Kinder starrten Maria und Josef verblüfft an.
»Habt ihr denn nicht Angst, wir könnten es fallenlassen?« fragte der Junge.
»Das wird nicht geschehen«, sagte Maria. »Denn wir vertrauen euch.«
»Aber es wird verhungern«, sagte ein Mädchen, »und erfrieren. Es ist Winter!«
»Ihr habt es ja lieb«, sagte Josef. »Und der Stern ist bei euch.«
Da wanderte die kleine Schar mit dem Neugeborenen fort, und der Stern wanderte mit. Er war sehr hell, und sein Schweif sprühte Licht über den ganzen Himmel. Aber nur für Kinder war er sichtbar.
Kaum zog die Schar durch das nächste Dorf, kamen fremde Kinder gelaufen, bestaunten den Stern, streichelten das Kleine und fragten: »Wo zieht ihr hin?«

Einfach geradeaus«, antwortete ein Kind aus der Schar.
»Wir kommen mit«, sagten die Dorfkinder und zogen sich die Pudelmützen tiefer über die Ohren. Aber es stürmte nicht mehr, und vor den Füßen des Jungen, der das Kleine trug, schmolz der Schnee. Das Kleine hatte es warm: Der Junge hatte es in seine Jacke gewickelt. Er fror nicht.
Die Kinder zogen durch mehrere Dörfer, und in jedem Dorf wurde der Zug länger. Gegen Morgen kamen sie in einen Wald. Der war krank. Sie stießen auf eine breite Straße, die durch den Wald führte. Auf ihr brausten Wagen dahin. Da steckte das Kleine seine Ärmchen aus.
»Dort will es hin«, sagte der Junge und betrat mit ihm die Straße. Alle Kinder folgten ihm. Die Autos mußten bremsen und konnten nur noch sehr langsam fahren, denn die Straße war voller Kinder.
Hinter dem Wald war ein großer Truppenübungsplatz. Soldaten übten Schießen. Das Kleine lächelte und winkte ihnen zu. Da sagten sie zueinander: »Eigentlich ist es doch ein Wahnsinn, daß wir lernen sollen, wie man Menschen umbringt.« Sie warfen die Gewehre weg und gingen heim, alle, auch ihre Offiziere.
Die Straße führte durch eine große Stadt. Das Kleine richtete sich auf und schaute mit großen Augen um sich. Als ganze Scharen von Kindern gelaufen kamen, lachte es. Alle Kinder der Stadt liefen ihm nach und hörten nicht auf ihre Eltern, die sie zurückriefen. Der Zug kam an großen Fabriken vorbei. Giftiger Qualm quoll aus ihren Schloten, senkte sich in die Gassen und stank. Die Eltern konnten die Kinder in diesem Dunst nicht mehr sehen.
»Bitte, bleibt doch hier!« riefen sie ihnen kläglich nach und husteten.
»Kommt mit!« riefen die Kinder zurück.
Aber die Eltern fanden die Kinder im Smog nicht mehr.
Der Kinderzug wanderte durch das Land und wurde immer länger. Sein Stern leuchtete.

Mutter, Vater – seht den großen Stern am Himmel!« riefen die Kinder in den Dörfern und Städten ihren Eltern zu.
»Unsinn«, antworteten die Eltern – wenn sie überhaupt antworteten –, »tagsüber kann man doch keine Sterne sehen. Ihr phantasiert!« Und sie schauten gar nicht erst zum Himmel hinauf.
Da liefen ihnen die Kinder weg und dem Stern nach. Der Zug wurde immer länger. Und kein Kind hungerte, kein Kind fror, kein Kind wurde müde. Die Größeren spürten das Gewicht der Kleineren nicht, die sie trugen. Und kein Kind litt Heimweh.
Wenn sie an Supermärkten vorbeikamen, strömten sie hinein und räumten alles aus, was dem Leben schädlich ist. Das war viel! Und es wurde ihnen schwer, während sie es bis zum nächsten Sondermüllplatz mitschleppten.
Die Polizei war ratlos. Die meisten Kinder waren noch klein, und die Eltern waren nicht dabei. Und es waren so viele, so viele! Während die Polizisten noch überlegten, was da zu tun sei, sahen sie, wie ihre eigenen Kinder dem Zug nachliefen. Und die Kinder der Supermarktbesitzer auch. Da gerieten alle ihre Gedanken und Gefühle durcheinander. Bis sie wieder einen klaren Kopf hatten, war der Kinderzug längst verschwunden.
Die Kinder kamen an einen Meeresstrand. Im Sand lagen tote Fische, tote Robben. Der Junge, der das Kleine trug, blieb unschlüssig stehen. Da sprach das Kleine zum ersten Mal.
»Geh weiter«, sagte es.

Der Junge ging auf das Wasser zu, ging über das Wasser, übers Meer. Alle Kinder folgten ihm. Keines wurde naß, keines ertrank. Sie begegneten einem Schiff, das Giftmüll ins Meer schütten wollte. Da umringten sie es so dicht, daß der Kapitän die Klappen schließen mußte. Denn er wollte ja nicht, daß die Kinder an dem Gift starben.

Sie brauchten viele Tage, bis sie das Meer überquert hatten. Unterwegs vertrieben sie mehrere Schiffe, die ohne Erlaubnis Wale jagen wollten, und drängten sich zwischen zwei Zerstörer, die sich gegenseitig beschossen.

Als sie das Land hinter dem Meer erreichten, war das Kleine gar nicht mehr so winzig. Es konnte schon gehen. Ein Junge und ein Mädchen führten es. Auch hier kamen fremde Kinder gelaufen, schwarze und braune. Sie küßten das Kleine und drückten es und liefen mit. Hier war es Sommer, alles blühte. Die Kinder umwanden einen langen Stab mit Blumen und trugen ihn vor sich her, und damit man ihn von fern noch deutlicher erkennen konnte, banden sie einen Querstab an ihm fest und schmückten auch ihn mit Ranken und Blumen.

»Der Kinderkreuzzug kommt!« riefen die Erwachsenen, wenn sie die Kinder vorbeiziehen sahen. Und merkwürdig: Immer mehr Eltern ließen ihre Kinder mitlaufen, ohne sie zurückzurufen.

»Sie sind in guter Hut«, sagten sie.

Die Kinder erreichten einen riesengroßen Wald. Einen Urwald. Scharen von Papageien kreisten über dem Wald und schrien und wagten sich nicht niederzulassen. Denn Holzfäller sägten mit riesigen Maschinen die Bäume ab und schafften sie weg. Da zeigte das Kleine auf die Bäume, die noch standen. Und schon kletterten die vielen, vielen Kinder an den Stämmen hinauf und hinein in die Wipfel.

Wie kann man Bäume fällen, auf denen Kinder sitzen? Grollend ratterten die Holzfäller mit ihren Maschinen davon. Die Papageien kehrten in den Urwald zurück, und die Kinder spielten mit ihnen. Dann kletterten sie von den Bäumen herunter und zogen weiter.

Hinter dem Wald kämpften Soldaten. Die Kinder schoben sich dazwischen und beendeten so den Krieg. Die jüngsten Soldaten, die selber noch Kinder waren, liefen ihnen nach und zogen mit. Es waren jetzt so viele Kinder, daß man tagelang hätte zählen müssen: Zehntausende? – Nein, Hunderttausende! Und der Zug hatte nun schon die halbe Erdkugel umrundet.

Die Kinder vertrieben einen Präsidenten, der sein Volk gequält hatte, aus seinem Palast. Sie befreiten schuldlose Gefangene aus ihren Gefängnissen, drangen in Atomkraftwerke ein und stellten sie ab. Sie schoben Panzer auf Müllplätze. Sie besetzten Fabriken, in denen Waffen hergestellt wurden. Sie öffneten die Massenkäfige von Hühnern und Kälbern. Und sie hatten auch viel Spaß: In den Schalterhallen der großen Banken tanzten sie Ringelreihen, bis die Türen der Tresore aufflogen und die Geldscheine durch die offenen Portale auf die Straße flatterten, wo die Bettler saßen.

Sie wanderten rund um den Planeten. Als sie eines Tages, nach langer Zeit, wieder durch das Land kamen, in dem sie ihren Weg begonnen hatten, warteten die Städte und Dörfer blumengeschmückt auf sie. Aus den Schloten der Fabriken stiegen nur noch durchsichtige Wölkchen auf, und die Autos fuhren langsam über die Straßen. Der Wald rauschte grün und dicht. Auf dem Schießübungsplatz der Soldaten wuchs Hafer.

Als die Kinder bei dem alten Stall ankamen, war er leer.

»Wo sind deine Eltern?« fragten die Kinder den Kleinen.

Er war jetzt gar nicht mehr so klein. Er drehte sich um und zeigte zum Horizont. Dort, am Ende des Zuges, gingen Maria und Josef. Und auch andere Eltern waren dort zu sehen. Alle, Kinder und Große, versammelten sich rund um den Stall und lehnten das Blumenkreuz an die Wand.

»Ruht euch eine Weile aus«, sagte der Kleine. »Prüft, ob ihr jetzt wieder schlafen könnt.«

Da ließen sich alle auf der Erde nieder und schliefen ein. Nur der Kleine schlief nicht. Er lehnte sich gegen das Blumenkreuz und behütete die Schlafenden.

Erst am nächsten Morgen erwachten sie. Alle hatten fest geschlafen und Gutes geträumt. Niemand war schreiend aufgeschreckt.

»Bleibst du jetzt hier?« fragte der Junge, der den Kleinen um die halbe Welt getragen hatte.

»Aber nein«, antwortete der Kleine. »Wir werden zusammen weiterwandern. An vielen Orten sind wir noch nicht gewesen.«

Er griff nach dem Kreuz. Er war ja jetzt schon ein großer Junge, der so ein Blumenkreuz tragen konnte. Aber die anderen ließen ihn das Kreuz nicht allein tragen. Sie wechselten mit ihm ab. Und so zogen sie alle zusammen guten Mutes weiter.

Wenn der Zug durch deinen Ort kommt, dann überleg nicht lange. Der Kleine ist noch immer dabei. Du erkennst ihn sicher: der unter dem Stern. Der Stern bescheint alle, die im Zug wandern. Auch dich.

Geh nur. Hab keine Angst.

Aktion Sühnezeichen 4

Versöhnung

Krieg

Frieden

Biblischer Bezug: Lukas 2, 1-14

Biblische Erläuterung: Friede auf Erden

Kreativer Zugang: 132, 133, 198

Inhalt: Obwohl ein Richter in der Nazizeit Widerstand geübt hatte, plagt ihn sein Gewissen, nicht genug getan zu haben. Er gründet die "Aktion Sühnezeichen".

Es tut mir leid, bitte verzeih mir!

Erzählung von Wolfgang Raupach

Erinnerst du dich daran, wie du einmal ungerecht von deiner Mutter behandelt worden bist? Gekränkt und verletzt bist du gewesen. Mochtest gar nicht mehr mit ihr reden. Selbst das Essen schmeckte dir nicht mehr. Du warst wütend und zornig.

Später am Abend sagte sie dann zu dir: »Das war nicht gut von mir. Es tut mir leid. Bitte, verzeih mir.« Erinnerst du dich daran, wie leicht und froh du geworden bist? Aller Druck war verflogen. Deine Augen fingen wieder an zu leuchten. Und die Augen deiner Mutter auch. Ihr wart wieder nahe beieinander.

Wie zwischen einzelnen Menschen, so ist es auch zwischen den Völkern: Unrecht und Schuld bedrücken, sie trennen wie eine dicke Mauer. Auch zwischen den Völkern kann es einen neuen Anfang geben, wenn die Schuldiggewordenen sagen: »Es tut uns leid. Bitte, verzeiht uns.« Vor über 50 Jahren haben Deutsche große Schuld auf sich geladen. Sie haben in einem Krieg ihre Nachbarn überfallen, die Länder zerstört und besetzt. Und sie haben die Juden in unserem Land und in den Nachbarvölkern zusammengetrieben und sie getötet: Kinder, Frauen und Männer. Alte. Eine unermeßlich große Zahl. Als der Krieg zu Ende war, ging ein großes Erschrecken durch unser Land. Manche sagten: Was haben wir angerichtet? Die Schuld bedrückte ihre Herzen. Sie fragten sich: Wie konnte so etwas geschehen? Einer von ihnen, Lothar Kreyssig, war ein tapferer Richter gewesen. Er hatte sich gegen das Töten der Menschen eingesetzt.

Aber später sagte auch er: »Ich habe nicht genug getan.« Das bedrückte ihn sehr. Mit Frauen und Männern aus der Evangelischen Kirche hat er deshalb die »Aktion Sühnezeichen« gegründet.

»Wir wollen der Bitterkeit und dem Haß eine andere Kraft entgegensetzen, die Kraft der Liebe und Versöhnung«, so sagten sie. Als Zeichen der Versöhnung sollte die »Aktion Sühnezeichen« junge Leute in die Länder senden, die besonders gelitten haben. Sie sollten dort für die Menschen etwas tun. Das sollte ein Zeichen für einen neuen Anfang sein. Seitdem arbeiten 160 junge Menschen freiwillig, nur für ein kleines Taschengeld, anderthalb Jahre lang. Sie sagen: Was in der Vergangenheit geschehen ist, das tut uns leid. Es soll nie wieder geschehen. Am Anfang haben die Freiwilligen im Krieg Zerstörtes wieder aufgebaut. Eine Synagoge in Frankreich; einen Kindergarten in Jugoslawien; ein Behindertenheim in Norwegen. Später halfen sie dort, wo Not ist. Seitdem pflegen sie alte Menschen, kümmern sich um Kinder ohne Eltern, sorgen für Obdachlose. Und vieles mehr. Für diese jungen Menschen ist die Arbeit nicht leicht. Manchmal sagen die anderen zu ihnen: »Ihr seid Deutsche. Mit euch können wir nicht mehr reden. Eure Sprache zu hören, erinnert uns an den Krieg. Sie macht uns Angst.« Oft sagen die Menschen aber auch: »Es ist gut, daß ihr kommt. Das hilft uns, die böse Vergangenheit zu vergeben. Die trennende Mauer der Schuld soll nicht mehr zwischen uns stehen.«

So arbeiten die Freiwilligen seit fast 30 Jahren als Boten der Versöhnung, damit der Friede zwischen den Völkern wächst. Sie wissen, daß Gott Vergebung und Frieden will. Mit ihrer Arbeit wollen sie das zeigen.

5 Anders(sein)

Außenseiter

Vorurteile

Biblischer Bezug: Apostelgeschichte 2, 1-36
Biblische Erläuterung: Was Gottes Geist bewirken kann.

Kreativer Zugang: 103, 104, 105, 106, 110, 111, 112, 175, 209

Inhalt: Von Punker-Jule erwartet man nichts Gutes. Völlig verblüfft ist man, daß sie sich um eine alte Dame im Rollstuhl kümmert.

Punker-Jule

Erzählung von Elke Bräunling

Das Schuljahr hatte mit einem schönen Schreck angefangen: Punker-Jule war zu uns in die Klasse gekommen. Auweh. Mußte die denn schon wieder sitzenbleiben und ausgerechnet bei uns landen! Wie die schon aussah mit ihren dunklen Klamotten, den grün-lila gefärbten Haaren und der Schminke im Gesicht! Richtig eklig. Und reden konnte man mit ihr schon gar nicht. Sie tat nur furchtbar gelangweilt. Wenn sie aber mal den Mund aufmachte, nörgelte sie an allem herum: »Schule ist blöd«, moserte sie, »die Pauker sind Laschis« und wir »doofe Nuckelbabys.« Und das klang so von oben herab und so, als würde sie sowieso schon alles wissen: »Du hast doch echt null Ahnung, Mann, eehh. . .!«

Nein, Punker-Jule paßte nicht zu uns. Außerdem war sie älter und hatte sowieso keine Lust, sich mit uns abzugeben.
»Laß das, eehh«, sagte sie herablassend, wenn wir sie ansprachen. »Was soll ich mit euch Babygesichtern anfangen?«
Na ja! Nachdem wir ein paarmal abgeblitzt waren, kümmerten wir uns nicht mehr um sie. Jule schien das recht zu sein. Sie hatte ihre Ruhe vor uns und wir vor ihr. So verging die Zeit, und unser erstes Schuljahr mit Jule ging seinem Ende zu.

Eines Tages machten Uli und ich einen Umweg durch den Stadtpark. Es war herrlich frühlingswarm, die Sonne schien, und die Kastanien blühten so duftig, daß wir noch nicht heim wollten. Gemütlich schlenderten wir durch den Park. Da hörten wir auf einmal lautes, fröhliches Lachen, und eine Stimme rief: »Das ist echt toll, Mann, eehh. . .!«
»Das ist ja Punker-Jule«, rief Uli erstaunt.
»Komisch«, sagte ich verwundert. »Die kann ja lachen!«
Wir schlichen uns näher, und da sahen wir Jules grün-lila Blondschopf durchs Gebüsch leuchten.
»Hahahaha«, hallte Jules Lachen zu uns herüber.
»Hihihi« und »hohoho« stimmten zwei dünne, zittrige Stimmen in das Lachen mit ein.
Neugierig lugten wir durch die Büsche und sahen Jule mit zwei alten Damen, von denen eine im Rollstuhl saß, bei den Bänken am Teich. Sie redeten und lachten. Ab und zu beugte sich Jule zu der Rollstuhldame und wischte ihr behutsam die Lachtränen von den Backen.
Wir wunderten uns. War das Punker-Jule? Nein, das hätten wir nicht gedacht. Sie war auf einmal so anders! Und wie sie sich um die alten Damen kümmerte! Richtig lieb. Nein, das hätten wir ihr nicht zugetraut. Während wir noch staunten, winkte Jule plötzlich zu uns herüber.
»Schön, daß ihr kommt«, rief sie, »wollt ihr mitmachen?« »Wobei?«
»Oh«, sagte Jule. »Wir erzählen uns Geschichten.«
Geschichten erzählen? Jule? Verblüfft starrten wir sie an. »Ja, macht mit«, rief die Rollstuhldame mit fröhlicher Zitterstimme.
Zögernd setzten wir uns zu den dreien, und es wurde ein toller Nachmittag. Was haben wir gelacht! Die alten Damen erzählten die komischsten Geschichten von früher, und auch Jule konnte prima erzählen. So witzig und fröhlich. Überhaupt: Jule war auf einmal richtig nett.Wir brachten dann die alten Damen ins Heim zurück, und Jule rief ihnen ein fröhliches »Alsodann-tschüß-bis-morgen« nach. »Ja«, freuten sich die alten Damen, »bis morgen.«

Schweigend gingen wir stadteinwärts.
»Gehst du öfter ins Heim?« fragte ich Jule schließlich. Jule nickte.
»Toll, aber warum tust du das?« »Warum?« Jule sah uns an, und ihr Blick wurde starr. »Meine Oma lag mit den beiden in einem Zimmer. Als Oma dann gestorben ist, haben die zwei mir leid getan, und deshalb besuch' ich sie manchmal. Da geht doch sonst keiner hin.«
»Finde ich riesig toll von dir«, rief ich noch einmal.
»Ja«, sagte Uli, »echt toll. Wer tut so etwas schon . . .«
Jule sah uns unwillig an, blies ihr Kaugummi zu einer riesigen Blase auf und ließ sie – peng – zerplatzen. Und auf einmal sah sie wieder wie Punker-Jule aus. »Mann, kriegt euch wieder ein«, knurrte sie. »Außerdem geht's euch 'nen Dreck an, eehh!« Sie reckte ihren lila-grünen Haarschopf und verschwand. Am nächsten Tag war Jule wie immer, wie Punker-Jule eben. Wir lächelten sie an, doch sie zuckte mit den Schultern, grinste blöd und wandte sich ab. »Gehst du heute wieder ins Heim?« riefen wir ihr nach. »Och, wenn ich nichts Besseres vorhabe, schau ich bei den Oldies vielleicht mal vorbei, doch das ist mein Bier, eehh«, fauchte sie und ließ uns stehen.

Biblischer Bezug: Apostelgeschichte 10
Biblische Erläuterung: Menschen wenden sich dem neuen Glauben zu, denn Gottes Einladung gilt allen.
Kreativer Zugang: 103, 104, 106, 110, 112, 133, 199, 209
Inhalt: Wer anders ist als die große Masse, hat es schwer. Graue Mäuse kennt jeder, aber grüne? Es wird gezeigt, was passiert, wenn jeder nur sich selbst akzeptiert.

Randgruppen

Fremde

Vorurteile

Neid

Außenseiter

Toleranz

Asylbewerber

Aufeinander zugehen

Frieden

Die grünen Mäuse

Erzählung von Fried Noxius

Zu den Feldmäusen kamen einmal, niemand wußte woher, grüne Mäuse, grasgrüne. »Ififi!« fiepten da die Feldmäuse. »Grüne Mäuse! Wie scheußlich! Keine sieht so aus wie wir! Fort mit euch!« Da zogen die grünen Mäuse weiter, hungrig und traurig. Doch in der Stadt, bei den grauen Mäusen dort, erging es ihnen genauso. Sie waren ja nicht grau, sondern grün! Sie wogen genauso viel Gramm wie die Graumäuse, sie waren genauso flink, aber das zählte alles nicht.
Sie konnten sogar noch schneller rennen und klettern als die Stadtmäuse, und das ärgerte die erst recht. »Fort mit euch!« piepsten sie erbost. »Ihr freßt unser Futter weg! Wir haben selber nicht genug!« Das stimmte zwar nicht, aber immerhin. So jagten sie die niedlichen grünen Mäuse davon.

Es scherte sie nicht, was aus denen wurde, ob sie verhungerten, verdursteten oder ob Katzen und Raubvögel sie verfolgten und töteten. – Es war einmal ein Riese, der war so groß, daß er mit seiner Nase die Wolken wegniesen konnte, wenn er Lust hatte. Der lebte in einer Wüste und aß Sand, nur gelben Sand. Ein Sandkasten täglich von einem Kinderspielplatz wäre viel zu wenig für ihn gewesen. Dieser Riese Himmelguck stapfte einmal mit Kilometerschritten über Land bis dorthin, wo es grün war. Das hatte er noch nie erblickt: Grün! »Pfui Teufel!« rief er da. »Gelb ist schön, nur gelb!«

So begann er, das Grün auszureißen, Bäume und Sträucher. Alles andere zertrampelte er. Mit dem blauen Meerwasser vermochte er erst recht nichts anzufangen. Er griff hinein, um es zu zerreißen, aber es zerrann ihm zwischen den groben Fingern. Da schrie und schimpfte er und stieg eilends über Berg und Tal zurück zu seiner schier endlosen Wüste, der gelben. »Gelb, gelb, gelb!« keuchte da Himmelguck zufrieden und schaufelte den gelben Sand eimerweise in sich hinein. Er liebte Gelb, nur Gelb. Nachts sang er brüllend den Mond an, denn der war ja goldgelb, wie das der Riese liebte, und die sengendgelbe Sonne ließ er sich mit Genuß auf seine rhinozerosdicke Haut scheinen.

Herr Müller (vielleicht hieß er aber auch Meier?) liebte sein Auto über alles. Ausgerechnet dort aber, wo er es immer abstellte, sollte doch ein Kinderspielplatz hin, potztausend!
Da lief Herr Müller mit einem Zettel herum und ließ alle unterschreiben, die auch ein Auto hatten und es vor ihrer Haustür haben wollten. »Was sollen wir mit einem Kinderspielplatz!« maulte Herr Müller und andere mit ihm. »Der kann woanders hin!« Wo, wußte er nicht.

Die Kinder ringsum fragte keiner, Herr Müller schon gar nicht. Sein Kind war das Auto, das Blechding ohne Herz. Dabei wäre es dem mit seinen Rädern leichtgefallen, ein paar Meter weiter zu fahren. Die Kinder mußten laufen, zwischen gefährlichen Autos, die nichts spürten, wenn sie eines anfuhren.
Frau Rehms Mann war tot, lange schon. Er hatte emsig gearbeitet, geschuftet, und ein schönes Haus gebaut, für sich und seine Frau, denn Kinder hatten sie nicht. Das gehörte nun Frau Rehm ganz allein. Was sie mit all den Zimmern anfangen sollte, wußte sie nicht so recht. Sie machten Arbeit, verstaubten, aber Frau Rehm behielt sie. Vermieten? An andere Leute, fremde? Gar an solche, die sich »Asylanten« nannten? Die eine unverständliche Sprache hatten, eine andere Haut, andere Sitten auch? Sollten die doch dorthin zurückgehen, woher sie gekommen waren, ungefragt! Daß auch Frau Rehm vor Jahrzehnten ungewollt hierher gekommen war, vertrieben aus ihrer Heimat, erzählte sie zwar noch immer mit Bitterkeit, doch sie hatte vergessen, etwas daraus zu machen.

In einem winzigen Loch haben wir damals hausen müssen!« beschrieb sie das Elend und bewunderte voller Stolz ihr Haus jetzt, das schöne, das geräumige, das vielzimmrige. Das war aber auch alles. Fremde aufnehmen? Wer weiß, was das für Leute waren. Aber nein doch. Die sprachen ja nicht einmal Deutsch!
»Na, was macht dein Ali?« fragte Mutter, als Vater von der Arbeit kam. Der schüttelte den Kopf. »Er ist traurig«, antwortete er. Es klang auch bedrückt. »Er braucht ein ordentliches Zimmer, ei-

ne ordentliche Waschgelegenheit, eine ordentliche Toilette – und Menschen, die sich um ihn kümmern. Dann lacht er wieder.« »Tut er das nicht?« fragten Kurt und Bernd wie aus einem Mund. »Ihr seid Spinner«, maulte Vater. »Ihr schaut in die Glotze, aber nicht ins Leben.« Er setzte sich kerzengerade auf. »Wie wäre es, wenn einer von euch sein Zimmer räumte? Für Ali? Bis er etwas gefunden hat?«
Kurt und Bernd senkten die Köpfe . . .

Was meint ihr dazu? Was haben sie wohl geantwortet? Und was tätet ihr? Ganz ehrlich!

7 Angenommen sein

Annehmen
Fürsprache
Zutrauen
Tiere
Ablehnung
Vertrauen
Hoffnung

Biblischer Bezug: Lukas 13, 6-9
Biblische Erläuterung: Gebt ihm noch eine Chance.
Kreativer Zugang: 105, 106, 107, 168, 182, 189
Inhalt: Eine häßliche, wenig liebenswürdige Katze findet eine Fürsprecherin. Sie entgeht ihrem Tod. Langsam findet sie Zutrauen in ihre neue Umgebung.

Etti, das Ekel

Erzählung von Monika Pelz

Als Tante Hildegard ins Heim zog, schenkte sie mir Etienne von La Mancha. Mutter stöhnte. Nicht, daß Mama Katzen nicht mag. Wir haben schon zwei: Peggy und Susi. Aber Etti ist eine cremefarbene Perserkatze. Und sie läßt sich von niemandem bürsten. Dann schlägt sie gemein mit der Tatze zu. So, daß ihre Krallen sich tief in die Haut bohren. Mich läßt Mama es gar nicht erst versuchen. Und ich muß zugeben, daß ich ein bißchen Angst vor Etti habe.
»Das ist, weil Tante Hilde sie verwöhnt hat«, sagt Mama böse. Sie findet, daß Perserkatzen überhaupt ein Unsinn sind: eine Rasse, die sich nicht selbst sauberhalten kann!

Wenn wir Tante Hildegard besuchen, fragt sie sofort nach ihrem Liebling. »Etti frißt viel«, sage ich, um ihr eine Freude zu machen. »Sie läßt sich nicht kämmen, sie verfilzt«, klagt meine Mutter. »Dann laß sie doch scheren«, rät Tante Hilde seelenruhig, »Ich hab sie im Frühjahr auch immer scheren lassen.« Das war ja ein Ding! Ich muß zugeben, ich hatte bei meinen Freundinnen ein bißchen mit Etienne angegeben. Weil sie doch eine adelige Katze ist, mit so einem Stammbaum. Aber nachdem der Tierarzt Etti geschoren hatte, prahlte ich nicht mehr mit ihr, wenn jemand kam. Geschoren war sie ein kleines Knochengerüst mit Schlenkerbauch und Wasserkopf. Kopf, Schwanz und Pfoten hatte der Tierarzt ungeschoren gelassen. »Löwenschur« heißt so etwas. Etti sah aber nicht aus wie ein Löwe, sondern wie ein Monster. Wir hatten wenig Grund, mit ihr glücklich zu sein. Eklig war sie vorher schon gewesen, nun war sie auch noch häßlich. Etti selbst schien sich recht wohl zu fühlen ohne Filz. Zu allem Überfluß entdeckte Mutter eine schorfige Stelle auf Ettis Kopf. Erst dachten wir, daß Peggy oder Susi sie gekratzt hätten. Die Perserin war ja auch immer recht unfreundlich zu unseren Katzen. Aber die Wunde heilte nicht. Und nun gingen auch am Kopf die Haare büschelweise ab. Nun hatte Etti nicht nur einen kahlen Körper, sondern auch mitten auf dem Kopf eine Glatze. Sie war wirklich zum Verstecken greulich.

Der Tierarzt wußte nicht, was los war. Er verschrieb eine Salbe, aber die nützte nichts. Das Ekzem breitete sich über den Kopf aus. Ohr – Backe – alles. Nach zwei Wochen sah unsere Etienne wie das »Phantom der Oper« aus. Ohne Maske.

»Aber sie hat schöne Augen«, sagte Vater. Das stimmt. Etti hat goldene Augen, und sie sind wunderschön. Mutter sprach davon, Etti einschläfern zu lassen. »Sie ist krank. Womöglich ist es auch noch ansteckend! Ich hab andere Katzen! Ich hab ein Kind.«

»Tante Hilde hat sie aber mir geschenkt und nicht dir«, sagte ich. Ich hatte Etienne inzwischen ins Herz geschlossen. Obwohl sie nicht einmal richtig miauen konnte, sondern nur krächzte: »Eehh«, machte sie. Irgendwie klang es vornehm.

Tante Hilde wird es einsehen, wenn ich es ihr erkläre«, beharrte Mutter. Mutter verfrachtete sich mit einer Schale lauwarmem Wasser, einem Sack Wattebäusche und der medizinischen Salbe in mein Zimmer, wo Etti auf dem Bett schlief. Sie machte sich an die mühselige Arbeit, Ettis verschmierte Glatze sauberzuwischen und dann neue Heilsalbe aufzutragen. Ich stand an der verschlossenen Tür und heulte. »Bitte, Mama, du darfst sie nicht umbringen!«
»Ruhe«, schrie Mutter.
Ich schluchzte weiter, so laut ich konnte.
Als Mutter endlich wieder heraus kam, lächelte sie.
»Etti hat geschnurrt.« Ich konnte es nicht glauben. Vati auch nicht.
»Doch. Wie ich ihr den Kopf mit dem Wattebausch abgewischt habe, hat sie begonnen zu schnurren.
»Wahrscheinlich tut es ihr gut«, sagte Vater.
»Sie spürt, daß du es gut meinst«, sagte ich schmeichelnd. Ich wollte unbedingt, daß Etti am Leben blieb. »Wenn ich nur wüßte, was sie hat!« seufzte Mutter.

Der Tierarzt tippte auf eine Nahrungsallergie. Also wurde für Etti eine Spezial-Diät zubereitet: Lamm und Reis, Reis und Lamm, jeden Tag. Wir teilten uns die Arbeit. Ich briet das Fleisch und mischte es mit Reis, Futterkalk und Maisöl. Mutter wusch und salbte die immer größer werdende kahle Stelle auf Ettis Kopf, auf der sich immer wieder Schuppen und Bläschen bildeten. Vater ging mit ihr zum Tierarzt. Außerdem brachte er jeden Tag andere heiße Tips mit nach Hause: Bienenwachslotion oder japanisches Öl.
Wenn wir Besuch hatten und Etti kam ins Zimmer, schämten wir uns längst nicht mehr ihretwegen. Obwohl sie aussah wie »Miss Pest« persönlich. Wenn jemand eine Bemerkung machte, dann sagte einer von uns automatisch: »Aber sie hat schöne Augen, nicht wahr?« Wenn Katzen dich streicheln, so tun sie das nicht mit den Pfoten, sondern mit den Wangen oder mit den Hüften oder mit dem Schwanz. Und wenn Etti an meiner Mutter vorbeigeht, dann biegt sie ihren Schwanz gerade so ein bißchen ab. So daß die langen, seidigen Haare Mamas Beine berühren. Es muß sich anfühlen wie ein Hauch. Und Mama ist dann immer so schrecklich gerührt, daß sie gar nichts sagt, sondern nur schluckt. Wenn wir Tante Hilde von Etti berichten, dann sagt sie: »Na gut, an etwas wird sie wohl früher oder später sterben. Sie ist ja schon zehn Jahre alt.« Mutter runzelt die Stirn. »Etienne kann noch gut und gern fünf Jahre leben – acht Jahre!«
Mitten auf Etiennes rundem Kopf, dort, wo die ersten Haare ausfielen, ist ein neuer Flaum gewachsen. Sie sieht wahrhaftig aus wie ein Punk. Seit neuestem bürstet Mama sie dort, mit einer Kinderzahnbürste.

Angst 8

Mut

Biblischer Bezug: Lukas 22, 39-46; Johannes 16, 33
Biblische Erläuterung: Ich darf Angst haben, denn auch Jesus hatte Angst.
Kreativer Zugang: 108, 109, 157, 202, 203, 213
Inhalt: Janka erzählt, wie die Klasse zu einem Schulfest ein Spiel mit der Angst erfindet: eine selbstgemachte Geisterbahn.

Und da soll einer keine Angst bekommen...

Erzählung von Bärbel von Blankenburg

Ich heiße Janka und gehe in die 1. Klasse. Meine Lehrerin ist Frau Kramer. Sie hat knallrote Haare und ist die netteste Lehrerin von der ganzen Schule. In zwei Wochen feiern wir mit allen Klassen ein Fest. Am letzten Montag fragte Frau Kramer: »Tja, Kinder, was wollen wir für das Fest vorbereiten?« Einen Augenblick war es still – aber dann: »Dosenwerfen«, »Waffeln backen«, »Sackhüpfen«, »ganz viel Cola trinken«, »Wettlaufen«, »Kinder erschrecken«, »Zirkus spielen«, »Verkleiden«, »Bonbons essen«, »Tortenschlacht«.

Frau Kramer hatte sich alles aufgeschrieben und fragte mit ernstem Gesicht: »Sascha, was meinst du mit – Kinder erschrecken –?« Tja, und dann wurde es lustig, denn Sascha hatte die tollste Idee. Eine Geisterbahn, gruselig, richtig furchtbar scheußlich sollte sie werden. Wir gruselten alle so vor uns hin, bis Frau Kramer rief: »So, Ruhe, ruhig jetzt! Also, ich habe euch schon verstanden. Wir bauen eine Geisterbahn mit allen schrecklichen Dingen, vor denen ihr euch fürchtet oder Angst hattet, als ihr noch klein wart. Alles klar, morgen geht's los.«

Wir haben jeden Tag an der Geisterbahn gebaut. Manchmal durften wir etwas länger in der Schule bleiben. Das war auch nötig. Einige aus unserer Klasse sind schon auf dem Jahrmarkt in einer echten Geisterbahn gefahren. Sie haben erzählt, daß immer schnell hintereinander etwas Gruseliges aufgebaut werden muß.

Als wir mit allem fertig waren, durfte unsere Klasse die erste Fahrt machen. Ein bißchen unheimlich war mir schon zumute.
An unserer Klassentür lese ich das Schild: Angsthase, Pfeffernase, morgen kommt der Osterhase, übermorgen der Weihnachtsmann, zieht auch dir die Hosen stramm. Naja, das kann was werden. Auf geht's. Ich drücke die Türklinke herunter. Alles ist dunkel. Ich sehe gar nichts. Eine tiefe fremde Stimme ruft: »Ab jetzt mußt du auf allen Vieren krabbeln. Zieh dir die Schuhe aus, sonst werden die Geister zornig, sehrrr zorrrnig.« Ich krabbele natürlich, obwohl ich genau erkannt habe, daß die Stimme von einem Tonband kam.

Da, plötzlich sehe ich direkt vor mir ein Feuer. Ach, je, wenn's jetzt anfängt zu brennen. Ich bewege mich ganz langsam vorwärts. Zzsch – das Feuer erlischt. Es riecht verbrannt. Der Weg führt ein Stück geradeaus. Nach einer Linkskurve wird es hell. Vor mir steht ein Kinderbett mit lustiger Bettwäsche. Auf dem Kopfkissen liegt ein Stofftier. Wieder höre ich die Stimme von dem Tonband: »Leg' dich in das Bett, du sollst jetzt einschlafen.« Einschlafen – wie kann man denn in einer Geisterbahn schlafen? Egal, ich gehorche und lege mich hin. Das Licht geht aus – es ist ganz still. Nichts passiert. – Hm, kommen gleich Hexen, Gespenster oder Geister? –

Da, hat es nicht geklopft? – Nichts – alles ruhig. Ich bewege mich nicht und höre meinen Atem. – Das Licht geht an. Ach, das war's schon. Ich stehe auf und gehe weiter. Rechts und links stehen zwei riesige Bären, die mit ihren Tatzen immer nach unten zeigen. Was wollen die denn nur? Richtig, ich soll krabbeln. Langsam bewege ich mich zwischen den beiden Tieren hindurch. Der eine Bär streicht über mein Haar. – Es wird wieder dunkel. Vor mir springt aus einer grünen Tonne ein weißes Gerippe und zeigt mir den Weg. Ein Hund bellt – furchtbar laut. Entschlossen krabbele ich weiter. Da liegt ein Seil. Zum Balancieren? Ich überlege und krabbele darüber. Schallendes Lachen von mindestens einer ganzen Schulklasse. Ich halte mir die Ohren zu. Eine Tür schlägt zu und dann eine zweite – es ist dunkel und still. Ich taste die Wände ab – wo geht es weiter? Da ertönt die Stimme von dem Tonband: »Du bist allein. Deine Eltern sind nicht da. Buhuu.-Rufe: Licht, zeige mir den Weg.

Nur so findest du den Weg aus dieser dunklen Einsamkeit.« Ich schlucke und atme einmal tief. »Licht, zeige mir den Weg«, meine Stimme klingt ganz fremd. Plötzlich schwebt vor mir ein Licht. Ach, den Trick kenne ich. Oben hat jemand eine Taschenlampe an einer Schnur und führt sie so vor mir her. Also, Angst habe ich keine, oder? Naja, es ist eben dunkel und schon etwas unheimlich. Weiter geht's durch einen schmalen Gang, in dem rechts Roboter und Wesen von anderen Planeten blitzen und blinken. Es quietscht, ich krabbele weiter. Vorbei an zwei flüsternden Drachen. Eine Stimme jammert: »Auaaa.« Es ist wieder ganz still. Hoppla, was ist das? Hier kann es doch nicht regnen?

Da, ein Blitz, und jetzt donnert es auch noch. Selbst in der Geisterbahn gibt es Gewitter. – Ich krabbele eine Leiter hinauf. Huch, sie fällt auf den Boden, und ich hocke auf einem Tisch, oder ist es ein Schrank? Ich kann nicht erkennen, wie hoch es ist – hm – vorsichtig rutsche ich an dem Ding hinab und lande auf einer weichen Matratze. Ich krabbele durch eine Röhre aus Stoff und komme direkt beim Zahnarzt an. Ich muß lachen, denn nun habe ich wirklich keine Angst. – Mitten in einem Wald von Pappbäumen bleibe ich stehen und bewundere die toll gebastelten Bäume.

Es wird plötzlich windig. Der Sturm heult. Ein Fuchs läuft an mir vorbei. Schnell mache ich, daß ich weiter komme. Von oben ruft jemand: »Hallo.« Ich krabbele noch an Piraten vorbei. Sie schärfen riesige Messer, die nur so blitzen. Der Gang wird wieder sehr eng. Aus den Pappwänden kommen durch kleine Löcher rechts und links viele Hände und klopfen, kraulen, zwacken und streicheln mich. Eine Sirene heult – puh, schrecklich laut. Doch dann höre ich leise Musik von Flöten und Glöckchen. Ich weiß, der Spuk ist aus.

Ich sehe das Licht und meine Schuhe. Was ich nicht sehe, ist das Schild, das hinten auf meinem Pulli klebt. Was mag da wohl draufstehen?

Biblischer Bezug: Matthäus 14, 22-33; Johannes 16, 33
Biblische Erläuterung: Der sinkende Petrus - die rettende Hand

Kreativer Zugang: 108, 109, 121, 145, 174, 200, 202, 203, 204, 213

Inhalt: Ein Junge hat Angst vor Wasser, seit er einmal hineingestoßen wurde. Das bringt ihm den Spott der anderen ein. Ein Mädchen hilft ihm, sein Vertrauen wiederzufinden und schwimmen zu lernen.

Helfen

Aufeinander zugehen

Vertrauen

Verstehen

Wasser

Keine Angst mehr!

Erzählung von Susanne von Schröter

Schwarz und tief sah das Wasser aus. Andreas gruselte es immer, wenn er im Park an dem Tümpel vorbeiging. Man sah nicht einmal, wo der Rand war, weil Schilf und grünliche Algen alles überwucherten. Meistens drehte Andreas das Gesicht weg und ging ganz schnell vorbei, aber heute blieb er stehen. Der ganze Tümpel schien in Bewegung zu sein. Von einem Punkt aus zogen sich Kreise über das dunkle Wasser, als ob jemand ein Steinchen hineingeworfen hätte.
Es war aber kein Stein, was da auf dem Wasser schwamm, es war etwas Zappelndes, Dunkles. Andreas beugte sich vor, da sah er die Beinchen, winzig und hilflos ruderten sie auf dem Wasser herum. Es war ein dicker, schwarzer Käfer, der da verzweifelt um sein Leben strampelte.

Andreas packte einen Zweig, der auf dem Boden lag, und hielt ihn dem Käfer hin. Der zappelte noch heftiger, noch schneller. Vorsichtig und behutsam schob Andreas den Zweig unter den Käfer. Er hatte Glück, das Tierchen verfing sich an einem Blatt, und Andreas zog ihn langsam an Land. Einen Augenblick lag der Käfer da wie tot. Dann begannen die nassen Beinchen sich wieder zu regen, der Käfer sprang auf, rannte davon und verschwand eilfertig im Gras. Andreas sah ihm nach. Er starrte auf die Wasseroberfläche, die jetzt wieder ruhig dalag, dunkel und feindselig wie das Schwimmbad damals.
Andreas wandte sich schaudernd ab. Er hatte Angst vor Wasser seit damals. Immer wieder kam die Erinnerung daran, wie das Wasser plötzlich über ihm zusammengeschlagen war, an die plötzliche Dunkelheit und das Gefühl zu sinken. Sie hatten ihn herausgezogen, ihm beruhigend auf den Rücken geklopft und sogar ein bißchen gelacht, als er prustend und keuchend Wasser spuckte. Mit Tim hatten sie sehr geschimpft, weil der ihn hineingestoßen hatte, mit Absicht. Aber Tim hatte sich sogar noch verteidigt: »Mein Onkel hat mich auch so ins Wasser geworfen, weil ich mich nicht getraut habe. Er sagt, so lernt man es!«

Da schimpften sie auch noch auf Tims unvernünftigen Onkel, aber all das half Andreas nichts. Seitdem hatte er Angst vor Wasser, obwohl es schon zwei Jahre her war. Niemand gelang es, ihm das Schwimmen beizubringen, und im Grund verstand keiner seine Angst. »Angsthase!« riefen die andern, wenn er beim Schwimmunterricht aus dem Kinderbecken flüchtete, den Tränen nahe.
»Angsthase!« riefen sie auch, als er sich im Sommer am See nur dorthin traute, wo es flach und ungefährlich war. Da watete er herum, umringt von Entenmüttern, die dort ihre flaumigen Jungen mit dem Wasser vertrautmachten.
»Ente!« riefen die andern herüber, aus dem Tiefen auf der andern Seite der Absperrung aus schwimmenden Baumstämmen. Andreas tat so, als hörte er es nicht.
»Dahinten plantscht die Watschelente«, schrien sie. Dann tauchte sogar einer unter dem Balken hindurch und bespritzte ihn mit Wasser, bis er flüchtete. Andreas setzte sich aufs Handtuch, ein gutes Stück vom Wasser weg.

Die jungen Enten waren inzwischen alle im Wasser und schwammen vergnügt um ihre Mütter herum. Warum hatten sie keine Angst, so wie er? Er wandte sich ab, drehte allen den Rücken zu, die da so fröhlich schwammen, kreischten und spielten.
Da sah er das Mädchen. Es saß ein paar Meter entfernt und beobachtete ihn. »Kannst du nicht schwimmen?« fragte das Mädchen.
Andreas schüttelte den Kopf und fühlte, wie die Tränen ihm plötzlich übers Gesicht kullerten. Sowas Blödes! Was ging das alles das fremde Mädchen an?
»Ich heiße Nina«, sagte das Mädchen. »Ist mir egal!« murmelte Andreas. Nina überhörte es, sie stand auf und kam zu ihm herüber. Sie war gar nicht viel älter als er.
»Warum lernst du es nicht?« fragte Nina. »Das Wasser trägt einen doch!« »Mich hat es nicht getragen!« stieß Andreas hervor.
Nina sah ihn aufmerksam an. Sie lachte nicht, sie hörte einfach nur zu, als Andreas stockend zu erzählen begann, von dem Sturz ins kalte Wasser, und wie er geglaubt hatte, immer tiefer und tiefer zu fallen, und wie die andern lachten, weil er Angst hatte.

Nina versuchte nicht, ihn zu trösten. »Voriges Jahr habe ich meiner Schwester hier das

Schwimmen beigebracht, mit einem großen Reifen«, sagte sie. »Das Wasser ist so schön hier, manchmal ganz hellgrün, manchmal bläulich und so klar. Es macht Spaß, hier zu schwimmen«, fügte sie hinzu.
Andreas betrachtete skeptisch den See. Die Sonne glitzerte auf den winzigen Wellen, und das Wasser schimmerte silbrig-grün.
»Ich bringe morgen den Reifen mal mit«, sagte Nina, als sie ging.
Andreas antwortete nicht, aber zu Hause dachte er den ganzen Abend an Nina und an den See.
Sie brachte den Reifen tatsächlich mit. Groß wie ein Autoreifen war er, und rot.
»Willst du's versuchen?« fragte sie. »Nur, wenn du versprichst, daß du ihn immer festhältst.«
Nina hielt den Reifen fest, sie schob ihn geduldig vor sich her durchs seichte Wasser und kommandierte: »Arme zur Seite und Beine zusammen!« Andreas übte mit zugekniffenen Augen. Jedesmal, wenn er vorsichtig blinzelte, sah er Ninas Hand, die den Reifen hielt. Er fühlte, wie das Wasser anfing, ihn zu tragen und wie die Angst nachließ.
Am dritten Tag ging er ohne Reifen ins Wasser.
»Ich versuche es allein«, sagte er, »aber nur, wenn du dabeibleibst, mit dem Reifen!«
Nina nickte.

Das Wasser trug ihn tatsächlich. Er schwamm mit hastigen Stößen, aber plötzlich war die Angst wieder da. Strampelnd versuchte er, den Boden zu erreichen, schluckte Wasser, prustete und zappelte. Aber da stand Nina schon vor ihm, schob ihm den rettenden Reifen hin. Er packte danach, hielt sich fest, aber nur, um Atem zu schöpfen. Dann ließ er los und schwamm weiter, schnaufend und prustend. Ein Entenschwarm stob vor ihm davon. Er mußte lachen und schluckte wieder ein wenig Wasser, aber es war nicht schlimm diesmal, denn er sah Nina und den rettenden Reifen vor sich. Er schwamm und schwamm in die silbern glitzernden Wellen hinein, auf denen der rote Reifen tänzelte.

10 Angst

Alleinsein

Fremdsein

Heimweh

Veränderung

Schule

Vertrauen

Umzug

Biblischer Bezug: Josua 2 in Auswahl; Johannes 16, 33
Biblische Erläuterung: Josua fühlt sich gestärkt durch die Kundschafter

Kreativer Zugang: 108, 109, 195, 202, 203, 204

Inhalt: Martina hat Angst vor der neuen Schule. Sie fühlt sich fremd, hat Heimweh nach ihren Freundinnen, nach der alten Umgebung. Sie findet Schutz und Trost beim Hausmeister und gewinnt einen neuen Freund.

Mein Freund Goliath

Erzählung von Isolde Heyne

Martina hatte Angst vor der neuen Schule. Alles war hier anders, nicht nur der Stundenplan. Das war ihr schon bei der Anmeldung klar geworden. Die Direktorin war freundlich gewesen, doch hinter der Freundlichkeit hatte Martina auch sehr viele Fragen gespürt, ob sie im Unterricht werde mithalten können. Zu Hause war ich gut in der Schule, dachte Martina. Und sie dachte immer noch »zu Hause«, wenn sie Dresden meinte. In den paar Wochen hier, von einem Lager ins andere, konnte niemand heimisch werden. Auch das Zimmer, das sie nun für die Familie allein bekommen hatten, war nur eine Übergangsstation. Was machte es da schon aus, ob sie in der Schule alles mitbekam oder nicht!

Die Schule war riesig. Ein moderner Bau, viel Glas, viel Beton. Alle Schüler liefen in diesem scheinbaren Durcheinander zielstrebig in ihre Klassenzimmer. Aber wo war ihre Klasse?
Entmutigt nach einigen vergeblichen Versuchen, andere Schüler nach dem Weg zu fragen, setzte sich Martina auf eine Treppe, die nach oben führte. Jetzt, nach Unterrichtsbeginn, war es still geworden. Nur aus dem Musikzimmer drangen Stimmen, ab und zu auch Teile eines Liedes, das eingeübt wurde. Nach und nach wurde die Melodie erkennbar. Martina dachte: Die brauchen hier genauso lange wie wir drüben. Vielleicht ist das in anderen Fächern auch so? Ein Stückchen Angst wich.
Sie stand auf und lief durch die Gänge. Ihre Schultasche war leicht. Sie hatte noch keine Bücher, die hier benutzt wurden. Vor einigen Klassenzimmern blieb sie stehen und horchte an der Tür. Manchmal konnte sie erraten, welches Unterrichtsfach gerade dran war.

Dann schaute sie auf das Schildchen neben der Tür und las, welcher Klasse das Zimmer gehörte.

Dabei vergaß sie beinahe, daß sie längst in der 6 c sitzen sollte, um am Unterricht teilzunehmen. Die 6 c hatte sie aber immer noch nicht gefunden. Es war ein seltsames Gefühl, nicht dazuzugehören. Hier noch nicht, und in Dresden nicht mehr.
Plötzlich spürte Martina wieder das Heimweh. Noch nie in den letzten Wochen war es so stark gewesen wie in diesem Augenblick. Sie dachte: Was werden sie in meiner Schule gerade machen? Vielleicht haben sie jetzt Russisch bei Frau König. Oder ob sie Russisch nun gegen eine andere Fremdsprache austauschen werden? Für mich wäre Englisch jetzt auch wichtiger. Davon habe ich so gut wie keine Ahnung. Nie werde ich den Anschluß schaffen. Und dann werde ich sitzenbleiben.
Der Gedanke daran, das Schuljahr wiederholen zu müssen, verursachte ihr Magenschmerzen. Wie sollte sie die versäumten Wochen aufholen? Noch dazu, wenn sie eine andere Fremdsprache lernen mußte!

Entmutigt von diesen Gedanken ging Martina wieder zu ihrem Platz auf der Treppe zurück. Bis zur nächsten Stunde waren noch zwanzig Minuten Zeit. Martina konnte sich gegen die Tränen, die über ihr Gesicht liefen, nicht mehr wehren. Wo war die Freude geblieben, die sie vor ein paar Wochen gehabt hatten, als sie mit dem Trabi über die Grenze gefahren waren? Einfach so. Und der Vater hatte gejubelt: »Ab jetzt leben wir in der Freiheit! Endlich!« Auch als sie die ersten Tage mit noch hundert anderen Übersiedlern in einer Turnhalle übernachten mußten, hatte das die Freude nicht getrübt. Aber dann kam das Heimweh, der Verlust daheimgebliebener Freunde, Nachdenken über Zurückgelassenes, Enttäuschung darüber, daß alles viel komplizierter war, als sie geglaubt hatten . . .
Martina saß allein auf der Treppe in einer fremden Schule und fand ihre Klasse nicht. Von den über tausend Schülern, die in diese Schule gingen, kannte sie nicht einen einzigen, und von den Lehrern nur die Direktorin, die an ihrem Können zweifelte.

Jetzt wäre es für Martina tröstlich gewesen, wenn ihre Freundin Anke plötzlich durch die große Glastüre hereingekommen wäre. »Was ist denn mit dir los? Hast du was angestellt?« Vor Martina stand plötzlich ein Mann, groß wie ein Kleiderschrank. Sie sprang erschrocken auf. Die Schultasche rutschte die drei Stufen hinunter und blieb vor den Füßen des Mannes liegen. »In welche Klasse gehst du?« fragte der Mann streng. »Ich habe dich noch nie hier gesehen.« »Ich bin neu«, antwortete Martina. »Und ich habe meine Klasse nicht gefunden – die 6 c.«
Der Mann schaute prüfend auf Martina herunter. Sie reichte ihm nicht mal bis zur Brust. Und er ließ sich Zeit, bevor er sagte: »Ich bin hier der Hausmeister. Sie rufen mich alle Goliath, aber ich heiße mit meinem richtigen Namen Klein.« Und dann reichte er Martina die Hand.

Martina legte ihre Hand in die des Hausmeisters. »Ich heiße Martina Schubert. Ob es Ärger gibt, weil ich die erste Stunde verpaßt habe?« Der Hausmeister lachte. Es war ein richtig ansteckendes Lachen. »Doch nicht, wenn ich dabei bin!« Dann hob er Martinas Tasche auf und nahm Martina mit in seine Hausmeisterloge. »Du kommst aus Sachsen?« fragte er.
»Hört man das?« Martina spürte, wie ihr Gesicht heiß wurde. Jetzt kriege ich wieder einen roten Kopf, dachte sie. Wie oft wird mir das noch passieren?
In den Augen des Hausmeisters saßen Lachfunken. »Nicht zu verleugnen«, sagte er. »Ich hör's gern.«
Martina schaute dem Hausmeister Klein zu, der seine Arbeiten verrichtete und sich gar nicht von ihr stören ließ. »Warum hast du denn vorhin geweint?« fragte er.
»Ich war so allein«, gestand Martina.
»Jetzt hast du ja mich«, meinte Goliath. »Es wird gleich klingeln. Ich bringe dich in deine Klasse, und wenn was nicht klappt, dann kommst du zu mir. Abgemacht?«
Martina nickte nur, weil sie einen Kloß in die Kehle bekam.

Als der Hausmeister sie nach dem Pausenklingeln durch das Gewirr der Schüler in ihre Klasse brachte, fühlte sich Martina gar nicht mehr allein. Es gab ja Goliath an dieser Schule.

11 Ausgestoßensein

Tiere

Annehmen

Geborgenheit

Leben

Biblischer Bezug: Lukas 22, 63 - 23, 3 (5)
Biblische Erläuterung: Jesus wird verspottet

Kreativer Zugang: 107, 182, 189

Inhalt: Simp wird auf einer Müllhalde ausgestzt. Er ist zum Tode verurteilt. Aber er findet ein neues Herrchen, einen Clown. Mit Simp hat der Clown endlich wieder Erfolg im Zirkus.

Simp, der Hund, den niemand wollte

Erzählung von John Burningham

Stellt euch einen Hund vor, klein, schwarz, häßlich. Dazu noch einen Stummelschwanz. Stellt euch weiter einen Mann vor, dem der Hund gehört. Er will ihn los sein. Aber niemand will den häßlichen Hund.
Da setzt er ihn einfach aus. Vor der Stadt an der großen Müllhalde wirft er ihn zu alten Fahrrädern, Ölfässern und Autowracks.
Da sitzt der kleine Hund und sieht das Auto wegfahren. Er heißt Simp. Er ist allein. Er ist hilflos.

Als es dunkel wird, verkriecht er sich in einen alten Sessel. Ein paar Müllratten hören, wie sein Magen vor Hunger knurrt. Sie bringen ihm ein Stück Brot. »Aber morgen früh mußt du verschwinden«, sagen sie, »wir können dich hier nicht brauchen!«
Am nächsten Morgen läuft Simp zurück in die Stadt. Er begegnet vielen Leuten. Er beschnuppert die Beine von Kindern, von Frauen und Männern. Sie beachten ihn nicht. Keiner will ihn haben.
Simp hat Hunger. Er durchsucht die Mülltonnen nach einer Wursthaut, einem Butterbrot, nach irgendwas zum Fressen.
Drei Katzen sitzen zwischen den Tonnen und beobachten ihn. Eine Katze springt ihm vor die Schnauze. »Das ist mein Mülleimer«, faucht sie. Simp hat Angst vor ihr. Er rennt weg, die Katze hinter ihm her.
»Jetzt hab ich dich«, brummt der Hundefänger, packt Simp mit seinen groben Händen und setzt ihn zu den Herumstreunern, die er schon eingesammelt hat.

Die anderen Hunde ärgern Simp. »Du kleiner Fettwanst, so einen häßlichen Köter wie dich will bestimmt keiner haben«, beschimpft ihn ein Schnauzbärtiger.

Auf dem Hof des Hundefängers hält der Lastwagen. Die Hunde werden herausgetrieben. Simp ist nicht so dumm, wie er vielleicht aussieht. Er entdeckt ein paar alte Kisten. Er springt auf die erste Kiste, auf die zweite, auf die dritte. Von der dritten Kiste springt er über die Mauer.

Simp wetzt aus der Stadt. Er verkriecht sich unter Büschen, bis es dunkel wird.

In der Dunkelheit sieht er ein paar kleine Lichter. Es sind die Lichter von Wohnwagen. Simp läuft auf sie zu. »Da find ich was zu fressen und ein warmes Versteck«, denkt er.

Vor dem ersten Wagen liegt eine Kiste. Kisten haben ihm an dem Tag schon einmal Glück gebracht. Er klettert drauf.
Der Mann hinter dem Fenster wundert sich, als der Hund ihn anstarrt. Er steht auf, öffnet die Tür und holt ihn in den Wagen. Simp darf soviel fressen, wie er hinunterschlingen kann. Sein Stummelschwanz wedelt, als er einschläft.

Der Mann ist ein Clown. Er zeigt Simp am nächsten Tag den Zirkus. Das Zelt. Dann den Elefanten. Die Pferde. Den Löwen. Der Clown zeigt ihm auch die Kanone, die einen Gummiball durch einen Papierreifen schießen kann.
Der Clown hat Kummer. Sein Spiel gefällt den Zuschauern nicht mehr. Der Zirkusdirektor droht schon: »Wenn du nichts Besseres vorführst, mußt du den Zirkus verlassen.«
Am Abend beginnt die Vorstellung mit Pferden, Seelöwe und Elefant. Simp steht dabei. Als er die Kanone sieht, kriecht er hinein. Der Mann, der sie abfeuern soll, sieht die schwarze Kugel und meint, der Ball ist schon drin.
Als die Leute vom Zirkus den Clown erblicken, machen alle müde Gesichter. Einer sagt zum anderen. »Er kann nicht mehr auftreten, morgen entlassen wir ihn!«
Trommeln wirbeln und . . .
WUMM! Durch die Luft fliegt Simp. Er fliegt auf den Papierreifen zu und mittendurch.

Die Zuschauer schreien vor Begeisterung, als sie merken, daß der Ball ein kleiner schwarzer Hund ist. Der Clown läßt fast den Reifen fallen.
Simp landet auf einer Trommel. Er stellt sich auf die Hinterbeine. Es hat ihm Spaß gemacht, durch die Luft zu fliegen.
Die Zuschauer hören nicht auf zu klatschen. Simp und der Clown müssen auf einem Pferd eine Extrarunde reiten.
So eine gute Vorstellung hat der Zirkus lange nicht gehabt. Der Zirkusdirektor, Simp und der Mann, der Löwe, der Affe und der Elefant holen Tisch und Stühle und feiern.
Simp hat ein Zuhause gefunden. Er darf bei dem Mann bleiben. Ihre Vorstellung wird berühmt. Viele kommen nur in den Zirkus, um den kleinen häßlichen Hund als Ball aus der Kanone fliegen zu sehn. Simp hat seinen Spaß daran.
Der Mann auch.

Biblischer Bezug: Daniel 5

Biblische Erläuterung: Gott steht auf Seiten der Fremden und um seinetwillen Abgelehnten

Kreativer Zugang: 104, 110, 111, 112, 125, 137, 153, 166, 187, 199, 209

Inhalt: Juanita wohnt mit ihren Eltern in einer Asylunterkunft. Sie bekommt mit, wie die menschenunwürdigen Wohnverhältnisse zu Streit und Konkurrenzverhalten antreiben.

Fremdsein

Fremde

Anders(sein)

Menschenwürde

Asylbewerber

Armut

Miteinander

Hotel Astoria

Erzählung von Holger Heise

Juanita »wohnt« mit ihren Eltern in einem Hotel, oder sagen wir besser: in einer Asylantenunterkunft, die früher einmal ein Hotel war. Ob man das »wohnen« nennen kann – mal sehn, was du dazu meinst!

Juanita kommt aus Peru. Aber die meisten anderen Menschen hier kann sie nicht verstehen. Sie kommen alle aus verschiedenen Ländern: aus Afrika, aus Sri-Lanka, aus dem Iran, aus Afghanistan, aus Kurdistan – das über verschiedene Staaten verteilt ist . . . Alle haben sie ihre Länder verlassen, weil sie Angst um ihr Leben oder ihre Freiheit hatten. Sie mußten fort. Sie wollen hier ein neues Leben anfangen. Auch Juanita blieb nichts anderes übrig, als mit den Eltern mitzukommen. Weg von ihren Freundinnen und Freunden. Zu dritt leben sie in einem zu engen Zimmer, in das gerade noch drei Betten hineinpassen. Einen Schrank gibt es hier nicht. Den Eltern und den anderen Erwachsenen wird verboten, sich eine Arbeit zu suchen. So wissen sie nicht, wie sie den Tag verbringen sollen. Keiner weiß, ob er nicht am nächsten Tag schon wieder in seine Heimat zurückgeschickt wird.

Da fangen die Bewohner oft an zu streiten. Sie halten es in der Enge manchmal einfach nicht mehr aus.

Und es kommt auch schon mal vor, daß einer handgreiflich wird, weil er nicht mehr weiß, wohin mit seiner Angst vor der Zukunft. Wenn sie Streit hört im Hotel, versteckt sich Juanita, aus Angst, daß ihr was geschehen könnte. Oft sitzt sie stundenlang in ihrem Versteck und wagt nicht herauszukommen. Manchmal rennt sie einfach weg. Sie rennt so lange, bis sie nicht mehr kann und sich ausruhen muß. Die Stadt ist groß.

Sie hat es schwer, unter so vielen ängstlichen und streitenden Erwachsenen zu leben. Sie kann hier nicht einmal eine Freundin haben, mit der sie toben oder spielen kann. – Einmal ist sie ganz fortgelaufen. Sie wollte nach Peru, zurück zu ihren alten Freunden und Freundinnen. Aber natürlich, das wißt ihr auch: Der Weg nach Peru ist viel zu weit. Am zweiten Tag wurde Juanita von der Polizei aufgelesen und zurück ins Hotel gebracht. – Außer ihren Eltern war es niemand aufgefallen, daß sie weggewesen war.

Inzwischen ist Juanita zwei Jahre älter geworden. Sie lebt noch immer im »Hotel Astoria«, aber sie hat sich langsam an das Leben dort gewöhnt. Bald wird sie genauso sein wie die anderen: Sie wird zanken und streiten, um einen Arbeitsplatz kämpfen, um eine kleine Wohnung. Oder sie wird »abgeschoben«. Sie spürt, daß die Stimmung gegen Ausländer in diesem Land immer unfreundlicher wird. Juanita hat wenig Hoffnung.

In der Nähe vom »Hotel Astoria« ist mit einer Sprühdose ein Spruch an eine Hauswand angebracht:

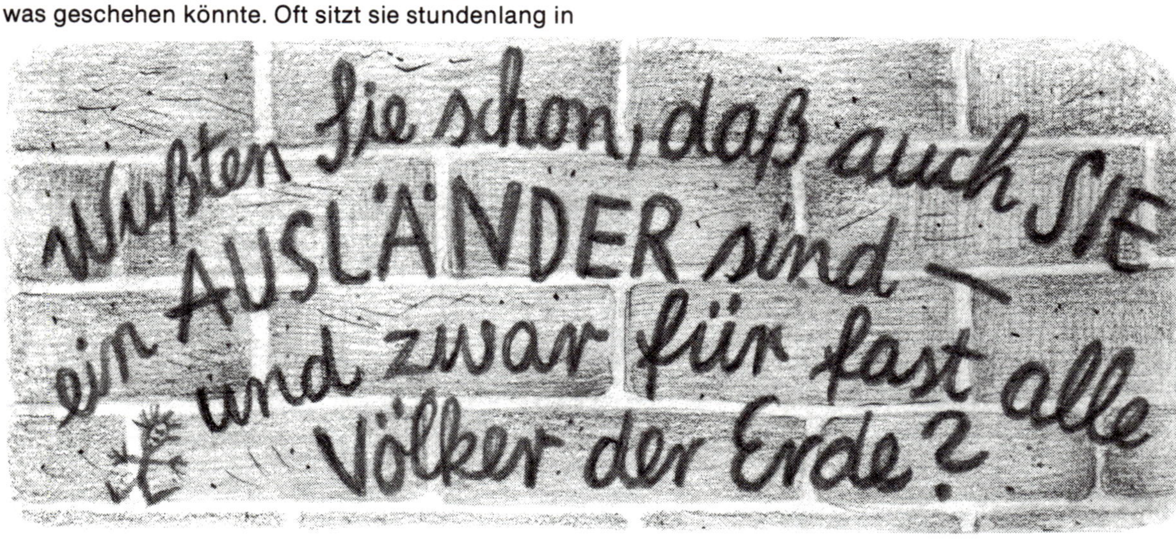

13 Ausländer

Miteinander

Frieden

Rassismus

Verstehen

Anders(sein)

Biblischer Bezug: Matthäus 5, 9
Biblische Erläuterung: Kleine Schritte auf dem Weg zum Frieden
Kreativer Zugang: 104, 110, 111, 112, 125, 133, 153, 166, 187, 199, 200, 201, 209
Inhalt: Remisious, ein Tamile, wohnt jetzt in Berlin. Er hat es schwer. Überall begegnet er Ausländerfeindlichkeit. Tita versucht ihm zu helfen, doch der Weg zu den Herzen der Menschen ist lang.

Ein Negerkuß für dich

Erzählung von Antoinette Becker

Nach der 10-Uhr-Pause, als die Kinder des IV. Schuljahrs in ihre Klasse kamen, stand an der blankgeputzten Tafel in großen Buchstaben **»Ausländer raus«!**
Manche Kinder lachten. Die Lehrerin ließ die Kinder sitzen: »Wer hat das geschrieben?« fragte sie. Es war plötzlich ganz still. Niemand meldete sich. »Vielleicht war es einer aus der anderen Klasse«, sagte Martin schließlich. »Darf ich es wegwischen?« »Nein«, meinte die Lehrerin – »wir wollen es nicht wegwischen; wir wollen darüber sprechen.« »Mein Großvater sagt, die Ausländer nehmen uns die Arbeit weg und die Wohnungen!« meinte Eva. »Aber irgendwo müssen sie doch wohnen.» »Warum sind sie denn gekommen? Die haben doch auch ein Land.« »Weil es Länder gibt, die arm sind und die wenig Arbeit haben. Sie arbeiten bei uns und verdienen für ihr Leben.« »Es gibt auch Menschen, die aus ihrem Land fliehen müssen, weil dort Krieg ist. Sie versuchen ein neues Leben in unserem Land anzufangen. Wir müssen ihnen helfen. Wir haben genug. Hier hungert niemand.«

Remisious, ein schöner Junge mit sehr schwarzem Haar und einer dunklen Gesichtsfarbe wie ein Inder, beteiligte sich nicht an dem Gespräch. Er saß still in seiner Bank. Er war ein Ausländer. Er kam aus Sri Lanka und war ein Tamile. Letzthin hatte eine alte Frau vor ihm in der U-Bahn ausgespuckt und Dreckspack gemurmelt. Remisious war ganz verstört nach Hause gekommen. Remisious' Vater war acht Jahre zuvor aus seiner Heimat geflohen. Er kam nach Berlin und wohnte bei einer deutschen Familie. Später kam die Mutter mit Remisious und einem Bruder. Die Mutter reiste zurück, um noch zwei weitere Kinder zu holen.

Als er damals in Berlin angekommen war, war ihm alles fremd: der Vater, das Haus, die Treppe, der Boden, die Geräusche und vor allem die Sprache der deutschen Familie. Er hatte wie ein Wolf aufgeheult. Tita, die Hausfrau, kam die Treppe herunter, setzte sich auf die Stufen, nahm den schreienden Remisious auf die Knie und wiegte ihn, bis er sich beruhigte. Er wurde ganz still und schaute sie unverwandt an mit seinen schönen dunklen Augen. Sie gab ihm einen Apfel, den er nur anschaute. Sie nahm den Jungen an die Hand und ging mit ihm zum Fenster: »Schau, es schneit.« Draußen auf dem erleuchteten Hof sah man die weißen Flocken wirbeln. Remisious blickte Tita mit fragendem Lächeln an. Er hatte noch nie Schnee gesehen. Remisious kam in den Kindergarten. Er war älter als die übrigen Kinder, doch sie liebten ihn, denn er war hilfsbereit, sanft und still. Er stritt nie. Als Remisious in die Schule kam, war die Lehrerin sehr lieb, doch die Kinder schauten in sein dunkles Gesicht und tuschelten. Einer sagte »Affengesicht«, aber das hörte wieder auf. Remisious hieß manchmal »Affengesicht«, aber immer »Negerkuß«. Er sagte Tita nichts davon.

Dann rief die Lehrerin bei ihr an: Der sanfte Remisious hatte Robin und Markus grundlos geboxt. Tita war inzwischen Remisious' Mama geworden und konnte das »grundlos« nicht recht glauben. Sie kannte ihren Remisious und bat ihn zu erzählen, was passiert war. Er weinte bitterlich: Er sei kein Negerkuß! Die Kinder aber schrien immer: Achtung, hier kommt Negerkuß! Tita brauste zuerst auf. Remisious' Schmerz ging ihr sehr zu Herzen. Sie erschien am nächsten Tag in Remisious' Klasse und trug eine große flache Schachtel in der Hand. Die zweiundzwanzig Kinder schauten gespannt auf Tita, die sie begrüßte und Remisious den Kopf streichelte. Dann fragte sie »Mag jemand einen Negerkuß?« Jedes Kind schrie: »Ich, ich!« Tita packte die Schachtel aus, und beim Austeilen sagte sie jedesmal: »Bitte, einen schönen Negerkuß!« Dann ging sie wieder. Die Kinder sagten nichts. Einmal sagte wieder einer »Negerkuß«, aber keiner wiederholte es. Remisious sagte zu Tita: »Jetzt macht es mir auch nichts mehr aus.«

Aber an diesem Tag mit der Tafelaufschrift »Ausländer raus« fühlte sich Remisious elend und allein. Die Stunde nahm ihren Lauf. Um 11.30 Uhr bat Remisious austreten zu dürfen. Er kam nicht zurück. Die Lehrerin ließ zu Hause anrufen, denn auch sein Rad war weg. Tita überlegte. Sie nahm das Auto und fuhr herum, aber sie fand den Jungen nicht. Es wurde Nacht – Remisious war verschwunden. Die Polizei war gebeten worden zu suchen. Tita war außer sich. Frühmorgens hatte sie eine Idee. Sie rief den Küster an und bat ihn, die Kirche aufzuschließen. Die Kirche war ein Ort, den Remisious sehr liebte. Sie trat leise ein und ging zu der kleinen, dunklen Kapelle, in der einmal im Jahr die Krippe und das heilige Land aufgestellt wurden. Auf dem Boden in der Ecke lag Remisious und schlief. Er wachte auf, und Tita nahm ihn in die Arme. Der Junge weinte nicht, er sprach auch nicht. Tita ging mit ihm nach Hause, badete ihn und legte ihn ins Bett. Sie brachte ihm Essen, las ihm vor, sprach viel mit ihm. Er hörte zu und schwieg. Es war schwer, ihn wieder in die Schule zu bringen. Als er nach drei Tagen dorthin zurückkehrte, lag auf seinem Platz ein schönes großes Blatt Papier mit Blumen verziert, darauf stand: »Wir sind froh, daß Du wieder da bist«, und alle Kinder hatten unterschrieben. José schob ihm noch einen Bonbon zu.

Behindert 14

Biblischer Bezug: Apostelgeschichte 2 in Auswahl
Biblische Erläuterung: Das Pfingstwunder
Kreativer Zugang: 131, 163, 164, 176, 177, 178, 199, 200, 201
Inhalt: Auf dem Spielplatz knüpft Melanie Kontakt zu einem sprachlosen behinderten Kind. Sie verstehen sich mit Händen, Füßen und Augen.

Verstehen

Pfingsten

Hände

Melanie versteht Manuel auch ohne Worte

Erzählung von Gina Ruck-Pauquèt

Pfingsten trifft Melanie auf dem Spielplatz einen Jungen, der anders ist als andere Kinder. Vielleicht ist die Frau in dem blauen Mantel seine Mutter. Sie ruft ihn Manuel.
Zuerst glaubt Melanie, daß der Junge eingebildet ist, weil er niemanden ansieht. Er sitzt da, hat einen Kreis in die sandige Erde gezogen und wirft nun Steinchen hinein.
Melanie schaut ihm zu. Es ist seltsam, wenn so ein großer Junge immer nur Steinchen in einen Kreis wirft.
Vielleicht langweilt er sich, denkt Melanie.
»Hallo«, sagt sie. Der Junge blickt nicht auf.

Du heißt Manuel«, versucht sie es noch einmal ohne Erfolg. Manuel ist ein hübscher Junge mit einem schmalen Gesicht und großen, dunklen Augen. Steinchen um Steinchen läßt er in den Kreis fallen, weiter nichts.
»Bist du traurig?« fragt Melanie.
Doch Manuel antwortet nicht. Da schmeißt Melanie auch Steinchen. Nun werfen sie abwechselnd, einmal der Junge und einmal sie. Bis es Melanie langweilig wird. Sie holt eine Handvoll abgefallenes Laub und beginnt, Blätter in den Kreis zu legen. Manuel schaut sie an. Dann macht er es ihr nach.
»Paß auf!« sagt Melanie. Sie zieht eine Sandale aus und stellt sie in die Mitte des Kreises. Dann die zweite.

Manuel zögert. Doch schließlich streift er seine Schuhe ab und stellt sie daneben. Den rechten und den linken. Und auf einmal lacht er Melanie an.
Melanie wird ganz froh, weil er lacht.
»Er ist ein behindertes Kind«, erklärt der Papa ihr abends zu Hause. »Er kann noch nicht alles, was andere Kinder in seinem Alter können. Für ihn ist es schwieriger, etwas zu lernen.«
»Aber er kann lernen«, sagt Melanie. »Es ist, als ob er eine andere Sprache spricht. Mit seinen Händen spricht er und mit seinen Augen. Und ich verstehe ihn.«

15 Betrügen

Ehrlichkeit

Freundschaft

Neid

Biblischer Bezug: 1. Mose 27, 1-40
Biblische Erläuterung: Jakob erschwindelt den Erstgeburtssegen

Kreativer Zugang: 149, 150

Inhalt: Zwei Freunde besuchen oft einen Nachbarn, der Briefmarken sammelt. Einer gibt sich für den andern aus und erschleicht sich die Briefmarkensammlung, die dem anderen versprochen war.

»Du Betrüger!«

Erzählung von Bernd Günther

Briefmarken sind meine Leidenschaft. Meine Sammlung kann sich sehen lassen. Das ist nicht übertrieben. Da ist nur ein wunder Punkt, der schon Jahre zurückliegt. Immer, wenn ich das Album von Opa Paul anschaue, werde ich daran erinnert.

Opa Paul wohnte in unserem Häuserblock. Er war blind und konnte nur am Krückstock gehen. Da er allein war, gingen Hans und ich öfter zu ihm. Wir kauften für ihn ein. Er freute sich, wenn wir zu ihm kamen, und nannte uns »seine kleinen Helfer«. Manchmal saßen wir auf seinem Sofa. Dann rauchte er Pfeife und erzählte uns von seinen Jungenstreichen.

Hans und ich, wir waren auch sonst oft zusammen. Weil er Briefmarken sammelte, hatte auch ich damit angefangen. Ich konnte viel von ihm lernen. Eines Tages wurde ich krank. Hans besuchte mich. Begeistert erzählte er von Opa Paul: »Er hat mir seine Sammlung gezeigt. Eine Wucht! Er hat alle Ausgaben der letzten 30 Jahre.

Und was das Tollste ist, ich soll sie kriegen.« »Schön«, sagte ich nur, aber mitfreuen konnte ich mich nicht. Hans mußte Opa Paul von unserem gemeinsamen Hobby erzählt haben. Mir war klar: Schnellstens mußte ich wieder gesund werden.

Ein paar Tage später klingelte ich an Opa Pauls Wohnungstür. Ich verstellte meine Stimme: »Hans ist hier.« Er ließ mich ein. »Wie geht es deinem Freund?« fragte er mich. »Och, der ist noch immer krank«, log ich. Dann fragte ich ihn: »Hast du noch deine Briefmarkensammlung? Ich freue mich so riesig darauf.« »Natürlich. Dort hinten im Schrank. Geh und hol sie! Sie liegt im untersten Fach.«

Ich legte sie vor ihn auf den Küchentisch. Er betastete das Album und schob es zu mir hin. »Du sollst es jetzt haben. Ich hab es mir überlegt. Es soll in die Hand eines guten Sammlers kommen.« Ich nahm das dicke Buch und preßte es an mich. Heftig klopfte mein Herz. »Danke, Opa Paul«, brachte ich noch heraus, dann verschwand ich.

Bald danach traf ich Hans zufällig auf der Straße. Wie angewurzelt blieb ich stehen. Seine Augen waren zu einem Schlitz zusammengekniffen. »Jakob, du Betrüger!« zischte er mich an. Ich spürte seinen Zorn und Haß.

Wir sind uns seitdem aus dem Weg gegangen. Aber immer noch verfolgen mich seine Worte. Wenn ich doch nur wieder mit Hans richtig reden könnte!

Biblischer Bezug: Lukas 12, 16-20
Biblische Erläuterung: Brot und Korn sind Geschenke Gottes
Kreativer Zugang: 117, 118, 119, 169, 186
Inhalt: Vom selbstgesammelten Korn bis zum Backen tut Eva alles selbst, um ein Brot herzustellen. Nur die Körner: "Die sind von allein gewachsen."

Eva backt Brot

Erzählung von Gudrun Pausewang

An einem Tag im frühen Herbst kommt Eva heim. Sie trägt ihren Anorak mit ausgestreckten Armen vor sich her.
»Aber Eva«, sagt die Mutter, »warum hast du den Anorak ausgezogen? Es ist heute doch so kühl und windig!«
Sie will Eva die Jacke abnehmen.
»Nein«, ruft Eva. »Vorsicht, stoß mich nicht. Ich hab die ganze Kapuze voll Körner. Die hab ich alle vom Stoppelfeld aufgesammelt. War das eine Mühe!«
Sie trägt den Anorak in die Küche. Dort legt sie ihn behutsam auf den Tisch. Die Körner liegen in der Kapuze wie in einem Nest. Eva schüttelt die Arme. Sie sind vom Tragen ganz steif geworden, und kalt sind sie auch.
»Was hast du jetzt mit den Körnern vor?« fragt die Mutter.
»Das wirst du gleich sehen«, sagt Eva, holt sich die alte Kaffeemühle aus dem Küchenschrank und füllt Körner hinein. Dann fängt sie an zu mahlen. Es knackt und rasselt. Sie mahlt bis zum Mittagessen und danach auch noch eine Stunde. Dann hat sie alle Körner aus der Kapuze gemahlen. Die Kapuze ist leer. Dafür hat sie jetzt eine kleine Schüssel voll Mehl mit vielen Schalenstückchen darin.

Das nennt man Schrot«, sagt die Mutter.
»Puh«, seufzt Eva und dehnt sich. »Mein Rükken tut so weh.«
»Kein Wunder«, sagt die Mutter. »Du hast ja auch schwer gearbeitet.«
»Und jetzt wird Brot gebacken«, sagt Eva.
»Warum machst du dir solche Mühe?« fragt Bruder Thomas und will sich ausschütten vor Lachen. »Wir haben doch Brot genug im Schrank.«
»Aber das ist nicht mein Brot«, sagt Eva.
Sie schüttet das Gemahlene in eine größere Schüssel. Sie läßt sich von der Mutter ein bißchen Milch und ein Ei und ein Tütchen Backpulver geben.
»Brot macht man doch mit Sauerteig«, sagt Thomas.
»Laß sie in Ruhe«, mahnt die Mutter. »Sie macht sich eben ihr eigenes Brotrezept. Das wird sicher auch sehr gut schmecken.«
»Hab ich was vergessen?« fragt Eva.
»Wenn es ein süßes Brot werden soll«, sagt die Mutter, »fehlt noch Zucker. Ein paar Rosinen wären auch nicht schlecht.«
»O ja, Rosinen«, ruft Eva.
Die Mutter schaltet den Backherd ein. Er soll schon warm werden. Eva knetet und knetet. Sie wird vor Anstrengung ganz rot im Gesicht. Thomas grinst. Er steht mit den Händen in den Taschen da und schaut zu, wie Eva endlich eine lange, plattgedrückte Wurst auf das Backblech legt und dann das Backblech in den Backherd schiebt. Aus dem Backherd quillt Hitze. Eva verbrennt sich am Daumen. Endlich hat sie die Klappe vom Backherd wieder zu. Aufgeregt versucht sie, durch das Fenster in der Klappe auf ihr Brot zu schauen.
»Ruh dich nur aus«, sagt die Muter. »Es dauert eine ganze Weile, bis das Brot gebacken ist.«

Mein Brot«, seufzt Eva erschöpft.
Sie setzt sich auf die Bank in der Eßecke und wartet. Aber sie ist vom Körnersammeln und Heimtragen und Mahlen und Mischen und Kneten und Formen so müde, daß sie einschläft.
Nach einer langen Weile hört Eva Mutters Stimme sagen: »Eva, dein Brot ist fertig.«
Die Mutter muß es ein paarmal sagen, bis Eva wach wird. Thomas zupft sie am Zopf. Da springt Eva auf, läuft zum Herd, reißt die Klappe auf. Sie spürt nicht nur die Hitze. Sie riecht auch den Duft, herrlichen Duft nach Gebackenem.
Die Mutter reicht Eva zwei Topflappen. Eva zieht das Blech heraus. Sie schreit vor Entzücken auf: Da liegt es, ihr Brot – goldbraun und krustig. Ein prächtiges Brot. Auch Thomas beugt sich darüber und schnuppert. Er grinst nicht mehr. Er staunt.
Zum Abendessen teilt Eva der ganzen Familie von ihrem Brot aus. Es ist ein bißchen hart. Aber keiner stört sich daran. Der Vater taucht seine Scheibe in den Tee, da wird die Kruste weicher.
»Kaum zu glauben, daß ich eine Tochter habe, die schon Brot backen kann«, sagt er.
»Ich hab's nicht nur gebacken«, sagt Eva stolz. »Ich hab's ganz und gar gemacht, mit Körnersammeln und Mahlen und allem anderen. Es war eine große Arbeit. Nur die Körner hab ich nicht gemacht. Die sind von allein gewachsen.«

17 Brot

Erntedank

Gottvertrauen

Biblischer Bezug: 2. Mose 16
Biblische Erläuterung: Manna fällt vom Himmel

Kreativer Zugang: 117, 118, 119, 169, 186

Inhalt: Ruben und Deborah entdecken das Manna-Wunder. Sie erleben, daß Vorsorge unnötig ist, weil Gott jeden Tag für seine Leute sorgt.

Vom Himmel gefallen

Erzählung von Gerhard Vicktor

»Kannst du auch nicht einschlafen, Ruben?« – »Gedöst habe ich ein wenig. Aber ich bin genauso gespannt wie du! Es ist einfach unglaublich: Gott soll Brot vom Himmel regnen lassen!? Hoffentlich stimmt das.« – »Jetzt warte erst einmal. ›Am Morgen könnt ihr es aufsammeln‹, hat Mose gesagt. Und so wie ich ihn kenne, heißt das, Gott wird uns irgendwie weiterhelfen«. – »Du hast Nerven, Deborah, ›irgendwie‹! Da hast du es, es wird schon hell. Und kein Brot weit und breit, oder?« – »Komm, Ruben, wir schleichen uns aus dem Zelt.«

Ruben und ich schleichen bis an den Rand unseres Zeltlagers. Kein Mensch merkt etwas. Ganz langsam wird der Himmel hell. Wir schauen nach oben. Nur nach oben. Kein Brot. Der Hals wird schon steif. Der Morgen ist bereits da. Noch ist es ganz still in den Zelten. – »Deborah, Deborah, siehst du das?« – »Was ist denn das?« Ich schaue auf den Boden. Wir beide knien inmitten kleiner weißer Kügelchen. – »Oh! – Wo kommen denn die her?« – »Ich bin sprachlos.« Ruben steckt sich bereits eine kleine weiße Kugel in den Mund. Dann noch eine und wieder eine. Mit vollem Mund hör' ich ihn sagen: »Schmeckt phantastisch! Etwas süßlich.« – Ich probiere auch. – »Stimmt! Sieht aus wie große Samenkörner. Wie Brot schmeckt es nicht. Aber wenn du nichts zu essen hast, dann bist du heilfroh, daß plötzlich irgend etwas Eßbares da ist. – »Wie vom Himmel gefallen!« schmatzt Ruben genüßlich. Sofort begreife ich: »Mensch, das wird das Brot sein. Mose hat gesagt ›morgen früh fällt es vom Himmel‹. Da liegt es nun.« – »Langsam, langsam, Deborah. Schau einmal, diese Riesensträucher hier. Und jetzt sei mucksmäuschenstill.« – Wir schweigen beide. Es ist ganz ruhig. Nur ab und zu ist es, wie wenn ein Wassertropfen fällt. Wir schauen, wo die Tropfen herkommen. Tatsächlich: die kleinen weißen Kügelchen fallen von den Blättern der kleinen Bäume. Es sieht aus wie Saft aus ihren Blättern. In der Morgenkühle werden die Tropfen ein wenig fest. – »Du, das gibt es aber in Ägypten nicht!« – »Vielleicht gibt es das nur hier am Rand der Wüste?« – Wir jedenfalls müssen nicht mehr verhungern. »Mann, da werden sich unsere Leute freuen!« – »Ob Mose das gemeint hat mit seinem Brot, das vom Himmel fällt?« – »Wenn du mich fragst: ja! Keiner hat damit gerechnet, daß es hier etwas Eßbares gibt. Und hungern muß jetzt auch keiner mehr. So wie ich den Mose kenne, sagt er dazu: So fällt für euch Brot vom Himmel. Und er hat nicht einmal so unrecht.«

Wir wecken unsere Eltern. Wir erzählen von den weißen Körnchen. Wir geben ihnen den Namen Manna. Das heißt in unserer Sprache »Was ist das?« Das waren ja unsere ersten Worte, nachdem wir die Körnchen gesehen hatten. Schon stürmen die Leute aus allen Zelten. Die Nachricht spricht sich herum wie ein Lauffeuer. Im Nu sind ganze Krüge voll. Ruben schüttelt den Kopf. Er steht mitten im Trubel. Die Leute jubeln, essen und sammeln. – »Wenn das nur gut geht«, denke ich. Langsam nehme ich ein Körnchen aus meiner Hand. Da erscheint Mose: »Leute, Leute, hört mir einmal zu!« Es wird ruhig. Die meisten haben ihren Krug schon gefüllt. »Das hat euch Gott nun gegeben. Gestern noch habt ihr es nicht für möglich gehalten. Ihr könnt euch sattessen. Aber ich sehe, ihr seid vorratswütig. Gott wird dafür sorgen, daß wir zu essen finden. Jeden Tag. Also, laßt uns nur aufheben, was wir für einen Tag brauchen.« – Mose meint sicher, daß andere an diesem Ort auch noch zu essen finden sollen. Wir ziehen ja weiter und werden morgen an anderer Stelle wieder satt. Hauptsache, es reicht für einen Tag. Eine Portion Manna, das ist dann unser täglich Brot. Wir ziehen weiter. Wir sind fröhlich und denken: Unser Mose, der weiß doch ziemlich genau, was Gott schenken kann, und was er dann auch von einem erwartet. Und richtig. Als ob meine Gedanken bewiesen werden müßten: Ruben rümpft die Nase. Auch ich habe es bemerkt: da stinkt es ekelhaft. Wir halten an. Das Gepäck wird untersucht. Und siehe da: einige haben heimlich Manna auf Vorrat in ihre Krüge gefüllt. Und das ist bereits verfault. Mose schaut sie nur an. Er braucht nichts zu sagen. Jeder weiß Bescheid. Später höre ich, wie sich Aaron mit meinen Eltern unterhält: »Wer in Notzeiten mehr vom Essen nimmt, als er braucht, der betrügt Gott.« – »Du hast recht, Aaron«, sagt meine Mutter, »nehmen wir diesen Gestank als Zeichen dafür, daß Gott nicht will, daß wir uns mit überflüssig viel Essen eindecken.« – »Wenn das so ist, wie ihr sagt«, hüpft Ruben auf einmal mit drei Mannakörnchen in der Hand herbei, »dann wirft der Mensch, der . . .« – Ruben weiß nicht so recht weiter. – »Na, Ruben, was willst du sagen?«, ermuntert ihn Mutter. – Ruben zupft mich am Kleid. Damit meint er: Sag du es,

Deborah! – »Ruben und ich haben gerade davon geträumt, wie es sein wird, wenn wir aus der Wüste draußen sind. Wenn es uns ganz gut geht im gelobten Land. Wenn wir wieder richtige Brotfladen haben, und da hat Ruben gesagt: ›Wer dann ein Stück Brot wegwirft, der wirft Gott weg!‹ «

Brot 18

Biblischer Bezug: Matthäus 26, 17-30; Johannes 6, 22-35

Biblische Erläuterung: Das Abendmahl; Jesus ist das Brot des Lebens

Abendmahl

Kreativer Zugang: 117, 118, 119, 186

Inhalt: Bildbeschreibung zum Selbitzer Wandteppich (Abendmahl Jesu), der die Einsetzung des Abendmahls mit anderen Brot-Worten Jesu verknüpft.

Jesus, Brot des Lebens

Erzählung von Dietrich Steinwede

Eine große Gestalt, hell, der Kopf geneigt, dahinter ein Heiligenschein.
Eine Gestalt mit ausgebreiteten Armen, mit ausgestreckten geöffneten Händen.
Unter diesen Armen, diesen Händen, Menschen, sieben links, fünf rechts.
Sie halten ihre Köpfe aufrecht oder geneigt.
Sie sind an einem Tisch.
Sie haben keine Gesichter und doch Ausdruck in den Gesichtern.
Die große Gestalt ist Jesus.
Die zwölf kleinen Gestalten sind die Jünger: Sie fühlen sich geborgen unter dem Arm von Jesus, ganz beschützt.
Ihnen ist warm ums Herz.
Hinter Jesus ein Himmel voller Sterne.
Links ein Querbalken, rechts ein senkrechter Balken: Das Kreuz!
Die große Gestalt geht durch den Tisch hindurch. Es ist, als ob der untere Teil des Körpers gleichzeitig der Tisch ist. Auf dem Tisch liegt auch ein Brot neben einem Kelch mit Wein. Das Brot geht durch den Körper hindurch, der Körper ist das Brot.

ICH BIN DAS BROT DES LEBENS,
hat Jesus gesagt.
Viele Menschen in der Welt sehnen sich nach Brot, nach einem richtigen Stück Brot.
»Ach, könnten wir nur hineinbeißen in ein schönes, großes duftendes Stück Brot, kauen und hinunterschlucken, daß es den Magen besänftigt, den Hunger stillt, ein Stück Brot nur, ein einziges Stück Brot.«
Andere Menschen haben einen anderen Hunger, der ist genauso stark. Sie haben Hunger nach Gott, nach dem ewigen Leben. Sie möchten immer bei Gott sein in der ewigen Seligkeit, in der Heimat des Lebens, wo alles wahr ist und gut und schön.
In der Bibel gibt es eine Geschichte davon: anderes Brot, Brot vom Himmel, Brot der ewigen Seligkeit, Gottesbrot.
Johannes erzählt diese Geschichte: Jesus hat die große Menge der Menschen satt gemacht.
Auf dem Berg. Er hat Brote genommen, Gott gedankt und das Brot an die vielen verteilt. Und alle haben genommen und gegessen.
Und alle sind satt geworden.
Und die Menschen haben gesagt,

DIESER JESUS IST WIRKLICH VON GOTT!

Am anderen Tag kommen viele von denen, die das Brot von Jesus gegessen haben. Sie finden Jesus, sie fragen ihn:
»Warum bist du hierhergekommen?«
Er sagt: »Ich weiß, ihr sucht mich, weil ihr von dem Brot gegessen habt und satt geworden seid.
Das war ein Zeichen. Ich wollte euch etwas zeigen von Gott. Ihr habt es nicht verstanden. Brot, das ihr täglich eßt, das kann verderben. Ich wollte euch zeigen, daß ein anderes Brot wichtiger ist, das Brot von Gott, das Gottesbrot. Das ist ein Brot, das nicht verdirbt. Und ich gebe euch dies Brot. Gott hat mich beauftragt, das zu tun. Gott hat die Macht dazu.
Sie fragen: »Was müssen wir tun, um Gottes Willen zu erfüllen?«
Jesus sagt: »Gott verlangt nur eins von euch: Ihr sollt dem vertrauen, den er geschickt hat.«
Sie sagen: »Gib uns ein Zeichen deiner Macht, damit wir dir glauben. Damals in der Wüste, da haben unsere Vorfahren Manna gegessen, Brot vom Himmel jeden Tag.«
Jesus sagt: »Ich bin es selbst! Ich bin das Gottesbrot, das Brot des Lebens. Wer zu mir kommt, der wird nie mehr hungrig sein, hungrig nach Gott. Der wird ewig leben, immer bei Gott. Der wird mit Gott zu Tisch sitzen und das Gottesbrot essen.
Das Brot ist ein Zeichen, ein Zeichen für ewiges Leben bei Gott. Ich bin ein Zeichen, ein Zeichen für ewiges Leben bei Gott.
Kommt und eßt das Gottesbrot.
Bei Gott ist wirklich genug!«

19 Brot

Abendmahl

Erntedank

Fremde

Biblischer Bezug: Johannes 6, 22; Psalm 104, 14f.
Biblische Erläuterung: Jesus, Brot des Lebens; Gott hat Brot für alle geschaffen

Kreativer Zugang: 117, 118, 119, 186, 199

Inhalt: Die selbstgebackenen Brote für ein Brotfest in der Schule sind verschwunden. In der Aufregung bringt die griechische Mitschülerin Elena die festlich geschmückten Brote. Es wird ein tolles Fest.

Das Brotfest

Erzählung von Christa Schlüter

Franziska kam von der Schule nach Hause. »Hallo«, rief sie ihrer Mama zu und warf den Ranzen auf die Eckbank: »Samstag feiern wir ein Brotfest. Ihr seid eingeladen. Kommst du mit?« – »Ein Brotfest?« Frau Schneider konnte sich darunter nichts vorstellen, und Franziska erklärte: »Weißt du, Frau Lohmann hat uns in Sachkunde gefragt, woher das Brot kommt. ›Von Maurer‹ hat Marina gerufen. Ihre Tante hat die Brotboutique im Supermarkt. Aber da hat Bassi protestiert, denn sein Opa ist Bauer. ›Es wächst auf den Feldern‹, hat er gesagt.«
Franziska unterbrach sich: »Weißt du, welche Ähren die längsten Grannen haben?« – »Gerste«, antwortete ihre Mama. – »Du bist echt stark«, lobte Franziska. Dann erzählte sie: »Bassi hat uns Ähren mitgebracht.« – »Und deshalb wollt ihr ein Brotfest feiern?« fragte die Mama erstaunt.

Nein, wegen Elena. Ihre Eltern sind Griechen und backen jede Woche eigenes Brot. Wir fanden das toll und wollten es auch mal versuchen. ›Gut‹, hat Frau Lohmann gesagt, ›feiern wir also ein Brotfest. Vormittags backen wir, und nachmittags laden wir eure Eltern ein.‹ « Franziska war begeistert: »Elenas Mutter zeigt uns, wie man Teig macht. Und Bassis Mama wird auch mithelfen. Bloß Herr Killermann, der Hausmeister, ist dagegen. Aber Frau Lohmann hat ihm versprochen, daß wir alles selbst putzen.«

Der Tag des Brotfestes kam schnell herbei. Frau Lohmann hatte Mehl besorgt, und Bassi brachte frisches Korn mit, dazu eine Schrotmühle von seiner Oma. Die drehte er nun fleißig mit Stefan gemeinsam. Elenas Mutter knetete mit den Mädchen den Teig. »Uff! Mir tun meine Arme weh«, seufzte Franziska. Alle Kinder hatten sich Brotbacken einfacher vorgestellt. Endlich schob Elenas Mutter die Brotlaibe in den Ofen. Und pünktlich 12 Uhr lagen sie knusprig und duftend, fertig auf dem langen Tisch der Schulküche. Herr Killermann steckte den Kopf zur Tür herein: »Donnerwetter«, sagte er anerkennend. Sein kritisches Auge schien zufrieden. »Seid pünktlich um vier wieder da«, rief Frau Lohmann den Kindern nach, als diese jetzt eilig zum Mittagessen nach Hause gingen.

Viertel vor vier Uhr schloß Herr Killermann die Eingangstür der Schule wieder auf. Franziska und Marina betraten als erste das Gebäude. Sie rannten gleich in die Küche, um die Brote zu holen. Sie sollten in Körben auf die Tische verteilt werden. Doch wie angewurzelt blieb Franziska auf der Schwelle stehen: »Das Brot ist weg!« rief sie entsetzt.
»Du spinnst«, Marina drängte an ihr vorbei. Sie sah sich um. Nirgends lag das Brot. »Das Brot ist weg! – Das Brot ist weg!« Jedem, der kam, wurde diese Hiobsbotschaft zugerufen. Jetzt erschien Frau Lohmann. »Das kann nicht sein«, beruhigte sie die Kinder, »ich werde Herrn Killermann fragen.« Aber er wußte auch nichts. Plötzlich sagte Stefan: »Elena fehlt.« – »Was hat das mit dem Brot zu tun?« fragte Bassi. Stefan zuckte die Achseln und meinte bloß: »Ausländer«.

Jetzt fuhr ihn Franziska an: »Du bist gemein. Elena legt eher ein Brot dazu.«
In diesem Augenblick rief Marina: »Kommt schnell, ans Fenster! Das müßt ihr sehen!« Über den Schulhof schoben Elena und ihre Mutter, ganz außer Atem, einen girlandenbekränzten Handwagen. Darin lagen, mit Papierschleifen verziert, die vermißten Brote. »Wir wollten euch überraschen«, riefen sie. Inzwischen kamen auch die Gäste. Alle bewunderten den Wagen mit den Broten. Bald saß man vergnügt an der Kaffeetafel im Klassenzimmer und ließ es sich schmecken. Franziska kletterte auf einen Stuhl und trug ein selbstverfaßtes Gedicht vor:

Das Brot erntet der Bauer.

Halb vier geht schon der Wecker.

wenn gutes Brot wir essen.

Alle lachten und klatschten Beifall. – Es war ein wirklich schönes Fest.

Biblischer Bezug: 1. Samuel 18, 1-16
Biblische Erläuterung: Saul ist eifersüchtig auf David

Kreativer Zugang: 120, 121, 136, 205, 206

Inhalt: Ulrike ist eifersüchtig, weil Thomas am ersten Schultag so im Mittelpunkt steht. Als sie ihrem Teddy alles voller Wut berichtet, erkennt sie ihre Eifersucht und beruhigt sich.

Neid

Wut

Geschwister

Haß

Eifersüchtig

Erzählung von Andrea Wolters

»So eine Gemeinheit, so eine Ungerechtigkeit«, jammert Ulrike ihrem Teddy vor. Sie redet immer mit ihm, wenn sie traurig ist. Heute ist sie wütend. Sie hat die Tür hinter sich zugeknallt und sich auf ihr Bett geworfen. Nach einer Weile erst ist ihr Teddy eingefallen. Jetzt hat sie ihn in den Arm genommen und erzählt ihm ihren Kummer: »Du weißt doch, Teddy, daß Thomas heute in die Schule gekommen ist. Von seinem ersten Schultag hat er ja auch schon so lange geredet. Als ob das so etwas Besonderes wäre, ich gehe ja schließlich schon zwei Jahre in die Schule! Und eine riesengroße Schultüte hat er bekommen, randvoll mit Süßigkeiten, und ich nur eine Tafel Schokolade und eine Tüte Bonbons. Heute morgen brannte eine Kerze an Thomas Frühstücksplatz und ein kleiner Blumenstrauß stand da. Mama ist mit ihm in die Schule gegangen und hat ihn auch wieder abgeholt. Und ich war allein zu Hause, weil bei mir die Schule eher zu Ende war. Ich habe ganz allein die Suppe warm gemacht, aber niemand hat etwas dazu gesagt. Alle haben nur Thomas gefragt, wie es denn war und was er gemacht hat. Als ich dann auch mal erzählen wollte, nämlich, daß Stephanie heute eine Scheibe eingeworfen hat mit dem Fußball, hat mich Mama angefahren und gesagt: ›Jetzt laß doch mal den Thomas erzählen!‹ So eine Gemeinheit, so eine Ungerechtigkeit. Dabei hat der doch schon den ganzen Tag geredet.« Teddy schaut Ulrike nur traurig an. Er sagt nie etwas, wenn Ulrike ihm erzählt, was sie bedrückt. Er hört nur zu. Trotzdem sagt Ulrike plötzlich: »Da hast du recht, Teddy, ich bin eifersüchtig. So wie Saul in der Geschichte, die wir im Kindergottesdienst gehört haben. Der war eifersüchtig auf David, weil das ganze Volk David lieber hatte und ihn mehr lobte als Saul. Er hatte Angst, daß eines Tages David an seiner Stelle König werden könnte. Aber das ist doch blöd! Mama hat Thomas sicher nicht lieber als mich, auch wenn er heute eine Schultüte bekommen hat. Meinen ersten Schultag haben wir ja auch gefeiert, ich erinnere mich nur nicht mehr so richtig daran.«

21 Eifersucht

Verantwortung

Geschwister

Biblischer Bezug: 1. Samuel 18, 1-16
Biblische Erläuterung: Saul ist eifersüchtig auf David

Kreativer Zugang: 120, 121, 134, 135, 193, 194

Inhalt: Anna ist eifersüchtig auf die kleine Schwester, die immer bevorzugt wird. Sie gewinnt ihr Selbstwertgefühl wieder, als sie bemerkt, wie wichtig ihre Verantwortung für die Schwester ist.

Die kleine Schwester

Erzählung von Monika Pelz

Schon allein, daß ihre jüngere Schwester Aglaja heißt, sie aber nur Anna! Und sie sehen einander gar nicht ähnlich: Aglaja hat schwarzes Haar und grüne Augen. Anna hat braunes Haar, braune Augen, Sommersprossen. Sie findet sich häßlich. Für die Eltern ist sie die »Große«, die »Gescheite«, während Aglaja die »Hübsche« ist.

Wie geht es meiner Hübschen?« sagt der Vater zu Aglaja.
»Alles o. k.?« fragt die Mutter Anna, wenn sie am Abend nach Hause kommt. Sie verläßt sich darauf, daß Anna aufpaßt, ob ihre kleine Schwester lernt und die Aufgaben macht. Anna haßt es, auf Aglaja aufzupassen, sie immer zu mahnen: Mach dies, mach jenes, hast du das schon erledigt? Hör endlich auf zu telefonieren! Wie eine böse Hexe kommt Anna sich dann vor. Und Aglaja ist die Prinzessin, die gefangengehalten wird. Die kleine Schwester würde viel lieber mit ihren Freundinnen tratschen, die den ganzen Nachmittag anrufen und sie einladen, mitzukommen – in den Park, zum Eislaufen . . .
»Das wär' super!« sagt Aglaja, »aber meine Schwester erlaubt es nicht!« Anna würde sie ja am liebsten ziehen lassen. Aber die Eltern verlassen sich auf sie. Mutter könnte ihren Beruf nicht ausüben, wenn Anna sich am Nachmittag nicht um Aglaja kümmern würde.

Wenn Agi nicht wäre, könnte ich selbst mehr unternehmen, denkt Anna. Ich würde auch gern Freundinnen besuchen oder Eislaufen gehen! Manchmal wünscht sie sich, es gäbe ihre kleine Schwester nicht. Und dann kommt sie sich noch häßlicher und böser vor. Denn Aglaja hat ihr ja nie etwas angetan; bloß, daß sie hübscher ist! Und daß jeder sie lieber mag! Und außerdem muß sie alles, was Anna tut, auch tun!

Wenn aber Aglaja etwas in Angriff nimmt, dann gelingt es ihr immer besser als der großen Schwester. Kaum hat Aglaja mit dem Eislaufen angefangen, da konnte sie auch schon rückwärts fahren. Das hat Anna bis heute nicht gelernt.
Oder zum Beispiel Töpfern: Als Anna im Werkunterricht töpfern lernte, kam sie einmal mit einem Klumpen Lehm nach Hause und wollte eine Vase formen. Mutter war davon nicht begeistert. Überall waren die Lehmspuren: in der Küche, im Wohnzimmer, im Kinderzimmer.
»Das Zeug muß fort«, befahl die Mutter. Anna gab den Lehm in die Abstellkammer. Dort entdeckte ihn Aglaja. Und obwohl sie Töpfern noch gar nicht gelernt hatte, machte sie sich an einen Aschenbecher. Natürlich hinterließ sie nicht weniger Schmutz als Anna, und Mutter regte sich dementsprechend auf. Vater fragte: »Was wird denn das?« Als er hörte, daß seine Hübsche einen Aschenbecher für ihn machen wollte, freute er sich und erlaubte, daß sie ihn glasieren und brennen ließ.
Noch ärger wurde es mit den Sammlungen. Irgendwann hatte Anna zu sammeln begonnen: Mineralien, Briefmarken, Zuckerstücke, Muscheln.

Nicht lange, und Aglaja legte auch Sammlungen an. Natürlich sammelte sie die gleichen Dinge: Steine und Briefmarken, Zuckerstücke und Muscheln. Aber Aglajas Sammlungen wuchsen viel rascher, weil die vielen Freundinnen und Freunde und auch Onkeln und Tanten anfingen, ihr Steine und Muscheln und Zuckerstückchen zu bringen. Dagegen hatten Annas Sammlungen keine Chance. Einmal, als Aglaja von den Großeltern, die vom Urlaub zurückkehrten, eine prachtvolle Meeresschnecke bekam, brach Anna in Tränen aus.
»Ja, Kinderl, wir haben gar nicht gewußt, daß du auch sammelst!« rief Großmutter. Anna lief in ihr Zimmer, Mutter kam nach. Sie betrachtete Annas Schatz: ein kleines Häufchen Muscheln in einem Karton. »Warum tust du nicht deine Sammlung einfach mit der von Agi zusammen?« schlug Mutter vor. »Weil ich angefangen habe!« schluchzte Anna, »warum muß immer ich nachgeben?«
»Du bist eben die Größere und Gescheitere«, war die Antwort. Aber Mutter spürte, daß Annas Kummer tief und groß war. Und da sie ihre Tochter liebte, wollte sie ihr eine besondere Freude machen. Sie wußte, wie sehr Anna sich einen Hund wünschte, und so wurde ein Rauhhaardackel angeschafft. Anna war glücklich. Sie taufte ihn Emil, versprach, sich um sein Futter zu kümmern und regelmäßig mit ihm auf die Straße zu gehen. Andernfalls kommt Emil wieder fort, hatte Mutter gedroht.

Pflichtbewußt betreute Anna den quicklebendigen kleinen Hund, der nicht wenig Arbeit machte. Außerdem mußte sie noch aufpassen, daß Aglaja nicht den ganzen Nachmittag über mit Emil spielte. Aber das war nicht das Schlimmste. Das Schlimmste war, daß Anna allmählich eine furchtbare Wahrheit dämmerte: Emil liebte ihre kleine Schwester mehr als sie. Kam Anna nach Hause, so begrüßte er sie mit freundlichem Schwanzwedeln. Aber wenn Aglaja kam, benahm er sich wie toll, sprang an ihr hoch, winselte und leckte ihre Nasenspitze ab. Es war so offensichtlich, daß Emil Aglaja den Vorzug gab, daß die anderen allmählich anfingen, von Aglajas Hund zu sprechen. Als Anna es hörte, wurde ihr heiß vor Zorn. Gut, dachte sie, wenn es Aglajas Hund ist, dann soll sie sich auch um ihn kümmern!

»Geh du mit ihm hinunter!« sagte sie zu ihrer Schwester, wenn Emil an der Tür kratzte. Aglaja ging gern mit Emil spazieren. Das war für sie ein Riesenspaß. Aber sein Futter zu besorgen, vergaß sie meist, gab das Geld für andere Dinge aus.

Dann ging Anna mit ihrer Schulklasse auf einen Tagesausflug. Die kleine Schwester war an diesem Nachmittag sich selbst überlassen. Anna wußte schon im vorhinein, daß Aglaja ihre Aufgaben nicht machen würde und pausenlos telefonieren würde. Gassigehen würde sie verschieben, wenn etwas Spannendes im Fernsehen lief.

Wenn ich es drauf ankommen lasse und mich nicht weiter um alles kümmere, dann macht Mutter ernst, und der Emil kommt fort. Aglaja wird ein Theater machen, aber es wird ihr nichts nützen. Mutti würde unerbittlich bleiben. Die ließ sich von Aglaja nicht so leicht um den Finger wickeln wie Vater. Auch Anna würde es leid tun um Emil. Aber er war ja nun Aglajas Hund, nicht ihrer. Dann kamen sie aber eine Stunde früher als angekündigt vom Ausflug zurück. Anna überlegte, ob sie sich in einen Eissalon setzen sollte und warten, bis es fünf wurde und Mutter nach Hause kam. Eine Weile stand sie unschlüssig an der Haltestelle. Schließlich ging sie aber doch nicht in den Eissalon, sondern nach Hause. Unterwegs kaufte sie frisches Hundefutter. Emil begrüßte sie freudig. Auf dem Läufer im Vorzimmer war ein dunkler Fleck. Im Wohnzimmer hockte Aglaja vor dem Fernsehapparat. Anna stellte ihn ab. »Was ist mit deinen Aufgaben?« Aglaja maulte.

Mit dem Emil warst du auch nicht unten! Im Vorzimmer hat er eine Pfütze gemacht!« sagt Anna streng. Sie fütterte den Dackel, streute Waschpulver auf den Fleck. »Soll ich jetzt mit ihm hinuntergehen?« fragte Aglaja kleinlaut. »Du machst deine Aufgaben, ich kümmere mich um Emil«, entschied Anna. Aglajas Hund! dachte sie, während sie sich von dem glücklichen Emil fortziehen ließ. Es ist eigentlich egal! Emil war ein süßer kleiner Hund, der nicht dafür konnte, daß er die kleine Schwester lieber mochte und daß Anna eifersüchtig war. Wenn Mutti ihn fortgibt, bricht Emil das Herz! dachte Anna. Aglaja ist noch zu jung und dumm, um das zu begreifen.

Sie war die Ältere, die Gescheitere. Zum ersten Mal war sie froh darüber.

Eifersucht 22

Biblischer Bezug: 1. Mose 37, 12-36
Biblische Erläuterung: Josef spaltet die Familie

Kreativer Zugang: 120, 121, 145, 174

Inhalt: Weil sein Vater einen tödlichen Unfall verursacht hat, gerät Pit in die Isolation. Seine Deutschlehrerin, Frau Berger, kennt seinen Kummer und steht ihm zur Seite.

Freundschaft

Schule

Unglück

Helfen

Pit liebt Frau Berger

Erzählung von Elke Bräunling

Pit liebt Frau Berger!« stand auf der Tafel der Klasse 6c. In großen roten Buchstaben, damit es keiner übersah. Die Schüler, die das Klassenzimmer betraten, grinsten. Hihi, der Pit. Wieder einmal, doch wen wundert's? Wie immer kam Pit als letzter. Der Matheunterricht beim Direktor hatte schon begonnen. Pit murmelte eine Entschuldigung und verdrückte sich auf seinen Platz. Da erst bemerkte er das Gekicher seiner Klassenkameraden. Hatten sie wieder etwas gegen ihn ausgeheckt? Wäre ja nicht das erste Mal. Gleichmütig blickte er zur Tafel. Oh Gott! »Pit liebt Frau Berger!« Das Blut gefror ihm in den Adern, und sein Herz begann wie wild zu klopfen. Wollten sie ihn fertigmachen?

Pit biß die Zähne zusammen. »Nur nicht rot werden, verdammt, nur das nicht«, dachte er. Doch es half nichts. Mit hochrotem Kopf saß er auf seinem Platz und schwitzte. Wenn der Direktor diesen Mist las? Nicht auszudenken. Ob er einfach zur Tafel gehen und das Geschmiere wegwischen sollte? Er gab sich einen Ruck, wollte aufstehen, doch zu spät. Im gleichen Augenblick drehte sich der Direktor zur Tafel.

»So, so«, murmelte er und grinste. »Pit liebt Frau Berger! So ein Schlimmer! Nein, so etwas!« Die Klasse begann zu toben. Pit duckte sich. Wenn er doch nur davonlaufen könnte. Und nichts sehen und hören müssen. Nie mehr. Das Getöse wurde immer lauter. »Hihi, der Pit«, grölten sie. »Unser Pitilein, so ein Schlimmer« und »Seht doch, er hat einen ganz roten Kopf.«

Das ging noch eine Weile. Pit stöhnte verzweifelt. Hörte das denn nie auf? Irgendwann mußte doch mal Schluß sein!

Seit einem halben Jahr ging das nun schon, seit damals, als die Sache mit seinem Vater passierte. Es konnte zwar nicht bewiesen werden, daß Pits Vater schuld war an dem Unfall, doch das kleine Mädchen war tot. Und dann hatte es begonnen: »Mörder!« hatte jemand aus der Klasse gerufen.

»Dein Vater ist ein Mörder!« Das hatte ihm sehr weh getan, und als sich seine Klassenkameraden, die sich seine Freunde nannten, immer seltsamer verhielten, hinter seinem Rücken flüsterten und blöd grinsten, hatte er sein Amt als Klassensprecher niedergelegt. Bald wollte sowieso keiner mehr etwas von ihm wissen, von ihm, dem »Mördersohn«. Pit hatte damals nur mit den Achseln gezuckt. Auf solche Freunde konnte er verzichten. Diese falsche Bande. Pit fühlte sich ganz schön verraten.

Ohne Frau Berger wäre Pit sehr alleine gewesen. Frau Berger, die junge Deutschlehrerin, war der Schwarm der ganzen Klasse und wohnte – welch Glück – in Pits Straße. Eines Tages hatte sie ihn gefragt, ob er ihren Hund Bernie ausführen wollte. Pit war begeistert. Klar, das würde er gerne tun. Er mochte den tapsigen, verspielten Bernie. Außerdem hatte er ja viel Zeit. Und so verbrachte er nun jede freie Minute mit Bernie. Manchmal ging auch Frau Berger mit. So wurden sie zu Freunden, und es dauerte nicht lange, bis die Lehrerin Pits Kummer kannte. Doch helfen konnte sie ihm auch nicht.

»Du mußt warten, bis etwas Aufregendes passiert, das von dir ablenkt«, sagte sie. Sie lächelte traurig. »So sind die Menschen nun mal. Leider!« Pit nickte. »Dann wird der nächste verraten und verkauft«, sagte er. »Aber ohne mich.«

Aus heiterem Himmel hatten dann diese dummen Streiche begonnen. Einer seiner früheren Freunde mußte ihn wohl mit Frau Berger und Bernie beim Spaziergang gesehen haben. Und nun passierte fast täglich etwas anderes. Lauter albernes Zeug und kleine Gehässigkeiten und heute eben die Sache mit der Tafel.

Pit gab sich einen Ruck und erwiderte die feindlichen Blicke seiner Klassenkameraden, und plötzlich wußte er es: Neid! Sie waren ja nur neidisch. Er lächelte und dachte an die Worte von Frau Berger: »Du mußt Geduld haben – bis irgendwann . . .« Außerdem hatte er doch zwei richtige Freunde, Frau Berger und Bernie. War das nicht schon sehr viel?

23 Einsetzen (sich)

Freundschaft

Familie

Ausländer

Schule

Sinn

Biblischer Bezug: 1. Könige 19, 1-18

Biblische Erläuterung: Den alten Weg verlassen

Kreativer Zugang: 143, 188, 220

Inhalt: Die von der Mutter angetriebene "Musterschülerin" Valerie gerät in einen Gewissenskonflikt, als sie von einer polnischen Mitschülerin um Nachhilfe in Deutsch gebeten wird.

Valerie nimmt sich was vor

Erzählung von Monika Pelz

Für dieses Schuljahr hat Valerie einen großen Vorsatz gefaßt: Nur noch Einser! Über den Zweier im Abschlußzeugnis runzelte Mama die Stirn und sagte: »Ausgerechnet in Geographie! Wie konnte dir denn das passieren?« Papa lachte nur darüber. Er findet Noten nicht so wichtig. Aber den Papa nimmt ja keiner ernst. Er hat nicht einmal einen richtigen Beruf, sondern besorgt den Haushalt. Mama ist Ärztin. Und wenn sie abends aus der Klinik kommt und das Essen ist nicht fertig, dann wird sie böse. Valerie beeilt sich immer, damit sie bis abends ihre Aufgaben gemacht hat und alles gelernt und geübt hat. Früher hat Mama sie noch abgefragt. Jetzt sagt sie: »Ich verlasse mich auf dich.« Und Valerie hat beschlossen: Nur noch Einser. Sie weiß, daß der Geographie-Lehrer sie nicht besonders mag, weil er sie für eine Streberin hält, und deshalb lernt sie doppelt soviel. Wenn sie alles weiß, dann kann er ihr einfach keinen Zweier mehr geben.

Aber Valerie«, sagt der Papa, wenn er sie über die Bücher gebeugt sieht. Er möchte lieber, daß sie etwas mit ihren Freunden unternimmt. Aber erstens würde Valerie dann mit den Aufgaben nicht fertig werden, und zweitens hat sie keine Freundin, höchstens Izzi, die genauso super in der Schule ist wie sie. Izzi hat kein besonders gutes Zeugnis, aber sie hat den Durchblick. Die Fummel, die sie trägt, die Sprüche, die sie auf Lager hat – Izzi gibt in der Klasse den Ton an. Ihren Eltern, sagt sie, ist es egal, ob sie lernt oder nicht. Valerie bewundert Izzi. Trotzdem fällt es ihr nicht ein, nach der Schule mit den anderen herumzubummeln. Die Mama soll nicht noch einmal so die Brauen hochziehen: Ein Zweier? Wie konnte dir denn das passieren?!

Valerie hat es zu Mittag eilig, nach Hause zu kommen. Deshalb hat sie auch keine Zeit für Nadja. Nadja ist aus Polen gekommen. Sie ist in keinem Fach gut, außer in Turnen. Und jetzt fragt sie, ob Valerie wohl ihre Deutschaufgabe durchsehen könnte. Die hat vielleicht Nerven! Soll sie sich doch einen Nachhilfelehrer nehmen! »Tut mir leid, ich muß lernen. Morgen ist Geographie-Test.«
Nachmittags sitzt Valerie über dem Geographie-Buch, aber statt an die südamerikanische Wirtschaft muß sie immer an Nadjas trauriges Gesicht denken. Schließlich besorgt sie sich Nadjas Telefonnummer und ruft sie an. Nadja freut sich und kommt mit ihrem Deutschheft. Valerie entdeckt, daß es sogar Spaß macht, Nadja zu helfen. Die hat ja viel nachzuholen! Liebe schreibt sie ohne »ie«! Und von Beistrichen hat sie keine Ahnung!

Als die Mama um sieben Uhr heimkommt, ist weder das Abendessen fertig, noch der Mist hinuntergetragen, weil Papa getrödelt hat. Und die südamerikanische Wirtschaft muß Valerie auch noch lernen. Mama kriegt einen ganz schmalen Mund. Sie essen schweigend. Nach dem Essen will die Mama mit Valerie plaudern, aber Valerie sagt, daß sie noch Geographie machen muß. Die Mama wird zornig. »Ich denke, du wolltest dich dieses Jahr zusammennehmen!«
»Ich mußte Nadja helfen. Sie ist in Deutsch so schwach!«
»Was heißt, du mußtest? Soll sie doch eine Nachhilfe nehmen!«
Valerie erwidert nichts mehr, geht zu ihren Büchern. Aber wieder muß sie an ganz andere Dinge denken als an die südamerikanische Wirtschaft. Und seltsam: es ist ihr auf einmal gar nicht mehr so wichtig. Selbst, wenn sie morgen eine schlechtere Note kriegen sollte. Aber Nadja wird in Deutsch nicht durchfallen, das nimmt Valerie sich auf einmal vor. Denn es gibt wichtigere Dinge, als die Beste zu sein oder der Mama eine Freude zu machen. Irgendwie scheint das auch der Papa zu wissen. Ob sie einmal mit ihm darüber redet?

Einsetzen (sich) 24

Miteinander

Freundschaft

Armut

Reichtum

Biblischer Bezug: 1. Könige 21; Lukas 19, 1-10
Biblische Erläuterung: Zvilcourage - sich für andere einsetzen

Kreativer Zugang: 131, 137, 143, 187

Inhalt: Die reiche Kerstin hat in der Klasse das Sagen. Sie nimmt Marlies deren Freundschaft mit Anne übel. Doch Marlies läßt sich trotz großer Verlockungen nicht beirren.

Wenn Anne mitkommen kann...

Erzählung von Rolf Krenzer

Immer hatte es in der Klasse schon Leute gegeben, die Kerstin nicht so besonders leiden konnte. Und weil Kerstin Klassensprecherin war, gerieten diese Leute manchmal sehr schnell ins Abseits. Es war eben nicht einfach für einen, wenn man nicht zu Kerstins Freundinnen gehörte.
Die Jungen in der Klasse machten sich nicht viel daraus. Sie lästerten zwar manchmal, wenn Kerstin Hofstaat hielt und ihre Freundinnen in der Pause oder vor dem Unterricht um sich versammelte. Es war ihnen eigentlich schnuppe, wer von den Mädchen zu Kerstins Freundeskreis gehörte und wer nicht.

Kerstins Eltern gehörte dieses Seegrundstück am Heisterberger Weiher. Ein riesiger Garten war hinter dem Haus. Ein herrlicher Platz zum Federballspielen, zum Sonnen und zum Feste feiern. Das Tollste aber waren der kleine Badestrand, der Kerstins Eltern ganz allein gehörte, und das Motorboot, mit dem man über den See flitzen konnte. Kerstins Eltern waren großzügig. Und wer einmal bei Kerstin eingeladen war, schwärmte mindestens ein Schuljahr lang davon.
Kerstin wußte, was das alles wert war. Keiner in der Klasse konnte es

mit ihr aufnehmen. Elke nicht mit ihrem popeligen Campingwagen und Marlies schon ganz und gar nicht. Richtig eng war es bei ihr zu Hause. Einen Garten hatten sie auch nicht. Und die Sachen, die Marlies trug, waren auch nicht die allerneusten. Aber das alles konnte Kerstin noch entschuldigen. Vor allem deshalb, weil Marlies an dem ersten heißen Tag, den sie bei Kerstin am Heisterberger Weiher verbracht hatte, gar nicht mehr aufgehört hatte, von diesem herrlichen Privatstrand, von dem Motorboot und Kerstins Eltern zu schwärmen. Nun ja, wer nichts als einen Balkon zu Hause hatte! Aber nicht entschuldigen konnte Kerstin, daß Marlies sich mit dieser Anne Schneehuhn eingelassen hatte. Sie war erst seit ein paar Wochen in der Klasse und hatte vom ersten Tag bereits ihren Spitznamen weg: Eiskalb!

Als dann bei Kerstin zu Hause auch der Name Schneehuhn auftauchte, da ahnte sie plötzlich, warum sie dieses »Eiskalb« von Anfang an nicht hatte leiden können. Ihr Vater hatte von diesem Schneehuhn erzählt, der plötzlich in die Firma eingestellt und ihm vor die Nase gesetzt worden war. Ausgerechnet ihm, Werner Thielmann, der rechten Hand des Chefs. Und Kerstin spürte auch die leise Angst aus den Worten ihres Vaters heraus. Angst, daß dieser Schneehuhn ihn eines Tages von seinem Arbeitsplatz verdrängen könnte. Nein, dieses »Eiskalb« haßte Kerstin von diesem Tag an noch mehr. Sie nahm es Marlies übel, daß sie sich nicht in ihrer Freundschaft zu Anne beirren ließ, obwohl Kerstin mehrmals deutlich hatte erkennen lassen, wie wenig ihr das paßte. Schließlich gehörte Marlies schon seit den letzten beiden Jahren zu ihrem engsten Freundeskreis.

Zu meinem Geburtstag gibt es eine Party bei uns zu Hause!« verkündete sie bereits die ganze Woche lang. Jeder wußte, was ihn erwartete, falls der Samstag ein Sonnentag war. Party mit Grillen im Freien, Baden am Privatstrand, Fahrten mit dem Motorboot und später noch eine Disco in Thielmanns Partykeller. Fast die ganze Klasse war eingeladen, zumindest alle Mädchen. Bis auf Anne Schneehuhn. Nein, das »Eiskalb« wollte sich Kerstin ersparen. Sie hatte es oft genug laut und deutlich gesagt. So laut, daß es Anne auch gehört haben mußte. Doch Anne kümmerte sich nicht darum.
Am Freitagmorgen wartete Marlies am Schuleingang auf Kerstin. »Du hast alle Mädchen eingeladen!« sagte sie. »Hast du Anne vergessen?« »Sie paßt nicht zu uns!« antwortete Kerstin kurz und wollte schnell an Marlies vorbei. Doch Marlies hielt sie am Arm fest.
»Wenn Anne mitkommen kann, komme ich auch!« sagte sie. »Wir sind nämlich Freundinnen.«
»Und wenn nicht?« fragte Kerstin schnippisch.

Mußt du ohne mich feiern!« sagte Marlies und ließ Kerstins Arm frei. Im Verlauf des Schulmorgens spürte Marlies deutlich, daß einige der Mädchen, mit denen sie sich immer gut gestanden hatte, ihr plötzlich die kalte Schulter zeigten. Das tat weh. Besonders deshalb, weil sie wußte, woher dieser kalte Wind plötzlich kam. Als sie mit einem Blick kurz Kerstin streifte, spürte sie nur allzu deutlich, daß diese Freundschaft für die nächste Zeit vermutlich zerbrochen war. Schlimm nur, daß Marlies sich nicht jetzt ganz offen und trotzig mit Anne zeigen konnte. Anne fehlte. Sie kam erst zur vierten Stunde. »Geht es wieder besser?« fragte die Nebeling, als sie kurz den Brief überflogen hatte, den Anne mitgebracht hatte. Anne nickte kurz.
»Morgen könnten wir zusammen mit den Rädern los!« sagte Marlies auf dem Heimweg und blickte zum Himmel hoch, der ein sonniges Wochenende versprach. »Du gehst doch zu Kerstins Geburtstag!« wandte Anne ein.
»Ich doch nicht!« lachte Marlies. »Ich bin gegen zwei bei dir, wenn es dir paßt!«
»Natürlich paßt es mir!« antwortete Anne und sah verwundert ihrer Freundin nach, die es jetzt eilig hatte, nach Hause zu kommen.

Blöder Geburtstag!« brummelte Marlies vor sich hin, als sie allein weiterging. Sie würde Anne kein Sterbenswörtchen von heute morgen erzählen. Nein, Anne brauchte wirklich nicht zu wissen, daß es wegen dieses blöden Geburtstages jetzt aus war zwischen ihr und Kerstin.
Und es lag nicht einmal nur an diesem Geburtstag. Wenn Anne aus irgendwelchen Gründen kein Recht dazu hatte, von Kerstin eingeladen zu werden, dann wollte Marlies auch nicht. Und in der Klasse konnte ihnen Kerstin nichts. Sie würden sich schon zur Wehr setzen und ihre Rechte verteidigen. Sie und Anne.

Biblischer Bezug: Lukas 5, 1-11; Johannes 21, 1-17
Biblische Erläuterung: Die erneute Berufung des Petrus

Kreativer Zugang: 134, 135, 143, 194, 219, 220, 221

Inhalt: Als Evi sich nicht um ihren kleinen Bruder kümmern will, erzählt ihr die Mutter von Anna, die nach dem Tod ihrer Mutter deren Stelle übernimmt und auf vieles verzichtet.

Verantwortung

Pflichterfüllung

Sterben

Geschwister

Füreinander

Das bißchen Englisch...

Erzählung von Elke Bräunling

Ich mag nicht. Immer ich . . .« Evi war sauer. Es war immer dasselbe: Seit Tom, Evis kleiner Bruder, in die Realschule ging, gab es jeden Tag das gleiche Theater. »Üb' mit Tommi Englisch«, sagte Mutter immer gerade dann, wenn Evi überhaupt keine Lust dazu hatte. Grrr! Mit Tommi zu lernen, war aber auch zu gräßlich, denn er paßte nie auf und machte nur dumme Faxen. Das kostete Geduld! »So'ne Zeitverschwendung«, murrte Evi. »Der kapiert es nie.« Aber immer, wenn Evi schimpfte, machte die Mutter ein ernstes Gesicht. »Du bist doch meine Große«, sagte sie dann. »Zeig', daß du die Vernünftigere bist.« Und darauf konnte Evi keine passende Antwort finden. In ihrem Bauch aber grummelte es dann besonders wild, denn sie mochte gar nicht vernünftig sein.
Warum immer sie?

Eines Tages, als es wieder einmal besonders schlimm war, platzte Evi der Geduldsfaden.
»Ich mag nicht mehr«, schrie sie. »Soll sich jemand anderes mit Tommi herumärgern.« Und sie bemühte sich, die bittenden Augen der Mutter zu übersehen. »Warum hast du damals in der Schule nicht besser aufgepaßt?« warf sie ihrer Mutter vor. »Dann könntest du das bißchen Englisch, und ich hätte meine Ruhe vor Tommi.« Die Mutter schüttelte den Kopf. Sie sah ganz traurig aus.
»Komm einmal her«, sagte sie leise und zog Evi zu sich. »Ich will dir eine Geschichte erzählen – von einem Mädchen, das auch nicht vernünftig sein mochte. Doch ihr blieb keine andere Wahl. Das Mädchen hieß Anna . . .«
»So wie du«, rief Evi.
Die Mutter nickte. »Ja – wie ich! Also, paß auf:

Anna war ein fröhliches Mädchen, und sie war stark. Nichts konnte sie aus der Ruhe bringen, und es dauerte lange, bis sie einmal weinte. Ganz anders war ihre kleine Schwester Elli, die immer gleich losheulte. Und weil sich Elli vor allem fürchtete, suchte sie bei Anna Schutz. Anna mochte das gar nicht leiden. Sie fand es eintönig, sich immer um die kleine Heulsuse zu kümmern. Deshalb rannte sie oft davon und versteckte sich, wenn Elli nach ihr rief.

Doch einmal konnte Anna nicht weglaufen. Es war ein schlimmer Tag, den sie nie vergessen würde: Die Mutter wurde krank, und keiner konnte ihr helfen. Sie starb – und Anna war erst 12 Jahre alt. Alle waren furchtbar traurig: der Vater, Elli und Anna. Das Leben aber ging weiter. Es mußte weitergehen. Irgendwie. Der Vater mochte das nicht glauben. Er war so traurig, daß er sich um nichts kümmerte. Nach der Arbeit saß er stundenlang am Fenster und starrte hinaus. Und Elli hörte mit dem Weinen gar nicht mehr auf.

Und Anna? Keiner fragte, was Anna dachte, und zum Traurigsein blieb ihr wenig Zeit. Einer mußte vernünftig sein: Anna! Sie begann, sich um alles zu kümmern: den Haushalt, den Vater, Elli und alles, was getan werden mußte. Immer wieder tröstete sie Elli, machte mit ihr Schulaufgaben und war da, wenn die Kleine weinte. Und oft ging sie abends los und suchte den Vater, der sich irgendwo im Ort mit Wein tröstete.
So war es in der ersten Zeit nach Mutters Tod, und alle gewöhnten sich daran, daß Anna die Rolle der Mutter übernommen hatte. Der Vater und Elli fühlten sich so wohl, daß sie auch dann nichts mehr ändern wollten, als sie nicht mehr ganz so traurig waren. Es klappte doch alles wunderbar, oder?

Das fröhliche Mädchen Anna aber gab es nicht mehr. Wie denn auch? Nur stärker ist sie geworden – und älter. Für die Schule hatte sie wenig Zeit. Wichtiger war, daß Elli gute Noten nach Hause brachte. Und dafür sorgte Anna. Anna aber hatte irgendwann mit der Schule aufgehört, und das bißchen Englisch, das sie je gelernt hatte, hat sie bis heute auch wieder vergessen. Doch sag nicht: ›Arme Anna‹!«
Mutters Stimme wurde lauter. »Anna würde alles noch einmal so machen, wenn sie wählen müßte.«
Die Mutter schwieg.
Nachdenklich sah Evi ihre Mutter an, und sie dachte an Tante Ellen, die immer so schick und gepflegt war, wenn sie zu Besuch kam. »Also ich«, sagte Evi endlich zögernd, »könnte nicht so vernünftig sein wie Anna. Aber« – sie grinste schelmisch – »ich kann es mit Tommi ja noch einmal versuchen . . .«

Freundschaft

Unglück

Sterben

Verantwortung

Biblischer Bezug: Matthäus 16, 13-18

Biblische Erläuterung: Petrus, der Fels, auf den Jesus seine Gemeinde baut

Kreativer Zugang: 121, 134, 135, 204

Inhalt: Danni spricht mit seinem Onkel über das Klettern in den Bergen. Er meint, es geht besser allein. Da zeigt ihm der Onkel die Stelle, wo einmal seinem Vater von einem Begleiter das Leben gerettet wurde.

Ewig wie der Felsen hier...

Erzählung von Elke Bräunling

Endlich Ferien! Wie jedes Jahr fuhr Danni in den großen Ferien zu seinem Onkel Niki. Dort war es, fand Danni, am allerschönsten auf der Welt. Viel gab es zu sehen in dem kleinen Gebirgsdorf, Dinge, die für das Stadtkind Danni fremd waren. Gleich am ersten Tag wanderten Danni, Onkel Niki und die Dackel Fips, Trix und Hex zur Kaseralm, um die Berge zu begrüßen. Das taten sie jedes Jahr. Dort kletterte Danni auf den höchsten Hügel und rief so laut er konnte: »Hallo, ihr Berge! Ich bin wieder da! Juchuu!« Dann machte er einen Luftsprung und stürmte jubelnd den Hügel hinunter, wo ihn der Onkel lachend auffing. Später saßen sie gemütlich im Gras, machten Brotzeit und sahen den Kletterern zu, die sich mit bloßen Händen am Kasererfelsen hochhangelten.
»Ein neumodischer Kram«, brummte Onkel Niki. »Ohne Seil und Haken gehn's da auf.« Er schüttelte mißbilligend den Kopf. Danni hatte schon viel von diesem neuen Klettersport gehört. »Das ist viel sportlicher«, erklärte er. »Und spannender . . .« »Blödsinn ist's«, schimpfte der Onkel, »und leichtsinnig. Zum Klettern brauchst du ein Seil und einen guten Gefährten.«

Danni aber war anderer Meinung. »Ich würde lieber so klettern – ohne Seil und so. Da müßte ich keine Angst haben, daß mein Seilpartner ausrutscht oder das Seil losläßt«, sagte er.
»Ein Schmarrn«, grollte der Onkel. »Auf einen guten Seilkameraden kann man sich verlassen.« Danni sah den Onkel zweifelnd an. »Vati sagt immer: ›Hilf dir selbst, sonst hilft dir keiner‹ und. ›Verlaß dich nicht auf andere!‹ Ja, und deshalb würde ich lieber alleine auf einen Berg klettern.«
Ernst hatte der Onkel zugehört. Er schwieg lange. »So darfst du nicht denken«, sagte er dann und stand auf. »Komm mit! Ich zeig' dir 'was.« Er marschierte los, so schnell, daß sich Danni und die Hunde sputen mußten, um ihn nicht aus den Augen zu verlieren. Längst hatten sie den Pfad verlassen. Der Boden war so glatt, daß Danni immer wieder ausrutschte. Der Onkel stieg höher und höher den Grasberg hinauf. Endlich hielt er vor einem Holzkreuz. »Da, lies«, sagte er und deutete auf das Kreuz.
Neugierig stellte sich Danni auf die Zehenspitzen und las die Inschrift auf den Balken:

Ewig wie der Felsen hier
bist du, Freund, bei mir!
Meinem Bergkameraden Niki
Anno 1919

»Der heißt wie du«, rief Danni aufgeregt. »Wer war das?« »Das«, begann Onkel Niki, »war der Feund meines Vaters. Er starb, weil er meinen Vater rettete.« Der Onkel atmete tief durch. Danni hing wie gebannt an seinen Lippen. »Rettete?« fragte er atemlos.
Der Onkel nickte. »Das ist eine lange Geschichte:

Niki und mein Vater waren Freunde, und Bergsteigen war ihr liebstes Hobby. Eines Tages wollten sie auf den Kaserer hinauf – ein gefährlicher Aufstieg, den man nur zu zweit machen sollte. Vorne am Seil ging Niki, hinten mein Vater. Zunächst klappte auch alles gut. Oben aber passierte es: Mein Vater rutschte aus, und er wäre abgestürzt, wenn Niki ihn nicht mit allen Kräften gehalten hätte. Es war ein harter Kampf, und es dauerte lange, bis Niki ihn zu sich hochziehen konnte. Doch es kam noch schlimmer. Vater hatte sich den Fuß gebrochen, eine böse Sache oben im Fels. Und Niki war sehr erschöpft. Seine Hände bluteten. Trotzdem nahm er Vater huckepack auf den Rükken und machte sich an den Abstieg. Er trug ihn aus den Felsen heraus bis zu diesem Hang.« Onkel Niki deutete hinauf und fuhr mit wehmütiger Stimme fort: »Und da oben ist es dann passiert. Weil der Niki so müde war, ist er auf dem glatten Gras ausgerutscht, und die beiden kullerten den Hang hinunter. Niki starb – hier . . .«
Der Onkel bückte sich, pflückte einen Alpenrosenzweig und steckte ihn an das Kreuz.

Und dein Vater?« fragte Danni, »Der überlebte den Sturz. Aber er war lange Zeit sehr krank. Die Wunden saßen tief – er hatte seinen Freund verloren. Das konnte er nicht verwinden. Ja, und weshalb ich Niki heiße, kannst du dir denken.« Danni nickte.
»Ohne den Niki gäbe es dich nicht«, sagte er langsam, und er stellte sich vor, wie die beiden Freunde da oben im Felsen hingen – an einem dünnen Seil. »Wie gut, daß es das Seil gab – und Niki.«

Biblischer Bezug: 1. Könige 17, 7-16; Matthäus 5, 13
Biblische Erläuterung: Elia und die Speisung zu Zarpat - Brot für die Seele
Kreativer Zugang: 117, 118, 119, 137, 169, 185, 186, 187, 188
Inhalt: Beim Umzug bringen die neuen Nachbarn Brot und Salz als Willkommensgruß. Brot weist auf Jesus, Brot des Lebens, Salz auf die Christen, Salz der Erde.

Brot

Aufeinander zugehen

Teilen

Brot und Salz

Erzählung von Wolfgang Gerts

Brot ist immer im Brotfach in der Küche. Das ist selbstverständlich. Und Salz ist im Salznapf.
Das ist eben so, darüber habe ich noch nicht nachgedacht.
An Brot und Salz ist doch nichts Besonderes dran?
Oder doch?

Allerdings, mir fallen Worte von Jesus ein. »Ich bin das Brot des Lebens«, hat er von sich selbst gesagt. Und »Ihr seid das Salz der Erde«, hat er zu seinen Jüngern gesagt.
Da fällt mir ein, daß für mich Brot und Salz auch einmal ganz wichtig waren. Ich war gerade umgezogen, in ein neues Dorf. Der Möbelwagen und die Packer waren wieder abgefahren. Da saß ich nun, zwischen Möbeln und Kartons in einer fremden Wohnung. Ganz schön traurig war mir zumute. Ich kramte in einem Karton, um etwas zum Essen zu finden. Aber da waren nur Konserven drin, und der Herd war noch nicht angeschlossen. Da saß ich, einsam, fremd, ohne einen Menschen, den ich kannte. Da klingelte es.
An der Tür stand ein Kind.
»Guten Tag, ich bin Stefanie, sagte sie. Ich habe gesehen, daß Sie hier eingezogen sind. Ich wohne nebenan.« Ich stellte mich auch vor.
Wir unterhielten uns ein wenig.
Sie überreichte mir Brot und Salz und dann noch eine Plastiktüte.
Sie verabschiedete sich und fragte, ob wir auch einmal zusammen spielen können.
Als ich allein war, öffnete ich die Plastiktüte und fand Käse, Butter und noch einige Tomaten. Ich aß von dem herrlichen Vollkornbrot. Es war für mich ein herrliches Mahl, und ich fühlte mich schon ein bißchen heimisch.
Zu Stefanie habe ich Vertrauen. Nun kannte ich schon jemanden, und ich war nicht mehr allein. Wenn ich später einmal verreiste, gab ich ihren Eltern die Schlüssel und wußte, daß sie nach dem Rechten sehen würden. Für mich wurde Stefanie zu einer kleinen Salzprise, wie wir sie zum Leben brauchen.

Brot und Salz sind demnach ganz schön wichtig.

Es geht also nicht ohne Brot und nicht ohne Jesus, der sich das Brot des Lebens nennt. Und es geht nicht ohne Salz und nicht ohne uns Christen, die wir uns für Gerechtigkeit, Frieden und Bewahrung der Schöpfung einsetzen. An das Brot und das Salz denkt kaum einer von uns. Und trotzdem ist es so wichtig! Wie du und ich.

Trennung

Abschied

Neubeginn

Zuversicht

Biblischer Bezug: 1. Mose 45-47
Biblische Erläuterung: Wiedervereinigung der Familie
Kreativer Zugang: 124, 154
Inhalt: Eva wartet im Aufnahmelager auf ihren Vater, den sie seit zwei Jahren nicht mehr gesehen hat. Als die Familie wieder vereint ist, erinnert sich Eva an die schwere Zeit der Trennung.

Die Jahre ohne Vater

Erzählung von Isolde Heyne

Warten, immer nur warten. Es schien für Eva, als bestünde das ganze Leben nur noch aus Warten. Sie saß am Fenster des Zimmers, das man ihnen im Aufnahmelager Gießen zugewiesen hatte: ihrer Mutter, ihrer kleinen Schwester Silvie und ihr. Wenigstens war sie für eine Weile allein. Ihre Mutter hatte irgendwelche Formalitäten zu erledigen. Das konnte lange dauern. Und Vater konnte erst am Nachmittag kommen, um sie abzuholen. Wie lange sie ihn nicht gesehen hatte: Zwei Jahre waren vergangen, seit er von einer Westreise nicht zurückgekehrt war. Nur Pakete waren in der Zwischenzeit gekommen, und viele Briefe.
Ihre Mutter hatte viel geweint. Dann hatte sie eines Tages gesagt: »Ich habe einen Antrag auf Familienzusammenführung gestellt. Wir werden zu Vater nach Darmstadt ziehen, damit die Familie wieder zusammen ist.« Eva war damals elf Jahre alt gewesen. Sie hatte nicht gleich begriffen, was das für sie bedeutete. »Warum kommt Papa nicht wieder heim?« Darauf hatte ihre Mutter nur geantwortet: »Das verstehst du noch nicht. Wir werden es dir später erklären.«
Eva hatte nur gespürt, daß sich da Grundlegendes für sie ändern würde. In der Schule hieß es: »Du wirst ja nun nicht mehr lange bei uns sein.« Die Nachbarn sagten: »Armes Kind.« Und die Verwandten kamen seltener. Für Eva waren nur die Briefe ihres Vaters wichtig. »Wir werden bald wieder eine Familie sein«, schrieb er. Und: »Sei nicht traurig, du findest hier bald neue Freunde . . .«
Erst durch die Briefe wurden Eva die Verluste klar, die sie würde erleiden müssen: die Freunde, die Stadt, Gewohntes, Sicheres.

Als dann nach über zwei Jahren der Ausreisetermin feststand, zerriß Eva die bunten Ansichtskarten. Ihr Vater hatte ja geschrieben: »Das schauen wir uns alles an. Und noch viel mehr wirst du zu sehen bekommen . . .« In ein paar Stunden sehe ich Papa wieder, dachte Eva. Ich will gar nicht dorthin fahren, von wo er die Ansichtskarten geschickt hat. Ich kann mir ja nicht einmal vorstellen, wie die Stadt ist, in der wir ab jetzt wohnen werden. Nichts ist noch gültig.

Sie versuchte herauszufinden, was jetzt für sie wichtig war. Waren es die Sachen, die sie zurückgelassen hatte, weil sie wertlos schienen? In diesem Augenblick hätte Eva manches wieder aus der Mülltonne geholt. Da war es wieder, das Stechen in der Brust und die Unfähigkeit, etwas zu sagen. Genauso war es gewesen, als sie sich von ihren Freunden verabschiedet hatte. »Ich werde dich sehr vermissen«, hatte Gitta gesagt. »Schreiben ist kein Ersatz.« Ja, das stimmte. Das wußte sie aus eigener Erfahrung. Die Briefe ihres Vaters waren kein Ersatz für ihn. Auch die Pakete nicht und die vielen bunten Ansichtskarten.
Manchmal hatte sie stundenlang auf dem Postamt gesessen und auf ein Ferngespräch gewartet. Wenn Eva dann die Stimme ihres Vaters gehört hatte, war es ihr unmöglich gewesen, ein Wort herauszubekommen. Dabei hätte sie so viele Fragen gehabt. Zum Beispiel die: »Wie geht es dir wirklich? Wie kommst du ohne uns aus? Und warum bist du nicht zurückgekommen – damals?«

Eva schaute auf ihre Armbanduhr. Noch mindestens vier Stunden dauert es, dachte sie. Dann wird Papa uns abholen. In eine fremde Wohnung wird er uns bringen, in einer fremden Stadt. Es werden Möbel dastehen, die ich nicht kenne, nichts wird mehr so sein, wie es bisher war. Aber wir werden wieder zusammen sein, wir vier. Er hat uns sehr gefehlt. Wird dann auch alles wieder gut sein? Eva konnte nun ihre Tränen nicht mehr zurückhalten. Vor der Mutter spielte sie die Rolle der Tapferen. Und die kleine Silvie bekam sowieso nicht mit, was geschah. Es tat gut, ein bißchen weinen zu können. Damit wurden die Gedanken an das Verlorene ein bißchen weggespült. Es wurde Platz für Neues.
Eva wischte sich das Gesicht mit dem Handrücken trocken. Plötzlich hielt sie inne: Der Mann, der da über den Innenhof kam – das war ihr Vater! Augenblicke später kam er ins Zimmer.

Eva saß wie festgeklebt auf ihrem Stuhl am Fenster. »Papa!«
Sie spürte, wie ihr Vater sie in die Arme nahm und an sich drückte. »Du bist groß geworden, Evchen!« Es war, als ob der langentbehrte Kosename ihre Starre löste. »Evchen!« So hatte sie immer nur ihr Vater genannt. Niemand anderes. Eva machte sich aus der Umarmung frei und schaute ihn an. Ja, das war das vertraute Gesicht, die Handbewegung, mit der er ihr durch das Haar fuhr. Sie hatte das lange entbehrt.

Jetzt war es wieder da, immer für sie verfügbar. Und zum ersten Mal seit diesen langen zwei Jahren fühlte sich Eva wieder ganz geborgen.

»Weiß Mama, daß du schon gekommen bist?« fragte sie.

»Nein, Evchen. Du bist die erste, ich wollte euch überraschen und so schnell wie möglich heimholen.«

Wie vorhin den Vater, so sah Eva nun ihre Mutter mit der kleinen Silvie über den Innenhof auf das Haus zukommen. »Schau, Papa, da kommen sie . . .«

Und sie dachte: Jetzt sind wir wieder eine Familie. Alles wird gut. Es wird vieles fremd sein und ich werde Früheres vermissen. Aber daß wir wieder zusammen sind, das ist das Wichtigste.

Feinde 29

Biblischer Bezug: Lukas 6, 27
Biblische Erläuterung: Liebet eure Feinde

Kreativer Zugang: 125, 152, 184

Inhalt: Martin von Tours (der Heilige Martin) lebt nach dem Gebot der Feindesliebe.

Liebe

Martin v. Tours

Heilige

"Allerheiligen"

Habt eure Feinde lieb

Erzählung von Dietrich Steinwede

»Allerheiligen« heißt dieser Tag: Alle die Heiligen!
Unzählbar viele Heilige gibt es. Alle waren Menschen, Männer und Frauen, die ein heiliges Leben geführt haben, heilig vor Gott, Menschen, die heiliggesprochen wurden vom Papst in Rom.
Katholische Christen verehren die Heiligen. Sie beten auch zu ihnen, z. B. »Heilige Maria, Mutter Gottes, bitte für uns. . .«
Einer aus der unübersehbaren Schar der Heiligen ist Martin, Sankt Martin. »Sankt« kommt von »sanctus«. Das ist Lateinisch und bedeutet »heilig«. Manche Kinder sagen: »Der heilige Sankt Martin«. Das ist falsch. Das ist ja doppelt: »Der heilige heilige Martin«! Da muß man ja lachen. Also: Richtig sagt man »Sankt Martin« oder » Heiliger Martin«.
Jeder Heilige hat bei den katholischen Christen seinen Tag, meist ist es sein Geburtstag. Der Tag des heiligen Martin ist der 11. November. An diesem Tag wurde Luther getauft. Deshalb erhielt er auch den Namen Martin.
Martin heißt eigentlich »Martin von Tours«. Er war Bischof der Stadt Tours in Frankreich vor 1600 Jahren. Frankreich hieß damals Gallien.
Es war von den Römern besetzt. Martin war 18 Jahre alt. Dennoch war er bereits Offizier bei den Römern, und zwar bei den Reitern von der Garde des Kaisers. Diese Reiter hatten ihre Station in der Stadt Amiens. Und daher kennen wir Martin. Von der Sache mit dem Bettler her. Es war eine eiskalte Winternacht. Martin ritt mit seinen Soldaten durch das Stadttor von Amiens. Da saß dort der Bettler, frierend, zitternd. Und Martin, immer bescheiden und freundlich zu den Menschen, hatte Mitleid mit ihm. Er zog seinen weißen römischen Offiziersmantel ab, teilte ihn mit dem Schwert mittendurch und gab die eine Hälfte dem Bettler: »Auch du sollst es warm haben. . .«
Und in der Nacht darauf erschien Christus dem Martin im Traum und sagte zu ihm, der bisher Heide war: »Was du diesem Bettler getan hast, das hast du mir getan.«
Und von da ab wurde Martin ein Christ.
Fast jeder kennt diese Geschichte.
Wer aber kennt die Geschichte von der Feindesliebe, wie Martin gesagt hat: **»Nein, ich will mein Schwert nicht gegen die Feinde richten. Ich will nicht töten. Ich will meine Feinde liebhaben. . .«**
Wer kennt diese Geschichte?
Das ist so gewesen: Krieg ist.
Die Germanen sind in Gallien eingefallen. Sie kämpfen gegen die Römer. Die haben alle Truppen bei Worms zusammengezogen. Auch die Gardereiter aus Amiens sind dabei. Es ist am Abend vor der Schlacht. Der römische Feldherr mustert seine Truppe: »Morgen kommt es auf alles an. Morgen werden wir kämpfen. Jeder von euch bekommt ein Goldstück!« Da tritt Martin vor. Er sagt: »Nein, ich nicht. Ich werde nicht kämpfen. Ich bin ein Christ. Jesus hat gesagt ›Liebt eure Feinde!‹ Daran halte ich mich. Ich werde mein Schwert nicht gegen die Feinde erheben.«
Der Feldherr ist zornig: »Du bist ein Feigling!«
Aber Martin läßt sich nicht beirren. »Ich diene Gott. **Und Gott sagt: ›Liebt eure Feinde!‹ «**
Martin hat nicht gegen die Germanen gekämpft. Er hat sein

Schwert nicht gezogen. Das ist mutiger gewesen als alles andere.
Ja, und dann, viele Jahre später, als Martin Bischof der Christen von Tours ist – immer noch lebt er in Armut und Demut –, da gibt es in Spanien einen Bischof namens Priscillian. Der ist abgefallen vom wahren Glauben an Gott. Der ist ein Irrlehrer. Viele andere Bischöfe sagen: »Er muß vor Gericht. Priscillian muß verurteilt werden.« Und so geschieht es: Der Kaiser läßt Priscillian zum Tode verurteilen.
Er läßt ihn enthaupten.
Bischof Martin hat das nicht verhindern können. Doch er sagt es allen, dem Kaiser, den Mitbischöfen: »Das, was ihr getan habt, war falsch. Priscillian war ein Irrlehrer, ja, aber mußte er deshalb sterben?! Nein, er durfte nicht sterben. Er war nicht unser Feind. Er war unser Bruder! Und selbst, wenn er unser Feind gewesen wäre, Gott hat gesagt: **›Habt eure Feinde lieb!‹«**
Martin ist voller Zorn auf die anderen Bischöfe. Er will nicht mehr mit ihnen zusammensein.
Für Martin gilt nur das eine: Habt jeden Menschen lieb, ob Freund, ob Feind. So will es Gott. So will es Jesus, unser Herr.
Weil Martin so mutig war, weil er nur nach Gott fragte und nicht nach den Menschen, auch nicht nach dem Kaiser, darum ist er heilig.
Ja, fast ist er ein Heiliger auch für die evangelischen Christen.

30 Fremde

Anders(sein)
Einsamkeit
Pflegekind

Biblischer Bezug: Daniel 3
Biblische Erläuterung: Ausgeschlossene und Bedrohte haben eine Chance bei Gott
Kreativer Zugang: 104, 110, 111, 112, 187, 194, 199, 200
Inhalt: Rudi findet bei Pflegeeltern ein neues Zuhause, aber keine Freunde. Es sieht düster aus. Doch ein einfacher Ball stellt überraschend den Kontakt zu anderen Kindern her.

Das fremde Kind

Erzählung von Gina Ruck-Pauquèt

Bis wohin soll der Ball rollen?« rief Ute.
»Bis da hinten! Bis dahin, wo das fremde Kind sitzt!« sagte Rainer.
Rudi guckte weg. Das fremde Kind war er. Er fühlte sich, als ob er einen Ausschlag hätte, oder sonstwas, was ihn von den anderen trennte. Einen Moment lang überlegte er, ob er fortgehen solle. Aber seine Beine wollten nicht aufstehen, und so blieb er auf dem Stein sitzen.
Vor drei Tagen war er noch bei denen gewesen, die zu ihm gehörten. Da war er kein fremdes Kind. Rudi hatte in einem Kinderheim gelebt. Jetzt hatte er Eltern – Pflegeeltern. »Geh ein bißchen nach draußen«, hatten sie gesagt.
»Beim Spielplatz sind viele Kinder.«
»Vorsicht!« schrie das Mädchen, das Ute hieß.
Der Ball sauste auf ihn zu. Rudi zog die Beine an. Ute sah aus wie ein Mädchen, das Rudi im Heim gekannt hatte. Ute sah aus wie Anna. Aber sie war nicht Anna. Und Rainer sah frech aus. Vielleicht war er einer, der schnell zuschlug. Mit solchen wollte Rudi nichts zu tun haben.
Er versuchte, mit dem Absatz ein Loch in die Erde zu bohren. Wenn er einfach abhaute? Wieder zurückging ins Heim?
Gewiß, die Pflegeeltern waren nett. Aber er kannte sie ja kaum. Im Heim hatte er Freunde.
Jetzt schoß der Junge wieder den blöden Ball haarscharf an ihm vorbei. Rudi zog die Beine noch mehr an, legte die Arme um seine Knie.
Er machte die Augen zu und versuchte, sich wegzudenken. Aber es gelang nicht. Er war hier, saß auf einem Spielplatz, den er nicht kannte, und zwei Kinder, die er nicht kannte, spielten mit einem Ball.
»Paß auf!« schrie der Junge da. »Ja, du!« schrie er, und er meinte Rudi, »der kommt auf dich zu! Fang ihn halt!« schrie er, und dann schoß er den Ball in seine Richtung.
Rudi stand da und hatte den Ball. Es war ein harter Ball gewesen, aber er hatte ihn gehalten. Der Junge, der Rainer hieß, lachte Rudi zu.
»Dufte!« schrie Ute. »Richtig dufte!«
Das war der Moment, in dem Rudi aufhörte, ein fremdes Kind zu sein.

Biblischer Bezug: Lukas 15, 11-32
Biblische Erläuterung: Gott freut sich über jeden, der zu ihm kommt
Kreativer Zugang: 126, 127, 128, 129, 130, 132, 198, 205, 206, 207
Inhalt: Daniel haut von Zuhause ab. Nach vier Wochen meldet er sich und läßt sich von den Eltern nach Hause holen. Der jüngere Bruder fragt sich, warum er nicht bestraft wird.

Geschwister

Erziehung

Verlorengehen

Verzeihen

Versöhnung

Das Wichtigste ist die Freude!

Erzählung von Monika Pelz

Tom ärgerte sich über Daniel, seinen älteren Bruder. Seinetwegen gab es zu Hause regelmäßig Krach. Dabei konnte Danni haben, was er wollte, fand Tom. Er durfte seine Freunde einladen, er durfte sich das Haar über den Ohren kahl rasieren, er bekam zum Geburtstag einen Personal Computer. Sicher, die Eltern machten ihm auch oft Vorwürfe: wegen der vergammelten Lederjacke, von der Danni sich nicht trennen wollte – weil er den ganzen Nachmittag am PC hockte und zu Semesterende ein schlechtes Zeugnis nach Hause brachte. Vati drohte Daniel schließlich, ihm den PC wieder wegzunehmen. Aber daß Danni eines Tages einfach verschwand – fortblieb und nicht mehr auftauchte, verstand Tom nicht. Er hatte zu Hause doch alles! Die Eltern drehten durch. Sie gingen zur Polizei, sie sprachen mit Daniels Freunden. Keiner wußte, wo er war. Bis endlich die Karte aus München kam. Danni hatte Grüße geschickt.

Die Eltern konnten ihn nicht holen, weil sie nicht wußten, wo er war. Und weil er nicht geholt werden wollte. Daheim wurde von nichts anderem gesprochen. Die Mutter ging überhaupt nicht mehr fort, weil sie immer hoffte, daß das Telefon klingelte. Wenn Vater abends kam, war seine erste Frage: »Gibt es Nachricht von Danni?«
Die Eltern hatten Tom gebeten, mit niemandem darüber zu reden. Weder zu Verwandten, noch in der Schule. Das auch noch! Einmal hatte er was Interessantes zu erzählen, und dann durfte er nicht! Frau Schneider, die Klassenlehrerin, fragte ihn sogar. In der großen Pause kam sie zu ihm: »Geht's dir nicht gut?« Und nicht einmal ihr durfte er es sagen. Dabei war sie die einzige, die sich um ihn kümmerte. Die Eltern schienen nicht einmal zu wissen, daß es ihn auch noch gab.

Endlich nach vier Wochen kam ein Anruf von Daniel. Danni sagte, er wäre in Köln und ob ihn jemand von dort holen könnte. Mutter setzte sich sofort ins Auto und fuhr nach Köln. Einen Tag später kamen sie zurück: Danni mit der alten Jacke, aber einer neuen Frisur. »He, Kleiner«, sagte er zu Tom. Sonst nichts. Am Abend wurde Tom früh ins Bett geschickt. Er war wütend, daß man ihn wie ein Baby behandelte. Der Fernseher im Wohnzimmer blieb still. Offenbar redeten sie miteinander. Es schien keine Strafe zu geben, nichts. Und irgendwie ärgerte Tom auch das.
»Mit dir ist doch was«, sagte Frau Schneider am nächsten Tag. »Komm, gehen wir ein Stückchen zusammen, wir haben ja den selben Weg.«
»Es ist nur, weil mein Bruder weg war, vier Wochen. Jemand hatte den Vorschlag gemacht, nach München zu fahren, und da ist er einfach mitgezogen. Aber meine Eltern sind fast durchgedreht. Und ich durfte zu keinem was sagen!« sprudelte Tom hervor.
Frau Schneider versuchte zu ergründen, was in ihm vorging. »Und nun freust du dich, weil dein Bruder wieder zu Hause ist.«
»Ja, schon«, sagte Tom unsicher. »Nur – warum ist er eigentlich fortgegangen? Und wahrscheinlich muß er das Schuljahr nachholen! Und er hat nicht einmal Schelte gekriegt!«

Frau Schneider blieb stehen und überlegte. »Hör zu, Tom: Das Wichtigste ist jetzt die Freude. Daß man einander liebt und es auch zeigt. Vier Wochen, sagst du?«
Tom nickte.
»Siehst du, ich glaube, in den vier Wochen hat jeder sehr viel nachgedacht: dein Vater, deine Mutter, Daniel. Und jeder ist für sich draufgekommen, daß da etwas nicht richtig gelaufen ist. Es war sicher falsch, daß dein Bruder ausgerissen ist. Aber jetzt ist er wieder zurück.«
»Aber er ist doch deshalb kein Held!« Frau Schneider lachte. »Nein! Ganz gewiß nicht! Und glaub mir eines, Tom: Niemand weiß das besser als Daniel selbst!«

An diesem Abend gingen die Eltern aus. Zum ersten Mal seit Dannis Verschwinden. Die Brüder saßen beim Fernsehen. »Gott, bin ich froh!« rief Daniel und dehnte sich behaglich. »Fast wär' es schiefgegangen! Um ein Haar wär' ich im Knast gelandet! Lebensmittel organisiert!« erklärte er. »Mutti hab' ich es gar nicht so ausführlich erzählt. Aber ich glaub', sie ahnen so was!«
Tom fand es furchtbar, daß Daniel solchen Hunger gehabt hatte, daß er stahl. »Ja, aber warum bist du denn nicht eher zurück-

gekommen?« fragte er schließlich. Daniel wurde ernst. »Weil es gar nicht so einfach ist – erst dreh' ich auf und bin der coole Typ – und dann –.«
»Hauptsache, du bist wieder da!« sagte Tom und dachte an das, was Frau Schneider gesagt hatte. Einträchtig gingen die Brüder zum Kühlschrank und begutachteten die Vorräte fürs Abendessen.

Über Daniels Flucht wurde an diesem Abend nicht mehr gesprochen. Nur vor dem Einschlafen dachte Tom noch: »Wenigstens den PC könnte der Vati ihm eine Zeitlang fortnehmen . . .«

32 Freundschaft

Treue

Krankheit

Biblischer Bezug: Lukas 24, 13-35

Biblische Erläuterung: Der Auferstandene begleitet unerkannt zwei Jünger

Kreativer Zugang: 104, 120, 121, 127, 131, 142, 204, 207

Inhalt: Niemand mag Klaus, den "Streber". Als Timo krank wird, ist aber Klaus der einzige, der ihm die Treue hält. Beschämt entdeckt Timo in ihm einen echten Freund.

Geige ist auch nicht so schlecht

Erzählung von Elke Bräunling

Sie waren schon schwer in Ordnung, die Jungs aus Timos Klasse – richtige Kerls, mit denen man etwas anfangen konnte. Und beim Fußballspiel galt jeder als Meister für sich. Doch Timo war der Beste, und alle hörten auf ihn, denn was Timo sagte, mußte einfach okay sein.
Nur einer war anders. Klaus beteiligte sich nicht an den Unternehmungen der anderen, und Fußball konnte er schon gar nicht spielen. Einmal hatten sie wegen ihm sogar ein wichtiges Turnier verloren. »Streber«, sagte Timo seither verächtlich zu Klaus. »Bleib lieber zu Haus bei deiner Geige.«
Ein Streber war Klaus nicht, doch es stimmte: Im Unterricht wußte er immer eine Antwort, egal, was man ihn fragte. Richtig unheimlich war das. Klar, daß die anderen ihn nicht mochten, und so blieb Klaus immer alleine, stand immer am Rand.

Und dann passierte der Unfall. Auswärtsspiel der Klassenelf. Doppelpaß. Timo jagte dem Ball hinterher, setzte an zum Schuß. Foul! Wie ein Stein stürzte Timo zu Boden. Der Schmerz in seinem Bein war so stark, daß ihm schwarz vor Augen wurde. Erst im Krankenhaus wachte er wieder auf.
»Oberschenkelhalsbruch«, sagte der Arzt. »Du mußt mindestens drei Monate ruhig liegen.«
»Au weia«, seufzte Timo. »Aber wenigstens war der Ball im Tor, oder?« »Nur langsam, Sportsmann. Das Fußballspielen kannst du für ein Jahr vergessen.«
Das war ein großer Schock für Timo. Er hatte so viel vorgehabt.

Ja, diesen Sommer würde Timo nicht so bald vergessen. Am Anfang ging es ja noch. Täglich kam Besuch und man feierte ihn wie einen Helden. Das gefiel ihm nicht schlecht, doch alles Feiern wird einmal langweilig, besonders, wenn draußen die Sonne scheint. Und schon bald öffnete sich die Tür zu seinem Zimmer immer seltener. Das machte Timo ziemlich wütend, aber auch traurig und sehr nachdenklich.
»Warum lassen mich alle im Stich?« fragte er seine Eltern. »Bin ich nun weniger wert?«
Darauf wußten die Eltern auch keine Antwort. »Vielleicht hast du die falschen Freunde«, meinten sie nur. Daran hatte Timo auch schon gedacht. Aber glauben wollte er es nicht.

Eines Tages brachte die Schwester einen Brief ohne Marke und Stempel. Von Klaus.
»Iihh, der Langweiler«, quengelte Timo. Seit einer Woche hatte ihn niemand aus der Klasse besucht, und nun meldete sich ausgerechnet Klaus. »Vielleicht weiß er, daß die anderen nichts mehr von mir wissen wollen. Vielleicht will er mich auslachen, sich rächen. . . « Zum ersten Mal dachte Timo über Klaus nach. Sehr nett war er eigentlich nie zu ihm gewesen. Vorsichtig öffnete er den Brief und las:
Lieber Timo,

bestimmt wunderst Du Dich über diesen Brief. Schon oft war ich im Krankenhaus, doch irgendwie fehlte mir der Mut, Dich zu besuchen, denn Du magst mich ja nicht besonders. Wenn Du mich vielleicht trotzdem sehen möchtest, dann sag der Schwester Bescheid. Ich bin morgen wieder da.
Klaus
PS: Ich könnte Dir auch erklären, was wir in der Schule durchnehmen.
Beschämt las Timo den Brief ein zweites Mal und er fühlte sich ganz komisch. Dann rief er die Schwester.

Am nächsten Tag stand Klaus verlegen vor Timos Bett. »Schön, daß du da bist«, nuschelte Timo kleinlaut.
»Ja, schön«, flüsterte Klaus. Es dauerte gar nicht lange, und die beiden saßen tuschelnd auf Timos Bett – so, als wären sie die dicksten Freunde. Ja, und das wurden sie auch bald, denn Klaus verbrachte nun jeden Nachmittag bei Timo. Zuerst sprachen sie viel über die Schule, und Klaus gab Timo richtigen Unterricht, um das Versäumte nachzuholen. Doch bald unterhielten sie sich über ganz andere Dinge, und dabei lernten sie sich erst richtig kennen – und mögen. Nie hätte Timo gedacht, daß die Welt der Bücher so interessant ist. Er mochte auf einmal sogar Geigenmusik, besonders, wenn Klaus ihm etwas vorspielte. Klaus hingegen wollte nie mehr am Rand stehen. Unter Timos Anleitung trainierte er eifrig Rennen und Ballspiel.
Und die anderen?

Zuerst machten sie sich über das ungleiche Paar lustig, doch Timo sagte nur: »Klaus ist mein Freund.« Und er erzählte ihnen von Klaus, von dummen Vorurteilen und von Freundschaft, und was er darüber in diesem langen Sommer gelernt hatte.
»Wißt ihr«, sagte er, »Freundschaft ist etwas sehr Kostbares, das man sehr sorgsam behandeln muß, damit es auch in schlechten Zeiten Bestand hat. Das habe ich nun kapiert. Und ihr?«

Freundschaft 33

Biblischer Bezug: 1. Mose 37, 1-11
Biblische Erläuterung: Jakobs Lieblingssohn spaltet die Familie
Kreativer Zugang: 104, 120, 121, 127, 131, 142, 204, 207
Inhalt: Zwei enge Freundinnen leben in einem kleinen Dorf. Ein gleichaltriger Junge zieht hinzu. Die Freundschaft der beiden Mädchen wird auf die Probe gestellt.

Eifersucht

Aufeinander zugehen

Rivalität

Tinily

Erzählung von Elke Bräunling

Tini und Lily waren Freundinnen. Fast den ganzen Tag verbrachten sie gemeinsam: in der Schule, bei den Hausaufgaben, beim Spielen und beim Herumtrödeln – immer waren sie zusammen, und alle hatten sich so daran gewöhnt, daß sie einfach nur Tinily riefen, wenn sie eine von ihnen suchten. Tinily wohnten in einem Dorf, das immer kleiner wurde, weil immer mehr Leute in die Stadt zogen, und bis auf Tinily gab es hier fast nur Erwachsene. Das störte die beiden nicht. Sie brauchten niemanden. Irgend etwas fand sich immer zu tun, und was Tini gern mochte, liebte Lily ebensosehr, und umgekehrt. Klare Sache!

Eines Tages kam Tinis Vater mit einer aufregenden Nachricht heim. »Die alte Mühle wird umgebaut«, erzählte er. »Leute aus der Stadt wollen da einziehen. So Verrückte, hmm, Aussteiger.« Er schüttelte den Kopf.
Tini platzte fast vor Neugierde. »Wann?« fragte sie ungeduldig. »Nächsten Monat. Ach ja, und sie haben einen Jungen«, fuhr ihr Vater wie beiläufig fort, »so etwa in eurem Alter.«
Wauuu. Das waren Neuigkeiten. Tini strahlte. »Oh, prima«, jubelte sie und rannte gleich zu Lily. Die würde Augen machen! Tini war so aufgeregt, daß sie bei der Freundin gleich mit ihrer Neuigkeit her-

ausplatzte, und ehe Lily ein Wort sagen konnte, schmiedete Tini schon Pläne. »Das wird einfach supertoll«, schloß sie endlich begeistert. Lily schnitt eine Grimasse. »So?« sagte sie spitz. »Dann wünsche ich dir viel Spaß. Aber das sag' ich dir gleich: Ich habe keine Lust, zu dritt zu sein. Nie und nimmer.« Sie stand auf und rannte davon.
Tini stand da wie ein begossener Pudel. Warum war Lily so sauer? Sie schien sich überhaupt nicht zu freuen. Seltsam. Traurig und auch ein bißchen wütend trottete Tini heim.

Es war nicht so, daß Tinily nun aufeinander böse waren. Trotzdem hatte sich etwas geändert. Tini verstand nicht, warum Lily so zornig weggelaufen war, und Lily dachte traurig daran, wie sehr sich Tini darüber freute, bald nicht mehr »nur« zu zweit zu sein. Aber sie konnten nicht darüber sprechen, weder Tini noch Lily. Sie vermieden es sorgfältig, über die Neuankömmlinge zu reden, und sie begannen, sich argwöhnisch anzusehen und insgeheim über vieles nachzugrübeln.

So vergingen die Tage, und dann waren sie auf einmal da, die Neuen aus der Stadt. Es ging hoch her beim Einzug, und Tini war so neugierig, daß sie alles andere vergaß und gleich zur alten Mühle rannte. Daß Lily mit den Hausaufgaben auf sie wartete, hatte sie vergessen.
Nette Leute waren das, diese Städter. Sie gefielen Tini. Tom, der Junge, schien wirklich in ihrem Alter zu sein. Doch es schien, als würde er sich überhaupt nicht freuen. Er machte ein mürrisches Gesicht und sagte kein einziges Wort. Dabei lief er doch immer wieder an Tini vorbei. Nicht einmal grinsen konnte er. Schade! Tini war enttäuscht.

Lily ließ sich während des ganzen Tages nicht sehen. Sie trafen sich erst am nächsten Tag wieder. Lily sagte kein einziges Wort und blickte weg, wenn Tini zu ihr sprach. Sie tat richtig beleidigt. Phhh!
Das machte Tini ganz schön traurig. Sie war enttäuscht und wütend, und sie langweilte sich. Was sollte sie nur alleine anfangen? Ohne Lily? Und Tom, der Neue? »Ach, der ist ja so doof«, seufzte Tini und langweilte sich noch mehr. Es war einfach furchtbar, mit Lily böse zu sein. Und dann hielt sie es nicht mehr aus. Mit klopfendem Herzen machte sie sich auf die Suche nach ihrer Freundin. Bestimmt fühlte die sich genauso mies wie sie. Doch Lily war nirgends zu finden. Tini klapperte all ihre Lieblingsplätze ab. Endlich hörte sie Lilys helles Lachen. Und .. nein! Tini glaubte ihren Augen nicht zu trauen. Es war verrückt: Da saßen Lily und Tom einträchtig vor der alten Mühle und alberten herum. Und wie sie lachten.
»Bestimmt über mich«, dachte Tini traurig, und ihr Herz begann so schnell zu klopfen, daß es weh tat. Uhh, und wie das schmerzte. Tini kämpfte mit den Tränen. »Hoffentlich sehen sie mich nicht. Nicht so.«
Zu spät. Sie hatten sie bereits entdeckt, und Lily rannte winkend auf sie zu. Tini wollte weglaufen, doch da standen die beiden schon vor ihr.
»Tini, warte«, sagte Lily atemlos. »Tom möchte dich kennenlernen, und dann könnten wir ihm gemeinsam unser Dorf zeigen . . .«

Biblischer Bezug: Matthäus 8, 5-13
Biblische Erläuterung: Vertrauen, wo man es nicht erwartet
Kreativer Zugang: 104, 120, 121, 127, 131, 133, 136, 138, 142, 204, 207
Inhalt: Anja besucht Sabine, weil sie in der Schule sehr beliebt ist. Als Sabines Füller verschwindet, fällt der Verdacht erst auf Anja, dann auf Sabine. Beide finden darüber zueinander.

Eifersucht

Neid

Mißtrauen

Aggression

Der verflixte Füller

Erzählung von Elke Bräunling

Alle mochten Sabine gut leiden, die Leute in der Klasse ebenso sehr wie die Lehrer. Dabei war Sabine noch nicht lange in dieser Schule. Sie hatte es aber schnell geschafft, alle Herzen zu erobern. Es war verrückt: Sabine konnte sagen, was sie wollte, und alle hingen wie gebannt an ihren Lippen, auch wenn es noch so blöd war, was sie erzählte. Und wie sie rannten, wenn Sabine einen Wunsch äußerte! Wie die Deppen! Sabine hier, Sabine da, Sabine vorn, Sabine hinten. Na, schick sah sie ja aus mit ihren langen Beinen und der hellen Mähne, und lächeln konnte sie, so hinreißend, daß einem die Spucke wegblieb.
Das war aber auch schon alles. Im Unterricht war sie eine totale Niete, außer in Sport und Französisch. Trotzdem bekamen selbst die Pauker so etwas Helles, Warmes in ihren Blick, wenn sie Sabine sahen. Sie war nunmal der Liebling aller, und jeder wünschte sich, sie zur Freundin zu haben. Nur Anja nicht. Anja hatte diese Neue von Anfang an nicht ausstehen können. Und was hatte ihr dieses Biest nicht alles vermiest! Wo doch sie, Anja, in der Klasse das Sagen gehabt hatte! Wo doch alle mit ihr befreundet sein wollten! Früher, bevor Sabine, diese blöde Nuß, in die Klasse gekommen war. »Ich hasse sie«, dachte Anja, »oh, wie ich sie hasse!« Und ihre Miene wurde von Tag zu Tag finsterer.

Eines Tages zeigte Sabine stolz ihren neuen pinkfarbenen Füller in der Klasse herum. »Schick, nicht?« fragte sie, und die Klassenkameraden bewunderten den Füller und riefen: »Toll«, »prall«, »echte Sahne!« Nur Anja sagte nichts. Was sollte sie da auch toll finden? »Blöde Ziege!« grollte sie. »Was die sich nur einbildet?«
Und weil sich Anja so ärgerte, kratzte sie am Nachmittag ihre Ersparnisse zusammen und kaufte den gleichen Füller. Nun fühlte sie sich wohler. Ein bißchen freute sie sich sogar auf die Schule. Sabine würde sich bestimmt ganz schön ärgern! Am nächsten Tag aber hatte Anja plötzlich keine Lust mehr, den Füller zu benutzen. »Ist mir zu doof«, murmelte sie und ließ den Füller in ihrer Tasche. Am liebsten hätte sie die leidige Füllergeschichte vergessen.
Dann war auf einmal Sabines neuer Füller verschwunden. »Mein Füller ist weg«, schrie Sabine. »Man hat ihn geklaut!« Der Füller war weg? Aufgeregt fingen alle an zu suchen. So einfach konnte ein Füller doch nicht verschwinden! Irgendwo mußte er ja sein. Die Klasse suchte und suchte, der Füller aber tauchte nicht wieder auf. »Er ist geklaut«, jammerte Sabine, »mein teurer Füller.« Doch wer sollte so etwas tun? Anja überlegte. Nein, so etwas traute sie niemandem zu. »Ich weiß, wer es war«, rief Mona und deutete auf Anja. »Sie meint mich«, dachte Anja erschrokken, »warum?«

Und da hörte sie Monas Stimme. »Anja war es, bestimmt, denn sie kann Sabine nicht leiden.« Anja stockte der Atem. Das war ja wie in einem bösen Traum. Ausgerechnet Mona, die einmal ihre Freundin war. »Ich war's nicht«, wollte Anja rufen, doch sie brachte kein Wort heraus. Erschrocken schüttelte sie den Kopf. Dann nahm sie ihre Mappe und hielt sie den anderen hin. »Seht doch selbst nach!« Im gleichen Moment fiel ihr der Füller ein, den sie am Vortag gekauft hatte, und sie spürte, wie sie rot im Gesicht wurde. »Da ist er ja!« rief Mona auch schon und zog triumphierend den Füller aus Anjas Tasche.
»Das ist meiner«, sagte Anja leise.
»Deiner?« rief Sabine. »Daß ich nicht lache, du lügst!«
»Ehrlich«, versuchte es Anja noch einmal, »ich hab mir den Füller gestern gekauft.«
Aber keiner glaubte ihr. Es war schrecklich. Alle schrien sie auf sie ein, drohten mit den Fäusten. Und wie sie sie anstarrten! So hämisch und böse. »Es ist meiner, ich schwöre es«, rief sie verzweifelt. »Ehrlich.«
»Wenn Anja das schwört«, sagte da eine ernste Stimme, »können wir uns auf ihr Wort verlassen, nicht wahr?«
Es war Herr Maurer, der Mathelehrer.
Erleichtert atmete Anja auf. »Aber wo ist mein Füller dann?« fragte Sabine.
»Vielleicht hast du ihn verloren oder irgendwo vergessen?« »Bestimmt nicht.«
»Bist du dir ganz sicher?«
Sabine zuckte mit den Schultern. »Na ja«, meinte sie verlegen. »Vielleicht hat Sabine den Füller in Anjas Tasche gelegt?« überlegte Mona.
»Waaas?« rief Sabine aufgeregt, »so etwas tue ich nicht.« »Wirklich nicht?«

Nun bekam Sabine vor lauter Angst ein rotes Gesicht. Warum glaubten sie ihr nicht? Unsicher sah sie zu Anja hinüber.
»Es stimmt« sagte Anja, »Sabine lügt nicht.«
»Danke«, flüsterte Sabine und drückte Anjas Hand.
»Ist doch wahr«, brummte Anja, und sie war schrecklich sauer auf ihre Klassenkameraden, die zuerst sie

und dann Sabine verdächtigt hatten. Böse starrte sie die Klassenkameraden an, einen nach dem anderen, und sie fühlte, daß die noch immer zweifelten. Ach, machten die es sich leicht! Mistbande!
»Ihr glaubt uns nicht, nicht wahr?« sagte sie herausfordernd. »Ist ja auch viel einfacher so: Aber auf unser Wort könnt ihr euch verlassen.« Sie nahm Sabine bei der Hand. »Und nun suchen wir den verflixten Füller. Kommst du mit?«
Sabine nickte, und gemeinsam verließen sie den Klassenraum.

35 Frieden

Weihnachten

Hoffnung

Teilen

Biblischer Bezug: Lukas 2, 1-14
Biblische Erläuterung: Jesus wird geboren
Kreativer Zugang: 101, 122, 123, 125, 132, 133, 186, 198, 214, 215, 216, 217
Inhalt: Martin und Lisa sprechen auf dem Heimweg vom Krippenspiel mit ihren Eltern über die Friedensbotschaft der Engel und wie sie in das eigene Leben übertragen werden kann.

Friede auf Erden?

Erzählung von Gunnar Urbach

Lisa und Martin kamen mit ihren Eltern aus dem Weihnachts-Kindergottesdienst. Ein Krippenspiel hatten sie gesehen, die bekannten Weihnachtslieder hatten sie gesungen. Jetzt freuten sie sich auf die Bescherung zu Hause.
Doch Martin war nicht zufrieden. »Warum haben die Engel gesungen ›Friede auf Erden‹, wenn wir doch gar keinen Frieden haben?« Und Martin dachte an die vielen Berichte im Fernsehen: Menschen werden verfolgt und verprügelt, andere haben Hunger, in vielen Ländern herrscht Krieg, und nebenan bei Familie Schulze ist immer Streit. »Warum hat sich nichts verändert?«
Die Eltern schwiegen lange auf dem Heimweg, doch dann antwortete die Mutter: »Damals, als Jesus geboren wurde, war es nicht anders: Römische Soldaten unterdrückten die Juden, Jesus und seine Familie mußten fliehen, die Soldaten des jüdischen Königs Herodes töteten die neugeborenen Jungen in Bethlehem. Doch die Botschaft der Engel hat damals etwas verändert: Die Hirten spürten es als erste und wurden froh, weil Gott sie nicht vergessen hatte. Die Menschen erlebten es später mit Jesus: Gott hat auch diejenigen lieb, die Fehler machen. Gottes Friedensreich fängt überall da an, wo Menschen sich im Namen Jesu zusammensetzen – eben im Gottesdienst am Heiligen Abend, an jedem Sonntag, und auch in der Familie.«
»›Meinen Frieden gebe ich euch‹ hat Jesus seinen Jüngern versprochen«, schaltete sich jetzt der Vater ein. »Und weil Gott mit uns Frieden schließt, können wir untereinander immer wieder den Frieden versuchen, auch wenn die schlechten Nachrichten im Fernsehen noch nicht aufhören. Gott hat mit dem Frieden angefangen, jetzt sind wir dran! Deshalb haben wir vorhin gesungen ›Frieden gabst du uns, Frieden muß noch werden‹.«
»Dann ist es gut, daß die Engel singen«, freute sich Lisa. »Jetzt bin ich ganz sicher, daß es Frieden auf Erden gibt!«

Biblischer Bezug: Lukas 23, 32-47
Biblische Erläuterung: Jesus stirbt am Kreuz

Kreativer Zugang: 160, 162, 182

Inhalt: Als der geistig behinderte Thomas stirbt, erinnern sich alle, wie viel Fröhlichkeit er trotz seines Leidens ausgestrahlt hat.

Sterben

Krankheit

Behindert

Leiden

Beerdigung

So einer wie Thomas

Erzählung von Rolf Krenzer

Heute haben wir Thomas beerdigt. Das ganze Dorf ist mitgegangen. Kinder und Erwachsene. Alte und junge Leute. Viele haben Blumen mitgebracht. Und die Kränze, die die Leute auf den kleinen Sarg legten, trugen alle leuchtende Blumen, gelbe und weiße, blaue, rote und violette. Heute haben wir Thomas beerdigt, und es fällt uns so schwer, Abschied von ihm zu nehmen. Jetzt spüren wir immer deutlicher, wie lieb wir ihn hatten und wie lieb er uns alle hatte.
Mit sechs Jahren ist Thomas gestorben. Sechs Jahre ist er nur alt geworden. Aber jeder im Dorf hat ihn gekannt.
Unser Dorf ist klein. Da kennt jeder jeden. Aber den Thomas, den haben alle ganz besonders gut gekannt. Vielleicht sogar besser als den Bürgermeister und den Pfarrer. Das sagt sogar die Zeitungsfrau, die auch zur Beerdigung gekommen ist.
Von der Klinik in Göttingen sind auch die Schwestern gekommen. Sie haben einen großen Strauß gelber, weißer und roter Tulpen mitgebracht.
»Er war immer froh, obwohl er so krank war!« sagt Schwester Ilse.
»Mit seiner Fröhlichkeit hat er den anderen in seinem Zimmer Mut gemacht!« »Dabei war es doch ein so stark behindertes Kind!« sagt Schwester Claudia und nickt.
Ja, daß Thomas behindert war, das wußten alle im Dorf. Nicht nur körperbehindert. Er war so stark geistig behindert, daß er ganz spät erst angefangen hat, überhaupt etwas zu sprechen. Oft konnte man ihn nicht richtig verstehen. Und in eine richtige Schule hätte er auch nie gehen können.

Aber lachen konnte Thomas. Und er freute sich über jeden, dem er begegnete, wenn er an der Hand seines Vaters oder seiner Mutter langsam durch das Dorf ging. Später lernte er sogar, auf dem Dreirad zu fahren.
»Wirklich, dann glaubte man gar nicht, daß er so behindert war!« sagt der Briefträger und lächelt ein bißchen, als er sich daran erinnert. »Im letzten Jahr hat er immer bei uns die Milch geholt!« erinnert sich Frau Scheibner, die zwei Kühe in ihrem Stall hat. »Es war ja nicht weit zu uns, und er konnte mit seinem Dreirad auf dem Bürgersteig fahren. Die Milchkanne hatte er immer an der Lenkstange hängen. Er fuhr so vorsichtig. Nicht einen einzigen Tropfen hat er verschüttet. Und oft hat er mir ein Blümchen mitgebracht. Manchmal war es auch nur ein Gras oder ein Unkraut, das er auf dem Weg zu uns gefunden hat. Aber er schenkte es mir mit so viel Freude, daß ich sein Geschenk gern angenommen habe.«
Auch Frau Scheibner lächelt. »Ich habe ihm zuliebe sogar das Unkraut in die Blumenvase gestellt!« sagte sie.
»Er hat immer mit seiner Mutter bei uns das Brot und die Brötchen geholt!« sagt der alte Bäkker Martens. »Und er war nicht zufrieden, wenn man ihn einfach nur so bediente. Ich mußte immer um die Theke herumkommen und ihm die Hand geben. Ohne das ging es nicht!«

Herr Martens greift in seine Hosentasche und zieht sein Taschentuch heraus. Nachdem er sich gründlich geschneuzt hat, fügt er hinzu: »Später, als er dann von der Klinik wieder nach Hause kam, damals, als er so schwach war und wieder im Wagen gefahren werden mußte, da wehrte er sich, wenn ihn sein Vater in den Laden hineintragen wollte. ›Zum Bäcker Marten will ich gehen!‹ sagte er. Da mußte ihn sein Vater herunterlassen. Er stützte ihn und führte ihn zu mir. Und Thomas war erst richtig zufrieden, wenn ich ihm die Hand gedrückt hatte. Dann erst durfte ihn sein Vater wieder auf den Arm nehmen.« »Gott hat ihn einschlafen lassen, bevor seine Schmerzen noch schlimmer wurden«, sagt sein Vater. In Göttingen in der Klinik waren viele kranke Kinder.

Viele waren aus dem Harz dorthin gebracht worden. Leukämie. Blutkrebs. Jetzt ist es fast acht Monate her, als Thomas an Leukämie erkrankte. Er hat alle Untersuchungen über sich ergehen lassen. Er lernte sogar die vielen fremden Namen der Untersuchungen und der Krankheit. Er nannte sie so wie all die anderen Dinge, deren Namen er kannte. Und er wurde schwächer und schwächer. Seine Heilung wurde immer aussichtsloser!
»Es war richtig, daß wir ihn dann nach Hause genommen haben!« sagt seine Mutter. »Ja, es war richtig. Über zwei Monate lang haben wir ihn noch bei uns haben dürfen. Und seine Fröhlichkeit ist zurückgekommen. Nicht mehr so wie vorher. Aber er hat wieder lachen können. Und Musik hat er gehört. Immer wieder dieselben Cassetten. Das Lied von der dicken Raupe. Dann hat er sich hingestellt und gespielt,

wie sich die dicke Raupe in einen Schmetterling verwandelt. ›Gleich fliege ich!‹ hat er gesagt und seine Arme weit ausgebreitet.«

Es war richtig, daß Sie ihn wieder nach Hause geholt haben!« sagt Frau Krüger, die Nachbarin. »Sie waren ja so lange Zeit mit ihm im Krankenhaus. Und Ihr Mann hat während dieser ganzen Zeit neben seinem Beruf noch Ihre drei Kinder versorgt. Was Sie für den kleinen Thomas alles getan haben! Sie, Ihr Mann und Ihre Kinder!«
»Was Thomas für uns getan hat ...« sagt sein Vater leise. »Obwohl er so krank war, hat er uns getröstet, wenn wir traurig waren. ›Mir geht's gut‹, hat er immer gesagt. ›Und einmal ist die Krankheit beendet!‹ So einer war Thomas!« Heute haben wir Thomas beerdigt. Das ganze Dorf ist mitgegangen. Und die Erzieher aus der Kindertagesstätte, die er nur so kurz besucht hat. Und die Schwestern von der Klinik.
»Ich bin so glücklich, daß so viele Blumen auf seinem Grab sind!« sagt sein Vater. »Thomas hatte Blumen so gern. Deshalb haben wir ihn immer Tommy Tulpe genannt.«

»Er hat ein Licht in uns angezündet!« hat der Pfarrer bei der Beerdigung gesagt. »Ein Licht auf unserem Weg.«

»Ja, so einer war Thomas!« sagt seine Mutter.

37 Fröhlichkeit

Tanzen

Danken

Biblischer Bezug: 2. Samuel 6
Biblische Erläuterung: David springt und tanzt aus Dankbarkeit zu Gott
Kreativer Zugang: 167, 169, 181
Inhalt: Julia singt und hüpft den lieben langen Tag. Den Vater nervt es. Doch die ganze Schule kann sie mit ihrer Munterkeit anstecken.

Julia singt immer

Erzählung von Bärbel von Blanckenburg

Julia kam mit fröhlichem Gesicht zum Frühstück, ließ bei Tisch die Beine baumeln und klopfte gegen den Stuhl. Sie trank ihren Kakao, als würde sie im Becher ein neues Lied entdecken können. Vater stopfte sich kleine Wattebällchen in die Ohren, denn er wußte, Julia hatte ihr Schokoladenbrot aufgegessen und gleich würde das ewige Gesinge wieder losgehen. Und tatsächlich: »Rums dideldums, didel Dudelsack, heute mach ich Schabernack ...« Sie klopfte mit ihrem Messer den Takt, sprang auf und wollte aus dem Zimmer tanzen. Ganz fest griff der Vater nach Julias Arm und hatte ein schrecklich wütendes Gesicht: »Halt, Julia, so geht das wirklich nicht weiter. Du trampelst und hüpfst hier rum, das ist ja nicht zum Aushalten. Unter uns wohnen auch noch Leute. Du störst einfach alle. Und morgens früh weißt du doch, daß ich Lärm überhaupt nicht ausstehen kann. Die ganze Küche dröhnt.« Julia verzog das Gesicht, aber Vater redete weiter: »Denk dir mal, die Küche wäre unser Boot, in dem wir frühstücken. Alle sitzen und verhalten sich so ruhig, daß es nicht zu sehr schaukelt. Ach Quatsch, was soll das eigentlich? Man verhält sich einfach rücksichtsvoller, als du es uns hier tagein tagaus vorführst. Basta!« Julia war jetzt ganz still. Brav und ruhig verabschiedete sie sich von ihren Eltern und ging zur Schule ...

Wieder saß die Familie beim Frühstück. Vater hatte ein großes Blatt in der Hand und las: »Da gibt es Platz für alle, da können alle rein, die Kleinen und die Großen, für alle soll es sein ...« Julia hatte das Lied – Alle in einem Boot – ganz ordentlich für ihren Vater abgeschrieben, mit acht Strophen. Und Vater verstand, daß Julia verstanden hatte.
Als Julia hinausging, fingen ihre Zöpfe an zu schaukeln. Am Fenster sah sie ihre Mutter winken. Julia warf ihr Kußhändchen zu. Als sie auch den Vater sah, drehte sie sich einmal im Kreis herum und klatschte dreimal in die Hände. Vater winkte. Trrr – das erste Läuten, Julia raste zur Schule. Ihre Freundin Esmee kam gleich auf sie zu und faßte sie bei der Hand. Vor der großen Aufgangstreppe der Schule sahen sich die beiden an, lachten und sangen. »Wir hüpfen vor Freude, die Schule beginnt, wir freuen uns, daß wir zusammen sind, hopp, hopp, hopp ...«.
Dabei hüpften sie auf der Treppe 4 Stufen hinauf, 4 Hüpfer nach links, 3 Hopser auf der Stelle, einmal klatschen, 3 Hopser auf der Stelle, einmal klatschen, 4 Stufen hinauf ... Einige Schüler sahen erstaunt zu, andere faßten

die beiden an oder bildeten neue Reihen und machten einfach mit. Die große Aufgangstreppe war nach kurzer Zeit voll hüpfender Schüler, die sangen, sich umfaßten und klatschten. Allen Kindern wurde warm. Trrr – die Schulglocke läutete zum zweiten Mal. »Ach du liebe Zeit, Kinder, jetzt kommt aber, es geht los«, rief die Lehrerin. Sie hatte auf dem Treppenabsatz gestanden, ganz unauffällig den Takt am Geländer geklopft und den vielen Kindern zugesehen. Julia kannte die Stimme und auch die Worte, leise sang sie mit den anderen: »Hand in Hand und Schritt vor Schritt, viele, viele, alle kommen mit.«

Und so zogen die Schüler diesen Morgen in ihre Klassen ein. Ihr könnt euch sicher vorstellen, daß das ein besonders schöner Schultag wurde.

Füreinander 38

Biblischer Bezug: Johannes 18, 1-27

Biblische Erläuterung: Leiden auf sich nehmen, ohne schuldig zu sein

Kreativer Zugang: 134, 135, 137, 138, 153, 160, 166, 185, 187, 200, 201, 211

Inhalt: Einer von den hungernden Zwillingen stiehlt Brot für die Familie. Vor Gericht will jeder die Strafe auf sich nehmen. Der Schuldige ist nicht zu ermitteln,der Richter urteilt salomonisch.

Hunger

Armut

Miteinander

Gerechtigkeit

Füreinander

Erzählung von Fried Noxius

Vor langer Zeit war es, in einem Königreich, wo die Sonne länger scheint als bei uns. Und wärmer! Ein himmelhohes Gebirge gibt es dort, und während oben Schnee in der Sonne glitzert, wärmen sich unten Palmen die Köpfe, damit ihre Datteln honigsüß reifen. Wasser fließt in die Ebenen, kunstvoll unterirdisch geleitet, doch wie das so ist auf der Welt: trotzdem gibt es auch dort Arme und Reiche, Hartherzige und Mildtätige. Keiner außer Jesus hat jederzeit all sein Hab und Gut brüderlich geteilt. So war das auch in jener Zeit, in der unsere Geschichte spielt, die von Ben und Abu. Zwillinge waren es, einander ähnlich wie aus dem Gesicht geschnitten: dunkler Haarschopf, helle Augen, kühne Nase. Sogar den gleichen Leberfleck trugen sie auf der linken Wange. Beide waren tüchtig und kunstfertig. Mit Hammer und Meißel kerbten sie im Handumdrehen aus einer Messingplatte ein Kunstwerk mit Blumengirlanden, Sternen, Ranken. Doch was nützte das alles, wenn Käufer dafür fehlten! So wurden Ben und Abu arbeitslos. »Mir knurrt der Magen!« murrte Ben einmal mehr. »Glaubst du, mir nicht?« ärgerte sich Abu. Hunger tut weh. »Mutter hat auch noch nichts gegessen«, murmelte er und senkte den Kopf. Daß sie zu zweit nicht einmal ihre Mutter ernähren konnten!

So ging das, bis es eines Tages noch schlimmer kam. Als Abu vom Markt heimkehrte, war er bleich wie ein Leichentuch. »Was ist?« jammerte Mutter. »Bist du krank?« Abu aber schwieg. Nie im Leben mochte er seiner Mutter beichten, warum er so bleich war. So eine Schande! Schande über ihn, Schande über die Familie!

Ben bekam das Geheimnis heraus, als sie allein waren. »Ich wollte ein Fladenbrot auf dem Markt stehlen, für Mutter. Aber sie haben mich erwischt«, gab Abu zu, und nun wurde auch Ben blaß. »Morgen muß ich vor den Richter«, sagte Abu. »Dann stecken sie mich ins Gefängnis.« Er schauderte, denn die Zellen waren eng, naß und kalt. »Nicht du wirst hingehen, sondern ich!« bestimmte da Ben. »Ich gehe für dich. Dein Meister hat Arbeit für dich!« »Nein, nein«, jammerte aber Abu. »Das bringe ich nicht übers Herz!« »Du bleibst, und ich gehe«, antwortete jedoch Ben hart.

Am nächsten Tag war Gerichtsverhandlung, mitten auf dem Markt. Nicht einmal die Märchenerzähler oder die Schlangenbeschwörer fanden ihr Publikum, wenn der alte weißbärtige Richter mitten im Kreis der Gaffer hockte, einen weißen Turban auf seinem würdigen Haupt. Jedes weiße Haar bedeute eine Erfahrung, wurde behauptet, und der Richter hatte viele davon. Streng war er, ja, aber gerecht. Und klug. Nun stand Abu vor ihm, den Kopf gesenkt. »Das ist der Dieb!« Die Marktfrau zeigte triumphierend auf ihn. »Der ist es!«

»Sieh mich an!« gebot der Richter, und Abu tat es. Der Richter schüttelte den Kopf. »Wie ein Strolch siehst du nicht aus«, meinte er. »Aber man kann niemandem ins Herz sehen. Auch ich nicht.«

»Ich kenne ihn genau. Da, der Leberfleck auf der Wange! Ich irre mich nicht!« sagte die Frau. »Doch, doch!« schrie plötzlich jemand und stürzte in das Rund. »Ich bin es gewesen, ich! Nicht dieser da! Ich gehöre ins Gefängnis, ich!« Ben war es, Abus Bruder!

»Ruhe!« donnerte der Richter. »Ruhe, sonst lasse ich den Markt räumen!«

Da wurde es mucksmäuschenstill, denn wer wollte sich so ein Schauspiel entgehen lassen! Was würde jetzt noch

kommen? Wer sollte diesen Knoten lösen?
»Nun, wer war es?« wollte der Richter von der Frau wissen. »Der links oder der rechts? Was ist mit dem Leberfleck? Du warst doch so sicher?«
Da begann die Marktfrau zu stottern und sich zu verhaspeln. »Der hier – oder doch der dort?« murmelte sie, schaute abwechselnd Ben und Abu an und zuckte dann mit den Schultern.
»Du weißt es also nicht«, stellte schließlich der Richter fest. »Nun erzählt ihr beide einmal, wie es sich zugetragen hat, auf Ehre und Gewissen aber!«
Nachdem Ben und Abu vorgetragen hatte, stockend zuerst, hitzig zum Schluß, als sie vom Hunger ihrer Mutter und vom eigenen erzählten, schüttelte der Richter den Kopf, danach nickte er. »Und ihr wollt füreinander ins Gefängnis?« fragte er. »Vielleicht sollte ich euch beide ins Loch werfen lassen?« Er schwieg eine Weile, schließlich erhob er sich. »Ihr gefallt mir«, sagte er einfach und verbeugte sich vor Abu und Ben. »Wer so füreinander einsteht, ist ein guter Mensch. Wer gibt den beiden Arbeit?« wollte er dann wissen und schaute in die Runde. »Gute Arbeit mit gutem Lohn?« Da reckten sich so viele Hände in die Höhe, daß man die Zwillinge hätte in Stücke schneiden müssen. »Halt!« gebot da der Richter aber, »halt! Der Dieb arbeitet erst einmal eine Woche lang bei der Marktfrau. Umsonst.« Die aber ruderte mit den Armen wie mit Windmühlenflügeln. »Nein, nein, gestrenger Herr, ich nehme beide Brüder! Ich kann sie gut gebrauchen. Mein Geschäft soll größer werden. Zwei flinke, kräftige Burschen, die so füreinander einstehen, sind die richtigen Teilhaber!«
Da strich sich der Richter erneut den Bart und lächelte. »Du hast heute ein gutes Geschäft gemacht, ein doppeltes«, lobte er. Und alle Störche auf der Stadtmauer ringsum, so wird berichtet, klapperten zustimmend. Nur der Kerkermeister machte ein finsteres Gesicht. Zwei solche wie Ben und Abu hätte auch er gut gebrauchen können – ohne Lohn, versteht sich.

39 Geborgenheit

Behütetsein

Schützen

Segen

Biblischer Bezug: Psalm 127, 1

Biblische Erläuterung: Das Haus ist Ausdruck der Sehnsucht nach einer letzten Geborgenheit

Kreativer Zugang: 113, 146, 147, 148

Inhalt: Ein Erwachsener träumt von seiner Kinderzeit. Da fällt ihm ein, wie wichtig ein Baumhaus war. Die Tochter baut ebenso gerne Baumhäuser, Tischhäuser und Buden.

Mein Baumhaus

Erzählung von Wolfgang Gerts

Ich sitze im Kreis, und einer erzählt. Ich bin ganz versunken, höre zu, was er sagt. – Er sagt zu mir und den anderen: »Schließt mal eure Augen. Überlegt euch einen Baum eurer Kindheit, einen, der euch ganz wichtig war«. Meiner fällt mir sofort ein. Ich habe ihn mit geschlossenen Augen ganz deutlich im »Blick«. Hoch, stachelig, mit ineinander verschlungenen Ästen. Ihn zu erklimmen, kann wehtun, wegen der Stacheln. Aber man hat einen guten Tritt. Ich bin dünn genug, um mich hindurchzuwinden bis zu einem großen Hohlraum. Das kann nicht jeder. Darum haben wir hier unser Haus gebaut – unser Baumhaus. Manno! – Wie gerne denke ich an die Momente zurück, wo ich hier gesessen und auf die Leute von da unten herabgeschaut habe. Wie klein waren sie von hier oben! Und keiner konnte mich entdecken. In unserem – »meinem« – Baumhaus, da fühlte ich mich wohl. Hier haben wir unsere erste Zigarette geraucht (naja!), hier habe ich auch zum ersten Mal einem Mädchen tief in die Augen geschaut. – Das Baumhaus, ein Stück Zuhause, das ich nie vergessen werde.
Meine Tochter – Anna –, sie ist erst fünf, fast sechs. Auch sie erzählt mir von ihrem Baumhaus. Und beständig und am liebsten baut sie Buden. Buden zum Unterkriechen.
Ich lasse sie erzählen, aber ich schaue mir ihre Buden nicht an. Das ist ihr Geheimnis. Da will ich nicht eindringen. Anna soll ihre Bude für sich haben, auch wenn sie sich über mich oder wen anders so ärgert, daß sie allein sein will. Aber Annas Bilder hebe ich mir auf. Ich kann an ihnen alles entdecken, was wichtig im Leben ist. Meistens beginnt sie mit einem Baum und einem Haus. Immer ein Baum und ein Haus, so, wie alle Kinder es malen. Nur manche machen es ein ganz bißchen anders. Sie malen ein Haus und einen Baum, in der Reihenfolge. Und sonst: Etwas Sonne, eine Familie, **ihre** Familie, ein paar Vögel oder andere Tiere, denn Tiere gehören immer dazu. Grüner Rasen, blauer Himmel

und eine starke gelbe Sonne! Aber immer steht das Haus mit dem roten Dach und dem wärmenden rauchenden Schornstein (er raucht auch im Sommer!) im Mittelpunkt.
Anna malt mir alles auf, was wichtig ist. Wo sie nun fast sechs wird, malt sie die Häuser nicht. Sie bastelt sie, mit einer Tür zum Raus- und Reingehen; wenn man sie aufklappt, sieht man jemanden. Da ist der, dem sie eine Freude machen will, zum Geburtstag oder sonst: Du darfst bei mir aus- und eingehen. Das ist eine hohe Ehre.
Ganz von ferne klingt mir ein altes Psalmwort im Ohr:
»Wo der Herr nicht das Haus baut, leben umsonst (vergeblich), die darin wohnen.«
Lieber Gott, denke ich, in dieser und jeder kommenden Wohnung, die ich mir wünsche: Bitte, komm, und wohne mit mir. Ich brauche dich, lieber Gott, gehöre zu mir – zu uns!
Und du. Mach doch auch mal die Augen zu. Träume von deinem Haus. Laß dir Zeit, träume, vielleicht kannst du dir dann dein Haus malen, in das du hineingehörst – und Gott, der dich liebhat und beschützen will. Auch mit und in deinem Haus, wenn du ihn mit hineinläßt.

Geduld 40

Hoffnung

Schule

Glauben

Schulbeginn

Biblischer Bezug: Lukas 13, 6-9
Biblische Erläuterung: Der unfruchtbare Feigenbaum

Kreativer Zugang: 115, 133, 141, 162

Inhalt: Das Gleichnis vom unfruchtbaren Feigenbaum und seine Parallele im Schulleben der Kinder

Baum der Hoffnung

Erzählung von Dietrich Steinwede

Da ist ein Berg, über und über bewachsen mit Weinreben, ein Weinberg.
Mitten unter den Reben ein Baum, ein Feigenbaum.
Es ist ein schöngewachsener Baum mit großen Blättern.
Zweimal im Jahr soll er Früchte bringen.
Im Juni und im August:
Feigen!
Der Herr des Weinbergs hat einen Gärtner.
Der pflegt die Weinstöcke und den Feigenbaum.
Er lockert den Boden, er düngt, daß er gut wachsen kann, der Baum, daß er gute Früchte bringt.
Doch jedesmal, wenn der Herr kommt, um von seinem Baum zu ernten, findet er zwischen den Blättern nicht eine einzige Frucht, nicht eine einzige Feige.
Und das nun schon drei Jahre lang.
Da sagt der Herr des Weinbergs schließlich zum Gärtner: »Hau diesen Baum um!
Drei Jahre warte ich nun schon, daß er Früchte bringt.
Und er bringt nichts.
Keine einzige Feige finde ich.
Jetzt reicht es mir:
Hau ihn um!
Er saugt doch nur den Boden aus für nichts und wieder nichts!«
Da sagt der Gärtner: »Herr, ich bitte dich, laß ihn noch ein Jahr stehen, nur ein Jahr!
Ich will den Boden um ihn her noch besser lockern.
Ich will den Boden um ihn her noch besser düngen.
Vielleicht hilft das für's nächste Jahr.
Vielleicht trägt er dann Früchte!
Bitte, Herr, noch ein Jahr!«
Diese Geschichte erzählt Jesus.
Er erzählt sie zum Vergleich, als Gleichnis.
Jeder von uns kann vergleichen.
Er kann sich selbst vergleichen mit dem Baum ohne Früchte und mit dem Gärtner.
Der Gärtner gibt die Hoffnung nicht auf.
So gibt auch ein Lehrer die Hoffnung nicht auf, wenn er Schüler hat, die nicht so gute Zensuren bringen.

**Gott, lieber Gott,
hilf uns, daß wir wachsen
wie ein Feigenbaum,
der gute Früche trägt.
Hilf uns,
daß unsere Lehrer und Eltern gute Gärtner sind für uns.
Daß sie uns als Boden gut lockern
und gut düngen.
Gott, lieber Gott,
hilf uns, daß wir gut lernen können
im neuen Schuljahr.
Aber gib uns auch Zeit
zu spielen und zu tollen.
Amen.**

Der Lehrer sagt:
Ich will dem Kind noch mehr helfen. Ich will den Boden des Lernens bei dem Kind noch mehr lockern und düngen.
Vielleicht bringt das Kind im nächsten Jahr eine bessere Zensur, eine bessere Frucht.
Und der, der weniger gut lernt, der keine guten Arbeiten schreibt, der keine Früchte bringt wie der Feigenbaum: Im nächsten Jahr kann alles besser werden für ihn. Er darf nur die Hoffnung nicht aufgeben! Wenn er sich anstrengt, gut arbeitet, den Boden gut düngt und lokkert, kann auch er Erfolge haben, Früchte tragen, so daß jeder sich freut.
Und der, der gut lernt, der kann Gärtner sein, Helfer.
Der kann bei den Schwächeren den Boden umgraben und Dünger streuen.
Der kann den Schwächeren helfen.
Vielleicht lernen sie dann besser.
Vielleicht bringen dann die Bäume dieser Kinder auch schöne Früchte.
Niemand darf die Hoffnung aufgeben. Niemals!
Auch Gott gibt die Hoffnung nicht auf, auf uns Kinder, auf uns Menschen, daß wir Bäume sind, die Frucht tragen.
Gott ist wie ein Gärtner.
Gott gibt acht auf mich.
Ihm kann ich vertrauen, daß er das Beste will für mich.
Mit Gott fang ich die Schule an.

41 Gerechtigkeit

Neid

Teilen

Biblischer Bezug: Matthäus 20, 1-16
Biblische Erläuterung: Keiner kommt zu kurz

Kreativer Zugang: 136, 137, 138, 185, 186, 187, 191

Inhalt: Jens' Gerechtigkeitssinn läßt ihn die Welt nicht mehr verstehen. Er lernt umzudenken, und zwar so, daß er dabei nicht zu kurz kommt

Jens ist sauer

Erzählung von Wolfgang Gerts

Stinksauer war Jens! – Nein, anders oder vornehmer kann ich das nicht ausdrücken. Du hättest ihn mal seh'n sollen! Wie er da am Mittagstisch saß und mit dem Löffel in seinem Pudding herumrührte. »Der Klaus kriegt auch immer die größte Portion!« – herrschte er seine Mutter an. »Du ißt ja nicht mal auf, was du hast!« wetterte der Vater zurück, »ich habe keine Lust, mir dein Genörgele noch länger anzuhören. Also iß, oder laß wenigstens uns in Ruhe essen!« – Für einige Sekunden war es sehr still. Dann stand Jens auf. »Ich habe hier ja sowieso nichts zu melden. Dann könnt ihr meinen Pudding auch noch aufessen!« – Die Küchentür knallte richtig, so heftig schlug Jens sie zu. »Das verstehe ich nicht«, sagte seine Mutter, »er ist doch sonst nicht so empfindlich.«
Am Nachmittag kam die Mutter in sein Zimmer. Jens saß vor seinen Schulaufgaben. Bücher und Hefte lagen aufgeschlagen vor ihm. Aber sie merkte gleich, daß er nicht bei der Sache war. Regungslos saß er am Schreibtisch, den Kopf in die Hände gestützt. Seine Haare waren durcheinander – sie mußte innerlich lächeln. Das war immer so mit ihm. Wenn er ein Problem hatte und grübelte und grübelte, fuhren seine Finger durch die Haare wie ein Pflug über den Acker. Das hatte er von ihr! Sie setzte sich zu ihm. »Kommst du zu kurz, mein Junge?« fragte sie. Er schwieg. »Soll ich dir einen Pudding machen, ganz allein für dich?« Jens schwieg immer noch. Dann sagte er leise und weinerlich: »Das ist es doch gar nicht!« Er warf sich der Mutter in die Arme, ganz plötzlich. Und er weinte. Er weinte lange. Nach und nach bekam sie aus ihm heraus, was ihn so getroffen hatte. Kathrin sei nicht mehr seine Freundin, sagte er. Die Mutter wußte, wer Kathrin war. Vor einem Jahr war Kathrin aus Rumänien in die Klasse gekommen. Nach anfänglicher Zurückhaltung hatte Jens sich mit ihr nach und nach angefreundet und ihr geholfen, so gut er konnte, sich besser in ihrer neuen Heimat, ihrer neuen Klasse zurechtzufinden. Und nun war sie nicht mehr seine Freundin? Da muß wirklich etwas vorgefallen sein. Jens berichtete schließlich die Geschichte in allen Einzelheiten. Sie hatten einen Deutschaufsatz geschrieben. Jens, der gut in Deutsch war, hatte sich wieder einmal alle Mühe gegeben. Viereinhalb Seiten hatte er geschrieben und eigentlich auf eine Eins gehofft. Als sie die Arbeiten zurückbekamen, war's nur eine Zwei bis Drei, und viele rote Wellenlinien und Striche in der Arbeit und Anmerkungen, daß die Lehrerin etwas nicht verstanden hat. Das wäre ja gar nicht so schlimm gewesen. Aber Kathrin hatte eine glatte Eins bekommen. Weil sie neben ihm saß, konnte er sich ihre Arbeit anschauen: Nicht einmal eine Seite, und dazu Rechtschreibfehler noch und noch, und besonders originell fand er ihre Arbeit auch nicht. Das ging einfach zu weit. Nächste Stunde

beschwerte er sich. Das sei ungerecht. Seine Arbeit sei doch viel besser gewesen als Kathrins. Frau Wiese setzte sich mit den Fehlern in seiner Arbeit auseinander. Vor der ganzen Klasse erklärte sie ihm, weshalb und wieso es zu dieser Note gekommen war. Von Kathrins Arbeit sagte sie kaum ein Wort, nur, daß das eine andere Sache sei. Die anderen in der Klasse wurden ärgerlich, weil sie keine Lust hatten, sich lange mit einem gekränkten Jens abzugeben. Und Kathrin hatte keinen Ton dazu gesagt. Für so eine hatte er sich nun ein Jahr lang eingesetzt. Undankbares Ding! Ruhig hatte seine Mutter zugehört. Wenn er ins Stocken kam, hatte sie gewartet, bis er weiter erzählte. Dann wurde sie bestimmt und energisch. »Komm mit!« sagte sie, »ich habe dir deinen Pudding schon gekocht. Ich will dir was zeigen!« Als beide in der Küche waren, stellte sie die Schüssel auf den Eßtisch und vier kleine Puddingschalen. »Die sind für dich, für Klaus, für Vati und für mich. Hier hast du einen großen Löffel. Teile den Pudding gerecht auf.« Da mußte selbst Jens lachen. So eine Kleinigkeit. Aber er brauchte lange, bis er für jeden die gleiche Portion ausgewogen hatte. »Aber du hast doch gar nicht bedacht, daß Vati schwer für uns arbeiten muß, um unser Geld zu verdienen. Der braucht viel Kraft.« Jens lächelte und nahm aus seinem Schälchen einen Löffel voll und tat ihn in das Schälchen vom Vater. »Und Klaus wächst am schnellsten von uns. Da braucht er auch mehr Nahrung!« Jens nahm noch einen Löffel aus seinem Schälchen. »Und ich? – Ich habe doch schließlich den ganzen Pudding gekocht!« – »Das ist aber der letzte!« sagte Jens in gespieltem Ärger und tat seiner Mutter einen Löffel auf. »Was hat das mit Kathrin zu tun?« – »Ja, Jens, hast du denn gar nicht daran gedacht, daß Kathrin vor einem Jahr noch kaum Deutsch konnte und jetzt muß sie einen Aufsatz schreiben? Und hast du bedacht, daß sie ihre Schulaufgaben immer allein zu Haus machen und dabei auf ihre Geschwister aufpassen muß? Hat sie nicht schon sehr, sehr viel gelernt?« »Nein, daran habe ich nicht gedacht,« sagte Jens, »aber Recht muß doch Recht bleiben!« Das sagte er ganz leise. Er hatte gemerkt, wie schwer das war, so einen kleinen Pudding gerecht zu verteilen. Aber was hatte das mit Kathrin zu tun?

Jesus hat einmal eine ähnliche Geschichte erzählt: Er vergleicht Gott mit einem Weinbergbesitzer, der an einem Arbeitstag von der ersten bis zur letzten Arbeitsstunde neue Arbeiter anwirbt. Die einen arbeiten den ganzen Tag, die letzten nur eine Stunde. Am Ende bekommen alle den gleichen Lohn. Darüber sind die sauer, die den ganzen Tag gearbeitet haben. Jeder bekam das, was er für einen Tag zum Leben für sich und seine Familie brauchte. Ist das gerecht? Ist es richtig, daß Gott die einen genauso liebt wie die anderen? Darüber kannst du nachdenken, denn ich bin sicher: du und ich, wir haben ähnliche Erlebnisse. Wir haben uns alle schon einmal ungerecht behandelt gefühlt.

Gerücht 42

Biblischer Bezug: 2. Samuel 15, 1-12
Biblische Erläuterung: Absaloms Halbwahrheiten über seinen Vater David zahlen sich nicht aus
Kreativer Zugang: 139, 149, 175
Inhalt: Der dreijährige Christian kann einzelne Wörter nicht aussprechen. Das Mißverständnis "Im Kastanienbaum sitzt eine Kuh!" verbreitet sich wie ein Lauffeuer.

Sehen

Wahrheit

Mißverständnis

Die Kuh im Kastanienbaum

Erzählung von Rolf Krenzer

Annette läuft ganz aufgeregt zu dem Opa: »Der Christian hat gesagt, eine Kuh ist im Kastanienbaum!«
Der Opa blickt Annette mißtrauisch an. Dann sagt er: »Die Welt wird immer verrückter!«
Er ruft der Oma zu: »Im Kastanienbaum ist eine Kuh!«
Die Oma schaut den Opa mißtrauisch an. Aber wenn der Opa das sagt, muß es wohl stimmen. So ruft sie Tante Helene zu: »Im Kastanienbaum ist eine Kuh!«
Tante Helene telefoniert gerade mit ihrer Freundin. »Übrigens«, sagt sie ins Telefon hinein, »in unserem Kastanienbaum ist eine Kuh!«
Kaum hat Tante Helene den Hörer aufgelegt, da ruft ihre Freundin schon Frau Boller an. Sie verkündet sofort die Neuigkeit:
»In Müllers Kastanienbaum ist eine Kuh!«

»Das muß ich Schulzes erzählen!« sagt Frau Boller. Sie legt den Hörer auf die Gabel und wählt Schulzes Nummer.
Herr Schulze sagt es Frau Weber.
Frau Weber sagt es Herrn Will.
Herr Will sagt es Herrn Schneider.
Herr Schneider sagt es Frau Patzke.
Frau Patzkes Mann ist Reporter bei der Zeitung.
Um fünf Uhr läutet es bei Müllers an der Haustür.
Als die Mutter öffnet, stehen viele Leute davor.
Auch ein Mann von der Zeitung mit einem Fotoapparat.
»Ich möchte die Kuh im Kastanienbaum knipsen!« sagt der Mann von der Zeitung.
»In unserem Kastanienbaum ist keine Kuh!« sagt die Mutter.
Da kommt der Opa hinzu. Er ruft: »Annette hat es mir selbst gesagt.«
Und Annette schreit: »Ja, Christian hat gesagt: Eine Kuh ist im Kastanienbaum!«
Da kommt auch Christian. Christian ist gerade drei Jahre alt geworden.
Er hat nur am rechten Fuß einen Schuh.
»Mama!« schreit er. »Mein anderer Kuh ist im Baum!«
»Er kann leider immer noch nicht SCH sagen!« sagt die Mutter und klappt dem Mann von der Zeitung die Tür vor der Nase zu.

43 Geschlechterrolle

Identität

Schöpfung

Umwelt

Biblischer Bezug: 1. Mose 1, 27; Galater 6, 2
Biblische Erläuterung: Gott schuf den Menschen als Mann und Frau
Kreativer Zugang: 107, 154, 155, 156, 170, 171, 173, 189
Inhalt: Als die Kinder erfahren, daß ihr Spielplatz einem Parkplatz weichen soll, wollen sie sich engagieren. Aber es sind schließlich "nur" die Mädchen, die wirklich was tun.

Ihr seid ja bloß Mädchen

Erzählung von Elke Bräunling

Wißt ihr schon das Neueste?« fragte Felix eines Nachmittags, als wir faul am Hexenloch in der Frühlingssonne lagen. Wir schüttelten schläfrig die Köpfe. »Nööö. Was denn?« »Hier wird ein Parkplatz gebaut!« sagte Felix.
»Waaas?« schrieen Lena, Maja, Pit und ich wie aus einem Mund. »Ein Parkplatz, hier, am Hexenloch? Nein! Unmöglich!«
Oh, was waren wir erschrocken! Gut, das Hexenloch ist nur ein kleiner, stinkender Tümpel, doch wir können in den Weiden am Ufer prima Verstecken spielen, Hütten bauen und klettern. Wir können aber auch einfach nur dasitzen, aufs Wasser blicken, den Tieren zusehen und träumen. Das geht besonders gut hier, weil es ein verzauberter Ort ist und weil es da spukt, nachts, wenn sich die Hexen treffen. Nun, genau wissen wir das natürlich nicht, denn im Dunkeln würden wir uns niemals zum Hexenloch wagen. Am Tage aber spuken keine Hexen. Da spielen wir hier, und wir machen manchmal bestimmt mehr Radau als 100 Hexen auf einmal.
Und nun sollte ein Parkplatz gebaut werden? Wo wir hier doch so gerne spielten! Und was war mit den Tieren? Den Fischen, Kröten und Fröschen? Ja, und die Hexen? Sollten die vielleicht auf einem Parkplatz herumspuken? Nein, das konnten wir uns nicht vorstellen. »Du lügst«, schrie Lena, und eine Träne rann über ihre Backe. »Es ist wahr«, sagte Felix. »Mein Vater hat es gesagt!«
Oh! Dann mußte es stimmen, denn Felix' Vater war immerhin der Bürgermeister von unserem Dorf. »Mein Vater hat gesagt, das Hexenloch sei ein Dreckloch, und da gäbe es längst keine Tiere mehr«, sagte Felix. »Oh, wie gemein!« Lena begann zu weinen, und auch uns steckte ein Kloß im Hals. Es war kein schöner Nachmittag, obwohl die Sonne warm vom Himmel schien, die Weiden in frischem Grün glänzten und überall die schönsten Frühlingsblumen blühten. Wir aber saßen traurig da und grübelten.

Ich hab' eine Idee«, rief Lena plötzlich.
»Phhh.« Wir stöhnten. Lena hatte immer so verrückte Ideen!
»Es ist eine gute Idee«, sagte Lena, »wir müssen dem Bürgermeister zeigen, daß es noch viele Tiere hier gibt. Ganz einfach!« »Au ja«, rief Maja. »Ganz einfach!« Und auch ich fand die Idee gut. Felix und Pit aber lachten. Ob wir denn glaubten, daß der Bürgermeister und seine Leute Zeit hätten, am Hexenloch nach Tieren zu suchen? Und Felix meinte, daß das mit dem Parkplatz ja längst abgemacht sei. Da würden die sich bestimmt nicht mehr für ein paar Fische, Frösche und Kröten und anderes Viehzeug interessieren. »Dann reden wir eben mit ihnen darüber«, schlug ich vor.

Felix und Pit schüttelten die Köpfe. »Ach was«, sagten sie. »Wir sind doch bloß Kinder. Uns hört niemand zu.« »Sie müssen uns aber zuhören!« »Und wie?« fragte Felix. »Sollen wir vielleicht eine Demonstration machen?« kicherte Pit und tat, als fände er das furchtbar komisch.
»Warum nicht?« sagte Lena. »Wenn dein Vater und die anderen nicht zum Hexenloch kommen, müssen wir die Tiere eben zu ihnen bringen.« »Hahaha, und wie wollt ihr das anstellen?«
»Einfangen eben!«
»So'n Quatsch«, murrte Felix. »Ohne mich!«
Und Pit fing wieder an zu kichern. »Frösche und Kröten fängt man im Dunkeln«, johlte er. »Und ihr habt doch Angst vor Hexen, oder? Hihi!«

Außerdem«, platzte Felix los, heult ihr doch gleich los, wenn ihr eine glitschige Kröte anfassen müßt. So wie alle Weiber! Wo Kröten doch so eklig kleben! Ihhh! Das schafft ihr nie! Ihr seid ja bloß Mädchen!« Und dann lachten sie sich halbtot über uns. »Bloß Mädchen?« Oh, das hätten sie nicht sagen dürfen. Lena, Maja und ich, wir platzten beinahe vor Wut. Natürlich würden wir das mit den Kröten schaffen. Und das mit den Hexen auch. Irgendwie. Von wegen bloß Mädchen!
»Na wartet«, sagten wir siegesgewiß. »Ihr werdet euch wundern!«

Am Abend aber waren wir uns gar nicht mehr so sicher. Was hatten wir eine Angst! Nicht vor den Kröten, nein. Wir hatten zwar noch nie eine angefaßt, doch was war eine kleine Kröte gegen eine Horde wilder Hexen? Wir wären am liebsten umgekehrt. Doch dann dachten wir an Pit und Felix, und wie sie grinsen würden. »Ihr seid ja bloß Mädchen«, würden sie wieder sagen und blöd lachen, und das, ja, das wollten wir nie mehr hören. Nein, nein, nein! Wir würden durchhalten. Und wir hielten durch. Mit klopfenden Herzen und schlotternden Knien kamen wir bei Dämmerlicht am Hexenloch an. Wir wagten nicht aufzusehen. Ob die Hexen schon da waren? Nein, doch da saß eine dicke Kröte. Ohne viel nachzudenken packten wir die Kröte und setzten sie in unseren Korb. Und sie hat sich überhaupt nicht glibberig angefühlt! Uff, war doch gar nicht schlimm! Schnell suchten wir weiter: da, ein Frosch, hier, ein paar Kaulquappen, und mit einem Netz schafften wir es, einige kleine Fische aus dem trüben Wasser zu fischen. Vorsichtig setzten wir sie in einen Wassereimer. Dann schnappten wir unsere Beute und rasten los. Wir rannten und rannten, schnell, als würden uns 100 Hexen verfolgen.
Unsere Herzen klopften wie wild, doch da hatten wir schon die ersten Häuser erreicht. Wie fühlten wir uns erleichtert!
Wir hatten es geschafft!

Wir liefen dann gleich zu Felix' Vater. Der staunte nicht schlecht, als wir mit unseren Hexenlochtieren ankamen, und er murmelte so etwas wie »hätte ich gar nicht gedacht«. Na ja, vielleicht denkt er nun doch noch ein bißchen nach. Ebenso Felix und Pit, von wegen »bloß Mädchen!«

Glauben 44

Biblischer Bezug: Markus 4, 26-29; Markus 15, 20-41
Biblische Erläuterung: Der Glaube wächst, ohne daß der Mensch ihn steuert.
Kreativer Zugang: 114, 116, 140, 141, 153, 163, 177, 178
Inhalt: Die kleine Hanna lernt die Bedeutung des Wortes "Halleluja" kennen und erfährt in einer Flughafen-Wartehalle seine weltweit verbindende Kraft.

Miteinander

Freude

Christentum

Halleluja

Erzählung von Gudrun Pausewang

Hannas Mutter singt im Kirchenchor mit. Manchmal übt sie ihre Lieder auch zu Hause. Hanna hört andächtig zu. Sie kann die Worte nicht verstehen, aber es klingt so schön, wenn die Mutter singt. Ein Wort singt die Mutter immer wieder. Es kommt in vielen Lieder vor. Es heißt **Halleluja.** »Was heißt **Hallejuja?«** fragt Hanna. »Es heißt: Lieber Gott, ich liebe dich und lobe dich und ehre dich«, sagt die Mutter. »Deshalb kommt es so oft vor.« »Wissen denn auch die Leute, die euch zuhören, was es heißt?« fragt Hanna. »Natürlich«, sagt die Mutter. »Das wissen nicht nur die Leute in unserem Land.

Das wissen auch die Leute, die in Frankreich und England und Italien und Spanien und Rußland und Amerika und in vielen anderen Ländern leben. Sie singen und sprechen es, wenn sie den lieben Gott loben und ehren wollen.« »Halleluja«, sagt Hanna. »Halleluja«, singt sie. »Ein schönes Wort«, meint sie. Ein paar Tage später kommt Besuch aus Amerika. Hanna und Vater und Mutter fahren auf den Flughafen, um Tante Milly und Onkel Jeff abzuholen. Sie müssen lange warten. Das Flugzeug hat sich verspätet. Hanna hat viel Zeit, um sich umzuschauen. Was für ein Trubel!

So viele Leute gehen in der Halle hin und her, steigen Treppen hinauf und hinunter, warten an den Schaltern, sitzen und stehen herum. Hanna schaut die Leute an. Manche sehen merkwürdig aus. Sie haben braune Gesichter oder schiefe Augen oder ganz krauses Haar. Manche Leute haben komische Kleider an und seltsame Mützen und Hüte auf. Hanna hört ihnen zu. Aber viele von ihnen sprechen so, daß Hanna sie nicht verstehen kann. Sie sprechen fremde Sprachen. Aber **Halleluja** verstehen sie, denkt Hanna. Sie schaut eine junge Frau an, die langes schwarzes Haar und eine braune Haut hat. »Halleluja«, sagt Hanna erwartungsvoll zu ihr.

Die junge Frau lächelt ihr zu und antwortet: »Halleluja.« Da freut sich Hanna und geht weiter. Zwei Männer sitzen auf einer Bank und reden miteinander in einer fremden Sprache. Die Männer haben krauses Haar und Schnurrbärte und weiße Anzüge. »Halleluja!« sagt Hanna laut. Die beiden Männer hören auf zu reden. Sie lachen. Sie nicken Hanna zu und sagen »Halleluja.« Hanna strahlt. Sie denkt: Wenn ich **Halleluja** sage, verstehen sie mich. Es ist ein Zauberwort. »Halleluja, Halleluja!« ruft sie allen zu. Sie läuft durch die Halle und jubelt: »Halleluja, Halleluja!« »Pst, Hanna –«, mahnt die Mutter. Aber die Leute freuen sich. Viele drehen sich nach Hanna um, lächeln und nicken und winken ihr zu, und manche rufen »Halleluja!« zurück. Ein dicker Mann fängt sogar an zu singen. Er singt auch so wie die Mutter im Kirchenchor. Er singt dreimal »Halleluja«, dann fängt er an zu lachen und schenkt Hanna ein Stück Schokolade. Hanna staunt. Wie freundlich die Leute von diesem Wort werden!

Später, als Tante Milly und Onkel Jeff schon angekommen sind und mit Vater und Mutter und Hanna durch die Halle zum Ausgang gehen, winkt eine Frau und ruft: »Halleluja!« »Sie meint sicher dich«, sagt der Vater zu Hanna. »Halleluja!« ruft ihr Hanna zu und winkt zurück. Tante Milly und Onkel Jeff wundern sich. »Ist das ein Gruß?« fragen sie. »Es ist Hannas Gruß«, erklärt die Mutter. »Wirklich ein schöner Gruß, viel schöner als **Guten Tag** oder **Auf Wiedersehen.** Versuch doch mal, Hanna, ob du den Menschen diesen neuen Gruß angewöhnen kannst.« »Ja«, sagt Hanna ernst, »ich will's versuchen.«

45 Glauben

Bekennen

Miteinander

Verantwortung

Christentum

Biblischer Bezug: Markus 15, 38-39
Biblische Erläuterung: Bekenntnis eines Hauptmanns zu Jesus

Kreativer Zugang: 114, 140, 141, 179, 197

Inhalt: Das geheime Erkennungszeichen der frühen Christen in Rom während ihrer Verfolgung wird zum Zeichen des Glaubens.

Ein Fisch ist mehr als ein Fisch

Erzählung von Gunnar Urbach

Lange stand der Hauptmann da. Immer wieder mußte er hinschauen. Er sah die drei Kreuze. Er schaute auf den Mann in der Mitte: gelitten, gekreuzigt, gestorben. »Seht, welch ein Mensch!« dachte der Hauptmann. Dieser war so ganz anders als die beiden Verbrecher, die mit ihm hingerichtet wurden. Er hatte nicht auf die Soldaten oder auf die Richter geschimpft. Er hatte nicht um Gnade gefleht und nicht geflucht. Er hatte die Menschen wirklich geliebt und den Soldaten vergeben. Er war in Frieden gestorben. Hauptmann Gaius hatte alles miterlebt. Jetzt spürte er: »Dieser Mensch ist Gottes Sohn!«

Der römische Hauptmann hatte zwar den Petrus nicht kennengelernt, aber trotzdem wiederholte er dessen Worte. »Du bist Gottes Sohn!« hatte Petrus zu Jesus gesagt. Und er hatte stolz hinzugefügt: »Wo du hingehst, da will ich auch hingehen.« Doch das schaffte er nicht. Und Jesus hatte es gewußt, schon damals.
Petrus bekam Angst. Er versteckte sich mit den übrigen Jüngern. Deshalb fehlte er unter dem Kreuz. An seiner Stelle stand der römische Hauptmann. Dieser spürte, was Petrus wußte: »Jesus ist Gottes Sohn, der Heiland und Retter der Welt.« Für Petrus, für die übrigen Jünger, für die Juden, für alle Men-

schen – und für ihn, den römischen Hauptmann Gaius.
Seitdem hat sich vieles verändert: Christus ist von den Toten auferstanden. Die Jünger haben die Kraft Gottes, den Heiligen Geist, empfangen. Sie sind umhergezogen, haben gepredigt und getauft. Viele christliche Gemeinden sind entstanden – in Israel, in vielen Ländern und in der großen Hauptstadt Rom.
Aber eines ist gleichgeblieben: Die Christen in Rom wurden verfolgt, gefangen und getötet. Sie mußten sich verstecken, wie damals Petrus. Und doch wollten sie ihren Glauben bekennen mit den Worten des Petrus und des römischen Hauptmanns. Da machten sie sich ein geheimes Zeichen: einen Fisch. So konnten sie sich erkennen. So konnten sie ihren Glauben bekennen. Denn dieser Fisch war mehr als ein Fisch!

Sie benutzten die griechische Sprache: **ICHTHYS,** das heißt einfach »Fisch«. Doch jetzt kommt das Geheimnis: Diese Buchstaben sind zugleich die Anfänge der griechischen Worte für Jesus, Christus, Gottes Sohn, Heiland und Retter. So konnten sie einander verstehen – ohne viele Worte. Sie konnten sich nach draußen wagen, wo Petrus sich hatte verstecken müssen. Und dieser Fisch wurde zum Zeichen der Christen, zum Zeichen des Petrus, des Menschenfischers, zum Zeichen des Glaubens und zum Zeichen für Jesus Christus. Ein Fisch ist eben mehr als ein Fisch.
Hast Du das schon gewußt?

Glauben 46

Unglauben

Sehen

Biblischer Bezug: Johannes 20, 19-29
Biblische Erläuterung: Nichts sehen und doch glauben
Kreativer Zugang: 140, 141, 175, 176, 177, 178, 179, 204
Inhalt: Angst geht um. Thomas glaubt nicht, was die anderen sagen. Er glaubt, was er sieht. So glaubt er erst, als er Jesus sieht. Nicht sehen und doch glauben, das ist schwer.

Wie Thomas "sehen" lernte

Erzählung von Dietrich Steinwede

Spät abends ist es
an jenem Sonntag,
dem ersten Tag der Woche.

Angst haben sie,
die Freunde von Jesus,
Angst vor den Römern,
daß auch sie gefaßt werden
und sterben müssen wie Jesus.

Sie haben sich verkrochen.
Sie haben sich versteckt.
Sie sitzen in einem Haus
hinter verschlossenen Türen.

Da – so erzählt Johannes –,
da ist Jesus mitten unter ihnen.
Es ist wie ein Traum:
Sie sehen, sie hören ihn.
Sie spüren seine Nähe.

Sie sehen ihn
mit den Augen des Glaubens.
Er ist ihnen gegenüber:
»Schalom! Ich bringe euch allen
Frieden!«

Es ist wie ein Traum.
Sie sind außer sich.

»Ich bin von meinem Vater gekommen.
Und jetzt – jetzt sende ich euch:
Geht in die Welt.
Geht zu den Menschen:
›Gott kommt zu euch!
Verkündet allen die frohe Botschaft:
Gott wird kommen.
Und er wird helfen!‹«

So spricht er.
Sie merken: Er ist bei uns.
Da sind sie überglücklich.

Er haucht sie an:
»Nehmt Atem von Gott,
lebendigen Atem,
und lebt!
Hat einer Schuld auf sich geladen,
nehmt ihm die Schuld.
Gott nimmt sie ihm.
Nehmt ihr sie nicht,
Gott nimmt sie ihm.«

So spricht er.
Sie glauben ihm.

Thomas aber, einer der zwölf,
Thomas, der Zwilling,
er ist nicht da.
Er ist nicht dabei,
als all das geschieht
an jenem ersten Sonntag.

Thomas sah ihn nicht, den Herrn.
Er hörte ihn nicht.
Er kann es nicht glauben.

Thomas kommt später.
Er sagt zu den andern:
»Ihr könnt mir viel erzählen.
Das ist ja so,

als wenn einer kommt und sagt:
›Ich habe deinen Vater gesehen‹.
Und ich weiß doch,
mein Vater ist tot.

Ich will das alles selber sehen,
das mit dem lebendigen Herrn.
Sonst kann ich es nicht glauben.

Nur wenn ich ihn anfassen kann,
wenn ich ihn selbst sehe,
nur wenn ich die Spuren sehe
von den Nägeln in seinen Händen,
nur wenn ich diese Spuren fühle,
dann kann ich das glauben.
Sonst nicht.

Ich glaube nur, was ich sehe.«

Acht Tage später:
Die Jünger sind zusammen.
Wieder hinter verschlossenen Türen.

Diesmal ist Thomas dabei.

Und wieder:
Jesus ist unter ihnen:
»Schalom! Ich bringe euch Frieden!«

Und Jesus, der Christus,
schaut Thomas an:
»Hier, meine Wunden,
die Spuren der Nägel.
Leg deine Hand hinein.
Glaube, Thomas.
Hör auf zu zweifeln.
Ich bin es, Christus, dein Herr.«

Da packt es Thomas.
Es reißt ihn um.
Er sieht. Er schaut. Er begreift.
Schrecken erfüllt ihn.
Er weiß es. Er glaubt:
»Du bist es, mein Herr, mein Gott.«

Jesus, der Christus, spricht zu ihm:
»Endlich willst du mir glauben.
Du hast mich gesehen.
Das war dir wichtig.
Andere sehen mich nicht.
Wirklich bei Gott
sind nur die Menschen,
die mich nicht sehen
und mir doch glauben.«

Nicht sehen
und trotzdem glauben,
das ist schwer.

Jesus verlangt es von Thomas.
Jesus verlangt es von uns.

Mit dem Herzen sehen. Wie lauschend.
Mit den Augen des Glaubens sehen.
Etwas erkennen.
Wie ein Blitz ist das,
wie ein Lichtblick von Gott.
Gott macht etwas sichtbar.
Er zeigt uns Christus,
den Herrn.

47 Heimweh

Freundschaft

Fremde

Fremdsein

Umkehr

Biblischer Bezug: Jona 3, 10-4, 11
Biblische Erläuterung: Untergang der Menschen ist nicht im Sinne Gottes

Kreativer Zugang: 110, 111, 112, 195, 204

Inhalt: Helga zieht weg. Sie bekommt Heimweh. Auch die Eltern hatten es sich anders vorgestellt. Mit Fernsehen vertreibt sie sich die Zeit. Sie lernt ein Mädchen kennen, das ähnlich empfindet.

Der Mai ist gekommen

Erzählung von Rolf Krenzer

Als Helga an diesem Dienstag wieder allein von der Schule nach Hause ging, wurde ihr wieder einmal nur zu deutlich bewußt, wie allein sie war, traurig und unzufrieden zugleich. Im Februar war sie mit ihren Eltern in diese große Stadt gezogen. Sogar eine kleine Wohnung hatten sie nun. Eine Wohnung mit einer Küche und zwei Zimmern, mitten in der Stadt im vierten Stock eines riesigen Mietshauses. Wieder hatte es für Helga nicht für ein eigenes Zimmer gereicht. Wieder wurde jeden Abend ihr Bett auf der Couch im Wohnzimmer gerichtet, und ihre Eltern mußten sich dann mit dem kleinen Fernseher in ihr Schlafzimmer verziehen. »Es ist viel besser als damals im Durchgangslager!« hatte ihre Mutter gesagt, als sie eingezogen waren. »Und wieder ein ganzes Stück besser als die beiden Dachzimmer, die wir in Wolfenbüttel hatten!« Helga hatte nur aus dem Wohnzimmerfenster hinunter auf den trostlosen Innenhof geblickt. Es gab nichts, wo sie spielen konnte. Wohin sie auch schaute, sah sie nur Mauern und die Fenster von anderen Wohnungen. Es hatte geregnet und gestürmt. Und Helga hatte es gleich gewußt, daß sie sich hier nie wohlfühlen würde.

Mit kleinen langsamen Schritten ging Helga an den riesigen Plakatwänden vorbei, die so viel versprachen, was sie sich alles nicht kaufen konnte. In der Schule hatte Frau Röger mit ihnen »Der Mai ist gekommen« gesungen. Helga kannte das Lied schon lange. Großmutter hatte es damals mit ihr gesungen. Und sie waren zusammen durch den Garten gegangen und hatten

sich über all die vielen Blumen gefreut, die rund um das Häuschen wuchsen, in dem sie alle zusammen wohnten. In Bohnsdorf war das gewesen. Bohnsdorf gehört zu Grünau, und alles gehörte zu Berlin, zu der Hauptstadt der DDR. Oder zu Ostberlin, wie sie jetzt hier sagte. Hier in der Stadt merkte man überhaupt nicht, daß der Mai gekommen war. Die verstopften Straßen mit den vielen Autos boten keine lieblichen Frühlingsgerüche. Und hoch über den Dächern war höchstens mal ein Stück blauer Himmel zu sehen. Helga sehnte sich so nach ihren Großeltern und nach Bohnsdorf zurück. Sie waren dort geblieben, als ihre Eltern mit ihr für immer in den Westen gefahren waren. »Alles wird dort besser sein, jetzt, wo endlich die Grenzen offen sind!« hatte ihr Vater damals gesagt. »Wenn es uns gut geht, holen wir euch nach!« hatte ihre Mutter hinzugefügt. Und Helga hatten ihnen geglaubt. Die Großeltern waren nicht nachgekommen. Wo hätten sie auch hin gesollt? Sie hatten ja selbst nicht genug Platz für sich. Und mit der Arbeit und dem vielen Geld, das ihre Eltern in der Bundesrepublik verdienen wollten, hatte es auch nicht geklappt. Jetzt sollte hier alles besser werden.

Helga schniefte leise. Nicht einmal eine Freundin hatte sie hier gefunden. Dabei war sie nun schon drei Monate in dieser Klasse. Es war alles ganz anders, als sie gehofft hatte. Auch die Eltern waren anders geworden. Früher hatten sie darüber geschimpft, daß es nichts zu kaufen gab. Keine Bananen und im Frühjahr nicht einmal frischen Spargel. Hier gab es alles, aber die Eltern waren noch unzufriedener als früher. Das Geld reichte nicht aus. Und die scheußliche kleine Wohnung gefiel keinem von ihnen. Es war nicht schön in der Schule, und zu Hause war es auch nicht besser. Und wenn die Eltern fort waren und arbeiteten, da waren noch nicht einmal Großmutter und Großvater da, mit denen man zusammensein konnte. »Der Mai ist gekommen!« sagte Helga halblaut vor sich hin und gab der leeren Colabüchse vor sich auf dem Gehweg einen kräftigen Fußtritt. »Wohl verrückt geworden!« schimpfte ein Mann, der fast getroffen worden war. Helga spürte, daß ihr die Tränen wieder in die Augen schossen. Sie kniff die Augen ganz fest zusammen. Warum mußte sie jetzt nur so viel heulen! Sie mußte heulen, wenn sie an zu Hause dachte. Und sie heulte zu Hause, wenn sie sich vorstellte, daß sie morgen wieder zur Schule mußte. Am liebsten wäre sie davongelaufen. Einfach fort von hier. Zurück zu den Großeltern nach Bohnsdorf, zurück in die DDR.

Ob Katja noch in Bohnsdorf wohnte? Mit Katja war sie damals zur Schule gekommen. Sie waren beide bei den Jungpionieren gewesen. Nicht einmal Jungpioniere gab es hier. Überhaupt nichts, wohin sie gehen konnte, wenn sie keine Freundin hatte. Zweimal hatte sie Katja geschrieben. Aber Antwort hatte sie nicht bekommen. Vielleicht waren ihre Briefe bei der vielen Umzieherei auch verloren gegangen. Hier ging ja alles verloren, was früher einmal war. Vielleicht würde sie Großmutter im nächsten Brief einmal nach Katja fragen. Aber sie schrieb nicht oft an die Großeltern. Sollte sie ihnen schreiben, wie unglücklich sie hier war? Hier im Westen? Sie hofften doch immer noch, daß sie bald nachkommen könnten.

Jetzt brauchte Helga nur noch über die Straße. Dann war sie zu Hause. Dabei hatte sie gar keine Lust, heimzugehen. Es war ja keiner da, der auf sie wartete. Blieb nur zu hoffen, daß noch die Videocassette da war, die die Eltern gestern abend im Schlafzimmer gesehen hatten. Ihr Vater tauschte sie immer erst abends um, wenn er nach Hause kam. Manchmal nahm er sie auch gleich morgens mit. Ohne den Videorecorder war alles noch trostloser gewesen. Gut, daß den wenigstens die Eltern angeschafft hatten. Als Helga an der Ampel wartete, entdeckte sie das fremde Mädchen, das sie anstarrte. Sie kannte das Mädchen nicht. Wie sollte sie auch? Hier gab es so viele Menschen, daß sie sich kaum einen merken konnte. Sie gingen nebeneinander über die Kreuzung, und Helga stellte fest, daß das Mädchen nicht größer war als sie selbst. Und dann gingen sie nebeneinander weiter, als sie schon längst auf der anderen Straßenseite waren. »Wohnst du auch hier?« fragte das Mädchen, als Helga auf ihre Haustür zuging. »Du auch?« fragte Helga zurück. »Seit vorigen Donnerstag!« Es zeigte nach oben. »Im siebten Stock!« »Wir im vierten!« sagte Helga. »Ich habe dich schon ein paarmal gesehen!« meinte das Mädchen und lächelte ein bißchen. »Wenn man immer weitergeht, immer diese Straße lang, dann kommt man raus aus der Stadt!« sagte es. »Und da gibt es Wiesen mit Blumen wie früher bei uns in Dippoldiswalde.« Unwillkürlich mußte Helga lachen. »Wo ist das denn?« »In der DDR!« »Wollen wir nachher zusammen zu den Wiesen gehen?« fragte Helga. »Hier merkt man ja nicht einmal, daß es Mai ist!« »Vielleicht um drei?« fragte das Mädchen. Und Helga nickte. Nickte und lachte und konnte nichts dagegen tun, daß ihr die Tränen wieder in die Augen stiegen. »Bis um drei!« sagte sie und stürmte an dem Mädchen vorbei die Treppe hinauf.

Freund-schaft

Gebote

Biblischer Bezug: Lukas 6, 1-5
Biblische Erläuterung: Manchmal muß man gegen ein Gebot verstoßen
Kreativer Zugang: 104, 131, 134, 135, 142, 143, 144, 145, 174, 188, 193, 194
Inhalt: Stefans Mutter hat ihm verboten, beim Heimweg von der Schule ständig die Zeit zu verbummeln. Bald darauf muß er seinen Freund ins Krankenhaus begleiten. Aber was wird die Mutter sagen?

Helfen ist wichtiger als Gebote einhalten

Erzählung von Ingrid Ryssel

»Ich sage dir zum letzten Mal, daß du sofort nach der Schule nach Hause kommst«, sagte meine Mutter. »Ständig muß ich mich ärgern und bin in Sorge, da dein Weg ja nicht ungefährlich ist. Neulich wurde ein Kind überfahren und es liegt immer noch im Krankenhaus, und die Eltern wissen nicht, ob jemals ihr Kind wieder gesund wird. Vor ein paar Monaten wurde ein kleines Mädchen von einem kranken Mann getötet. Ständig habe ich dich gebeten, dich an diese Regel zu halten, daß du gleich nach der Schule nach Hause zu kommen hast. Aber nein, meinem Herrn Sohn ist alles wichtiger, als meine Sorge zu verstehen. Stefan, ich sage dir, dieses Mal kommst du mir nicht so leicht davon. Endlich mußt du lernen, daß bestimmte Regeln einzuhalten sind.«

»Mammi, ich kann dich ja verstehen, aber schließlich bin ich doch kein kleines Kind mehr«, sagte ich.

Markus und ich waren unzertrennliche Freunde, wir kannten uns schon seit dem Kindergarten und besuchten auch gemeinsam den Kindergottesdienst. Nur mit Markus konnte man noch so richtige Abenteuer erleben. Nach der Schule gingen wir in den Wald und bauten uns eine Butze, und dort fühlten wir uns wie Robinson Crusoe auf einer einsamen Insel. Wir vergaßen beim Spiel die Zeit und kamen dann oft erst nach Hause, wenn es dunkel wurde. Wir hatten auch immer etwas zu essen da, so daß uns auch dieser Grund nicht nach Hause führte. Natürlich war es dann immer eine große Aufregung und meine Mutter hatte sogar schon einmal die Polizei verständigt. Es tat mir dann auch immer leid, daß ich meine Mutter so in Sorge versetzt hatte. Aber wir mußten uns einfach nach der blöden Schule erholen. Immer hackte Herr Feix auf Markus herum, nur weil er im Sport nicht so gut war. Ständig meckerte er, obwohl sich Markus soviel Mühe gab. Aber der Feix begriff es einfach nicht, daß nicht alle im Sport gut sein können. Markus war in Mathe ein As, aber das zählte beim Feix nicht. Immer hatte er es auf Markus, der eben schwächer war als die anderen, abgesehen. Er war mein Freund und ich machte oftmals auch Blödsinn, nur damit Markus nicht so alleine dastand. Natürlich lachten die anderen Markus dann immer aus, wenn er an den Ringen wie ein nasser Sack hing. Mutter konnte das nicht verstehen und meinte immer, ich solle mir eben einen anderen Freund suchen. Sie hatte dafür überhaupt kein Verständnis. Kein Wunder, wenn wir nach der Schule immer trödelten und alles besprechen mußten. Aber seit dem letzten Mal war sie so zornig, daß ich jetzt richtig Angst vor ihr habe. Also werde ich diesmal pünktlich nach Hause gehen.

Heute hatten wir wieder Sport. Feix kam in die Klasse und seine Laune ließ darauf schließen, daß Vorsicht geboten war.

Markus war schon wieder den Tränen nahe, was diese Sportstunde für ihn wieder bringen würde.

»Markus«, und seine Stimme klang hämisch, »du wirst uns jetzt einmal an den Ringen etwas vorturnen, wovon die anderen sicher etwas lernen können.«

Gelächter in der Klasse.

Ich sah Markus an, Schweißperlen waren auf seiner Stirn.

Er ging zu den Ringen, versuchte Anlauf zu nehmen und stolperte dabei und fiel hin. »Na ja«, sagte Feix, »so sollt ihr es besser nicht machen.«

Markus, den Tränen nahe, verbiß sich den Schmerz.

»Na, hast du dir wehgetan?« fragte Feix.

»Nein«, sagte Markus. Aber ich wußte es besser und merkte, daß er hinkte.

Oh, was hatte ich für eine Wut auf den Feix.

Aber es half ja alles nichts. Er konnte in der Sportstunde mit uns ja alles machen.

Es läutete, Gott sei Dank.

Markus wurde immer weißer im Gesicht, obwohl er den Schmerz zu unterdrücken versuchte.

»Wir gehen ins Krankenhaus«, sagte ich, »und lassen den Fuß röntgen. Vielleicht ist er sogar gebrochen.«

»Was mache ich nur, dadurch komme ich ja wieder nicht pünktlich nach Hause«, dachte ich im stillen.

»Aber ich bin sein Freund und ich muß ihm einfach beistehen.

Mutter muß dies doch verstehen. Sie sagt doch immer, daß man helfen soll, wenn jemand in Not ist.

Aber, ob sie mir glaubt, oder meint sie, wir hätten wieder nur getrödelt?

Ich jedenfalls gehe mit ihm ins Krankenhaus.

Egal, was ich anschließend für eine Strafe bekomme.

Er ist mein Freund und braucht jetzt meine Hilfe.«

Biblischer Bezug: 1. Könige 16, 29-33 und 17, 1-6
Biblische Erläuterung: Ein Tropfen, der aus Wüsten Gärten macht

Kreativer Zugang: 104, 120, 121, 131, 134, 135, 143, 145, 193, 194, 204

Inhalt: Die begabte Martina träumt von einem Klavierstipendium. Es fehlt Geld für ein Klavier. Mit ihrem Freund findet sie einen originellen Weg, wie sie doch zum Ziel kommt.

Mitgefühl

Vertrauen

Beharrlichkeit

Freundschaft

Ein Klavier für Martina

Erzählung von Christa Schlüter

Jetzt hast du schon zum dritten Mal ›f‹ statt ›fis‹ gespielt« rügte Martina ihren Freund. »Mach du's doch besser«, murrte Stefan. Ärgerlich überließ er Martina seinen Platz am Klavier. Er hatte seit kurzem Unterricht. Nicht ohne Neid sah Martina ihm beim Üben zu. Sie wünschte sich selbst sehr, Klavierspielen zu lernen. Aber bei Lindemanns hieß es sparen, seit der Vater arbeitslos war.
Jetzt setzte sich Martina ohne zu zögern an das Instrument. Vorsichtig schlug sie die Tasten an, langsam, bald im richtigen Tempo. Fehlerlos spielte sie das einfache Liedchen, und Stefan staunte: »Wie machst du das? Lernst du Klavierspielen vom Zuschauen?« Martina lachte: »Vielleicht! Die Noten kenne ich ja durchs Flöten.« Stefan schüttelte den Kopf. Er bewunderte die Freundin. »Ich nehme dich mit zu Frau Göhler«, bestimmte er.

Frau Göhler war Stefans Klavierlehrerin. Sie wunderte sich, daß er seine Freundin mitbrachte. Aber Martina durfte vorspielen. »Du hast Talent«, stellte Frau Göhler fest, »du solltest Unterricht nehmen.« Als sie von Lindemanns häuslichen Nöten erfuhr, meinte sie: »Für solche Fälle gibt es ein Stipendium.«

»Was ist ein Stipendium?« fragte Martina ihre Eltern beim Abendbrot. »Das ist ein Freiplatz für eine kostenlose Ausbildung«, erklärte der Vater. Damit fiel das Stichwort für Martina: »Frau Göhler will mir ein Stipendium für Klavierstunden besorgen.« Herr Lindemann sah seine Tochter traurig an. »Laß dir keinen Floh ins Ohr setzen. Wo willst du denn üben? Ein Klavier ist unerschwinglich teuer. Selbst wenn ich Arbeit hätte, könnte ich keines kaufen, nicht mal ein gebrauchtes!« – »Ich könnte zu Stefan gehen«, wandte Martina ein. Aber Frau Lindemann meinte: »Das ist keine Dauerlösung«. Martina schwieg. Warum sahen Erwachsene immer so viele Probleme?

Der Gedanke an ein Klavier ließ Martina nicht los. Vor dem Einschlafen träumte sie mit offenen Augen davon. Sie schloß diesen Wunsch sogar in ihr Abendgebet ein: »Lieber Gott, ich weiß nicht, ob du auch gegen Klavierstunden für mich bist. Aber wenn du mir einen Gefallen tun willst, dann hilf mir, daß ich zu einem Klavier komme.«
Es war mitten in der Geographiestunde, als Martina ihren Freund mit dem Ellenbogen in die Seite stieß. Sie flüsterte: »Ich hab's. Eine klasse Idee!«
Eine Woche später studierte der Rentner Josef Greiner am Samstag ausgiebig die Kleinanzeigen des Wochenblattes. Das war sein Hobby. Was die Leute alles suchten! »Hör mal, Luise«, rief er seiner Frau zu, »da will eine angehende Musikschülerin ein Klavier leihen.« – Seit die Tochter geheiratet hatte, stand Greiners Klavier ungenützt in der Ecke. Warum eigentlich sollten sie es nicht verleihen? Er schrieb an die Zeitung.

Guten Tag, wir kommen wegen des Klaviers.« Frau Greiner blieb einen Augenblick die Sprache weg. Sie hatte eine Studentin erwartet, und jetzt standen zwei Kinder vor der Wohnungstür. Sie rief ihren Mann. »Glaubt ihr, ich lasse Allotria mit mir treiben!« schimpfte er. »Mir ist es ganz ernst«, beteuerte Martina, »die Anzeige hat 23,00 Mark gekostet, meine Sparbüchse ist fast leer.« Stefan unterstützte die Freundin: »Ohne Klavier nützt das Stipendium überhaupt nichts.« Aber Herr Greiner knurrte bloß: »Wer zahlt die Miete?« – »Von meiner Patentante bekomme ich zehn Mark Taschengeld im Monat«, stotterte Martina. »Ist das genug?« Herr Greiner lachte nur grimmig, drehte sich um und ging. Seiner Frau Luise dagegen taten die enttäuschten Kinder leid.
Sie ließ sich die ganze Geschichte genau erzählen und erkundigte sich schließlich nach der Adresse von Frau Göhler. Wozu, ahnte Martina nicht.

Ein Monat verging. Martina sprach nicht mehr von dem Klavier. Da trugen eines Nachmittags zwei kräftige Männer, in Begleitung von Herrn Greiner, ein Klavier in Lindemanns Wohnzimmer. »Geliehen – zu treuen Händen«, stand in dem Vertrag, den Herr Greiner auf den Tisch legte. Martina und ihre Eltern umstanden das Instrument, als sei es soeben vom Himmel gefallen. Martina liefen Freudentränen übers Gesicht. Nach einer Weile sagte Herr Lindemann leise: »Ihr ahnt nicht, was dieses Klavier auch für mich bedeutet. Ich war so hoffnungslos in letzter Zeit. Die Arbeitslosigkeit hat mich zermürbt. Und nun steht hier vor mir dieser sichtbare Beweis dafür, daß Vertrauen sich lohnt.«

Er gab seiner Tochter einen Kuß. Martina aber rief: »Ich muß ganz schnell zu Stefan. Er soll das Klavier auch sehen. Und dann gehen wir zusammen zu Frau Göhler.«

Verantwortung

Einsetzen (sich)

Verleumdung

Schule

Glauben

Bekennen

Vorurteile

Biblischer Bezug: Römer 1, 16 und 17
Biblische Erläuterung: Gott ist nicht gegen mich, sondern für mich

Kreativer Zugang: 103, 134, 135, 139, 143, 145, 174, 188, 193, 194

Inhalt: Als zwei Kinder sammeln gehen für den Rollstuhl einer alten Frau, verleumden mißgünstige Mitschüler sie wegen "Bettelei". Die Lehrerin reagiert aber anders als erhofft.

... und sie schämten sich nicht...

Erzählung von Fried Noxius

Runter mit dir!« Rolf drückte Martin unsanft in die Hocke. »Dort vorn sind sie!«
»Jetzt gehen sie in das Haus«, flüsterte Martin enttäuscht. Weg waren die beiden Gestalten, denen sie nachschlichen. Das war doch einmal etwas anderes, als nur vor der Glotze zu sitzen. »Echt spannend«, drückte es Rolf aus. »Da sind sie wieder!«
»Sie« waren Julia und Peter aus ihrer Klasse.
»Was machen die bloß?« rätselte Martin. »Die haben so ein komisches braunes Ding!« »Blödmann. Schau genau hin! Einen Hut haben sie. Die betteln!« »Betteln?« Martin verschlug es die Sprache. »Gibt's doch gar nicht.«
»Gibt's doch«, widersprach Rolf triumphierend. »Und wir haben sie erwischt, wir. Das wird morgen einen Spaß geben in der Klasse!«

Julia und Peter waren unterdessen weiter bei dem, was Rolf verächtlich als »Bettelei« bezeichnet hatte, ohne etwas von ihren Verfolgern zu ahnen. Julia klingelte.
»Ja?« Eine rundliche Frau öffnete und sah den alten Hut. »Bettelt ihr etwa? Ihr seht mir nicht aus, als ob ihr das braucht!«
»Wir betteln nicht für uns, aber den Namen verraten wir nicht«, trotzte Peter. »Für eine alte Frau«, ergänzte er dann doch. »Die braucht einen Rollstuhl, hat aber kein Geld. Wir auch nicht.«
»Seid ihr nicht die Eiseles?«
Ach du meine Güte – die Frau kannte sie!
»Was sagen eure Eltern dazu?« »Die wissen es nicht«, gestand Julia. »Wir machen das allein.« Stille, eine ganze Weile.

Für eine alte Frau«, wiederholte nun die Rundliche langsam. »Ihr.« Sie dachte wohl an alle anderen, die nicht geholfen hatten, die Nachbarn zum Beispiel. »Augenblick!« Die Frau kam mit einem Zwanzigmarkschein zurück. »Ich glaube euch, und ich finde eure Bettelei großartig und beschämend. Beschämend für andere, meine ich. Und nun noch etwas: Kommt nächste Woche bei mir vorbei. Ich tue inzwischen auch etwas.«
»Betteln?« Julias Augen weiteten sich.
Die Frau lachte. »Ja, aber nicht so. Kommt ihr? Inzwischen viel Erfolg!«

Das machte Mut. Trotzdem ging es bedrückend weiter, meistens. Schlimm, ganz schlimm wurde es am nächsten Tag in der Schule. Kaum hatten Julia und Peter das Klassenzimmer betreten, schallte es ihnen entgegen: »Bettler! Bettler! Bettler!« Die einen riefen es höhnisch, andere nur so mit. Es hallte im Chor so schön; warum sollte man nicht.
Der Aufruhr verebbte jedoch jäh, weil Frau Bachus erschien, die Lehrerin. »Was ist hier los?« fragte sie scharf. »Ruhe! Nur einer spricht!«
»Die betteln!« Rolf ließ sich seinen Triumph nicht nehmen. Er zeigte mit spitzem Finger auf Julia und Peter. Die standen noch immer wie erstarrt da.
»So, jetzt ihr!« forderte sie Frau Bachus auf. »Alle anderen hinsetzen und Ruhe!«
Da kam es denn heraus, auch hier. Peter begann stokkend, aber bald gingen Julias Temperament und Zunge durch, ihre Wut über diese Gemeinheit der anderen, die doch gar nicht wußten, worum es sich eigentlich handelte. Alle lauschten wie gebannt. Es blieb eine geraume Weile still, als Julia schwieg.

Frau Bachus schaute in die Runde. »Nun, Rolf? Hast du nichts zu sagen?« fragte sie endlich leise. Nein, hatte der nicht. Er schüttelte nur heftig den Kopf. »Ihr braucht euch wahrhaftig nicht zu schämen, im Gegenteil«, stellte Frau Bachus fest und nickte Julia und ihrem Bruder zu. »Für etwas Gutes braucht man sich niemals zu schämen. Ihr habt Mut bewiesen, alle Achtung; ihr habt euch selbst überwunden. In der nächsten Pause werden wir einmal gemeinsam überlegen, ob nicht auch wir etwas für die alte Frau tun können, freiwillig. So, Schluß jetzt. Was hatten wir gestern? Wie wär's mit dir, Rolf?«

Biblischer Bezug: Matthäus 25, 31-46
Biblische Erläuterung: Jesus begegnet mir überall
Kreativer Zugang: 103, 110, 112, 143, 144, 145, 174, 193, 194
Inhalt: Anna überwindet ihre Angst und setzt sich für einen Ausländer ein. Ein kleines Mädchen kämpft gegen Ungerechtigkeit, und dabei kommt ihr der große Bruder zu Hilfe.

Geschwister

Außenseiter

Ausländer

Asylbewerber

Einsetzen (sich)

Aufeinander zugehen

Saschas großer Bruder

Erzählung von Rolf Krenzer

Christian darf schon kurz nach dem Mittagessen hinunter gehen und sich mit seinen Freunden treffen. Ja, Christian darf das, weil er älter als Anna ist und bereits in das dritte Schuljahr geht. Anna aber muß erst mit Mutti noch zum Einkaufen fahren. Nur weil Christian älter ist, darf er auch dann mit den anderen spielen, wenn Mutti nicht zu Hause ist.
Anna schmollt immer noch, als sie endlich auch gehen darf. Sie sucht Britta und Mirjam zunächst in der Wagnerstraße. Sie geht dann weiter zum Spielplatz. Leider findet sie hier aber weder Britta noch Mirjam. Dafür stehen dort drüben bei der Schaukel ein paar große Jungen, die fast noch größer als Christian sind. Vielleicht sind ihre Freunde auf der anderen Seite.

Dort, wo der Zaun ein Loch hat und man ganz einfach hindurchkriechen und auf die Wiese kommen kann, die hinter dem Spielplatz beginnt. Anna kennt die Stelle gut. Sicher, dort müssen sie sein! So will Anna mit schnellen Schritten an den großen Jungen vorbeigehen. Als sie aber näher kommt, sieht sie plötzlich, daß die Jungen einen anderen Jungen festhalten. Sie haben ihn an beiden Armen gepackt, und einer dreht ihm den Arm hinter dem Rücken herum.
Anna kennt die großen Jungen nicht. Nur den, den sie festhalten, den kennt sie. Es ist Saschas großer Bruder. Und Sascha geht seit einigen Wochen mit ihr zusammen in den Kindergarten. Frau Hein hat ihnen im Kindergarten erzählt, daß Sascha mit seiner Familie aus Rußland gekommen ist. Und weil so viele Eltern mit ihren Kindern aus Rußland hierhin gekommen sind, gibt es für sie keine Wohnungen mehr. Deshalb müssen alle in den Baracken wohnen, die am Ende der Mozartstraße stehen. Im Kindergarten kann man noch nicht sehr gut mit Sascha spielen, weil er kaum etwas versteht. Und wenn er etwas sagt, verstehen sie ihn auch nicht. Nicht einmal Frau Hain versteht ihn. Aber wenn sie mit Bausteinen und Autos spielen oder im Sandkasten buddeln, dann klappt alles mit Sascha gleich viel besser. Und jeden Mittag kommt Saschas großer Bruder und holt ihn vom Kindergarten ab. Frau Hain hat versucht, mit ihm zu sprechen. Aber er kann genausowenig deutsch wie sein kleiner Bruder.

Obwohl Anna große Angst hat, bleibt sie doch stehen. »Sag endlich, was du hier verloren hast!« brüllt einer der Jungen. Er steht ganz dicht vor Saschas Bruder.
»Wir bringen dich schon zum Sprechen!« schreit ein zweiter und boxt ihn in den Rücken. Er zuckt zusammen und läßt seinen Kopf nach unten sinken.
»Mach dein Maul auf!« ruft einer und zieht seinen Kopf an den Haaren hoch. Der Junge windet sich verzweifelt und versucht immer wieder, sich loszureißen. Aber die beiden Jungen, die ihn an den Armen halten, haben ihn fest im Griff.
Und dann entdeckt Anna auch ihre Freunde. Sie stehen drüben am Zaun, dort, wo das Loch im Zaun ist. Sascha ist auch bei ihnen. Ängstlich haben sie sich aneinandergedrückt und beobachten so wie Anna, was hier vor sich geht. Und Anna begreift, was passiert ist: Sicher wollte der Bruder Sascha vom Spielplatz abholen. Vielleicht hat er ihm auch den Spielplatz gezeigt. Und dann ist er plötzlich den fremden Jungen in die Hände geraten. Ja, so muß es gewesen sein.

Du gehörst doch zu denen aus der Baracke!« schreit nun einer der Jungen. »Die Straßen hier gehören uns. Hier hast du nichts zu suchen!«
Anna wundert sich nur, was die fremden Jungen auf dem Spielplatz verloren haben. So große Jungen waren noch nie hier. Und es ist ja auch nicht wahr, daß ihnen die Straßen hier gehören.
»Mach endlich dein Maul auf!« brüllt nun einer noch einmal und boxt dem Jungen so fest in den Bauch, daß er zusammensackt. Da lassen ihn die beiden anderen los, und er fällt auf die Erde. In diesem Augenblick wird es Anna plötzlich klar, daß der Junge dort auf der Erde so wenig deutsch kann wie sein kleiner Bruder. Er hat sich zwar gewehrt, aber er kommt gegen die anderen nicht an. Es sind viel zu viele. Und dann kann er noch nicht einmal verstehen, was sie von ihm wollen. »Sie sprechen nur russisch!« hat Frau Hain gestern erst gesagt. »Und deutsch müssen sie jetzt hier lernen!«
Da hält es Anna einfach nicht mehr aus. »Ihr seid gemein!« schreit sie und geht auf die fremden Jungen los.

Du sollst dich doch nicht prügeln!« schimpft Mutti, als Anna heulend und Christian verdreckt, verschwitzt und mit einer roten Schramme im Gesicht heimkommen. Als sie ihm dann behutsam mit einem nassen Lappen das Gesicht säubert, deutet Christian auf Anna und sagt: »Sie ist schuld!« Dabei klingt in seiner Stimme Stolz und Anerkennung für seine kleine Schwester mit.
»Anna?« fragt Mutti erstaunt. »Die hatten einen frem-

den Jungen in der Mangel. Und Anna ist einfach auf sie losgegangen. Sie hat einen mit aller Wucht gegen das Schienbein getreten!«
»Sie waren so gemein!« Gleich beginnt Anna wieder zu weinen. »Ehrlich, Mutti!« Christian blinzelt nur noch mit dem rechten Auge, weil es ganz schön wehtut, wenn einem eine Schramme über dem Auge verarztet wird. »Wenn wir nicht zufällig dazugekommen wären, dann . . .«
»Wer ist wir?« fragt Mutti. »Meine Freunde und ich!« antwortet Christian.
»Sie haben mir alle geholfen!« fügt Anna leise hinzu. »Und Janko ist jetzt auch unser Freund.«
»Wer ist Janko?« fragt Mutti. »Weißt du das nicht?« Anna sieht Mutti erstaunt an. »Das ist doch Saschas großer Bruder!«

52 Helfen

Nächstenliebe

Vorurteile

Toleranz

Biblischer Bezug: Markus 2, 1-12
Biblische Erläuterung: Der Gelähmte vertraut Jesus und läßt sich von ihm helfen
Kreativer Zugang: 103, 135, 144, 145, 174, 186, 193, 194
Inhalt: Bei Hochwasser nimmt eine Familie eine Frau und ein Mädchen auf, die in Not geraten sind. Alle müssen sich umstellen und verändern sich dabei.

Eine Brücke von dir zu mir

Erzählung von Antoinette Becker

Das Wasser trat jedes Jahr über die Ufer des Flusses, daran waren die Bewohner des kleinen Städtchens gewöhnt. Der Quai wurde dann für eine Weile wegen Überschwemmung gesperrt.
Dieses Jahr hatte es ungewöhnlich viel geschneit. Es wurde sehr kalt, der Fluß trieb Eisschollen, um dann zuzufrieren. Als es taute, stieg der Fluß beängstigend. Der Regen fiel unaufhörlich. Nachts hörte man ihn auf das Dach trommeln. Die Dachrinne faßte das Wasser nicht mehr und sprudelte als Wasserfall auf die Straße nieder. »Bald müssen wir uns eine Arche bauen wie Noah«, sagte Vater zu Thomas und Stephanie. »Aber unser Haus ist zu weit vom Fluß weg. Ihr braucht euch nicht zu sorgen.« Thomas dachte: »Nein, uns passiert nichts, vielleicht wird nur der Weg zur Schule abgeschnitten. Ich kann dann den Robinson fertiglesen.« Stephanie, die am Fenster stand, rief plötzlich: »Schau mal, da drüben in der Schwieme ist ein Häuschen ganz im Wasser eingeschlossen.« Das Telephon klingelte. Vater hob ab: »Ach so, ja, ja, vielen Dank. Hallo?« Die Leitung war unterbrochen. »Hallo?« Vater wählte eine Nummer. Das Telephon war tot. »Haller hat angerufen wegen des Rettungsdienstes.« Draußen war plötzlich ein Wetterumschlag. Es wurde noch wärmer, der Regen hörte auf. Es wurde merkwürdig still. Am Himmel ballten sich dicke Wolken. Gegen Abend kam ein Windstoß. Dann zuckte es am Himmel, und es donnerte und krachte. Ein Gewitterregen prasselte nieder. Als er nachließ, kam ein Nachbar, um Vater zu bitten, mit ihm im Boot in die Schwieme zu fahren, denn Vater gehörte der freiwilligen Feuerwehr an.

Mußt du denn gehen, Vater?« fragte Thomas. »Ja, die da drüben brauchen Hilfe«, sagte Vater, indem er seine Gummistiefel anzog und seine gelbe Regenkutte. »Aber der starke Strom«, murmelte Thomas. »Gott beschütze dich«, sagte die Mutter leise. Die Kinder blieben am Fenster stehen. Es war dunkel. Man sah nur die Lichter, die sich auf dem Wasser bewegten. »Wir wollen hoffen, daß alles gutgeht«, sagte Mutter. »In einem dieser Häuser wohnt die alte Frau Zierbaum.« »Die Alte, die immer auf die Kinder schimpft und die so komisch angezogen ist?« fragte Thomas und schaute angestrengt in die Nacht. Der Vater kam spät nach Hause. Er klopfte, denn inzwischen gab es keinen Strom mehr. »Bis zum Haller sind wir mit dem Boot gefahren, von da konnten wir laufen, aber vom Rest der Stadt sind wir abgeschnitten.« »Mit wem ist denn der Vater?« flüsterte Thomas zu Stephanie. Vater kam herein, an der Hand hielt er ein kleines Mädchen von etwa neun Jahren, hinter ihm stand Frau Zierbaum. »Es ist alles mit Leuten überfüllt, die eine Bleibe suchen. Frau Zierbaum wohnt mit der Kleinen bis auf weiteres hier«, sagte Vater mit fester Stimme, »und Frau Zierbaum bekommt unser Schlafzimmer, wir schlafen im Wohnzimmer, und die Kleine kommt auf eine Matratze in euer Kinderzimmer.«

Frau Zierbaum sah alt und vergrämt aus. Argwöhnisch schaute sie aus ihren kleinen wasserblauen Augen. »Du, sie riecht«, sagte Stephanie leise zu Thomas. Mutter führte die alte Frau ins Schlafzimmer und wollte ihr beim Ausziehen helfen, doch Frau Zierbaum schüttelte nur den Kopf. »Soll Ihre Enkelin zu Ihnen kommen?« fragte Mutter. »Enkelin, nein, ich kenne das Kind nicht. Ich kann mit Kindern nichts anfangen.« Die Kommode wurde aus dem Kinderzimmer in den Gang geschoben, die Eltern richteten sich im Wohnzimmer ein. Die Kinder merkten plötzlich, wie sie an der gewohnten Ordnung hingen. Mutter wärmte Wasser und gab dem Kind ein Bad in einer kleinen Wanne. Stephanie war dabei geblieben. »Hol ihr von deinen Jeans und deinen rosa Pulli«, befahl Mutter, »und bring Unterwäsche mit und Socken.« Schuhe gab's keine; die waren alle zu groß.

Am nächsten Morgen frühstückten sie zusammen. Es gab keine Butter und keine Milch mehr, dafür Marmelade und Haferflockenbrei. Frau Zierbaum aß viel, das Kind kaum etwas. Es legte nur seine kleine Hand auf Mamas Hand. Frau Zierbaum roch wirklich nicht gut. Sie wurde noch am selben Tag krank, und Mutter und Vater kleideten sie aus, wuschen und pflegten sie. Die Kinder waren viel sich selbst überlassen. Das kleine Mädchen sprach jetzt wieder, sie hieß Irma. Sie wollte zu ihrer Großmutter, bei der sie wohnte, doch sie hatte sich nicht mehr durch die großen Wasserlachen getraut und war in Frau Zierbaums Haus geflüchtet. Sie spielte mit Stephanies Puppen und hatte das Köfferchen mit Stephanies Kostbarkeiten aufgemacht. Einmal fiel die Steinsammlung von Thomas herunter, weil Irma dran gestoßen war. Er hob den Arm und schrie: »Du Dusselliese, geh doch zurück, wo du hingehörst!« Irma verkroch sich in einer Ecke. Dort fand sie Mutter. »Ich will zu Großmama«, sagte das Kind. »Sobald das Wasser zurückgegangen ist, finden wir sie«, sagte Mama und küßte Irma.

Frau Zierbaum saß wieder bei Tisch. Sie saß jeden Tag im Wohnzimmer. Sie war immer dabei. Eines Abends, als die Kinder »Fang den Hut« spielten, sagte sie plötzlich: »Fünf Punkte, nicht sechs!« Sie hatte recht. Thomas war eins zu weit gerückt. »Spielen Sie doch mit«, schlug Vater vor. Das tat sie und war ganz bei der Sache. Sie ging Mama etwas zur Hand, räumte ab und versuchte, sich nützlich zu machen. Sie konnte ganz ausgezeichnet nähen und half Mama beim Ausbessern der Kleider. Irma lachte jetzt oft. Sie bewunderte Thomas.

Das Leben war schwierig. Das Licht fiel meistens aus, die Versorgung war mühsam, man saß immer aufeinander, man mußte sich einschränken.
Als das Wasser zurückging und sich das Leben wieder normalisierte, kehrte Vater eines Tages mit Frau Zierbaum in ihr Haus zurück. Beim Abschied sagte sie, sie käme jetzt jede Woche zum Helfen. Das tat sie auch und wurde eine große Hilfe für Mama.
Die Großmutter von Irma wurde gefunden. Die Kinder konnten es gar nicht begreifen, als Irma sich nun wirklich von ihnen trennen wollte. Thomas schenkte ihr seinen liebsten Stein. Die Kommode kam wieder in den Gang. Die Eltern schliefen wieder in ihrem Schlafzimmer. Der Weg zur Schule war wieder frei. Der Fluß floß wieder in seinem Bett.

53 Hirte

Verantwortung

Geborgenheit

Verlorengehen

Biblischer Bezug: Psalm 23; Johannes 10, 11-16; Lukas 15, 1-7
Biblische Erläuterung: Gott will nicht, daß jemand verlorengeht

Kreativer Zugang: 128, 134, 135, 146, 147, 148, 193, 194

Inhalt: Als Jana ihren Onkel mit der Schafherde in die Berge begleitet, bemerkt sie, daß eins verlorenging. Sie sucht das Lamm und bekommt es zur Belohnung geschenkt.

Jana und das kleine Schaf

Erzählung von Yvonne Masek

So sehr hatte Jana sich selten auf die großen Ferien gefreut. Denn in diesem Sommer sollte sich ihr größter Wunsch erfüllen. Onkel Felix würde sie heute nachmittag abholen und mit in die Berge nehmen. Onkel Felix war ein Schäfer. Zusammen mit seinen Feunden Alfons und Klemens hatte er über hundert Schafe.
Schon lange hatte Jana sich gewünscht, dabeizusein, wenn die Schafe in die Berge getrieben werden.
Nun sollte es endlich soweit sein! Gestern abend hatte Jana schon ihren Rucksack zurechtgemacht. Nur das Allernötigste durfte sie mitnehmen.
Nur auf Moritz, ihr weiches Kuschelschaf, wollte sie nicht verzichten, denn sonst konnte sie nicht einschlafen.

Pünktlich um 3 Uhr nachmittags klingelte Onkel Felix. Nach einer herzlichen Begrüßung fuhren sie zu seinem Hof. Dort warteten auch schon Alfons und Klemens mit dem Schäferhund Pascha und den Schafen. Die drei Schäfer hatten nur eine kleinere Umhängetasche mit Marschverpflegung dabei. Ihre Schlafsäcke und die Vorräte hatten sie schon vor einigen Tagen zur Berghütte gebracht, in der sie alle gemeinsam die nächsten Nächte verbringen sollten.
Onkel Felix ging noch einmal ins Haus und kam mit einem echten Schäferhut und einem echten Schäferstock für Jana zurück. Jana war überglücklich. Dann machten sie sich mit der Schafherde auf den Weg.

Bald mußten sie steil bergauf gehen, das war ganz schön anstrengend! Doch nach einiger Zeit machten sie eine Pause. Kaum hatte Jana ein Butterbrot ausgepackt, da kam ein kleines schwarzes Lamm näher und stupste immerzu mit seiner Schnauze an Janas Bein. »Oh, wie ist das niedlich«, sagte Jana, »wie kommt es, daß dieses Lämmchen so zutraulich ist?« »Dieses Lämmchen sieht aus, als sei es erst ein paar Tage alt«, antwortete Onkel Felix. »Wahrscheinlich wird es von seiner Mutter nicht angenommen. Nun hat es Hunger und ist auf der Suche nach Wärme und Geborgenheit. Hoffentlich wird es überleben.«
Nachdenklich sah Jana dem Lamm hinterher, wie es suchend die Herde durchstreifte und von überall getreten und geschubst wurde. »Wie gemein doch diese Schafe sein können! Niemand kümmert sich um das arme Lämmchen.
Am Abend kamen sie an der Berghütte an. Jana war hundemüde. Während die drei Schäfer mit Pascha alle Schafe in ein Pferch trieben, sucht Jana sich in der Hütte einen schönen Platz zum Schlafen. Sie kuschelte sich schon in ihren Schlafsack, als ihr plötzlich einfiel, daß sie doch noch nach dem schwarzen Lämmchen gucken wollte. So lief sie noch einmal nach draußen zum Pferch.

Sie ging einmal um den ganzen Pferch herum und suchte das Lämmchen. Aber entdecken konnte sie es nicht. Sicher hatte es sich auf dem Weg verlaufen und war nun ganz allein in der Dunkelheit.
Schnell rief sie nach ihrem Onkel. »Onkel Felix, komm schnell. Wir müssen das kleine schwarze Lämmchen suchen. Es ist nicht da. Bestimmt hat es sich verlaufen.« »Aber das kann doch gar nicht sein«, antwortete Onkel Felix ihr, »sieh doch mal, wie viele Schafe wir hier im Pferch haben. Da kannst du doch gar nicht sehen, ob ein Schaf fehlt. Das Lämmchen ist ganz sicher auch dabei.«
"Nein, ist es nicht", rief Jana. Sie war jetzt richtig wütend. Wieso glaubte Onkel Felix ihr denn nicht? "Dann gehe ich eben alleine", sagte sie noch und stapfte los. "Nein, warte doch, ich komme ja mit. Laß mich nur noch schnell eine Lampe holen", rief Onkel Felix hinter ihr her.

Nun begann die große Suche. Zuerst suchten sie die nähere Umgebung um die Hütte herum ab. Doch da war nichts von dem Lämmchen zu sehen. Also gingen sie den Weg, auf dem sie zur Hütte gekommen waren, zurück. Dort hörten sie auch bald ein leises Jammern.
"Das ist das Lämmchen", rief Jana, "ich höre es ganz genau". Nach kurzer Zeit hatten sie es gefunden. Es hatte sich in einem Busch verfangen und war alleine nicht wieder herausgekommen. Onkel Felix sagte: "Das Lämmchen war tatsächlich weg, und nur du hast es gemerkt, da bin ich aber sehr stolz auf dich."

Gemeinsam trugen sie das Lamm wieder nach oben zur Hütte. "Was machen wir denn nun mit dem Lämmchen?" fragte Jana, "es ist ja so klein und schwach. Wenn wir es nicht füttern, verhungert es bestimmt." "Ich habe da eine Idee", antwortete ihr Onkel Felix. "Weil du das Lämmchen gefunden hast, werde ich es dir schenken. Wenn du möchtest, kannst du versuchen, es mit der Flasche großzuziehen. Vielleicht hast du ja Glück, und es überlebt. Eine Flasche müßte noch in der Hütte stehen." Etwas Schöneres hätte er gar nicht sagen können. Freudestrahlend fiel Jana ihm um den Hals; dann rannte sie ins Haus, um nach der Flasche zu suchen.

Biblischer Bezug: Jesaja 43, 1; Galater 6, 2; Matthäus 25, 40
Biblische Erläuterung: Gott nimmt Menschen an, die andere annehmen können
Kreativer Zugang: 110, 111, 112, 125, 154, 155, 156, 199
Inhalt: Öskül ist neu im Kindergarten. Thomas sieht in dem Türkenjungen einen Eindringling und Konkurrenten, will ihn verprügeln. Dann erkennt er seine Situation, beginnt ihm zu helfen.

Name

Konkurrenz

Fremde

Ausländer

Wie kann man nur Öskül heißen?

Erzählung von Christine Merz

Der große Thomas schüttelt den Kopf.
»Wie kann man nur Öskül heißen«, sagt er leise zu seinem Freund Martin. »Ganz schön doof!«
Er wirft einen Blick hinüber zu Frau Kurz, die mit den Kleineren am Tisch bastelt. Sie hat nichts gehört. Auch Öskül nicht. Er sitzt in der anderen Ecke des Kindergartenraumes und macht ein Puzzle. Das heißt, er versucht es. Oskül ist neu. Er ist erst seit einer Woche in Deutschland. Seine Eltern haben ihn aus der Türkei mitgebracht. Er ist schon sechs Jahre alt und ziemlich groß.
Thomas ärgert sich. Sonst kommen immer nur Kleine in den Kindergarten. Wenn überhaupt Neue kommen, dann sind sie drei Jahre oder so. Und er, Thomas und Martin und die anderen Großen sind die Größten in der Gruppe. Darauf hat Thomas drei Jahre gewartet. Daß er zu den Großen gehört. Fast alle Kinder hören darauf, was Thomas sagt. Er sammelt die großen Jungen um sich, und er ist dann auch meistens der, der sagt, was gemacht wird. »Thomas ist Bestimmer«, sagen die andern, und das ist Thomas nur recht.
Aber jetzt ist dieser Neue da. Und der ist ein ganzes Stück größer als Thomas. Thomas hat Angst, daß er jetzt nicht mehr der Größte in der Kindergartengruppe ist. Und später in der Schule auch nicht, denn todsicher kommt dieser Öskül dann auch mit ihm in eine Klasse.

Thomas zieht eine Grimasse hinüber, dorthin, wo Oskül sitzt. »Nachher machen wir mal ein Kämpfchen mit ihm – mal seh'n, wer der Stärkere ist!« sagt er leise zu Martin. Dem wird er es zeigen, diesem fremden Kerl, der hier eingedrungen ist.
Aber erst mal ist nichts mit einem Kampf. Frau Kurz klatscht in die Hände und sagt, daß aufgeräumt werden muß.
Thomas flüstert zu Martin und Peter, Erik und Jan: »Wenn ich mit dem Neuen kämpfe, dann müßt ihr mir aber zurufen, daß ich gewinne – den verklopf' ich, verlaßt euch drauf!«
Als die Kinder im Kreis sitzen, holt Frau Kurz ein Bilderbuch hervor, das auch von einem Türkenjungen erzählt. Die Kinder sehen das fremde Land und hören, wie es dem Jungen in Deutschland ergeht, wo er doch kein einziges Wort versteht. Thomas will gar nicht hinsehen. Was geht ihn das alles an. Wäre er doch dort geblieben, dann hätte er keine Sorgen. »Selber schuld«, denkt Thomas. Und er hofft, daß der Kindergarten bald aus ist, damit er sich mit Öskül klopfen kann. »Öskül«, denkt er wieder, »wenn man schon so einen komischen Namen hat!«

Aber der Kindergarten ist noch nicht aus.
Frau Kurz holt jetzt noch ein anderes Buch heraus. Es ist kein Bilderbuch, sondern ein türkisches Wörterbuch.
»Hier drin stehen alle deutschen Wörter und wie man sie in türkisch spricht«, erklärt sie den Kindern. »Welches Wort wollt ihr hören?« Die Kinder wissen erst keines. Dann sagt Sabine: »Schönes Wetter!«
Frau Kurz sucht im Wörterbuch, sie blättert und blättert.
»Ah hier«, sagt sie. »Wetter – das ist es – o je.«
Das Wort Wetter ist auf türkisch schwer zu lesen, überhaupt können wir Deutschen die türkische Sprache kaum aussprechen. Frau Kurz versucht es:
»Güzel hara.«
Da sagt Öskül das schwierige Wort, und zum ersten Mal an diesem Morgen lächelt er.
Die Kinder sind jetzt ganz interessiert und wollen alle möglichen Wörter auf türkisch hören. Es klingt so fremd und eigenartig, wenn Öskül sie ausspricht. Aber immer lächelt er dabei, und das freut die Kinder.

Nach einer Weile des Herumsuchens nimmt Öskül Frau Kurz das Wörterbuch aus der Hand. Er zeigt auf ein türkisches Wort und spricht es aus. Frau Kurz liest es dann auf deutsch ab. Ohrentropfen heißen »Kulak damlasi« und »Haben Sie gut geschlafen?« »Igi uyudunüz mü?«
Auf einmal stockt Frau Kurz.
»Aber Öskül, du kannst ja lesen!«
Sie staunt, und auch die Kinder staunen. Öskül kann lesen, aber nicht deutsch sprechen.
Auch Thomas hat mitgehört, die vielen fremden Worte, die sich so schwer anhören.
»Oje«, denkt er, »wenn ich türkisch lernen müßte!«
Er begreift, daß Öskül es gar nicht leicht hat hier im fremden Land. Und er hat auf einmal keine Lust mehr, sich mit Öskül zu klopfen.
»Wir müssen ihm Deutsch beibringen, bis er in die Schule kommt!« sagt er zu Martin. »Sonst nützt ihm das Lesen-Können gar nichts!«
Dann zieht er eine bunte Glasmurmel aus der Hosentasche. Er stellt sich vor Öskül und sagt:
»Das ist eine Murmel – Murmel.«
Ganz langsam und deutlich hat er gesprochen, der Thomas.
Öskül lächelt und probiert »Murmel«, und dabei lacht er.

55 Judenverfolgung

Antisemitismus

Freundschaft

Nationalsozialismus

Ausländer

Rassismus

Krieg

Biblischer Bezug: Daniel 6

Biblische Erläuterung: Gott will nicht, daß ein Mensch wegen seiner Religion umgebracht wird

Kreativer Zugang: 104, 110, 112, 125, 131, 133, 204, 209

Inhalt: Zwei Mädchen erleben vor dem 2. Weltkrieg antijüdische Gesinnungen. Nach dem Krieg helfen sich die beiden gegenseitig aus schwierigen Situationen.

Meine Freundin Liesel

Erzählung von Antoinette Becker

Als der Direktor der Schule mit zwei Herren die Klasse betrat, standen alle Schüler auf. Die Lehrerin trat etwas zurück, und alle sagten im Chor: »Heil Hitler!« Marie-Thé schwieg, Liesel bewegte nur die Lippen. Marie-Thé war Französin. Sie besuchte seit vielen Jahren die deutsche Schule und war sehr beliebt. Neben Liesel Alexander, Marie-Thés bester Freundin, saß Hilda Markus, genannt Tausendschönchen wegen ihrer blauen Augen, ihrem Engelsgesicht und ihrer langen blonden Zöpfe. »Wir brauchen Mädchen, die gut turnen können«, sagte der eine der Herren. Acht Mädchen, darunter Marie-Thé und Hilda, standen auf. »Nein, nein, nur vier«. Hilda setzte sich, aber der Herr ging auf sie zu und sagte: »Nein, du bleibst dabei, du bist ein prächtiges deutsches Mädchen.« Hilda wurde rot. Liesel kniff Marie-Thé in den Arm. Kaum daß die Herren das Zimmer verlassen hatten, platzte Edeltraud, ein mageres braunes Mädchen mit Brille, heraus: »Was heißt schon deutsches Mädchen? Du gehörst nicht zu uns, du bist nur eine Jüdin.« Marie-Thé stand auf und sagte kühl:
»Schrei nicht so, Edeltraud.« Sie legte ihren Arm um Hilda und sagte: »Du bist unser Tausendschönchen.« »Du«, schrie Edeltraud, »du hast gar nichts zu sagen, du bist sowieso Ausländerin.« »Ich bin Französin«, sagte Marie-Thé, »stört dich das? Wir sind doch alle Mädchen der Klasse der Untersekunda und . . .« »Hört auf!« sagte die Lehrerin. »Hilda, mein Kind, es ist vielleicht doch besser, daß du dich bei diesem Turnfest durch Margret Kunzmann vertreten läßt.« Hilda wurde blaß, setzte sich und schaute gerade vor sich hin. Edeltraud lächelte zufrieden.

In der Pause ging es wieder los. »Warum soll Hilda nicht turnen?« »Weil sie nicht arisch ist«, antwortete Edeltraud. »Wir wollen rein bleiben und uns nicht mit einer solchen Rasse wie der jüdischen vermischen. Das hat unser Führer gesagt, der irrt sich nie. Außerdem sind die Juden unser Unglück«, schrie Edeltraud. »Aber deinen Blinddarm darf Hildas Vater dir wegoperieren. Da ist er nicht dein Unglück«, antwortete Marie-Thé bebend, denn Hildas Vater war ein bekannter Chirurg. Edeltraud sagte zuerst nichts, dann brummelte sie: »Na, etwas müssen sie doch arbeiten. Aber es gibt auch andere Ärzte . . .«

Marie-Thé wollte aufbegehren, aber sie schwieg, als sie in Hildas Augen sah. »Das ist der Anfang«, sagte Liesel leise zu Marie-Thé. »Welcher Anfang?« flüsterte diese zurück. »Von der Judenverfolgung. Es kommen schlimme Zeiten.« »Liesel«, sagte Marie-Thé feierlich, »ich werde dich immer schützen.«

An diesem Tag ging Marie-Thé zu ihren Vettern Devients zum Mittagessen. Da wollte sie ihre Empörung loswerden. Als sie durch den Park ging, fiel ihr auf, daß auf einer Bank ein Schild angebracht war: »Juden unerwünscht«.

Marie-Thé kam im Juli dieses Jahres nach Frankreich zu ihren Großeltern. Sie schrieb fleißig an ihre alten Klassenfreundinnen. In den Briefen Liesels konnte sie zwischen den Zeilen lesen und erfuhr, daß die Juden es immer schwerer hatten. Manche mußten in Arbeitslager, andere hatten noch das Glück, auswandern zu können. Alle lebten in Angst. Hildas Mutter hatte sich das Leben genommen, und Tausendschönchen lebte mit dem Vater und dem Bruder bei Verwandten auf dem Lande.
1939 kam der Krieg. Die Deutschen marschierten in Polen ein. Die Franzosen als Verbündete der Polen standen im Krieg mit Deutschland. Die Verbindung zwischen Marie-Thé, Hilda und Liesel riß ab. Marie-Thé und ihre Familie emigrierten nach England. Frankreich verlor den Krieg gegen Deutschland. Hitler siegte überall. 1943 trat Marie-Thé in London in die Armee ein und wurde französischer Verbindungsoffizier in England. Als 1945 die Engländer in dem von den Deutschen besetzten Frankreich landeten, gehörte Marie-Thé zu der Truppe. Sie riskierte ihr Leben, um ein ganzes französisches Dorf an der Küste zu retten. Später kam sie nach Deutschland und schickte sich an, ihre jüdischen Freundinnen aus der Schulzeit wiederzufinden.

Hildas Vater war in einem Konzentrationslager umgekommen, der Bruder war vermißt. Von Hilda keine Spur. Und was war aus Liesel geworden? Es hieß, sie sei auch deportiert worden und nicht mehr am Leben. Es kam aber ganz anders.
Liesel war nach Theresienstadt gekommen und lebte dort im Getto. Die Lebensumstände waren furchtbar. Die Menschen, besonders die Kinder,

starben an Hunger und verseuchtem Wasser, an Kälte und an unbehandelten Krankheiten. Die Menschen halfen sich untereinander, aber das Schreckliche, das täglich geschah, das Sterben, die ständige Gefahr, getötet zu werden, das Nicht-mehr-Können, nahm den meisten Leuten die letzte Kraft. Sie konnten kaum noch hoffen, daß einmal diese Hölle aufhören würde. Aber dieser Tag kam. Theresienstadt wurde befreit, als der Krieg aufhörte. Französische, amerikanische und englische Einheiten kamen nach Theresienstadt und befreiten die Menschen. Die Franzosen bekümmerten sich um ihre französischen Landsleute, um sie schnell in die Heimat zurückzuführen.

An einem Spätnachmittag ging ein junger französischer Offizier durch die Straßen und sah mit Trauer auf die vielen Elendsgestalten, die ihm begegneten. Viele sahen verängstigt aus, als trauten sie der Befreiung noch nicht nach so vielen Jahren der Gewalt. Da näherte sich ihm eine schwache, sehr gebrechliche Frau und redete ihn auf Französisch an: »Verzeihen Sie, daß ich Sie anspreche. Ich muß Ihnen eine unsinnige Frage stellen. Kennen Sie vielleicht Marie-Thé M.?« Der Soldat schaute sie entgeistert an. »Marie-Thé, Marie-Thé . . .«, stammelte er. »Ja, ich kenne sie sehr gut. Ich habe sie vor vierzehn Tagen noch gesehen.« Da brach Liesel, denn sie war es, zusammen. Der Offizier war so erschüttert, als sie ihm von ihrer langen Freundschaft mit Marie-Thé erzählte, daß er es fertigbrachte, sie mit dem französischen Transport sofort aus dem Lager zu bringen. Er rettete ihr wahrscheinlich das Leben. Liesel wurde in ein Krankenhaus gebracht, das Marie-Thé ausgesucht hatte, die besuchte Liesel und sorgte für sie. Liesel war so krank, daß man ein paar Mal um ihr Leben fürchtete. Aber Marie-Thé kämpfte für Liesel. Als es etwas besser ging, sagte Liesel: »Du hast mich gerettet, Marie-Thé. Du hast es ja schon in der Schule gesagt, ›ich rette dich, wenn dir was geschieht‹«. »Ach was«, meinte Marie-Thé. Liesel kam durch und lebte noch einige Jahre.

Marie-Thé, die in London verheiratet war, blieb Liesel eng verbunden. Als Liesel starb, ging es Marie-Thé wirtschaftlich sehr schlecht. Nie ließ sie etwas davon verlauten. Nach Liesels Tod bekam Marie-Thé Bescheid, daß Liesel ihr Geld vermacht hatte. In einem Brief, den man fand, stand: »Marie-Thé, vielleicht helfe **ich** dir diesmal.«

Kreuz 56

Biblischer Bezug: Matth. 27, 32f.; Markus 15, 21f.; Lukas 23, 26f.; Joh. 19, 17f.
Biblische Erläuterung: Die Passionsberichte der Evangelien

Kreativer Zugang: 157, 158, 161, 162, 182

Inhalt: Anhand von Redensarten, die sich des Wortes oder der Silbe "Kreuz" bedienen, wird behutsam an die Bedeutung der Kreuzigung Jesu herangeführt.

Karfreitag

Hoffnung

Ostern

Sterben

Auferstehung

Kreuz - ein Zeichen der Hoffnung

Erzählung von Wolfgang Gerts

»Es ist doch ein rechtes Kreuz mit dir«, schimpfte der Opa, »daß du immer solch einen Krach machen mußt!«
Da hab ich mich schnell aus dem Staub gemacht. Am Abend kam der Vater nach Hause. Er sah müde und bedrückt aus. Er unterhielt sich mit der Mutter. Er erzählte, wie er Streit mit einem Kollegen hatte, der nun kein Wort mehr mit ihm spricht – außer »Dienstlichem«. »Aber ich werde vor dem Müller doch nicht zu Kreuze kriechen!« – schimpfte der Vater und suchte nach der Zeitung.
Doch das Lesen wollte ihm nicht recht gelingen. Er konnte sich gar nicht auf seine Zeitung einlassen. Immer wieder saß er da, blickte ins Leere und grübelte. »Na, du wirkst aber kreuzunglücklich!« sagte die Mutter.
Mir ging es lange nicht aus dem Kopf. Abends im Bett fragte ich: »Mutti, was ist das immer mit diesen Kreuzen, von denen ihr andauernd redet? Mit mir ist es ein Kreuz, und Vati ist kreuzunglücklich und will nicht zu Kreuze kriechen. Hat das was mit dem Kreuz in unserer Kirche zu tun?«
Meine Mutter schwieg erst eine Zeit, und dann fielen uns noch viele andere solcher Wörter und Redensarten ein. Kreuzlahm, drei Kreuze machen, sein Kreuz tragen und so weiter.
»Weißt du«, sagte meine Mutter dann, »es ist ja auch was ganz Schreckliches, was da mit Jesus

passiert ist. Er wurde ans Kreuz genagelt. Und so mußte er sterben. Ich finde es manchmal ganz schrecklich, daß bei uns Christen überall solche Kreuze herumhängen. Doch das ist nunmal so: Jesus mußte einen ganzen Weg lang sein Kreuz tragen, bis er eben kreuzlahm war, und kreuzunglücklich war er da sicher auch. Zuletzt kroch er nur noch unter dem Kreuz. Das Kreuz war eine schwere Last. Darum heißt es wohl auch, daß jeder Mensch sein Kreuz zu tragen hat.«
»Aber was für ein Kreuz denn, Mutti?«
»Nun, dir gehts auch manchmal schlecht. Und als ich neulich vor der Konfirmation von Renate nicht mehr wußte, wie ich die ganze Arbeit schaffen sollte, da haben mir auf einmal, als ich kaum mehr konnte, so viele geholfen. Du auch: Du hast das ganze Geschirr alleine abgewaschen. Ihr habt mir richtig geholfen, meine Last, mein Kreuz zu tragen.«
»Ist denn am Kreuz gar nichts Schönes, wozu reden wir dauernd davon?« – »Ach doch! Ich glaube, es ist doch ein Zeichen der Hoffnung. Nach seiner Kreuzigung ist Jesus als erster Mensch auferstanden, nach dem Tod lebendig geworden. Ich glaube, daß Kreuz ist ein Zeichen dafür, daß Gottes Liebe zu dir und zu mir stärker ist als der Tod und als jedes Kreuz.«

57 Krieg

Frieden

Aktion Sühnezeichen

Biblischer Bezug: Lukas 2, 14
Biblische Erläuterung: Friede auf Erden

Kreativer Zugang: 125, 132, 133, 198

Inhalt: Zwei Völker hindern ihre Könige am Kriegführen. Sie sollen ihren Krieg gefälligst alleine machen. Bei diesem Versuch verlieren sie aber auch die Lust dazu.

Macht euch den Krieg allein

Erzählung von Gudrun Pausewang

Zwei Königreiche grenzten aneinander. Darin lebten freundliche und vernünftige Menschen. Im einen Land hatten sie blonde Haare, im anderen dunkle. Das war der einzige Unterschied. Wenn die Dunklen eine schlechte Heuernte gehabt hatten, halfen ihnen die Blonden mit Heu aus. Und wenn der Sturm im Winter den Blonden die Straßen zuwehte, borgten ihnen die Dunklen ihre Schneepflüge. Und den Karneval feierten sie gemeinsam an der Grenze. Zwischen den beiden Ländern herrschte Frieden. Der war so selbstverständlich, daß niemand ein Wort darüber verlor.
Bis im Land der Dunklen König Ottokar an die Regierung kam, und im Land der Blonden König Sigismund. Da gab es ewig Ärger: Mal fühlte sich König Ottokar beleidigt, mal fühlte sich König Sigismund nicht respektvoll genug behandelt.
»König Sigismund hat mir beim letzten Königstreffen nur zwei Küsse auf die Wange gegeben!« rief König Ottokar empört. »Dem König Archibald von Kakerlakien aber drei – obwohl Kakerlakien um drei Dörfer kleiner ist als mein Land! Das ist eine unerhörte Beleidigung. Ich werde ihm den Krieg erklären!«
Da erschraken seine Untertanen. Sie konnten jetzt keinen Krieg brauchen, denn es war März, und sie waren mit dem Pflanzen und Säen beschäftigt. Zum Glück war einem Bauern gerade ein Kalb mit zwei Köpfen geboren. Diese Nachricht wurde dem König mit Eilboten gebracht. König Ottokar hatte noch nie ein Kalb mit zwei Köpfen gesehen. Er kam und staunte. Darüber vergaß er seinen Ärger.

Kurz darauf geriet König Sigismund außer sich: Auf der Jagd hatte König Ottokar einen Hasen geschossen. Dieser Hase hatte in einem Salatbeet von König Sigismund gesessen, siebeneinhalb Meter von der Grenze entfernt.
»Eine Grenzverletzung!« schnaubte König Sigismund. »Das werde ich dem König Ottokar heimzahlen!«
Glücklicherweise konnten ihn seine Untertanen mit einem jungen Schwein ablenken, dem ein Rehgeweih aus dem Kopf wuchs. Und so schafften sie's, den Krieg zu vermeiden.
Aber kaum waren ein paar Monate vergangen, ging der Ärger mit den Königen schon wieder los. Wütend keifte König Ottokar, daß man's weit über die Grenze hören konnte: »König Sigismund hat vergessen, mir zum Geburtstag zu gratulieren! Das ist eine ungeheure Beleidigung, die eine drastische Bestrafung fordert!«
Den Dunklen kam diese Aufregung gar nicht gelegen, denn sie

waren mitten in der Ernte. Aber es gelang ihnen, ihren König mit einem schlauen Einfall zu besänftigen: Sie stellten ihm ein Denkmal auf, König Ottokar hoch zu Pferd, und nannten ihn von nun an Ottokar, der Mächtige.

Fast zur gleichen Zeit mußten sich auch die Blonden etwas einfallen lassen, um ihren König zu beruhigen. Denn der hatte sich darüber erbost, daß ihm König Ottokar kein Glückwunschtelegramm zu seiner Silberhochzeit geschickt hatte. Sie hängten ihm eine breite Seidenschärpe um und gaben ihm den Beinamen »Der Siegreiche«. Zwar hatte er noch nie einen Krieg gewonnen. Aber das war seinen Untertanen egal. Hauptsache, er ließ sie in Ruhe ihre Ernte einbringen.
Das tat er auch. Er mußte ja jetzt viele Briefe schreiben, an alle Könige und Kaiser ringsum, daß er ab sofort Sigismund der Siegreiche heiße und auch so genannt werden wolle.
Aber kurz vor Weihnachten geschah etwas, was die Untertanen beider Länder nicht mehr reparieren konnten: König Ottokar hatte erfahren, daß ihn König Sigismund einen »eitlen Pfau« genannt hatte. Und König Sigismund war zu Ohren gekommen, daß ihn König Ottokar für einen »lächerlichen Gockel« hielt.
»Was nimmt sich dieser Kerl heraus?« zeterte König Ottokar. »Ich werde ihn aus seinem Land hinauspusten!«
Seine Untertanen, die insgeheim der Meinung waren, daß König Sigismund gar nicht so unrecht hatte, versuchten ihn damit zu beruhigen, daß sie ihn zum Kaiser krönen wollten. Aber er brüllte mit krebsrotem Gesicht: »Erst Krieg, dann Krönung!« und befahl allen seinen männlichen Untertanen zwischen siebzehn und fünfzig Jahren, für ihn in den Krieg zu ziehen.
Genau so war's im Land der Blonden.
»Das wird er mir büßen!« kläffte König Sigismund so laut, daß ihm die Stimme überschlug. Auch er befahl seinen männlichen Untertanen zwischen siebzehn und fünfzig Jahren, für ihn in den Krieg zu ziehen.
Aber weder die blonden noch die dunklen Männer dachten daran, sich gegenseitig totzuschlagen. Sie gehorchten ihren Königen nicht mehr. Sie sagten zu ihnen: »Wenn ihr beiden gegeneinander Krieg machen wollt, dann macht ihn euch allein!« Und sie blieben daheim und feierten mit ihren Familien Weihnachten.

Die beiden Könige aber zogen allein durch den hohen Schnee aufeinander zu, in einer schweren und unangenehm kalten Rüstung. An der Grenze trafen sie sich. Erst beschimpften sie sich, um sich Mut zu machen. Sie gaben sich die unerhörtesten Namen. Dann zogen sie die Schwerter. Aber von der Kälte waren ihre Nasen gefroren und ihre Finger steif. Und sie hatten noch nie selber gekämpft. Sie hatten gar keine Übung im Kämpfen. Als sie endlich ihre Schwerter aus den Scheiden gezogen hatten, ächzten und keuchten sie, denn diese Eisendinger waren so schwer, daß sie sie kaum heben konnten. Und die Augen traten ihnen aus den Höhlen vor Angst. Sie wollten ja nicht sterben, nicht um alles in der Welt!
Da sagte König Sigismund, der Siegreiche: »Es ist heute zu kalt für einen zünftigen Heldenkampf. Unter gewissen Voraussetzungen könnte ich mich dazu bereiterklären, diesen Kampf in die Sommermonate zu verschieben.«
König Ottokar, dem Mächtigen, wurde plötzlich wieder warm, und er erklärte sich ebenfalls unter bestimmten Voraussetzungen dazu bereit, den Krieg in eine Jahreszeit zu verlegen, in der seine Untertanen nicht gerade säen oder ernten oder Weihnachten feiern wollten. Und so steckten die beiden Kampfhähne ihre Schwerter wieder in die Scheiden und stapften davon, jeder in sein Land.

Weder die blonden noch die dunklen Untertanen hatten irgendwann im Jahr Zeit zum Kriegführen. Es gab immer viel Wichtigeres und Vernünftigeres zu tun. Deshalb kam's zu überhaupt keinem Krieg mehr. Gott sei Dank. Und aus den Königen wurden zuguterletzt noch zwei recht umgängliche Leute, die mindestens einmal im Jahr einander besuchten: zu Karneval. Auf dem letzten Fastnachtszug hat sich König Ottokar als Pfau verkleidet und König Sigismund als Gockel. Und die beiden hatten nichts dagegen, daß sich die Untertanen halb totlachten. Sie lachten mit.

Lebensfreude

Aufeinander zugehen

Biblischer Bezug: 1. Mose 18, 1-15 und 21, 1-7
Biblische Erläuterung: Grund zum Lachen

Kreativer Zugang: 120, 129, 130, 167, 180

Inhalt: Uli gilt als stocklangweilige Streberin, die nie lacht. Evi versucht, die Ursache herauszufinden. Sie leiht Uli ihr Lachen - mit verblüffendem Erfolg!

Mensch, lach doch mal...

Erzählung von Elke Bräunling

Es gibt schon seltsame Ideen. Die verrücktesten Einfälle aber hatte Evi, ein Mädchen aus meiner Klasse: Ideen, über die wir uns oft halb totlachten, so wie damals die Sache mit Uli:
Uli war neu in der Klasse, und keiner mochte sie so sehr. »Uli ist ein Streber«, hieß es. »Und sie ist immer so ernst.« Nun, Streber gab es in jeder Schule. Damit mußte man leben. Aber ernste Streber? Das war zuviel. »Wenn sie doch nur einmal lachen würde«, überlegten wir. »Oder wenigstens lächeln.«
»Ach nein, die kann ja nicht mal grinsen. Die ist stocklangweilig.« »Ob sie traurig ist?« »Vielleicht hat sie Probleme?« Wir machten uns unsere Gedanken, und jeden von uns hätte es gefreut, wenn Uli nur ein kleines bißchen gelächelt hätte. Nichts. Tag für Tag saß Uli aufrecht in ihrer Schulbank, blickte nicht nach rechts oder links, vermied es, uns anzusehen oder gar anzusprechen. Aber fleißig war sie – wie eine Honigbiene!

Eines Tages hatten wir die Nase voll. Es war Wandertag, und Uli trottete alleine vor uns her, das gleiche muffige Gesicht wie immer. »Ich möchte jetzt wissen, was mit ihr ist«, rief Evi auf einmal. Entschlossen trabte sie zu Uli. »Kannst du eigentlich auch lachen?« fragte sie laut. »Oder warum schaust du immer so böse?« Uli war erschrocken. Fest preßte sie die Lippen aufeinander und sagte kein Wort. Sie schüttelte nicht einmal mit dem Kopf.
Evi stöhnte. »Du armes Vaterland«, seufzte sie. »Dich kann wohl nichts aus der Ruhe bringen? Mensch, lach doch mal!« Und sie begann, wie ein Zirkusclown vor Uli herumzuhüpfen. Dabei machte sie so lustige Faxen, daß wir uns die Bäuche hielten vor Lachen. Natürlich spielten wir mit: wir blödelten und tanzten mit wilden Fratzen vor Uli herum, kitzelten sie und stellten alles mögliche an, um sie zum Lachen zu verführen. Umsonst. Ängstlich starrte Uli uns an. Was war nur los? Wir wollten schon aufgeben, doch da hatte Evi einen ihrer tollen Einfälle.

Weißt du, was ich glaube?« rief sie und stellte sich vor die verdutzte Uli. »Du denkst, wenigstens einer muß in dieser albernen Klasse ernst bleiben. Stimmts?« Sie schüttelte Uli so, als wollte sie sie wachrütteln. »Ich mache dir einen Vorschlag«, fuhr Evi fort. «Ich leihe dir mein Lachen für eine Weile, und ich verspreche dir, ganz ernst zu bleiben, während du mit Lachen an der Reihe bist. Einverstanden?« Sie wandte sich uns zu. »Ihr seid Schiedsrichter!« Puuh! Wir waren gespannt. Ausgerechnet Evi wollte ernst bleiben. Die würde es keine zwei Minuten aushalten. Hoho! So ein Spaß! Und Uli? Ernst sah sie uns an. Evi aber blickte nun genauso sauertöpfisch. Was nun? »Jetzt lach doch endlich, Uli«, schrieen wir. »Das ist nicht fair!« »Ja, halte dich an die Regeln!« Wir drängten und bettelten. Da plötzlich rollte eine Träne leise über Ulis Wange, dann noch eine und noch eine. »Ich kann nicht lachen«, flüsterte sie. »Ihr würdet mich doch nur auslachen!« Auslachen?

Du mußt es nur versuchen, Uli«, drängten wir. »Ach bitte, bitte, lach doch einmal!« »Hab Vertrauen!« »Keiner lacht dich aus!« Unsicher sah Uli uns an, und dann, endlich, lächelte sie zaghaft. Wir klatschten erfreut, und da lachte Uli. Fasziniert starrten wir auf viele kleine blinkende Metallblättchen in ihrem Mund. Eine Zahnspange! Deshalb also! Erleichtert lachten wir auf. Hohohihi! Nur eine Zahnspange! Wir lachten und prusteten und hielten uns die Bäuche. Und Uli lachte aus vollem Halse mit. Nur eine blieb dieses Mal ernst, todernst. Evi! Denn ihre Abmachung wollte sie einhalten, damit Uli lachen konnte.

Biblischer Bezug: 1. Könige 17, 7-16
Biblische Erläuterung: Elia findet Brot für Leib *und* Seele
Kreativer Zugang: 120, 126, 129, 130, 167, 180
Inhalt: Als die Menschen das Lachen verlernt haben, verschenkt ein kleines Mädchen sein Lächeln im Fahrstuhl. Über Arno wandert das Lächeln weiter zu anderen Menschen, immer weiter...

Lebensfreude

Teilen

Aufeinander zugehen

Das Lächeln im Fahrstuhl

Erzählung von Elke Bräunling

Zu einer Zeit, in der es längst nichts mehr zu lachen gab, tauchte eines Tages ein Mädchen auf, das mit seinen hellen Locken, der roten Haarschleife und den Sommersprossen so süß aussah, daß es einem richtig warm ums Herz hätte werden können – früher zumindest, als die Leute sich noch freuen konnten. Doch das ist lange her. Es gab, wie gesagt, nichts mehr zu lachen. Man hatte nämlich erkannt, daß Lachen und Sichfreuen nichts einbrachten. Oder ließ sich damit vielleicht etwas verdienen? Wer hatte heutzutage schon etwas zu verschenken? Und dann war da auf einmal dieses kleine Mädchen im Fahrstuhl. Zuerst fiel es keinem so recht auf, denn man war mit sich selbst beschäftigt. Was bedeutete da ein fremdes Mädchen? Doch immer wieder trafen die Hausbewohner das Mädchen im Aufzug. Scheu drückte es sich in die Ecke und sah die Leute mit großen Augen an. Das fiel aber nicht weiter auf.

Eines Mittags kam Arno besonders ernst aus der Schule. Seufzend stand er im Fahrstuhl und grübelte. Da hörte er plötzlich eine helle Stimme:
»Kannst du eigentlich auch lachen?« fragte die Stimme leise. Erstaunt drehte sich Arno um. Was sollte diese Frage? »Ich hab schon lange nicht mehr gelacht«, brummte er schließlich. »Eigentlich seit meinem vierten Geburtstag nicht mehr.«
»So lange?« staunte das fremde kleine Mädchen. »Warum?« »Lachen«, erwiderte Arno ernst, »bringt nichts ein. Keinen Pfifferling ist es wert. Das lernt man schon im Kindergarten.« »Im Kindergarten?« fragte das Mädchen ungläubig.
»Natürlich.« Arno begann sich zu wundern. Abschätzend musterte er das Mädchen. »Du solltest da bald mal hingehen«, sagte er und verließ den Aufzug, bevor das Mädchen etwas erwidern konnte.

Schon nachmittags traf Arno das fremde Mädchen wieder, als er mit seiner Mutter heimkam. »Hallo«, sagte das Mädchen mit einem strahlenden Lächeln. »Hallo«, nuschelte Arno verlegen und bemühte sich wegzusehen. Stumm fuhren sie aufwärts. Doch weil das Mädchen unentwegt lächelte, konnte sich Arno ein Grinsen nicht verkneifen. Arnos Mutter erschrak sehr. »Hör auf«, fuhr sie ihn an. »Du weißt, wir haben nichts zu verschenken.« Arno zuckte zusammen und machte ein ernstes Gesicht. Doch das Lächeln im Fahrstuhl konnte er nicht mehr vergessen.
Was war er froh, als er dem Mädchen am nächsten Morgen wieder begegnete. Er freute sich so, daß er ein kleines bißchen lächelte. »Du kannst ja doch lachen«, rief das Mädchen und strahlte über das ganze Gesicht.

Da freute sich Arno so sehr, daß es ihm kribbelschön warm über den Rücken lief. Er lächelte verzückt, und nun hörte das Kribbeln schon gar nicht mehr auf. Es war so kuschelig schön, daß Arno nur noch daran dachte, und deshalb mußte er auch fortwährend lächeln, auf dem Schulweg, in der Schule, beim Bäcker. Er lächelte so, daß die Leute gar nicht anders konnten als zurückzulächeln. Und weil es ihnen auch so schön kribbelte, konnten sie ebenfalls mit dem Lächeln nicht mehr aufhören.

An jenem Tag kam Arno fröhlich von der Schule heim. Das war ein Tag gewesen: im Mündlichen hatte er eine zwei bekommen, der Lehrer hatte ihn gelobt, der geizige Pit hatte ihm von seiner Cola abgegeben, und in der Straßenbahn hatte ihm eine alte Dame Sahnebonbons in die Hand gedrückt. Das war ihm noch nie passiert. Arno brannte darauf, dem Mädchen alles zu erzählen, doch als er lächelnd die Fahrstuhltür aufriß, traf er nur einige Hausbewohner, die zögernd zurücklächelten. Das Mädchen aber war nicht da.
Viele Tage suchte Arno das kleine Mädchen, doch er sah es nie wieder. Nur das kribbelschöne Gefühl war geblieben.
Und das kleine Mädchen? Na, wenn du es einmal bei euch im Fahrstuhl treffen solltest, dann weißt du ja Bescheid . . .

Sterben

Ewigkeit

Ewigkeitssonntag (Totensonntag)

Biblischer Bezug: Psalm 90 in Auswahl; Johannes 14, 1-6; Johannes 20, 11-18
Biblische Erläuterung: Im Glauben finden wir Zukunft, Trost und Hoffnung

Kreativer Zugang: 161, 162, 182, 218

Inhalt: Als die Beerdigungsgäste gegangen sind, erzählen sich Bastian, Rosi und die Mutter vom Vater und schauen sich Fotos an. Sie spüren seine Nähe, als ob er bei ihnen wäre.

Wenn Vati nicht mehr da ist

Erzählung von Rolf Krenzer

Sie hatten zusammen Onkel Hans zum Auto gebracht. Er war als letzter gefahren. Die anderen waren am frühen Nachmittag aufgebrochen. Tante Verena und Onkel Günter mußten noch nach Hamburg. Und Tante Lotti hatte Oma mitgenommen und zurück nach Mannheim gebracht. Als Mutti die Wohnungstür aufschloß, wurde es Bastian überdeutlich bewußt, daß sie jetzt wirklich ganz allein waren. Er, Rosi und Mutti. Solange die anderen noch dagewesen waren, hatte er immer noch den schlimmen Gedanken verdrängen können, daß Vati wirklich nicht mehr da war. Nicht mehr hier bei ihnen und auch nicht mehr in der Klinik, wo nur noch Mutti in den letzten Wochen bei ihm sein durfte. Frau Kluge aus der Nachbarwohnung hatte für die Kinder gekocht. Und sonst hatten sie versucht, so gut es ging ohne Mutti auszukommen.

Mutti kam abends sehr spät aus der Klinik nach Hause. Wenn sie sich dann noch einmal zu ihnen ans Bett setzte, fragte sie nicht, ob die Zähne geputzt und die Ohren sauber waren. Sie erzählte nur von Vati. Die letzten Therapien hatte er nicht vertragen. Er war so schwach, daß er nicht mehr allein essen konnte. Und auf sein Gehirn hatten die Medikamente so sehr eingewirkt, daß er Mühe hatte, die richtigen Wörter zu finden und in Sätzen zu sprechen.

Ausgerechnet Vati, der bis vor einem Jahr noch Deutsch in der 10. und 11. Klasse gegeben hatte. Die heimtückische Krankheit hatte sie mitten in den Sommerferien überrascht. Plötzlich stellte Mutti die blauen Flecken an Vatis Armen und Beinen fest. Dabei hatte er sich nicht gestoßen. Und in der Klinik, die sie dann mit ihm aufsuchte, mußten sie erfahren, daß es höchste Zeit gewesen war, Vati dorthin zu bringen. Leukämie hatten die Ärzte festgestellt, und Vati mußte gleich dort bleiben. So hatten sie ihren Urlaub in Bayern abgebrochen und waren überstürzt zurück nach Hause gefahren. Gut nur, daß Vati bereits nach kurzer Zeit in die große Klinik ganz in der Nähe überwiesen wurde. Da konnte wenigstens Mutti jeden Tag zu ihm. Leukämie. Blutkrebs.

Über ein Jahr lang hatte dieses Wort auf ihnen gelastet. Zuerst hatten sie es einfach nicht wahrhaben wollen, daß Vati so krank war. Und immer wieder hatten die Ärzte den Eltern neue Hoffnung gemacht. Es gab neue Therapien. Aber es war nicht gewiß, ob eine dieser Therapien auch bei Vati anschlug. Als Vati dann zum erstenmal wieder nach Hause kam, waren die Kinder sehr erschrocken, obwohl Mutti sie vorgewarnt hatte. Vati hatte keine Haare mehr und war auf einmal um Jahre älter geworden. Er bewegte sich auch wie ein alter Mann. Aber trotzdem! Er war zu Hause, und es würde alles wieder gut werden. Als Vati dann wieder in die Klinik mußte, schlugen die Ärzte eine andere Therapie vor. Es sollte nämlich Rückenmark aus Tante Kerstins Rücken herausgenommen und bei Vati eingepflanzt werden. Weil Tante Kerstin Vatis Schwester war, versprachen sich alle sehr viel davon. Tante Kerstin war auch bereit dazu. Doch als man sie untersuchte, mußte man leider feststellen, daß es nicht dem Knochenmark Vatis entsprach. »Es hätte doch sein können!« hatte Tante Kerstin damals weinend gesagt. »Ich hätte ihm so gern geholfen!« Vor einiger Zeit hatte Mutti Rosi und Bastian gesagt, daß Vati sterben müßte. »Wann!« hatte Rosi gefragt und es nicht glauben wollen. Da hatte Mutti nur mit den Schultern gezuckt. »Vielleicht in ein paar Wochen oder Monaten. . .«, hatte sie geflüstert und beide Kinder ganz fest an sich gedrückt.

Und jetzt war Vati tot. Wieder mußte Bastian an die vielen Kränze und Blumen denken, die nun auf seinem Grab lagen. Viele Leute hatten am Grab gesprochen. Alle sagten, wie lieb sie ihn gehabt hatten. Und sie waren zu Mutti und den Kindern gekommen und hatten ihnen die Hände gedrückt. Plötzlich fürchtete sich Bastian in der Wohnung. Sie war so ganz anders, so fremd, jetzt, wo plötzlich Vati nicht mehr da war und nie mehr wiederkommen würde. Er rannte in sein Zimmer und vergrub seinen Kopf im Kissen, weinte und weinte und wußte nicht mehr weiter. Da war Mutti plötzlich bei ihm. Und Mutti brachte es sogar fertig, ein bißchen zu lächeln. »Stell dir vor, Vati wäre von einem zum anderen Tag plötzlich nicht mehr dagewesen«, sagte sie. »Ein Verkehrsunfall oder sonst irgend etwas!« Sie seufzte. »Wir hatten Zeit, ihm immer noch zu sagen, wie lieb wir ihn hatten. Er hat es gespürt, wie schwer es für uns ist, ihn zu verlieren. Er hat es jeden Tag gespürt, wie sehr wir ihn alle liebten. Du, Bastian, Rosi und ich!« »Davon wird er nicht wieder lebendig!« flüsterte Bastian und rieb sich die Augen. »Er wird immer bei uns sein, wenn wir an ihn denken!« sagte Mutti und nahm ihren Jungen an der Hand und führte ihn ins Wohnzimmer.

Rosi saß am Tisch und hatte einen Stapel Bilder vor sich. Fotos von Vati. Vati mit Bastian im Segelboot, Vati und Mutti beim Tennisspielen, Vati beim Tapezieren, beim Herumalbern mit Rosi und einmal sogar im dunklen Anzug mit Schlips. Auch aus der letzten Zeit waren ein paar Fotos dabei. Da waren sogar seine Haare wieder nachgewachsen. Mutti hatte den großen Bilderrahmen geöffnet und ein Bild herausgenommen. »Hier können wir viele Fotos unterbringen!« meinte sie. Und dann begannen alle drei, die schönsten Fotos herauszusuchen. Fotos, die ihnen deutlich machten, wie schön die Zeit gewesen war, die sie mit Vati erlebt hatten. Sie erinnerten sich, erzählten und vergaßen, daß es längst Abend geworden war. Und es war ihnen so, als sei Vati bei ihnen.

Wie hatte Mutti vorhin gesagt: »Er wird immer bei uns sein, wenn wir an ihn denken!« »Mutti, du hast recht!« sagte Bastian plötzlich. Aber Mutti hörte es nicht. Sie war mit Rosi dabei, den Rahmen mit den Bildern zu schließen. Da mußte sie gut aufpassen, daß die Fotos unter dem Glas nicht verrutschten.

Leben 61

Biblischer Bezug: Psalm 90 in Auswahl
Biblische Erläuterung: Gebet eines alten Menschen

Kreativer Zugang: 115, 116, 162, 182, 218

Inhalt: Übertragung des 90. Psalms. Hanna dankt Gott im Rückblick für ihr Leben. Sie bittet Gott um seine Nähe und Kraft für die Zukunft.

Sterben

Ewigkeit

Ewigkeitssonntag (Totensonntag)

Beten

Schaue mich freundlich an

Erzählung von Gunnar Urbach

Hanna ist alt geworden.
Sie weiß, daß sie nicht mehr lange leben wird.
Aber sie ist deshalb nicht traurig.
Denn sie hat viel erlebt in ihrem langen Leben.
Sie ist jetzt 87 Jahre alt und noch immer gesund.
Dafür möchte sie Gott danken.
Hanna kniet neben ihrem Bett nieder und betet zu Gott:

Lieber Gott!

Du hast mir so oft geholfen in meinem Leben.
Bei dir fühle ich mich wie zu Hause.
Du hast meinen Mann Simeon und mich begleitet wie ein guter Freund.
Du hast mir Kraft gegeben, als unsere drei Kinder klein waren und viel Liebe brauchten.
Du hast mir neue Hoffnung gezeigt, als ich krank war und lange Zeit nicht laufen konnte.
Du hast mir Freude geschenkt, als unsere erste Enkeltochter Sara geboren wurde.
Du hast mich nie allein gelassen, wenn ich etwas falsch gemacht habe. Dafür danke ich dir.
Ich bin schon 87 Jahre alt.
Und doch ist mein Leben so kurz wie ein Atemzug. Denn du warst schon da, bevor diese Welt entstanden ist.
Du hast mich aus dem Staub der Erde geschaffen. Ich bin eigentlich ein Nichts, wenn ich über deine Schöpfung staune.
Ich werde bald wieder zu Staub werden.
Doch du wirst ewig leben!
Aber ich bin glücklich, daß ich diese Zeit leben darf.
Dafür danke ich dir.
Ich habe oft etwas falsch gemacht in meinem Leben:
Manchmal habe ich mein Brot nicht mit anderen geteilt, weil ich selbst großen Hunger hatte.
Manchmal habe ich die

Kinder vor die Tür geschickt, weil ich einmal mit meinem Mann allein sein wollte. Manchmal habe ich gedacht, mein Leben und mein Glück würden nie aufhören.

Deshalb bitte ich dich:
Laß mich das rechte Maß finden, damit ich mit allen gut auskomme und selber zufrieden lebe.
Laß mich die Menschen nicht vergessen, die auch Hunger haben und sich Liebe wünschen.
Laß mich Frieden machen mit anderen Menschen und mit der Natur, in der ich lebe.
Schaue mich freundlich an und laß gelingen, was ich tue!

Amen.

Hanna fühlt sich glücklich.
Sie spürt, daß Gott sie versteht und bei ihr ist.
Langsam steht sie auf und geht ins Bett.

62 Lebensfreude

Zeit

Zuwendung

Biblischer Bezug: Psalm 31, 16
Biblische Erläuterung: Meine Zeit steht in deinen Händen
Kreativer Zugang: 167, 180, 218, 219, 220, 221
Inhalt: Herr Meier hetzt von Termin zu Termin, weil er keine Minute untätig verstreichen lassen will. Sterbenskrank versucht er sich zu erinnern und kommt - zu spät - zur Einsicht.

Herr Meier hatte nie Zeit

Erzählung von Wolfgang Gerts nach einer mündlichen Überlieferung

Es war einmal ein Mann, der hatte nie Zeit. Ein Termin jagte den anderen. Es war aber auch ein sehr wichtiger Mann, der sehr viel Geld verdienen wollte. Er wollte keine Minute seines Lebens verstreichen lassen, ohne etwas zu tun. Leute, die mal nachdachten und sich Zeit ließen, die nannte er Faulenzer und Nichtstuer. Gönnte er sich einmal ein Vergnügen, dann dachte er schon wieder an das nächste. Ging er schwimmen, dann dachte er schon wieder an den Ausflug auf einen Berg. Ging er essen, dann dachte er schon wieder an den Abend und was es dann zu essen gab. Er raste von einem Termin zum anderen und war schon immer in Gedanken bei einer anderen Sache.
Der arme Herr Meier!

Er hatte immer nur an das nächste gedacht. Und als er sterbenskrank war, da versuchte er, sich an sein Leben zu erinnern. Aber ihm fiel nicht ein, was er in seinem Leben getan hatte. Ihm fiel nur ein, was er geplant hatte.
Wie leer und zwecklos fand er sein Leben jetzt.
Dummer Herr Meier!

Du und ich, wir werden nicht so dumm sein, nicht wahr?

Wir wollen jetzt leben und uns an allem freuen, was Gott uns geschenkt hat.

Nicht wahr?

Biblischer Bezug: Epheser 4, 25
Biblische Erläuterung: Vertrauen ermöglicht den Verzicht auf Lüge
Kreativer Zugang: 121, 139, 149, 150, 160, 162, 182, 202, 203, 204
Inhalt: Roland hat Leukämie. Die Eltern quälen sich, die Wahrheit zu sagen. Das ahnt Roland und ist verunsichert, weil die Eltern ihm bisher immer die Wahrheit gesagt haben.

Wahrheit

Vertrauen

Sterben

Krankheit

Immer die Wahrheit sagen?

Erzählung von Rolf Krenzer

Roland wollte leicht den Kopf heben und sich etwas in seinem Bett aufrichten, da spürte er bereits die Hand seiner Mutter. Sie drückte das Kopfkissen so zurecht, daß sein Kopf etwas höher liegen konnte. Als er sich ihr zuwandte, sah er wieder den traurigen, besorgten Blick in ihren Augen. Von der anderen Seite fühlte er Papas starken Arm, der sich langsam hinter seinen Rücken schob. Mit seiner Kraft drückte er den kraftlosen Körper Rolands ganz vorsichtig etwas höher.
»Ja, so ist es gut!« sagte Roland leise und genoß es, Papas Arm zu spüren, seine Wärme und seine Kraft. »Warte nur ab!« sagte Mutti jetzt. »Bei der nächsten Untersuchung wird sich zeigen, daß dein Blutbild viel besser geworden ist. Und dann kommst du auch von diesem Tropf weg!«
«Haben sie dich wieder mit diesen Punktionen so gequält?« fragte Papa.

Roland zuckte leicht mit den Schultern. Sollte er ihnen sagen, daß er gehört hatte, was Schwester Monika zu dem Arzt gesagt hatte und was er eigentlich nicht hören sollte? »Warum muß er denn immer noch gequält werden?« hatte sie dem Arzt zugeflüstert. Und Roland ahnte, was dieses »noch« bedeutete. Es hatte keinen Zweck mehr. Die Leukämie war nicht gebannt. Die Therapie hatte nicht angeschlagen. Die vielen Medikamente hatten weitere Organe seines Körpers geschädigt. Sie hatten sogar bewirkt, daß ihm alle Haare ausgefallen waren. Aber die Krankheit hatten sie nicht besiegt.

Bei Tommy, der neben ihm in seinem Klinikbett gelegen hatte, hatten sie auch einmal damit aufgehört, ihn noch weiter zu quälen. Und Tommy war nun bereits drei Wochen tot.
Aber Roland hatte immer gehofft, daß es bei ihm anders ausgehen würde.
So wie bei Mark, der nun seit mindestens einem Monat aus der Klinik entlassen und wieder zu Hause war. Er hatte es so gehofft und immer wieder darum gebetet. So oft wie hier in der Klinik hatte er noch nie zu Gott gebetet. »Vielleicht war es das letztemal!« antwortete er und bemerkte zugleich, daß Papas Arm hinter seinem Rücken ganz starr wurde. Er ahnte also auch, was das bedeutete.
»Gott sei Dank!« sagte Mutti. »Das kann doch nur ein gutes Zeichen sein! Siehst du, dann kommst du bestimmt bald nach Hause!«
Ob sie wirklich selbst daran glaubte? Roland wußte doch, daß sich seine Eltern alle Bücher besorgt hatten, die es über Leukämie gab. Und immer wieder hatten sie mit den Ärzten gesprochen. Auch heute waren sie zuerst bei Dr. Heinze gewesen. Aber Muttis Stimme klang so fröhlich, als glaubte sie wirklich daran. Und Papa? Als Roland ihn anblickte, lächelte Papa ihm zu. »Wir werden es schaffen!« sagte er. »Ganz bestimmt!«

Seit er zurückdenken konnte, hatten seine Eltern alles verstanden, was er getan hatte. Auch die wildesten Streiche, die frechsten Sachen hatten sie niemals aus der Ruhe gebracht. Ja, besonders Papa konnte über den größten Unsinn, den Roland angestellt hatte, laut lachen und Mutti, die manchmal schimpfen wollte, mit seinem Lachen besänftigen. Nur etwas konnte seine Eltern wirklich böse machen. Immer wieder hatten sie mit ihm darüber gesprochen, daß einander belügen das Schlimmste wäre, was man Menschen antun könnte, die man liebt. Und Roland konnte sich nicht erinnern, daß sie ihn jemals belogen hatten. »Wir wollen uns immer die Wahrheit sagen!« hatten sie gesagt. Roland hatte sich nach und nach auch immer stärker daran gehalten.

Aber wie war das jetzt? Er spürte doch, daß sie wußten, wie es um ihn stand. Aber sie taten so, als würde alles wieder gut.
»Und wenn es bedeutet, daß ich sterben muß?« fragte Roland und schaute starr auf seine Bettdecke vor sich.
»Roland!« sagte sein Vater und drückte ihn an sich. »Glaub mir, du wirst wieder gesund!«
»So etwas darfst du nie wieder sagen!« flüsterte seine Mutter und drehte ihr Gesicht von ihm weg. Und doch spürte Roland in ihrer Stimme, daß sie mit den Tränen kämpfte.
»Wie ist das, wenn man tot ist?« fragte er leise. »Du, das Fahrrad, das du dir immer gewünscht hast, wartet schon auf dich!« antwortete sein Vater mit fester Stimme. »Es steht schon im Keller!« Und er blickte seinen Jungen mit glänzenden Augen an. Da fragte Roland nicht weiter. Er wollte sie nicht quälen. Und er konnte sie doch nicht so im Stich lassen, wenn sie ihn trösten und ihm helfen wollten. Sagten sie ihm nicht die Wahrheit, weil sie selbst die Wahrheit nicht ertragen konnten? Ant-

worteten sie ihm nur deshalb nicht ehrlich, weil sie ihn so lieb hatten?
»Ist es blau oder rot?« fragte Roland nach einer Weile. Da sprudelte Papa fast über, als er nun schilderte, wie das Rad aussah. Und Mutti verbesserte ihn und zählte noch Dinge auf, die Papa vergessen hatte. Am Ende versprach Papa sogar, für Roland das Fahrrad zu knipsen. Mit der Sofortbildkamera! Ja, und morgen würde er das Foto bereits mit in die Klinik bringen.

Sie sprachen über das Rad und über alles, was sie zusammen machen wollten, wenn Roland wieder zu Hause wäre. Und als sie später gingen, hatte Mutti ganz rote Backen vor Aufregung. Roland winkte ihnen zu, bis sich endlich die Tür hinter ihnen schloß. Er hatte sie so lieb, Mutti und Papa. Als er sich aber dann auf sein Kissen zurückfallen ließ, schloß er die Augen. Er dachte lange nach. Und an diesem Tag nahm sich Roland vor, mit Schwester Monika zu sprechen. Er hatte sie so gern. Ja, er würde sie fragen. Und Schwester Monika? Würde sie ihm die Wahrheit sagen? Roland würde viel Mut für die Frage brauchen.

64 Lügen

Betrügen

Gesetz

Miteinander

Selbstwertgefühl

Gewissen

Biblischer Bezug: 1. Mose 27, 1-40; 2. Mose 20, 16
Biblische Erläuterung: Jakob erschleicht sich das Erstgeburtsrecht/Du sollst nicht lügen

Kreativer Zugang: 106, 139, 149, 150

Inhalt: Der Sportverein lädt zum Fußballspielen ein. Moritz ist zwar kräftig, aber 3 Monate zu jung. Er mogelt sich ein Jahr älter. Der Schwindel fliegt auf. Wie geht es weiter?

Lügen haben kurze Beine

Erzählung von Bärbel von Blanckenburg

Heute bekamen alle einen Brief vom Sportverein. Alle, das waren die Schüler und Schülerinnen der Klassen 1, 2 und 3. Wer Lust hatte, in der neuen Fußballmannschaft mitzuspielen, sollte am Mittwoch, 17 Uhr, zum ersten Training kommen. Moritz' Herz schlug Purzelbäume, er konnte es deutlich hören. Fußballspielen, juchhuuu, in einer richtigen Mannschaft. Mensch, das ist es doch, was er schon immer wollte. Moritz las weiter »... mitspielen können alle Jungen und Mädchen, die in der Zeit vom 1. 8. 77–1. 8. 79 geboren sind.« Schei-benhonig – Moritz fiel der Brief aus der Hand ...

Nils und Christoph rannten mit ihren Briefen zu Moritz: »He, Moritz spielst du auch in unserer Mannschaft mit? Ich gehe ins Tor und werde Mannschaftskapitän.« Niels rieb sich vor Freude die Hände. Das macht er immer, wenn er aufgeregt ist. »Ich spiele im Sturm und schieße die Tore – pah, wir werden jedes Spiel gewinnen«, brüllte Christoph. »Ihr habt ja keine Ahnung. Ihr bestimmt gar nichts. Der Trainer macht die Mannschaftsaufstellung und fragt uns, ob wir einverstanden sind«, war Moritz' fachkundiger Kommentar.

Der Weg von der Schule nach Hause dauerte heute ziemlich lange. Immerzu blieb Moritz nachdenklich stehen. Kannst du dir vorstellen, warum? Zu Hause stellte er sich vor den großen Spiegel im Flur, besah sich seine Beine und fühlte auch seine Muskeln. Endlich strahlte er sein Spiegelbild an: »Mama, Mama, wir spielen Fußball im Verein! Ich brauche eine dunkelblaue Turnhose, die Fußballschuhe passen noch! Mittwoch geht es los!« Moritz' Mutter lachte. »Na, das ist ja ganz toll, aber jetzt komm erst mal zum Essen. Mittwoch ist erst morgen!« Sie sagte nicht etwa, daß er noch etwas zu jung sei, weil sein Geburtstag der 2. 11. 1979 sei. Du weißt jetzt, warum Moritz anfangs so nachdenklich war!? – Genau, er war eigentlich 3 Monate und einen Tag zu jung für die Mannschaft.

Moritz ging regelmäßig zum Training. Alle hatten Spaß und übten sogar zu Hause Doppelpaß, Tore schießen, Hackentrick ... Schon nach vier Wochen waren die 13 Jungen zu einer richtig tollen Fußballtruppe geworden.
Schließlich gab ihnen der Trainer einen Bogen Papier. Jeder Spieler sollte seinen Namen und das Geburtsdatum angeben. Er erklärte: »Bald machen wir richtige Punktspiele, dafür braucht ihr einen Spielerpaß. Damit alles seine Ordnung hat!« Tja, was machte nun Moritz? – Als alle

emsig ihre Anträge ausfüllten, zog er sich in eine einsame Ecke zurück, er schrieb: Name – Moritz Eberhardt, geboren am – 2. Nov. 1978.

Punkt! So einfach wurde Moritz ein Jahr älter . . . und trat dann auch mit seiner Mannschaft zum ersten Punktspiel an. Alle Spieler waren sehr aufgeregt, und ihnen gelang es kaum, den Ball zu treffen. Andreas aus der Abwehr verlor sogar seinen Schuh beim ersten Schuß. Der Trainer schrie aufs Spielfeld: »Gut, Jungs, ihr spielt prima – weiter so!« Und tatsächlich, die Spielaktionen wurden immer besser. Da – eine gute Chance. Moritz kam zum Schuß, Nils – Doppelpaß – Moritz rannte mit guter Ballführung aufs Tor zu und – Schuß. Der Ball landete im Netz. Tooor! Aber was war mit Moritz? Er lag neben dem Tor. Plötzlich standen alle da und starrten auf Moritz. Er war so in Fahrt gekommen, daß er nicht mehr rechtzeitig bremsen konnte. Er war direkt gegen den rechten Torpfosten gerast. Ihm drehte sich alles. Moritz konnte seine Mitspieler kaum erkennen. Aus der Zuschauerreihe kamen sofort die Eltern angerannt. Der Trainer kniete schon neben dem Verletzten: »Er blutet am Kopf, ich glaube, es ist besser, wir fahren mit ihm zum Arzt.« Das Spiel war für Moritz zu Ende. Da half alles nichts – obwohl er immer sagte: »Ach, es geht schon wieder!« Es wurde auch wirklich besser, aber seine Kopfwunde mußte genäht werden. Die Arzthelferin war sehr nett. Sie fragte ihn nach seinem Namen und wann er geboren sei. . . »2. November 1979«, nun war es heraus, Moritz sah mit angsterfülltem Gesicht den Trainer an und mußte dann richtig weinen. »Und was passiert jetzt?«, das war Moritz' einziger Gedanke.

Was meinst du, wie geht diese Geschichte zu Ende?

Lügen 65

Biblischer Bezug: 2. Mose 20, 16

Biblische Erläuterung: Du sollst nichts Unwahres über deinen Mitmenschen sagen

Kreativer Zugang: 105, 106, 149, 150, 168

Inhalt: Zwei Kinder spielen Arzt und Patient, nachdem eins mit einem Stuhl umgekippt war. Als die Mutter nach Hause kommt, nimmt sie den Bericht so ernst, daß sie Hals über Kopf mit dem Arzt im Krankenhaus Kontakt aufnimmt. Die Kinderfantasie stellt sich heraus. War das nun gelogen?

Fantasieren

Spielen

Wahrheit

Habe ich gelogen?

Erzählung von Wolfgang Gerts

Du sollst nicht lügen – steht in der Bibel. Das ist einfach gesagt. Manchmal habe ich ja wirklich gelogen. Manchmal habe ich aber erlebt, daß niemand mir glaubte, obwohl ich die Wahrheit gesagt habe. Aber einmal, das weiß ich bis heute nicht, habe ich da gelogen?

Das war so. Ich war bei Alka, weil ich mit ihr am liebsten spiele. Alka hat immer gute Ideen, und wenn wir zusammen spielen, ist es toll, da vergessen wir die Zeit, das Essen und sogar, wo wir sind. Alka war beim Kippeln samt Stuhl hintenüber gefallen, und da lag sie nun und jammerte. Ich mußte mich erst ausschütten vor Lachen, aber dann sah ich, wie sie sich das Knie hielt, und da ging die Geschichte los. »Laß mich mal ran, ich muß dein Knie gründlich untersuchen. Das sieht ja schlimm aus«, sagte ich, »sehr schlimm sogar.« Ich spielte Dr. Levin von nebenan und untersuchte gründlich Alkas Knie. »Du mußt leider ins Krankenhaus, mein Kind. Komplizierter Kniescheibenbruch, wir müssen sofort operieren!« Wie die Feuerwehr fuhren wir mit Blaulicht und Martinshorn in die Uni-Klinik. Anschließend mußte ich ihr eine Spritze geben, ihr (auf der Wohnzimmercouch) das Bein öffnen, die Kniescheibe verkleben, alle Splitter entfernen und nähen. Die Operation dauerte Stunden. Alka mußte gleichzeitig auch Schwester spielen. Als Gipsverband wickelte ich ihr feuchtes Toilettenpapier und anschließend eine Gummibinde aus Vatis Notapotheke ums Bein. Es sah wirklich gut aus. Ich war mit meiner Arbeit sehr zufrieden. Die Patientin konnte schon bald alleine nach Hause humpeln. Es stand fest, ich bin wirklich ein guter Arzt. Als Mutti um 6 Uhr vom Einkaufen nach Hause kam, zeigte ich ihr den Stuhl und erklärte ihr ganz wichtig, daß Alka sich das Knie gebrochen habe. Sie ist mit dem Notarztwagen sofort in die Uniklinik gekommen. Nach der gelungenen Operation durch Dr. Levin ist sie

bereits wieder auf dem Weg der Besserung. Ohne einen Ton zu sagen, stellte Mutti die Tasche hin und lief aus dem Haus. Eine Stunde später kam sie wutentbrannt nach Hause zurück. Sie machte nicht viel Federlesens und legte mich übers Knie, versohlte mir den Hintern wie noch nie im Leben.
»Du – sollst – nicht – lügen! Du – sollst – nicht – lügen!« schrie sie dabei. Ohne Abendbrot mußte ich auf mein Zimmer, lange redete sie nicht mit mir.
Erst später erfuhr ich, was in der einen Stunde geschehen war. Sie fühlte sich schuldig, weil sie Alka und mich alleine zu Hause gelassen hatte. Sie war zu Alkas Mutter gelaufen, um sich zu entschuldigen und um nach Alka zu fragen. Aber Alka war noch nicht zu Hause. Und als ihre Mutter die ganze Geschichte hörte, bekam sie natürlich einen großen Schrecken. Sie telefonierten überall herum. Dr. Levin war noch nicht zu Hause. Er sei noch in der Klinik. Dann telefonierten sie mit verschiedenen Krankenhäusern und sie fanden Alka natürlich nicht.
Um sieben Uhr waren sie immer noch dabei und völlig verzweifelt. Plötzlich erschien Alka – keine Spur von einem gebrochenen Bein. Sie hatte noch einen Abstecher bei Oliver gemacht.
Es tat mir sehr leid, als ich das erfuhr. Gelogen hatte ich aber nicht, oder doch? Was meinst du?

66 Miteinander

Frieden

Geschwister

Pflegekind

Familie

Vergeben

Verzeihen

Biblischer Bezug: Matthäus 5, 9
Biblische Erläuterung: Kleine Schritte auf dem Weg zum Frieden

Kreativer Zugang: 124, 125, 128, 132, 133, 194, 200, 207, 208, 211

Inhalt: Antje hat Schwierigkeiten mit ihrem Bruder, der als Pflegekind in die Familie kam. Ihr Vater verteidigt Andreas und versucht, bei Antje Verständnis für den Jungen zu erwecken.

Kleine Schritte zum Frieden

Erzählung von Harm H. Ridder

Antje war schon ins Bett gegangen, aber schlafen konnte sie nicht. Sie hatte unheimliche Wut auf ihren Bruder Andreas. Und je länger sie so im Bett lag, je trauriger wurde sie. Sie mußte weinen.
Und dann kam ihr Vater ins Zimmer. Er kam jeden Abend. Manchmal schlief sie schon, manchmal war sie noch wach, und dann erzählten sie sich noch ein wenig.
Als Vater sich heute zu ihr beugte und ihre Tränen sah, setzte er sich auf die Bettkante. Er sagte nichts, sondern streichelte nur ihr Gesicht. Nach einer Weile sagte Antje: »Andreas hat mir meine Maus und eine Tafel Schokolade gestohlen.« Dann umarmte sie ihren Vater und sagte: »Ich kann ihn nicht mehr sehen, ich hasse ihn.« Und dann ließ sie sich in ihr Bett zurückfallen.
Vater sagte ganz leise: »Mir hat er neulich meine Taschenuhr weggenommen, die ich von Großvater bekommen habe.« »Die mit den kleinen Schwälbchen drauf?« fragte Antje. »Ja«. Antje wurde ganz still. Sie wußte, wie gern Vater diese Uhr hatte. Dann nahm Vater eine Hand von Antje, schaute sie an und sagte: »Aber ich hab sie schon wieder.«
Nach einer Weile fragte Antje: »Bleibt Andreas immer bei uns?« »Wo soll er hin?« fragte Vater. Als er zu uns kam, war er drei Jahre alt, und wir waren die dritte Familie, in die er kam. Einmal war er im Krankenhaus wegen Unterernährung. Seine Eltern hatten ihn einfach allein gelassen. Was wird aus ihm, wenn wir ihn auch wieder weggeben? Das wird doch immer schlimmer.«
»Noch schlimmer?« fragte Antje. »Ja, wenn wir nicht durchhalten, wird es mit Andreas immer schlimmer!« »Wird er dann später einmal ein Dieb wie andere auch?« »Vielleicht«, sagte der Vater. »Wir müssen es immer wieder mit ihm versuchen. So hat es uns Jesus vorgemacht. Er hat gesagt: ›Vergebt euren Mitmenschen nicht nur einmal, nicht nur siebenmal, sondern siebzig mal siebenmal.‹ Und damit meint Jesus, immer wieder, auch wenn es sehr schwerfällt.«
»Und was willst du machen?« fragte Antje. »Ich werde morgen zu ihm gehen und deine Maus von ihm zurückverlangen. Die wird er ja wohl nicht aufgegessen haben. Er muß wissen, daß die Maus dir gehört und dein Lieblingstier ist. Und in den nächsten Tagen werde ich ihm etwas schenken, worüber er sich freut.«
»Ob er dann zufrieden ist?« fragte Antje, und der Vater sagte: »Für eine kurze Zeit wird er seinen Frieden mit sich haben, aber zum richtigen Frieden ist noch ein langer Weg. Vielleicht schaffen wir es, du, Mama und ich. Vielleicht schaffen wir es auch nicht. Wir müssen es versuchen.«
Dann gab Vater Antje noch einen Kuß, streichelte ihr Gesicht und ging.

Biblischer Bezug: 1. Mose 22; 1. Mose 16 und 21, 8-21
Biblische Erläuterung: Vom gleichen Ursprung und doch verschieden
Kreativer Zugang: 110, 112, 153, 165, 166, 211
Inhalt: Weil Muslime, Juden und Christen eine gemeinsame Geschichte haben, sollen sie aufeinanderzugehen, Toleranz üben und voneinander lernen.

Ausländer

Ökumene

Religionen

Islam

Judentum

Christentum

Eine gemeinsame Geschichte

Erzählung von Klaus Stolzmann

Am 23. Juni in diesem Jahr haben unsere türkischen Mitbürger das Opferfest gefeiert. Es ist ein Erinnerungsfest an Abraham, den die Moslems Ibrahim nennen. Im Mittelpunkt steht das Opfer eines Hammels, von dessen Fleisch ein Teil an Arme verschenkt wird. Die Kindergartenleiterin fragte den kleinen Metin: »Ist euer Opferfest schön?« Metins Augen wurden ganz groß: »Genauso schön wie für dich Weihnachten!« Da beschloß die Kindergartenleiterin, das Hammelfest mit den türkischen und deutschen Kindern und Eltern zusammen im Kindergarten zu feiern. Die türkischen Mütter haben in der Kindergartenküche ein Frühstück vorbereitet, wie es in der Türkei üblich ist. Da gibt es Weißbrot, schwarze Oliven und Schafskäse. Alles wird auf einem Holzbrett ausgebreitet und auf den Boden gestellt. Dazu gibt es Kindertee aus türkischen Teegläsern. Das Frühstück schmeckt allen Kindern sehr gut. Nach dem Frühstück gehen die türkischen Mütter wieder in die Küche, um das Mittagessen zu kochen. Die Hauptsache ist ein Fleischgericht aus Hammelfleisch. Die Vorbereitung kostet viel Zeit. Die deutschen Eltern, die Erzieherinnen, die türkischen Väter und alle Kinder versammeln sich im Hauptraum. Und dann erzählt ein türkischer Vater die Geschichte, die zum türkischen Opferfest gehört: Einmal hat Gott einen Wunsch gehabt an seinen Propheten Ibrahim. Ibrahim sollte ihm das schenken, was er am liebsten hat. Ibrahim überlegt: »Ob Gott meine Schafe haben will, durch die ich reich geworden bin? Nein – vielleicht will er meine Kamele haben, für die ich so viel Geld bezahlt habe? Doch auch die Kamele sind nicht das Liebste, was ich habe. Das Liebste ist auch nicht mit Geld zu bezahlen. Jetzt weiß ich es, das Liebste auf der Welt ist für mich mein Sohn Ismael.« – Und Ibrahim geht zu seinem Sohn Ismael: »Gott möchte das Liebste von mir. Weil du mein Liebstes bist, werde ich dich ihm schenken.« Ismael fragt: »Aber Vater, wo treffen wir denn Gott?« Abraham antwortet: »Wir machen einen weiten Spaziergang zu dem großen Berg Morija. Laß uns ein paar Scheiben Brot mitnehmen, und dann machen wir uns auf den Weg.« Der Teufel nähert sich Ismael und flüstert ihm ins Ohr: »Etwas Schreckliches wird geschehen! Flieh, Ismael!« Doch Ismael vertraut seinem Vater. Er hört nicht auf die Einflüsterungen des Teufels. Er bewirft ihn mit kleinen Steinen. (Weil die türkischen Kinder daran dachten, sind sie heute mit kleinen Steinchen in der Hand in den Kindergarten gekommen.)
Nach einem weiten Weg kamen Ibrahim und sein Sohn Ismael schließlich an einen hohen Berg. Aber Ismael konnte auch hier Gott nicht entdecken, und er forderte seinen Vater auf: »Rufe doch Gott, und sage ihm, daß wir beide hier sind, damit er mich mitnehmen kann.« Ibrahim tat das. Aber Gott wollte Abraham seinen Sohn gar nicht wegnehmen. Er schickte Ibrahim einen Hammel, den wollte er geschenkt haben, und nicht Ismael. Den hat Ibrahim dann Gott zum Opfer gebracht. Danach machten sich Ibrahim und sein Sohn wieder auf den Weg nach Hause, feierten ein großes Fest und freuten sich darüber, daß sie zusammen bleiben durften. Und der Vater fuhr fort: »So ein Fest feiern wir Türken auch heute noch. Weil wir heute an Ibrahim und Ismael denken, schlachten wir Hammel und essen das Hammelfleisch. Für einen Hammel sparen manche Familien viele Monate lang.«
Die Kindergartenleiterin ergänzt: »Auch wir Christen kennen eine ganz ähnliche Geschichte. Sie wird im Alten Testament erzählt, in der Bibel der Juden, vom Vater Abraham und seinem Sohn Isaak. Der Prophet Ibrahim im islamischen Glauben ist der Erzvater Abraham bei den Juden und bei den Christen. Und dann denken wir daran, daß Jesus das Lamm Gottes ist, das Osterlamm, das die Versöhnung zwischen Gott und uns Menschen bewirkt hat.« – Und ein deutscher Vater sagt auch noch etwas: »Den Berg Morija gibt es auch heute noch, auf dem Tempelberg von Jerusalem. Von hier aus soll Mohammed in den Himmel aufgestiegen sein. Das ist derselbe Berg, auf dem Abraham Gott sein Liebstes geben wollte. Morija heißt ›Gott sieht‹. Und heute noch sagt man: ›Das ist der Berg, da sieht man Gott.‹« – Eine deutsche Mutter sagt: »Wie viele gemeinsame Dinge gibt es doch zwischen den drei großen Religionen, der christlichen, der islamischen und der jüdischen Religion!«
Beim Mittagessen, beim wohlschmeckenden Hammelfleischmahl, sagt die kleine Erika ihrem Freund Metin, daß sie sich freut, heute so viel über die Türkei und den Glauben da kennengelernt zu haben.

Angst

Aufeinander zugehen

Vertrauen

Biblischer Bezug: 1. Samuel 17 in Auswahl; Johannes 16, 33
Biblische Erläuterung: Der kleine David besiegt den großen Goliath

Kreativer Zugang: 108, 109, 120, 121, 204

Inhalt: Jim Knopf sieht mit einem Riesenschrecken den Tur Tur, der bis an den Himmel reicht. Mit Lukas Hilfe geht Jim auf ihn zu. Tur Tur wird immer kleiner, denn er ist nur ein "Scheinriese".

Jim überwindet seine Angst

Erzählung von Klaus Grünwald nach Michael Ende

Jim Knopf und sein Freund Lukas der Lokomotivführer fahren mit ihrer Lokomotive Emma durch die Wüste. Sie sind schon lange unterwegs. Ihr Ziel ist die Drachenstadt. Dort wollen sie die Prinzessin Li Si befreien.
Nach einem langen, anstrengenden Reisetag sitzen sie auf dem Dach ihrer Lokomotive und essen Abendbrot. »Du, Jim«, sagt Lukas nachdenklich, »wir müssen sehen, daß wir endlich aus dieser Wüste herausfinden. Wir haben bald nichts mehr zu essen.« Aber Jim hört ihm gar nicht zu. Er starrt an Lukas vorbei. »Was ist denn, Jim?« fragt Lukas besorgt. »D-d-d-dda«, flüstert Jim und zeigt entsetzt in die Ferne. Sie sehen einen riesengroßen Riesen mit einem riesig langen Bart und einem riesengroßen Hut auf dem Kopf. »Schnell, Lukas, laß uns weglaufen, bevor er uns entdeckt!« ruft Jim voller Angst. »Aber wieso denn?« fragt Lukas, »der sieht doch ganz nett aus.« Da hebt der Riese seine Hand, läßt sie aber gleich wieder sinken.

Warum kommt der denn nicht näher? Hat er vielleicht Angst vor uns?« überlegt Lukas. »Der? Angst vor uns? Das glaubst du doch wohl selbst nicht!« »Also ich würde ihn gerne kennenlernen«, überlegt Lukas weiter, »vielleicht kann er uns aus dieser Wüste heraushelfen. Alleine schaffen wir das nicht.« Plötzlich hebt der Riese seine Hände und ruft mit einem dünnen, traurigen Stimmchen: »Ach bitte, ihr Fremden, lauft nicht weg, laßt mich doch näherkommen.« Lukas staunt: »So ein großer Riese und so eine leise Stimme? Ob er sich erkältet hat? Egal, Jim, los! Laß uns hingehen! Mir gefällt der Riese.« »Oh nein!« Jim ist entsetzt. »Der tut nur so nett. Bestimmt will er uns fangen und einkochen.«

Aber Jim, warum hast du denn solche Angst? Nur weil er so groß ist? Das ist doch kein Grund. Dafür kann der Riese doch gar nichts. Jetzt fällt der Riese auf seine Knie und faltet die Hände: »Bitte, bitte, lauft nicht weg. Ich will euch nichts tun, ich bin nur so furchtbar einsam.« »Armer Kerl«, seufzt Lukas, nimmt sein Taschentuch und winkt ihm zu. »Darf ich näherkommen?« fragt der Riese ungläubig. »Jawoll!« ruft Lukas; da steht der Riese auf und macht vorsichtig einen Schritt auf die Freunde zu. Dann bleibt er stehen.

Er hat kein Vertrauen zu uns«, knurrt Lukas ärgerlich. »Der hat wohl tatsächlich Angst vor uns.« Trotzig springt er vom Dach der Lokomotive und geht auf den Riesen zu. Jim traut seinen Augen nicht. Ist Lukas auf einmal von allen guten Geistern verlassen? Aber er kann ihn doch nicht allein in eine solche Lebensgefahr rennen lassen. Freunde müssen doch gerade in der Gefahr zusammenhalten! So springt auch er von der Lokomotive herunter und rennt hinterher. »Warte, Lukas, ich komme!« Lukas freut sich. »Das finde ich prima, mein Freund; weißt du, Angst taugt nichts. Wenn man Angst hat, dann sieht alles viel schlimmer aus, als es dann in Wirklichkeit ist.«

Als der Riese die Freunde näherkommen sieht, winkt er ihnen lachend zu. Aber was ist das? Je näher Jim und Lukas dem Riesen kommen, desto kleiner wird er. Zuerst ist er noch so groß wie ein Hochhaus, dann nur noch wie eine Scheune, und jetzt, da sie neben ihm stehen, ist er noch kleiner als Lukas.
»Ach, ihr Fremden, ich weiß gar nicht, wie ich euch danken soll. Ich habe so lange mit keinem Menschen mehr gesprochen. Alle laufen weg.« »Nichts zu danken«, brummt Lukas gerührt. »Mein Name ist Lukas der Lokomotivführer, und das hier ist mein Freund Jim Knopf.«

Oh, Herr Knopf, besonders über Ihren Mut war ich erstaunt. Daß ein so junger Mann wie Sie seine Angst überwinden konnte, ist wirklich wunderbar. Aber wie Sie sehen, hatten Sie auch gar keinen Grund zur Angst. Ich sehe nur von weitem so schrecklich aus. Ich bin nämlich ein Scheinriese. Ach, übrigens, mein Name ist Herr Tur-Tur.«

Biblischer Bezug: 1. Mose 1; Johannes 12, 24
Biblische Erläuterung: Schöpfung bewahren/Sterben ist Voraussetzung für neu werden
Kreativer Zugang: 157, 159, 162, 182, 183
Inhalt: Andi will nicht wahrhaben, daß eine blühende Blume in ihrem Garten verwelkt. Sie pflegt sie mit Hingabe, vergeblich. Doch sie entdeckt, daß die Pflanze neue Knospen treibt.

Vergänglichkeit

Hoffnung

Sterben

Andi und die schöne Blume

Erzählung von Gina Ruck-Pauquèt

Hinter dem Haus, in dem Andi wohnt, gibt es einen kleinen Garten. Eine Wiese ist da mit Gänseblümchen, und in den Beeten ringsum wächst Schnittlauch und Petersilie, Salat und Bohnenkraut.
Einmal aber ist eine wunderschöne Blume aufgeblüht. Sie ist rot und duftet ganz süß.
»Woher kommt sie?« fragt Andi.
»Ich weiß es auch nicht«, sagt die Großmutter. »Vielleicht hat ein Vogel das Samenkorn in seinem Schnabel getragen, und gerade über unserem Garten ist es ihm runtergefallen.«
Drei Tage war die Blüte der Blume seidig und frisch. Dann begann sie ein wenig zu welken.
»Schau nur!« schrie Andi. »Die Blume ist krank!«
Sie holte ihre Gießkanne und gab ihr Wasser, und jede Stunde schaute sie nach.

Alles muß einmal vergehen, sagte die Großmutter.
»Nein!« sagte Andi. »Eine so schöne Blume soll nicht vergehen! Sie ist nur krank und wird wieder gesund werden. Ich werde bei ihr bleiben. Wenn ich krank bin, sitzt du ja auch an meinem Bett. Weißt du noch, wie ich im Winter Halsweh hatte?«
Die Großmutter erinnert sich.
»Es ist nur so«, sagte sie, »daß ein kleines Mädchen etwas anderes ist als eine Blume.«
Aber davon will Andi nichts hören. Sie holt sich ein Kissen und setzt sich neben die Blume auf die Wiese. Als es dämmerig wird, will die Großmutter Andi hereinholen.
»Schließlich mußt du ja mal ins Bett«, sagt sie.
Andi schüttelt den Kopf.
»Das hier ist wichtiger. Ich will der Blume Lieder vorsingen.«

Weil es eine sehr warme Nacht ist, läßt die Großmutter Andi draußen. Sie setzt sich ans offene Fenster und hört, wie sie ein Lied nach dem anderen anstimmt, bis es auf einmal still wird. Da ist Andi eingeschlafen. Die Großmutter trägt sie ins Bett. Am anderen Morgen sind die Blütenblätter der Blume verwelkt. Doch als Andi eben anfangen will zu weinen, entdeckt sie, daß die schöne Blume über Nacht eine Knospe gebildet hat.
»Schau nur!« ruft sie.
»Ja«, sagt die Großmutter, »bald wird sie wieder blühen.«

Obdachlose

Zuwendung

Einsamkeit

Randgruppen

Anders(sein)

Biblischer Bezug: Markus 2, 13-17
Biblische Erläuterung: Nicht die Gesunden bedürfen des Arztes, sondern die Kranken
Kreativer Zugang: 103, 104, 110
Inhalt: Ein Pfarrer schildert interessante Gespräche und Erlebnisse mit einem Tippelbruder

Ein Tischgespräch

Erzählung von Wolfgang Gerts

Er saß mit verlegenem Lächeln auf dem alten Sofa. Wir hatten ihn erst dazu auffordern müssen, sich auf dieses Sofa zu setzen. Er fühlte sich »schmutzig« und wollte lieber auf einem Stuhl Platz nehmen. Seine Hose könne ja einen Fleck auf dem roten Samt hinterlassen. Wirklich, es war ein sonderbares Bild. Aber mit seinem verschlissenen Anzug paßte er wirklich nicht gut in die schicke Sofaecke. Vor dem Couchtisch stand ein Teller. Es waren nur noch ein paar Krümel von den Wurstbroten übrig. Der Kaffee war ausgetrunken. Üppig war das Mahl nicht gewesen. Aber da muß man uns verstehen: Das machen sie grundsätzlich so im Dorf. Wann immer ein »Penner« auftauchte, schickte man ihn zum Pastor. Der ist schließlich dafür zuständig. Und so gab es oft nur eine unwillig zubereitete Butterstulle auf die Hand.

Das war schön, sich mal auszuquatschen«, sagte er. Die meisten versuchen, uns schnell mit einer Mark loszuwerden an der Haustür. Es passiert nicht oft, daß man hereingebeten wird. Wir hatten uns lange unterhalten und dabei ganz die Zeit vergessen. Warum das so war? Ich weiß nicht. Es war das einzige Mal bisher, daß wir uns Zeit genommen hatten für einen Bruder der Landstraße. Ich weiß nicht, warum. Vielleicht war es nur ein Zufall.
Man konnte es an seiner Stimme erkennen: Er stammte aus Sachsen. Vor 10 Jahren war er aus der DDR gekommen. Nicht einfach nur, um den großen Reichtum zu genießen. Nein! Seine Frau war ihm weggelaufen. Sein Sohn war schon groß. Er war plötzlich allein. Die Geschichte seiner Flucht war abenteuerlich gewesen. Sie endete damit, daß er von einem Flüchtlingslager aus Arbeit suchte. Als Bauingenieur. Das hatte er gelernt. Aber es gab keine Arbeit. Seine Ausbildung war nicht anerkannt bei uns. Und nochmal die Schulbank drücken mochte er nicht. Und je mehr Zeit verging, um so geringer wurden seine Chancen: »Was, so lange sind Sie schon ohne Arbeit? – Da stimmt doch was nicht.« Und mit der Vollbeschäftigung ging es bergab. »Wir können nicht einmal unsere eigenen Leute halten«, sagten sie, »da nehmen wir doch nicht noch einen aus dem Osten!«

Schließlich mußte er das Aussiedlerlager verlassen. Hatte er bisher wenigstens noch Gelegenheitsarbeiten, so wurde es jetzt noch schlimmer. Er lernte den Teufelskreis der Brüder der Landstraße kennen. Da hilft es nicht immer, wenn einer arbeiten will. Um Arbeit zu kriegen, mußte er einen festen Wohnsitz nachweisen. Um einen festen Wohnsitz zu kriegen, sollte er nachweisen, daß er Arbeit und Geld hatte. Aber er hatte beides nicht. Erst war er notgedrungen unterwegs. Er schämte sich, mit »Tippelbrüdern« in einem Raum übernachten zu müssen. Sie stanken nach Alkohol. Er selbst aber bald auch. Er begann zu trinken und das Wenige, das er besaß, in billigen Rotwein umzuwandeln. Bald hatte er sich unmerklich dran gewöhnt: Nun war er einer von ihnen. Ob er einmal ein »Bauingenieur« gewesen war, danach krähte kein Hahn mehr. Allmählich hörte die Suche nach Arbeit auf. – Er kam noch ziemlich gut durch. Er hatte höfliche Umgangsformen. Sowas macht sich bezahlt, meinte er.
Stimmt, dachte ich, sonst säße er jetzt wohl kaum in unserem Wohnzimmer.

Er erzählte von seinem Leben auf der Straße. Er versuchte herauszustellen, daß es Leute gab, die ihm vertrauten. Hier und dort könne er mal ein paar Tage bleiben und im Garten arbeiten. – Das kenne ich, dachte ich. Sie versprechen alles mögliche, um ein paar Mark zu ergaunern. Und dann kommen sie doch nicht wieder. Er erzählte, wie er bei Behörden schikaniert würde. Er erzählte, wie es ist, wenn sie die Haustür vor einem zumachten: »Wir geben nichts.« Das war noch die freundlichste Antwort. »Gehn Sie doch wieder rüber!« sagte manch einer, der seinen sächsischen Dialekt erkannte. »Gehn Sie erst mal arbeiten. – Wer den Willen hat, findet auch Arbeit.« Er hatte sich schlagfertige Antworten zurechtgelegt. Aber immer wieder war doch sein Stolz verletzt. Es tat immer noch weh, so was zu erleben.
Jetzt war er bald 50. Wie lange das noch gutginge? – Wer weiß. Manchmal friert er sehr, und er könne froh sein, daß er noch keine dauerhafte Erkältungskrankheit habe.
»Aber es ist schön, sich mal auszusprechen.« Als er ging, hätte er fast vergessen, die versprochenen fünf Mark mitzunehmen.

Als es am nächsten Morgen um 7.00 Uhr klingelte, hatte ich ihn schon vergessen. Er war tatsächlich wiedergekommen,

um in unserem Garten zu arbeiten. Eine Woche lang kam er jeden Morgen. Wo er schlief, wußten wir nicht. Wollten wir wohl auch nicht wissen.
Dann sagte er: »Jetzt werde ich das Geld vertrinken. Vielleicht komme ich mal wieder.« – »Kommen Sie ruhig wieder!« – Er kam. Mindestens zweimal im Jahr kam er wieder, um bei uns den Garten in Ordnung zu bringen. Wir hatten uns fast an ihn gewöhnt. Aber dann verschwand er lange Zeit von der Bildfläche. Was wohl aus ihm geworden war? – Nach zwei Jahren rief er uns an: Lungenheilstätte – schwere Tuberkulose – da hatte er nun doch die Krankheit, vor der er sich lange gefürchtet hatte.

Wieder viel später: ein Brief. Ein richtiger Brief von ihm: Er habe eine Frau gefunden, wohne bei ihr. Er sei noch arbeitslos, aber er mache sich viel nützlich. Ich glaube, lange ist er dort nicht geblieben. Vier Jahre hab ich nichts mehr von ihm gehört. Inzwischen bin ich auch umgezogen.
Was ist wohl aus ihm geworden? Ich werde es nie erfahren. Aber jede Woche begegne ich wieder neu einem Bruder der Landstraße. Bruder der Landstraße? BRUDER? Wieso bloß Bruder?

Ich muß an die guten harten und doch helfenden Worte Jesu denken:

Ich war hungrig, und ihr habt mir zu essen gegeben. Ich war durstig, und ihr habt mich getränkt. Ich war fremd, und ihr habt mich beherbergt. Wie ihr es einem dieser meiner geringsten BRÜDER getan habt, so habt ihr es mir getan.

Ach so, deswegen ein BRUDER der Landstraße. Beherbergt haben wir ihn nicht.
Nie.

Ostern 71

Biblischer Bezug: Matth. 28, 1-10; Markus 16, 1-8; Lukas 24, 1-12; Johannes 16, 33; Johannes 20, 1-18
Biblische Erläuterung: Die drei Frauen am Grabe
Kreativer Zugang: 108, 109, 157, 158, 159, 160, 161, 162, 177, 178, 182
Inhalt: Das Erschrecken, die Angst der drei Frauen am leeren Grab und die Begegnung mit der Engelserscheinung werden verbunden mit dem sprichwörtlichen Angsthasen.

Engel

Osterhase

Angst

Auferstehung

Hals über Kopf - Ostern begann mit Angsthasen

Erzählung von Dietrich Steinwede

Sie sind weggelaufen voll Schrecken und Angst.
Sie konnten das alles nicht begreifen.
Hals über Kopf sind sie geflohen.
Sie wußten nicht mehr ein noch aus.
Richtige Angsthasen waren sie.
Wer?
Die drei Frauen am Ostermorgen, von denen Markus erzählt, Markus, der Evangelist.
Am Anfang noch nicht.
Aber am Schluß der Geschichte.
Am Anfang ist da nur Trauer gewesen und Liebe bei den drei Frauen,
Liebe für Jesus, der nun tot ist,
der ins Felsengrab gelegt ist,
in die Grabkammer.
Sie wollen ihn einbalsamieren in dem heißen Land dort,
damit sein Körper nicht so schnell verwest.
Darum kaufen sie wohlriechende Öle,
die drei Frauen,
und Gewürzkräuter für Salben,
am Abend, als der Sabbat vorüber ist, um den lieben Toten mit kostbaren Salben zu bestreichen,
um ihn einzubalsamieren.
Und am nächsten Tag in der Frühe – es ist der Sonntag, gerade geht die Sonne auf –, da gehen sie los zur Grabkammer mit ihren kostbaren Salben.
Und unterwegs – der erste Schreck –,
da sagen sie zueinander:
»Wir haben ja gar nicht an den Stein gedacht!
An den großen Rollstein,
der die Tür zum Grab verschließt!
Wer rollt uns denn den Stein von des Grabes Tür?
Für uns ist er viel zu schwer.«
Und da: zweites Erschrecken:
Als sie aufsehen,
da ist er fortgerollt, der große Stein,
schwer wie ein Mühlstein,

einfach fortgerollt.
Das Grab ist offen.
Hineingehen können sie.
Sie sind ganz durcheinander.
Sie wissen nicht, wie sie das verstehen sollen.
Aber sie gehen die Stufen hinab.
Hinein ins Grab.
Und wieder: Großes Erschrekken!
Ein junger Mann sitzt dort.
In einem weißen Gewand.
Es ist, als sei er von Gott, ein Bote, ein Engel.
Er spricht zu den Frauen:
»Ich weiß, ihr sucht Jesus aus Nazareth, der ans Kreuz genagelt wurde.
Ich muß euch sagen: Er ist nicht hier!
Gott hat ihn zu sich genommen.
Der Tod hat keine Macht über ihn.
Wollt ihr ihn finden, den Lebendigen, dann geht dorthin, wo er immer war, nach Galiläa!
Dort werdet ihr erfahren bei den Seinen, daß er lebendig unter ihnen ist.«
So spricht der Bote.
So erzählt es Markus, der Evangelist:
In Galiläa findet ihr Jesus.
Sagt es nur Petrus und all den Freunden!«
Die Frauen aber verstehen gar nichts.
Sie sind zutiefst erschrocken.
Wie ein Schlag auf den Kopf ist es für sie, wie ein Schock:
»Unser lieber Jesus, wo ist er geblieben?«
Alles scheint sich zu drehen.
Tiefstes Entsetzen: »Weg, nur weg von hier«
Die Frauen fliehen.
Sie laufen die Stufen hinauf.
Sie rennen aus dem Grab.
Nichts erzählen sie Petrus oder den Freunden.
Niemandem sagen sie etwas.
Sie sind stumm vor Schrecken.
Wie ihr, wenn plötzlich etwas geschieht mit euch, das euch total umwirft, ein furchtbarer Unfall oder der plötzliche Tod eines lieben Menschen,
dann will man weglaufen,
nichts sehen,
nichts wissen davon,
nichts sagen.
Man kann nicht sprechen.
Man ist stumm . . .
Dies hat uns Markus erzählt von den drei Frauen vor 2000 Jahren:
Einfach geflohen sind sie,
Hals über Kopf,
stumm vor Schrecken . . .
Wirklich:
Ostern begann mit Angst-Hasen!

Biblischer Bezug: Matthäus 26, 20f.; Markus 14, 17-26; Lukas 22, 14-23; 1. Korinther 11, 17f.
Biblische Erläuterung: Berichte von Passafeiern
Kreativer Zugang: 158, 160, 161, 196
Inhalt: Das berühmte Abendmahlsbild von Leonardo da Vinci wird in fünf Ausschnitten beschrieben, dabei die Nähe zwischen Passa und Abendmahl erläutert.

Passion

Abendmahl

Jünger

Jesus

Verrat

Herr, bin ichs? - Jesus feiert Passa

Erzählung von Dietrich Steinwede

Foto: Hans Lachmann

Ja, dies Bild, Kinder, jemand hat es das berühmteste Gemälde der Welt genannt. Und der Maler, es war Leonardo da Vinci – er malte das Bild vor fast 500 Jahren –, gilt als einer der größten Maler aller Zeiten.

Wo man das Bild findet, fragst du?

In Italien.
In der Stadt Mailand.
In einem Kloster dort.
In dem Saal, wo die Mönche gegessen haben.
Dort ist es an die Wand gemalt, riesengroß.
In wunderbaren Farben.
Dort kann man es noch heute sehen, im Kloster bei der Kirche Santa Maria delle Grazie.

Und was sehen wir?

Jesus in der Mitte,
die Hände hingebreitet auf den Tisch.
Schmerz ist in seinem Gesicht, Nachdenklichkeit.
Wir sehen die Jünger mit Jesus, sechs (in zwei Dreiergruppen) zu seiner Linken, sechs (in zwei Dreiergruppen) zu seiner Rechten.
Auf die Wand gemalt!
Aber das Bild ist wie ein Raum, tief nach hinten.
Drei Fenster im Hintergrund,
Vorhänge an den Seiten.
Quergestellt der Tisch. Eine Dekke darauf, mit schönen Verzierungen an beiden Enden.
Jesus will mit seinen Jüngern essen.
Es ist Abend, der Vorabend zum Passafest.
Passa, ja, da denken alle Juden an die Zeit damals, als das Volk Israel auszog aus Ägypten.
Damals war keine Zeit, den Sauerteig aufgehen zu lassen.
Darum liegen ungesäuerte Brote auf dem Tisch.
Damals wurden Lämmer geschlachtet, um mit ihrem Blut die Türen zu bestreichen, daß der Racheengel Gottes vorüberzog.
Darum liegt Fleisch von gebratenen Lämmern auf dem Tisch.
Und bittere Kräuter sind auf dem Tisch, denn die Knechtschaft des Volkes in Ägypten war hart und bitter damals.
Und braunes Mus ist da.
Und Gläser sieht man mit rotem Wein.
Beim Passa-Essen wird Wein getrunken.

Jesus hat zwei von den Jüngern geschickt.
Sie haben alles vorbereitet.
Und dann ist er selbst gekommen zum heiligen Passa-Essen, Jesus mit den übrigen Jüngern.

Er sitzt mit ihnen zu Tisch.
Doch gerade, als sie anfangen wollen zu essen, da sagt Jesus zu ihnen:
»Einer von euch wird mich noch in dieser Nacht verraten!«

Das ist der Augenblick,
den der Maler Leonardo da Vinci festgehalten hat:
Keiner hat mit dem Essen begonnen. Dabei ist der Tisch so reich gedeckt:

Viele Schalen und Gläser! Viele Brote und Schüsseln!
Niemand ißt.
In diesem Augenblick, da Jesus sagt:
»Einer von euch wird mich verraten«,
da kann keiner essen,
da schießt es ihnen ins Herz,
da sind sie erschrocken:
»Das kann doch nicht wahr sein.
Das gibt es doch nicht: Wir, seine Freunde, einer von uns der Verräter,
das gibt es wirklich nicht, nein,
das ist unmöglich!«
Ihre Köpfe bewegen sich, ihre Hände:
»Ihn verraten, unsern lieben Herrn, nein,
niemand von uns!«

Nun, laßt uns die einzelnen Jünger,
so wie Leonardo da Vinci sie malte, näher betrachten:

Da sind, links außen am Tisch, die drei Jünger Bartholomäus, der Jüngere (Kleinere) Jakobus und Andreas.
Ganz außen Bartholomäus:
Er stützt sich auf mit beiden Händen,
beugt sich fragend vor:
»Herr, bin ich's?«
Neben ihm Jakobus, Sohn des Alphäus.
Er hebt die rechte Hand,
legt die linke dem Andreas auf die Schulter:
»Nein, ich bin's nicht, der dich verrät.«
Und dann Andreas, den Jesus mit seinem Bruder Petrus zusammen am See in Galiläa rief.
Er, ein alter Mann, hebt beide Hände wie abwehrend: »Nein, ich nicht, ich könnte dir nie etwas antun.«

Danach, zur Mitte hin, die nächsten drei: Judas, der Verräter, mit zurückgelehntem Kopfe links, dann Petrus, dann Johannes.
Johannes – ein junger schöner Mann.
Petrus – ein alter weißhaariger Mann.
Die beiden neigen sich zueinander:
»Wir, wir sind es wahrhaftig nicht:
Unsern liebsten Freund Jesus,
wir könnten ihn niemals verraten.«

Petrus weiß es noch nicht,
was in derselben Nacht geschehen wird,
daß er Jesus verleugnen wird,
daß er sagen wird »Ich kenne ihn nicht.«

Aber er, Judas, der Verräter,
er hat die rechte Hand schon um den Beutel,
den Beutel mit den Silberlingen.
Und die linke Hand streckt er aus zu der Schüssel.
Schon sagt es Jesus – und seine eigene rechte Hand geht zu der Schüssel hin: »Der die Hand mit mir in die Schüssel taucht, der wird mich verraten«.

Alles muß so kommen, wie Gott es will.

Gleich werden sie eintauchen in die flache Schüssel, die linke Hand von Judas und die rechte Hand von Jesus.
Schon nähern sie sich einander.
Der Verräter ist benannt, enthüllt.
Jesus kennt ihn.
Darum ist Schmerz in seinem Gesicht.
Aber auch Güte: »Ich weiß, daß alles so geschehen muß. Gott will es, Gott, mein Vater.«
Hinter Jesus das offene Fenster:
»Es wird Leben sein,
Offenheit,
alles neu ...«

Und dann die drei Jünger zur Rechten:

Thomas, der Zweifler, mit dem erhobenen Zeigefinger: Wie sehr hat er später an seinem lebendigen Herrn gezweifelt.
Jetzt scheint er zu sagen: »Nein, ich nicht, niemals werde ich dich verraten!«
In der Mitte der ältere Jakobus, der Bruder des Johannes – Jesus rief beide zu sich am Meer –:
Weit und leidenschaftlich breitet er die Arme: »Ich verrate dich niemals! Nein, Nein! Nein! Ich nicht!«

Und neben ihm Philippus, der später den schwarzen Mann aus dem Reich der Kandake taufen sollte, der, zu Jesus hingeneigt, seine Hände nach innen, zum Herzen hin, zusammenlegt: »Wie kann denn ich, der ich dich so liebhabe, dich verraten!? Nein! Nein! Niemals!«

Und die letzte Dreiergruppe: Matthäus, Thaddäus und Simon, der Zelot:

Sie schauen einander an, während Gesten ihrer Hände zur Mitte gehen:
»Nein, Herr! Auch wir sind es nicht!
Wir verraten dich niemals!«

Jesus!
Zwölf Jünger!
Einer der Verräter!
Judas aus Iskarioth ist es.
Er wird Jesus seinen Feinden ausliefern noch in dieser Nacht.
Aber jetzt feiern sie das Passa.
Sie halten das Abendmahl.
Die Jünger haben durcheinandergeschrien.
Jetzt gleich wird Ruhe sein.
Jesus wird das Brot nehmen und es segnen.
Er wird es in Stücke brechen und Gott danken dafür.
Er wird es austeilen und dazu sagen:
»Mein Leib, für euch gegeben!«
Er wird den Wein nehmen und sagen:
»Trinkt mein Blut, für euch vergossen!« –

Und sie werden essen und trinken.
Und sie werden das Danklied singen:

Du bist unser Gott.
Wir danken dir.
Wir nehmen den Becher des Heils.
Wir trinken daraus.
Wir rufen deinen Namen an, Gott.
Denn du bist gnädig und gerecht.
Wir danken dir,
denn du bist freundlich.
Und deine Güte währet ewig.

Ja, Kinder, das ist das weltberühmte Bild von Leonardo da Vinci.
Unter diesem Bild haben die Mönche gesessen und gegessen, Tag für Tag, Jahr für Jahr.
Immer wieder haben sie es angeschaut:
»Herr, bin ich's, der dich verrät?«

73 Rache

Vergeltung

Versöhnung

Außenseiter

Freundschaft

Biblischer Bezug: 2. Könige 6, 8-28

Biblische Erläuterung: Der König von Israel verzichtet auf Rache und bewirtet seine Feinde

Kreativer Zugang: 131, 133, 184, 198, 204, 205, 206, 207

Inhalt: Die Wingertbande wimmelt den dicken und geschwätzigen Berti ab, mit dem sie nichts zu tun haben will. Berti "rächt" sich mit einem Versöhnungsvorschlag,

Rache ist süß...

Erzählung von Elke Bräunling

Achtung! Der dicke Berti«, warnte Jan. »Den wollen wir nicht dabeihaben.«
Wir nickten zustimmend. Nein, den Berti wollten wir nicht mit zur Eisbude nehmen, denn wir mochten ihn nicht besonders. Er war uns zu dick und träge, und außerdem wußte er immer alles besser. Nein, heute nicht! Wir hatten den ganzen Vormittag im Weinberg Unkraut gejätet, und das in den Ferien! Nun freuten wir uns auf ein großes Eis.
Wir – das sind mein Bruder Jan und ich, Evi, Pit und Harri. Die Leute nennen uns »Wingertbande«, was uns mächtig gefällt. Ja, und dann gibt's hier noch den dicken Berti – und den haben wir halt nicht immer gerne dabei, und heute schon gar nicht. Oder hatte er etwa Unkraut gejätet?

Doch es war zu spät. Ungewohnt flink rannte Berti auf uns zu und wir blieben seufzend stehen. »Wohin geht ihr?« fragte er lauernd. »Ach, nirgendwohin.« Wir taten ganz gleichgültig.
»Spielen wir Ball?« schlug Berti vor. »Wenn ihr doch nichts Besseres vorhabt?«
Verlegen schauten wir uns an.
»Ach nöö«, murmelten wir dann.
»Vielleicht Abschlagen?«
»Keine Lust.«
Berti schlug uns noch viele Spiele vor, aber er hatte kein Glück. Wir dachten an unser Eis und wurden langsam ungeduldig. Da fing Jan plötzlich an zu grinsen.
»Wir spielen Verstecken«, bestimmte er. »Und Berti zählt als erster.«
Verstecken? Und unser Eis? Wir wollten protestieren, doch da sahen wir, wie Jan die komischsten Handzeichen machte. Und langsam dämmerte es uns. »Ah, Verstecken! Au fein. Berti, du zählst!«
Ein Leuchten ging über Bertis Gesicht und er klatschte in die Hände. »Ich zähle bis 20«, rief er fröhlich. »Dann pack' ich euch.«
»Nein, lieber bis 50«, sagte Jan. Und Berti begann zu zählen.

Wir aber rannten davon, so schnell wir konnten – in Richtung Eisbude. Berti zählte noch immer, als wir die Straßenbiegung erreicht hatten. Nun waren wir in Sicherheit und freuten uns mächtig. Das hatten wir toll hingekriegt. Haha!
»Berti ist beschäftigt«, grölte Jan. »Und wir haben unsere Ruhe.« Wir lachten uns ins Fäustchen. »Der arme Berti«, kicherten wir. Ja, wir waren sehr übermütig, als wir in der Eisbude ankamen, doch, wenn ich ehrlich bin, das Eis schmeckte mir nicht mehr so gut.
Erst am nächsten Tag sahen wir Berti wieder, und er tat etwas ganz Ungewohntes: Er grub ein Loch, und er war so beschäftigt, daß er sich durch nichts stören ließ. Böse schien er uns nicht zu sein, denn er nickte uns freundlich zu. Wir beobachteten ihn eine Weile, doch dann hielten wir es nicht mehr aus.
»Suchst du einen Schatz?« fragten wir ein bißchen spöttisch. Berti nickte und grub weiter. »Alte Römermünzen«, murmelte er geheimnisvoll.
Wir kicherten albern, doch Berti sah uns ernst an. »Wißt ihr nicht«, fragte er, »daß die Römer hier eine Burg hatten?«

Uihh! Das war eine aufregende Neuigkeit. Und wir waren Feuer und Flamme.
»Wir helfen dir«, boten wir uns bereitwillig an, und Berti schien sich über unseren Vorschlag zu freuen.
»Ihr könnt mich ja ablösen«, meinte er gnädig.
Und das taten wir. Wir gruben und gruben und schufteten uns halbtot, und es war nicht umsonst. »Da, eine Kiste«, schrie Pit plötzlich aufgeregt. Wir drängelten uns um den Fund.
»Du hattest recht, Berti«, riefen wir begeistert. Doch Berti war verschwunden. Hmm! Ob wir auf ihn warten sollten? Ach was! Ungeduldig öffneten wir die Kiste.
Aber die Kiste war leer. Puuh! Sie barg nur einen kleinen, vergilbten Zettel. Ein Schatzplan? Wir grabschten nach dem Plan und Jan begann zu lesen, und seine Stimme wurde immer leiser: »Römer«, las er – noch laut –, »hat's hier nie gegeben. Tja! Rache ist süß — aber, Eis ist süßer . . . Kommt zur Eisbude, ich lade euch ein – zur Versöhnung . . .«

Biblischer Bezug: Römer 15, 7
Biblische Erläuterung: Nehmet einander an, wie Christus euch angenommen hat

Kreativer Zugang: 105, 106, 107, 110, 111, 112, 116, 168

Inhalt: Katrin sagt Gott im Gebet, daß sie sich nicht zu zeigen traut, was sie alles kann. Ihr fehlt Selbstvertrauen. Sie freut sich aber, daß Gott sie anerkennt, wie sie sich gibt.

Selbstvertrauen

Anders(sein)

Annehmen

Mut

Gebet

Geborgenheit

Es ist schön, mal ein anderer zu sein

Erzählung von Andrea Wolters

Katrin betet eigentlich jeden Abend, meistens aber ein Gebet, das sie auswendig gelernt hat. Heute spricht sie richtig mit Gott: »Lieber Gott, manchmal möchte ich nicht mehr Katrin sein, ich möchte jemand anders sein. Ich möchte Nora oder Jessika sein, aber das geht ja nicht, man kann ja nicht so einfach tauschen.
Alle mögen Nora und Jessika gern, und als Nora ihren ferngesteuerten Krankenwagen mit in die Schule gebracht hat, haben alle sie bewundert und wollten mit dem Auto spielen. Ich habe genau denselben Krankenwagen, aber niemand hat zugehört, als ich es gesagt habe, ich habe ja auch leise geredet, und alle waren gerade beschäftigt. Aber als ich meinen Krankenwagen mit in die Schule genommen habe, hat mich niemand beachtet. Ich habe mich ja auch gar nicht getraut, ihn in der Pause auszupacken, es hätte wohl sowieso niemand mit mir gespielt. Und mit allen Sachen ist das so. Ich kann genauso gut Radschlagen wie Jessika, aber, wenn sie es auf dem Rasen macht, gucke ich nur zu. Es fragt mich ja auch keiner, ob ich mitmachen will. Die anderen trauen mir das sowieso nicht zu. Ich weiß gar nicht, wie das angefangen hat. Wie gern hätte ich so viel Mut wie die anderen und würde überall dabei sein und mitspielen. Sogar Mama hält mich für einen Stubenhocker. Aber du, lieber Gott, du weißt, daß ich all das eigentlich auch kann und daß ich auch gar nicht so schüchtern bin. Wenn das nur nicht alle immer denken würden, dann wäre alles viel einfacher für mich. Ich müßte einfach mal was machen, daß die ganze Klasse sich wundert über mich, und dann trauen sie mir auch was zu.

Ich weiß, daß du mich so liebhast, wie ich bin, lieber Gott, und daß du willst, daß ich glücklich bin. Deswegen werde ich gleich morgen mal versuchen, nur ein bißchen anders zu sein, so keck und lustig wie Nora. Und wenn es wieder nicht klappt, ist es ja auch nicht so schlimm. Irgendwann werde ich es schon schaffen!«

75 Rolle

Verantwortung

Geborgenheit

Identität

Biblischer Bezug: Römer 15, 7

Biblische Erläuterung: Nehmet einander an, wie Christus uns angenommen hat

Kreativer Zugang: 105, 106, 107, 134, 135, 168

Inhalt: Franziska ist zehn Jahre alt. An ihren Erlebnissen in der Schule wird exemplarisch geschildert, welche verschiedenen Rollen Menschen spielen oder übernehmen können.

Eine Rolle spielen

Erzählung von Dietrich Steinwede

»Hast du deine Rolle schon?« Die großen Brüder fragen Franziska. Franziska ist zehn.

Sie ist gerade ins Gymnasium gekommen.

Dort gibt es eine Theatergruppe. Dort kann man sich melden. Nachmittags trifft man sich. Franziska hat sich gemeldet. Sie möchte gern mitspielen. Sie möchte gern eine Rolle spielen. »Ja«, antwortet sie ihren Brüdern: »Wir spielen ›Ronja Räubertochter‹ von Astrid Lindgren. Ich spiele die Rolle der Mutter. Darauf freue ich mich.

Ich will versuchen, die Rolle gut zu spielen.«

Eine Rolle übernehmen. Das kommt oft vor. Bei Erwachsenen, bei Kindern. Jeder spielt seine Rolle, so gut er kann.

Franziska spielt noch eine andere Rolle. Das kam ganz überraschend. Franziska ist Klassensprecherin geworden. In ihrer Klasse 5c. Da hat es eine schwierige Wahl gegeben. Philipp wollte gern Klassensprecher werden. Es gab mehrere Wahlgänge. Schließlich hat Franziska gesiegt. Ein Mädchen über einen Jungen. Sie hatte zehn Stimmen mehr. Philipp war sauer. Aber er hat Franziska gratuliert.

Jetzt hat Franziska die Rolle der Klassensprecherin.

»Was mußt du denn da machen?« frage ich sie. »Jeden Tag Streit schlichten, vor allem zwischen den Jungen«, antwortet sie.

»Und was noch?«

»Na ja, wenn die Lehrer zehn Minuten nach dem Gong noch nicht gekommen sind, muß ich ins Lehrerzimmer gehen und Bescheid sagen.«

»Und was noch?«

»Wenn wir einen Ausflug machen, muß ich fragen, ob alle einverstanden sind.«

Klassensprecherin, das ist eine schwierige Rolle für Franziska.

Das ist kein Spiel. Das ist bitterer Ernst.

Gestern war Franziska in einer Rolle, die war noch viel ernster. Sie saß am Mittagstisch und heulte. Tränen liefen über ihr Gesicht. Ein Schluchzen und Schlottern. Sie konnte sich nicht beruhigen.

Sie hatte eine 4 geschrieben.

In ihrer ersten Englischarbeit.

Das hatte sie nicht erwartet. Das hatte sie umgeworfen.

Sie hatte gedacht, es sei alles gutgegangen. Sechs Wörter hatte sie falsch geschrieben. Oh, Englisch ist gar nicht so leicht. Angst hatte sie gehabt: Gleich in der ersten Englischarbeit eine 4! Was wird Mutter sagen? Was werden die Brüder sagen? Was wird Vater sagen?

Nun, alle haben versucht, Franziska zu trösten. Die Brüder und Mutter haben ihr gut zugesprochen. Vater hat sie auf den Schoß genommen und gestreichelt. Alle haben sie angenommen. Alle mögen Franziska so, wie sie ist. Auch mit ihrer 4.

So mag dich auch Gott, so wie du bist. Ganz gleich, welche Rolle du spielst. Sei es eine fröhliche Rolle, sei es eine ernste Rolle. Oder sei es eine Rolle, die du lieber gar nicht spielen möchtest, die Trauerrolle.

Gott hat dich lieb, Franziska, und dich, Philipp, und dich, Bettina, und dich, Marko, und euch alle, all ihr anderen Kinder.

Biblischer Bezug: Johannes 8, 3-11
Biblische Erläuterung: Jesus macht denen, die eine Ehebrecherin beschuldigen, klar, daß sie selbst nicht ohne Schuld sind
Kreativer Zugang: 184, 191, 198, 205, 206, 207
Inhalt: Kathrin wird nicht mit der Scheidungsabsicht der Eltern ihrer Freundin fertig. Die eigenen Eltern erläutern ihr den Zusammenhang von Schuld und Trennung. Offener Schluß.

Schuld

Liebe

Streit

Versöhnung

Schuldig?

Erzählung von Manfred Mai

Martina ist den ganzen Morgen sehr still. Ihre Gedanken sind auch nicht beim Unterricht. Als die Lehrerin sie etwas fragt, erschrickt Martina richtig. Und sofort kommen ihr die Tränen. »Was ist denn los, Martina?« fragt die Lehrerin.
Aber Martina gibt keine Antwort. Erst auf dem Heimweg erzählt sie Katrin, warum sie so traurig ist. »Papi hat heute morgen wieder mit Mami gestritten. Ganz schlimm. Auf einmal hat er geschrien: Dann machen wir am besten Schluß und lassen uns scheiden.« Martina wischt die Tränen weg.
Katrin weiß nicht recht, was sie tun soll. »Die vertragen sich bestimmt wieder«, sagt sie schließlich. »Meine streiten auch manchmal, und hinterher vertragen sie sich wieder.« »Deine vielleicht«, sagt Martina nur. Dann gehen sie schweigend nebeneinander her, bis sie vor Martinas Haus stehen.

Bis heut' nachmittag«, sagt Katrin und geht langsam weiter.
Sie läßt sich so viel Zeit, daß sie gerade noch rechtzeitig zum Essen nach Hause kommt.
»Wo steckst du denn so lange?« fragt der Vater. »Hast du nachsitzen müssen?«
Katrin schüttelt den Kopf.
»Ist was?«
»Gell, ihr habt euch noch lieb«, sagt Katrin leise.
Ihre Eltern sehen sich fragend an.
»Ja, natürlich«, antwortet die Mutter. »Warum fragst du das?«
Katrin spielt mit ihrem Löffel herum und türmt die Nudeln in ihrem Teller zu einem kleinen Berg auf.
Doch plötzlich platzt es aus ihr heraus: »Martinas Papa hat gesagt, sie wollen sich scheiden lassen.
Warum ist er so gemein? Warum mag er ihre Mama denn nicht mehr?
Warum streitet er immer mit ihr? Martina ist ganz traurig, und ihr Papa ist an allem schuld.«

Der Vater nimmt Katrin auf den Schoß. »Hör mal, Katrin, das sind sehr schwierige Fragen. Auf die weiß ich auch keine Antwort. Aber eines weiß ich: wenn es Streit gibt, ist meistens nicht nur einer schuld.«
»Denk mal an dich und Tanja«, sagt die Mutter. »Ihr wart lange Zeit die besten Freundinnen. Dann habt ihr euch nicht mehr so gut verstanden und öfter gestritten. Schließlich habt ihr euch sogar getrennt. Und wer war daran schuld?« »Tanja«, sagt Katrin sofort. »Die will immer bestimmen und . . .«
»Nur Tanja?« unterbricht die Mutter Katrin. »Wahrscheinlich sagt Tanja, du wärst schuld, weil du immer bestimmen willst. Und ich bin sicher, ihr habt beide recht.« »Wie, beide?«

Na, ihr habt beide ziemliche Dickschädel. Damit knallt man irgendwann mal zusammen. Und wer ist dann schuld?«
»Hm«, macht Katrin.
»Und so ähnlich ist es wahrscheinlich auch bei Martinas Eltern. Die knallen eben auch zusammen. Warum, weiß ich nicht, doch Gründe gibt es dafür viele.«
»Aber einer hat doch mit dem Streit angefangen«, läßt Katrin nicht locker.
»Du hast recht«, antwortet der Vater. »Aber warum hat einer angefangen? Einfach so fängt doch niemand Streit mit einem Menschen an, den er gern hat – oder mal gern hatte. Oder kannst du dir das vorstellen?«
»Hm, ich weiß auch nicht«, sagt Katrin ein wenig enttäuscht. »Das ist ziemlich schwierig.«
»Richtig, das ist es.«

77 Schöpfung

Umwelt

Biblischer Bezug: 1. Mose 1, 11-13; 1. Mose 2, 8; Matthäus 6, 28 und 29
Biblische Erläuterung: Die Erde ist uns von Gott geliehen

Kreativer Zugang: 169, 170, 171, 172, 173, 183, 189, 190

Inhalt: Der Schloßgärtner bekämpft die gelbe Blume (Löwenzahn), an der sich die Prinzessin erfreut. Doch sie wächst immer wieder nach. Schließlich gibt der Gärtner auf und läßt sie wachsen.

Die gelbe Blume

Erzählung von Renate Schupp

Der König und die kleine Prinzessin wohnten in einem Schloß mit vier Türmen und so vielen Fenstern, daß die kleine Prinzessin sich dauernd verzählte. Vor dem Schloß stand ein Soldat. Hinter dem Schloß aber herrschte der Gärtner. Er pflegte die Rosen und goß die Geranien.

Das Wichtigste aber war ihm der Rasen. Er duldete nicht das winzigste Unkraut darin. Und niemand durfte mit seinen gewöhnlichen Straßenschuhen darüber hinweglaufen.

Wenn der König und die ganze Schloßgesellschaft am Nachmittag im Park spazierengingen, dann schlüpfte die kleine Prinzessin artig aus ihren Lackpantöffelchen, bevor sie mit ihrem Hündchen auf dem Rasen herumpurzelte.

Einmal machte sie vor lauter Übermut siebenundzwanzig Purzelbäume hintereinander. Danach war ihr ganz zwirbelig im Kopf. Und ein kleiner gelber Fleck tanzte vor ihren Augen. Als er endlich still stand, sah sie, daß es eine kleine gelbe Blume war.

Aufgeregt winkte die Prinzessin dem König, damit er kommen und sich die seltsame Blume anschauen sollte. Da zog der König seine goldenen Spangenschuhe aus, und alle konnten sehen, daß er geringelte Socken anhatte.

Der Gärtner aber erbleichte, als er die gelbe Blume sah. »Unkraut!« rief er. »Hundsgemeines Unkraut!« Und am Morgen ging er früh hinaus und mähte den Rasen. Dabei fuhr er – ritsch-ratsch – mit dem Rasenmäher über die gelbe Blume und mähte sie ab. »Pech!« murmelte er schadenfroh.

Nach dem Frühstück kam die kleine Prinzessin, um ihrer Blume guten Morgen zu sagen. Aber da war nichts als grüngrünes Gras, so weit man sehen konnte.

»Jemand hat meine Blume gestohlen!« rief die Prinzessin. Und sie lief ins Schloß zurück, sperrte sich in ihr Zimmer ein und weinte untröstlich.

Aber nach einer Woche war die gelbe Blume wieder nachgewachsen. Als die Prinzessin das sah, freute sie sich über alle Maßen. Der Gärtner aber ging heimlich hin und grub die Blume aus. »Heraus mit Stumpf und Stiel!« sagte er dumpf und deckte das Loch mit einem Stück Rasen zu.

Als die Prinzessin am Abend ihrer Blume gute Nacht sagen wollte, war da nichts als grüngrünes Gras. Da weinte die Prinzessin drei Tage und drei Nächte.

Die gelbe Blume aber hatte eine lange Wurzel. Davon war ein kleines Stückchen im Boden geblieben. Das wuchs und wurde groß, und eines Tages war die gelbe Blume wieder da.

Da machte die kleine Prinzessin vor lauter Freude achtundzwanzig Purzelbäume. Und das waren mehr, als sie je zuvor hintereinander gemacht hatte.

Der Gärtner aber haßte die Blume. Er rührte eine giftige Brühe zusammen und schlich in der Nacht hinaus. Doch als er unter dem Fenster der Prinzessin vorbeikam, trat er auf einen Rechen, und der Stiel schlug ihm hart gegen die Stirn. Vor Schreck ließ er die Dose mit der Brühe fallen, und das Gift lief ins Rosenbeet.

Als der König am Morgen durch den Park spazierte, sah er, daß alle Rosen verdorrt waren. »Nun sterben schon die Rosen!« dachte er und erschrak. »Es sind schlechte Zeiten für Blumen!«

Er ging schnell zum Rasen, um nach der gelben Blume zu schauen. Die wachte gerade auf und öffnete ihre Blüte. »Ich werde sie bewachen lassen«, beschloß der König. »Das ist eine nützliche Aufgabe für meinen Soldaten!«

Von diesem Tag an bewachte der Soldat die gelbe Blume. Jeden Nachmittag kam die kleine Prinzessin und gab ihr frisches Wasser. Und die Blume wuchs und wurde groß und bekam neue Blüten. Die leuchteten in der Sonne.

Eines Tages verwandelten sich die Blüten in flauschige Kugeln aus lauter kleinen Samenschirmchen. Der Wind blies hinein und trug sie fort. Und überall, wo ein Schirmchen hinfiel, wuchs eine neue Blume. So viele waren es, daß die kleine Prinzessin sich dauernd verzählte.

Der Gärtner rannte mit der Hacke hierhin und dorthin. Aber wie sehr er sich auch abmühte, es wurden immer mehr gelbe Blumen. Da warf er voller Zorn die Hacke weg, lief in sein Gärtnerhäuschen und kümmerte sich um gar nichts mehr.

Da wuchs im Park alles, wie es wollte. Und aus dem Rasen wurde eine kunterbunte Wiese.

Wenn der König nicht regieren mußte, ging er mit der kleinen Prinzessin hinaus. Dann setzten sie sich ins Gras und horchten, wie es tief in der Wiese summte und brummte.

Einmal, früh am Morgen, spazierte der Gärtner heimlich durch den Park. Er pflückte sich eine Blume und betrachtete sie lange. »Alles Unkraut!« brummte er und schüttelte den Kopf.
Eine von den Hofdamen aber erzählte später, der Gärtner sei im Park spazierengegangen mit einer großen gelben Blume im Knopfloch. Sie habe es – Hand aufs Herz und nicht gelogen! – mit ihren eigenen Augen gesehen.

Schöpfung 78

Biblischer Bezug: 1. Mose 6-8 in Auswahl

Biblische Erläuterung: In der Sintflutgeschichte will Gott zeigen, daß Erde und Menschen nur überleben, wenn Gott anerkannt wird.

Kreativer Zugang: 169, 170, 171, 172, 173, 183, 189, 190, 211, 212

Inhalt: Eine Familie erlebt, wie der Sturm ein Stück der Insel Sylt ergreift. Sie macht sich Gedanken über den Schutz der Umwelt und wie sie täglich dagegen verstößt.

Umwelt

Wasser

Sinkt die Arche?

Erzählung von Fried Noxius

Für mich ist Sylt immer noch die schönste Insel der Welt«, behauptete Mutter. »Diese Luft!« Die anderen lachten: Vater, Imme und Lasse. »Kein Wunder!« Vater machte eine Kopfbewegung. Ach ja, die Autos. Die standen allesamt auf dem Zug und blubberten nicht, stanken nicht. Sie ließen sich ziehen. »Gleich wird die Sonne ins Meer fallen«, sagte Lasse. Die friedlichen Wellen waren rot betupft. »Morgen wird es Sturm geben«, zerstörte Vater das heitere Bild.
Nachts kam er, auf dunklen Schwingen, mit Jaulen, Fauchen, Wasserschwaden. »Gleich schwimmen wir fort!« spottete Lasse. »Noch nicht«, erwiderte Vater. »Noch sinkt die Arche Sylt nicht, die ganze Welt.« »Noch nicht?« fragte Mutter spitz. »Was soll das heißen?« »Es heißt, was es heißt«, antwortete Vater hart.

Am Morgen pilgerten sie zu Tausenden dorthin, wo der Sturm gewütet hatte. »Die richten mehr Schaden an als der Sturm – und wir mit ihnen«, murrte Vater.
So war es. Alle die Schaulustigen, die sich da über die Südspitze ergossen, trampelten Sand los, zertraten Pflanzen, ebneten Hänge ein. Hui! Wie die Sandkörnchen wirbelten! Wie sie im Wind fliegen lernten! Wie sie stoben! Weg, immer weiter weg! Tausende Füße verhalfen ihnen dazu. Freizeitvergnügen! Schauspiel genießen!
Das war doch etwas!
Gleichmütig rollten die Wellen ans Ufer und zeigten, wie ohnmächtig die Menschen sind. Nichts hielt sie auf, nicht einmal Beton. »Es geht ja nicht nur um Sylt«, rundete Vater den Gedankenbogen. »Es geht um alles. Um die Welt, die Gott den Menschen anvertraut hat. Für die sie verantwortlich sind. Früh geht das schon los – mit Mutter: pfff!« »Was ist pfff?« empörte die sich. »Pfff ist deine Spraydose!« lachte Imme. »Na und?« sagte Mutter. »Ich mach mich schön – für euch!« »Das tust du, aber du sprühst dabei FCKW in die Luft, Fluorchlorkohlenwasserstoff«, erklärte Vater. »Scheußliches Wort«, sagte Imme. »Scheußliches Zeug«, änderte Vater.
»Treibgase zerstören die Schutzschicht über der Erde, die Ozonschicht. Wird die löcherig, dringen schädliche ultraviolette Strahlen der Sonne durch. Die Erde hat ja dann keinen Sonnenschirm mehr. Dazu heizen wir die Atmosphäre auf, die Luft. Dann schmilzt das Eis der Pole, das kilometerdicke, und das Wasser steigt. Sylt wird dann ertrinken, Hamburg auch – zum Beispiel. Die Nordsee ist jetzt schon wärmer als sonst.«
Es wurde kein heiterer Rückweg.
So begann es . . .
Das Nest der »Verschwörung für die Welt« war ein alter Schuppen im Garten einer Malerwerkstatt. Jörn, »Hausherr« als Sohn des Malers, war gewissermaßen der Mittelpunkt des Knäuels.
Er war Meister im Organisieren. Pappe, Farbe, Bindfaden, ein alter Regenschirm fanden sich ein, sogar ein Globus. Den borgten sie sich. »Einen Haufen verwelkter Blumen brauchen wir auch«, forderte Imme, »und Spraydosen.« Davon gab es genug in Abfalleimern. Die Verschwörer überlegten, grübelten, redeten sich die Köpfe heiß, bastelten. »Morgen geht es los! Hoffentlich kapieren es alle!« murrte Jörn. Am Sonntag trampelten noch mehr Menschen als sonst zum Strand. Jörn stand mitten auf dem Weg und hielt ein Plakat fest wie das Steuer eines Schiffes. »Kein FCKW!« stand darauf, giftig rot. »Hähähä, heißt das ›Fußballclub Kaltes Wasser‹?« lachte ein junger Mann. Jörn lief rot an, schwieg jedoch. »Lies ab und zu auch

mal Zeitung, dann weißt du, was das heißt! Fluorchlorkohlenwasserstoff! Kapiert? Teufelszeug ist das!« Aha, der wußte Bescheid.
An der Wegbiegung saß Lasse, den Globus in der Hand. Imme hielt stumm den Schirm darüber, den mit einem großen Loch in der Mitte. Bald sammelte sich eine Gruppe ringsum. Es gab etwas zu sehen, etwas Absonderliches! »Dem scheint ja die Sonne auf die Birne!« flachste jemand. »Dir auch«, hieß es gleich von mehreren Seiten. »Kapierst du nicht, was das soll? Bist du zu dumm? Kannst du nicht lesen? Hier steht es doch: Ozonloch!« Das alles sah noch wie Spaß aus, wie ein bißchen Zirkus, dann aber ging es an die Nerven, machte es betroffen. Ein weiter Kreis Kinder saß da, alle mit gesenktem Kopf, alle schweigend, alle mit weiß bemalten Gesichtern, bleich, alle mit verwelkten Blumen in den Händen. »Gift!« stand auf einem Plakat! Ein Totenkopf war daruntergemalt. »Welch häßliches Bild!« tadelte eine Frau. »In dieser friedlichen Landschaft!« »Es ist nicht mehr friedlich«, widersprach jemand harsch. »Längst nicht mehr. Nur kapieren es manche immer noch nicht!«
So ging es weiter mit der Elendskette, wie es auf Plakaten stand: Giftmüll – Ölpest – saurer Regen – Bleiautos – Spraydosen – Robbensterben. Und so weiter. Viele Sünden waren aufgelistet. Wer schüttete kein Spülmittel ins Aufwaschwasser, kein Waschmittel mit Phosphat in die Waschmaschine, fuhr verbleites Benzin? Wer konnte sich da freisprechen, durfte es?
Was bei alledem herauskam, war nicht meßbar, obwohl es die Zeitung eilfertig brachte, sogar das Fernsehen. Hängen blieb aber etwas, mit Widerhaken, im Gewissen.
Tröstlich war das letzte »Bild« der Verschwörer für die Welt: Um eine Handvoll Gänseblümchen in einem Topf hatten Kinder einen Kreis gebildet, hielten sich an den Händen, fröhlich, schützend. »Wenn alle helfen, blüht es!« stand auf einem Pappschild. Es gab doch noch Hoffnung, hieß das – wenn alle helfen. Dann sinkt die Arche Sylt nicht und nicht die **»Arche Welt«**.

79 Schöpfung

Umwelt

Biblischer Bezug: 1. Mose 6-8

Biblische Erläuterung: In der Sintflutgeschichte wird der Regenbogen zum Zeichen für Gottes dauerhaften Schutz des Lebens.

Kreativer Zugang: 169, 171, 172, 173, 183, 189, 190

Inhalt: Rainer entdeckt den Regenbogen in Stefans Garten. Dadurch beginnt er mit seiner Mutter ein Gespräch über dieBedeutung des biblischen Regenbogens als Zeichen Gottes.

Ein Regenbogen in Stefans Garten

Erzählung von Rolf Krenzer

Er ist so beschäftigt, daß er gar nicht merkt, wie nach einer Weile seine Mutter zu ihm ins Zimmer gekommen ist. »Komm mal schnell!« sagt sie und lächelt. »Das mußt du dir ansehen!«
Da läuft Rainer hinter ihr her zum Wohnzimmer. Dort öffnet die Mutter das Fenster und deutet nach draußen. Es regnet immer noch, aber nicht mehr so sehr wie vorhin. Es riecht frisch nach Regen. Und dicke Regentropfen sitzen auf der Fensterbank und auf den Blättern und dem Stamm des Baumes neben dem Fenster.
Aber dann entdeckt Rainer den Regenbogen. Einen so schönen Regenbogen hat er noch nie gesehen. Wie eine riesige farbige Brücke spannt er sich über das Tal. Und dort drüben ist sogar ein Stück des blauen Himmels zu sehen. Die dicke Wolkendecke ist aufgerissen, und die Sonne scheint bereits auf die Häuser drüben am Waldrand.
»Mutti!« sagt Rainer ganz aufgeregt und deutet mit dem Finger dorthin, wo der Regenbogen endet. »Er hört gerade dort auf, wo Stefan wohnt!«
Ja, wirklich, bei Stefan regnet es nicht mehr. Dort scheint bereits wieder die Sonne.
»Und hört es bei uns auch auf zu regnen?« fragt Rainer.
»Sicher!« sagt seine Mutter. »Es dauert nicht mehr lange. Wenn Gottes Regenbogen am Himmel steht, ist der Regen bald vorbei!«
»Warum ist es Gottes Regenbogen?« fragt Rainer. »Er ist wie eine Brücke von Gott zu den Menschen. Eine Brücke von den Menschen zu Gott!« sagt seine Mutter.
Und wie eine Brücke von mir zu Stefan!« meint Rainer und freut sich, als er feststellt, daß der bunte Regenbogen genau bis in Stefans Garten hinabreicht. Dorthin, wo sie ihre Hütte bauen wollten. »Vorhin dachte ich, ich könnte heute überhaupt nicht mehr zu Stefan gehen!« sagt er. »Aber wenn jetzt der Regenbogen am Himmel steht, regnet es auch bald bei uns nicht mehr.«

Seine Mutter nickt ihm zu. »Einmal hat Gott so viel Regen auf die Erde fallen lassen, daß die Flüsse über die Ufer traten und alles Land überschwemmten.« Rainer kennt die Geschichte, die ihm seine Mutter erzählen will. Er hat sie in der Schule gehört. Und sie haben auch ein Lied von Noach und dem Regenbogen gesungen.
»Die Menschen hatten Gott vergessen. Deshalb schickte Gott die große Flut!«
Nach und nach fällt ihm alles wieder ein, was ihnen der Lehrer erzählt hatte: »Gott sagte zu Noach, daß er ein großes Schiff bauen sollte. Und Noach tat, was Gott wollte. Die Leute machten sich über den alten Noach lustig. Keiner glaubte daran, daß Gott wirklich die große Flut schicken würde. Aber Noach holte alle Tiere in sein Schiff. Von jeder Tierart ein Paar!« Wieder nickte seine Mutter. »Die Welt ertrank in der großen Flut!« sagt sie. »Nur Noach und alle Menschen und Tiere in dem Schiff wurden von Gott gerettet.« »Warum mußten die anderen alle sterben?« Rainer versteht es nicht.

Weil sie nichts mehr von Gott wissen wollten. Weil sie seine Welt zerstört hatten.« Seine Mutter legt den Arm um ihn. »Genauso wie wir Menschen es heute wieder tun!« sagt sie dann. »Wir zerstören alles um uns herum. Die Bäche und Flüsse sind schmutzig, und die Bäume sterben. Wir machen Gottes Schöpfung kaputt.«
Rainer muß an den Bericht denken, den er letzten Sonntag im Fernsehen gesehen hat. Da hatten sie kranke Fische gezeigt. Die waren krank geworden, weil die Menschen Gift in das Meer gekippt hatten. Und viele Vögel waren elend zugrunde gegangen, weil ihre Federn voll Öl waren, das aus einem großen Schiff ausgelaufen war. Am Sonntag hatte Rainer schlecht einschlafen können, weil er immer wieder an die Bilder im Fernsehen denken mußte.
Einmal war sogar giftiger Regen gefallen. So giftig, daß man kein Gemüse und keinen Salat essen durfte. Rainer mußte zu Hause bleiben, als es regnete. Und im Sand spielen durften die Kinder auch nicht.
»Meinst du, Gott schickt wieder einen so furchtbaren Regen, der nie aufhört?« fragt er jetzt und blickt nach draußen. Es regnet immer noch, und die Regentropfen springen auf der Fensterbank. »Gott ärgert sich doch bestimmt, daß die Menschen alles vernichten und kaputt machen. Er sieht doch die kranken Tiere und die Bäume, die sterben müssen.«

Er sieht auch die Menschen, die davon krank werden!« sagt seine Mutter leise. »Du weißt doch, daß Tante Gerdas kleine Tochter ein paarmal im Krankenhaus war, weil sie solche Atemnot hatte, daß sie fast erstickt wäre. Und im letzten Jahr hatten wir hier Smogalarm. Da durfte kein Mensch mit dem Auto fahren. Alle Fenster mußten geschlossen bleiben, und niemand durfte auf die Straße!«
Rainer erinnert sich daran. Sogar die Schule war an diesem Tag ausgefallen. »Ich habe Angst, daß Gott wieder eine solche Flut schickt und wir alle untergehen!« sagt Rainer und drückt sich fest an seine Mutter.
»Nein, das wird Gott niemals wieder tun!« sagt seine Mutter und zeigt auf den Regenbogen, der jetzt noch heller strahlt als vorhin. Er leuchtet in vielen Farben und spannt sich wie eine Brücke aus kostbarsten Edelsteinen über den Himmel. Unzählige farbige und leuchtende Wassertröpfchen bilden eine Brücke, die so leicht und schwerelos ist, daß keines Menschen Fuß sie je betreten kann. »Gott hat einen Bund mit den Menschen geschlossen. Damals, als er Noach und seine Familie rettete, damals, als die Tiere aus dem Schiff herauskamen. Er wird niemals wieder die Erde und die Menschen vernichten. Das hat er den Menschen versprochen. Und der Regenbogen ist das Zeichen, daß Gott sein Versprechen hält!«
»Und das Ende des Regenbogens ist in Stefans Garten!« sagt Rainer. »Vielleicht ist das Gottes ganz besonderes Zeichen!«
Seine Mutter lächelt. Dann streckt sie ihre Arme weit hinaus aus dem Fenster. »Sieh nur, es hat aufgehört zu regnen!« ruft sie und lacht.

Umwelt

Biblischer Bezug: 1. Mose 6-8 in Auswahl

Biblische Erläuterung: Die Sintflutgeschichte will den Menschen in Verantwortung nehmen, mit der Schöpfung nach Gottes Willen umzugehen.

Kreativer Zugang: 169, 170, 171, 183, 189, 190, 212

Inhalt: Arnes Familie bricht einen Italienurlaub wegen der Algenplage ab. Wulfs Eltern sind an einer Greenpeace-Aktion zur Rettung von Robben beteiligt. Wulf und Arne wollen sie besuchen.

Statt Urlaub Robben retten

Erzählung von Rolf Krenzer

Daß Arne jetzt mitten in den Sommerferien anrufen würde, nein, damit hätte Wulf niemals gerechnet. Aber es war wirklich so. Arne, der bis zum Ferienende mit seinen Eltern in Italien bleiben wollte, war bereits wieder zurück und freute sich riesig, daß Wulf zu Hause war. »Es war nichts mit dem Schwimmen und Schnorcheln!« sagte Arne, und Wulf spürte deutlich, wie enttäuscht er war. »Zuerst haben wir viel länger gebraucht als sonst. Wir haben stundenlang im Stau gesteckt. Und dann waren diese widerlichen Algen überall.« »Warst du nicht im Wasser?« fragte Wulf. »Nicht ein einziges Mal!« antwortete Arne düster. »Wärst du da hineingegangen?« Wulf schüttelte sich. Arnes Eltern hatten deshalb den Urlaub abgebrochen. Gestern abend waren sie wieder nach Hause gekommen. »Mein Vater ist vielleicht wütend!« fügte Wulf noch hinzu. »Er hat nur einmal im Jahr ein paar Wochen Urlaub. Und jetzt ist ihm alles wegen der Algen vermiest worden! Eine Stinklaune ist bei uns zu Hause!« »Komm doch einfach zu mir rüber!« schlug Wulf sogleich vor. »Meine Eltern sind an die Nordsee gefahren. Ich habe viel Zeit!«

Haben sie dich nicht mitgenommen?« war Arnes erste Frage, als ihm Wulf kurze Zeit später die Tür öffnete. »Kinder können da nicht mit!« Wulfs Stimme klang etwas traurig. »Dafür ist aber meine Oma die ganze Zeit hier. Und das ist auch schön. Wir haben es uns richtig gemütlich gemacht. Gestern waren wir den ganzen Tag mit dem Auto unterwegs.« »Mit deiner Oma?« Arne blickte ihn verwundert an. »Was dachtest du denn?« Wulf lachte. »So alt ist doch meine Oma noch nicht. Und sie fährt besser als mein Vater. Das behauptet jedenfalls meine Mutter!« Und bevor Arne noch etwas sagen konnte, rief Wulf gleich: »Übermorgen fahren wir zu meinen Eltern. Wenn du Lust hast, kannst du mitkommen!«
Das mußte schon ein seltsamer Urlaub sein, zu dem Eltern ihre Kinder nicht mitnehmen konnten. Arne brauchte gar nicht viel zu fragen, da erzählte es Wulf ihm. »Du hast doch auch von dem Robbensterben gehört?« fragte Wulf. »Natürlich!« Arne nickte. »Die Zeitungen waren doch voll davon. Und in der Schule haben wir auch darüber gesprochen.

Wahrscheinlich liegt es an den vielen Giftladungen, die die Schiffe einfach in die Nordsee kippen. Gefährlicher Müll aus den Fabriken und all die giftigen Säuren, die niemand haben will!« »Meine Eltern sind bei Greenpeace!« sagte Arne so, als wäre es das Selbstverständlichste von der Welt. »Sie sind mit einigen anderen an der Nordsee und versuchen, kranken Seehunden zu helfen und andere zu retten, besonders die jungen Robben.« »Die Heuler!« Wulf nickte. »Mein Vater hat in diesem Jahr seinen ganzen Urlaub dafür genommen. Deshalb fahren wir nicht zusammen fort wie sonst.« »Seinen ganzen Urlaub?« fragte Arne und schluckte. Er mußte für einen Augenblick an seinen eigenen Vater denken. Wie hatte er gestern auf der Heimreise im Auto geschimpft, daß ihm sein Urlaub wegen der Algen verdorben worden war. Dabei hatte er noch vierzehn Tage Urlaub zu Hause. Und er hatte auch bereits Pläne, was er alles noch tun wollte. »Die anderen von Greenpeace machen es doch auch so!« Wulf fand überhaupt nichts dabei. »Es geht schließlich darum, so viele Robben wie möglich zu retten!« Er dachte kurz nach und meinte dann: »Es ist auch für ihn etwas ganz anderes als sonst seine Arbeit im Büro.

Ein Urlaub, der sich lohnt, haben meine Eltern gesagt.« »Für die Robben!« »Sicher auch für meine Eltern. Nur mir gegenüber haben sie ein schlechtes Gewissen. Dabei bin ich so froh, daß ich meine Oma ganz für mich allein habe! Ehrlich, so sind die Ferien auch schön!« »Und warum kannst du nicht mit?« »Ich bin noch zu jung. Es ist zu gefährlich für Kinder, sagt mein Vater. Aber wenn ich älter bin, bin ich ganz bestimmt auch dabei!« »Vielleicht kippen sie dann nicht mehr alles ins Meer«, sagte Arne, »oder es gibt keine Robben mehr!« »Hör auf!« Arne knuffte seinen Freund ärgerlich. »Es ist schon schlimm genug, daß die Erwachsenen immer noch nicht einsehen, was sie alles anrichten!« Arne legte ihm versöhnlich die Hand auf seinen Arm. Wulf war ihm bereits wieder gut. »Es geht nur darum, daß sie immer noch mehr Geld verdienen wollen, sagt mein Vater. Deshalb fragen sie nicht danach, was mit dem Meer und den Robben geschieht!« »Und jetzt kannst du zu deinen Eltern?« fragte Arne nach einer Weile. »Sie lösen sich mit anderen ab. Und ab morgen haben sie ein paar Tage frei!« »Meinst du wirklich, ich könnte mitkommen?« Arne war ganz aufgeregt. »Du kennst doch meine Eltern! Sie würden dich bestimmt nicht zurückschicken. Außerdem bleiben wir nur zwei oder drei Tage dort oben. Und wenn sie kein Bett für dich haben, schlafen wir eben zusam-

men in meinem!« »Ich kann ja meinen Schlafsack mitnehmen!« Arne war sofort Feuer und Flamme. Vielleicht würden die paar Tage an der Nordsee interessanter als der ganze verdorbene Urlaub in Italien. Und wenn es was zu helfen gab, da würde er sicher zupakken. Jetzt ging es nur noch darum, seine Eltern davon zu überzeugen, daß er dringend mitfahren mußte! »Und wenn man nur dabei helfen kann, ein gerettetes Robbenbaby zu füttern«, sagte er.
»Einen Heuler!« verbesserte Wulf ihn und lachte. Mit Arne zusammen würde er noch einmal so gern fahren. Schließlich war Arne sein bester Freund.

Schutzengel 81

Engel

Geborgenheit

Biblischer Bezug: Psalm 91
Biblische Erläuterung: Unter Gottes Schutz
Kreativer Zugang: 113, 122, 123, 146, 147
Inhalt: Tanja entgeht ganz knapp einem schweren Unfall. Hat sie einen Schutzengel gehabt? Angela spricht mit ihrer Mutter darüber.

Tanjas Engel

Erzählung von Wolfgang-Jürgen Stark

Frau Reinhardt stand der Schreck noch im Gesicht geschrieben, als sie mit der plärrenden Tanja zu Angelas Mutter kam. »Was ist denn mit euch beiden los?« So wurde Frau Reinhardt schon unter der Tür empfangen. Und es sprudelte nur so aus ihr heraus: »Wir waren schon auf dem Zebrastreifen, als der Laster noch um die Kurve kam. Ich höre noch das Kreischen der Bremsen. Tanja fiel vor Angst zu Boden und lag direkt vor dem breiten Vorderreifen des Lasters . . .« – »Na, da hat Tanja aber einen Schutzengel gehabt«, stieß Angelas Mutter teilnahmsvoll hervor, »da kann man nur Gott auf den Knien danken!« Tanja schluchzte immer noch und drückte das Gesicht in den Schoß ihrer Mutter. Es dauerte lange, bis sie sich beruhigt hatte. Dann nahm sie Frau Reinhardt auf den Arm, als sie nach Hause gingen.
»Die hat wirklich einen Schutzengel gehabt«, murmelte Angelas Mutter noch vor sich hin, als sie von der Tür zurückkam. »Mutti, was ist ein Schutzengel?« will Angela wissen. »Wie sieht der denn aus? Hat er große gefaltete Flügel und lange blonde Haare?« – »Wie kommst du denn darauf?« – »So sehen doch alle Engel aus, die auf Bildern gemalt sind oder die jetzt in den Weihnachtsschaufenstern zu sehen sind.« – »Natürlich nicht! Das ist doch nur Weihnachtsschmuck!« – »Wie dann?« – »Ja, Angela, das ist schwierig. Ich weiß auch nicht, wie Engel aussehen, aber ich glaube, daß alle Kinder einen Schutzengel haben. Jesus hat das einmal so gesagt.« – »Hab' ich auch einen? Kann ich den sehen oder mit ihm reden?« – »Paß auf, ich will dir's anders erklären. Ich glaube, daß jeder Mensch Gott so wichtig ist, daß er ihn schützen und führen will. Weil man sich Gott aber nicht wie einen Menschen vorstellen kann, könnte man sagen: Gott läßt an seiner Stelle jemand auf einen Menschen aufpassen. Den nennt man dann ›Engel‹, einer, durch den Gott uns schützt und begleitet.« – »Aber, Mutti, du paßt doch auf mich auf. Bist du denn auch ein Engel?« – »Vielleicht? Auch Menschen können Engel sein. Sie erinnern uns an Gottes Handeln.« – »Du, Mutti, wenn ich am Abend manchmal auf Timo aufpasse – bin ich dann auch ein Engel?« – »Ganz sicher. Überhaupt bist du immer unser Engel, Du heißt auch so. Denn Angela heißt Engel.« – »Warum habt ihr mir so einen Namen gegeben?« – »Er kann dich daran erinnern, daß Gott dich liebhat und jeden Tag im Leben begleiten will. Denn: ›Gott hat seinen Engeln befohlen, daß sie dich behüten auf allen deinen Wegen‹.«

82 Sonntag

Spielen

Arbeiten

Schöpfung

Zeit

Sinn

Biblischer Bezug: Psalm 104
Biblische Erläuterung: Lob der Schöpfung (siehe 169)

Kreativer Zugang: 126, 167, 169, 180, 218, 219, 220, 221

Inhalt: Eine Anregung, das Leben nicht erst im Alter zu genießen.

Ihr Weißen seid verrückt

Erzählung von Ruth Dirx

Ein Indianer sagte zu einem amerikanischen Wissenschaftler: »Ihr Weißen seid verrückt! Von euren Maschinen getrieben, schuftet ihr wie die Wilden, bis ihr sechzig seid. Dann, wenn ihr schon zu alt dafür seid, fangt ihr an zu fischen, zu reisen, zu genießen. Wir verteilen die angenehmen Stunden über das ganze Leben. Ist das nicht vernünftiger?«

83 Streiten

Frieden (schließen)

Ausländer

Rassismus

Biblischer Bezug: Matthäus 5, 38-42
Biblische Erläuterung: Nicht Gleiches mit Gleichem vergelten

Kreativer Zugang: 110, 111, 112, 125, 132, 184, 205, 206, 209

Inhalt: Achim prügelt sich beim Fußball mit einem Mitspieler und fliegt raus. Er fühlt sich ungerecht behandelt. Doch es zeigt sich, daß er den Kampf provoziert hat.

Das ist doch ungerecht!

Erzählung von Annette Kinder

»Dürfen wir in die Sporthalle und beim Fußball zusehen? Achim spielt mit, und wir müssen ihn anfeuern!« Es fällt mir nicht leicht, Stefan, Andreas und den anderen Fußballfans der Klasse 6 b diese Bitte abzuschlagen. Aber ich darf Mathestunden nicht einfach ausfallen lassen, und wir beginnen mit dem Rechnen.

Mitten in der Stunde kommt Achim herein und setzt sich geräuschvoll auf seinen Platz. Ich sehe ihn erstaunt an und frage: »Ist das Turnier schon zu Ende?« Da platzt es aus ihm heraus: »So eine Gemeinheit! Ich bin rausgeflogen! Aber das ist ungerecht, denn der andere hat angefangen!« Aufgeregt schimpft er und spart dabei nicht mit Kraftausdrücken.

Achim ist ein guter Fußballspieler. Ich kann verstehen, daß er böse ist, wenn er nicht mehr mitspielen darf. Vielleicht wird unsere Schulmannschaft deswegen verlieren. Aber warum, was ist geschehen? Nach und nach bekommen es die Klassenkameraden heraus. Achim hat sich mit einem türkischen Schüler aus einer anderen Schule geprügelt. »Wenn der mich so ins Gesicht boxt, daß ich Nasenbluten kriege, dann darf ich doch wohl zurückschlagen, oder?«

Die meisten Schüler stimmen ihm zu, und Sven versichert: »In der Bibel heißt es auch ›Auge um Auge, Zahn um Zahn‹!«

»Stimmt«, meinen die anderen, und ich wundere mich, daß dieses Wort so bekannt ist. Aber kein Schüler weiß, daß Jesus weiter sagt: »Ich aber sage euch, ihr sollt euch dem Bösen überhaupt nicht widersetzen.«

»Das geht nicht«, meint Karen, »man muß sich doch wehren dürfen!« Alle finden es richtig, daß der fremde Schüler vom weiteren Spiel ausgeschlossen wurde. Daß auch Achim nicht mehr mitspielen darf, ist in ihren Augen ungerecht. »Muß man sich wirklich alles gefallen lassen? Hat Jesus das so gemeint?« Den Mädchen und Jungen fällt es schwer zu verstehen, daß Jesus von uns sogar noch mehr erwartet. Wir sollen uns nicht wehren und außerdem noch etwas ganz Unerwartetes tun. Wenn mir zum Beispiel jemand böse ist und eine Ohrfeige gibt, dann soll ich ihm zu seinem Erstaunen auch die andere Wange hinhalten. Er wird sich gewiß wundern und vielleicht merken, daß ich ihn nicht als meinen Feind betrachte.

Alle Feindschaft in der Welt kön-

nen wir ohnehin nicht abschaffen. Aber jeder von uns kann kleine Schritte zum Frieden tun.
Am Ende der Stunde fragt Susanne: »Sag mal, Achim, warum hat dich der andere eigentlich verprügelt?« Darauf bekommen wir bis zum Klingeln keine Antwort.
Später erzählt mir ein Sportlehrer, Achim habe dem Türkenjungen zugerufen: »Her mit dem Ball, du dreckiger Neger!«
Morgen gehe ich wieder in die 6 b. Ob wir einen kleinen Schritt in Richtung Frieden weiterkommen?

Versöhnung

Freundschaft

Frieden

Biblischer Bezug: 1. Mose 13, 1-12
Biblische Erläuterung: Es soll kein Streit sein

Kreativer Zugang: 125, 127, 131, 132, 133, 184, 198, 204, 205, 206, 207

Inhalt: Tanja und Mark haben Streit. Viele angestaute Kleinigkeiten führen dazu. Nach einem Rezept der Mutter probiert Tanja, den Streit wieder aus der Welt zu schaffen - mit Erfolg.

Tanjas Steine

Erzählung von Isolde Heyne

Der Streit brach wegen einer Nichtigkeit aus. Dann gab es böse Worte, schließlich rannten Tanja und Mark auseinander. Jeder in eine andere Richtung. Tanja war tief verletzt. Ihre Mutter spürte, daß sie schwer an diesem Streit zu kauen hatte. »Worum ging es denn?« fragte sie. Genau konnte Tanja das gar nicht sagen, da war eins zum anderen gekommen. »Kein Wort rede ich mehr mit Mark«, sagte sie. »Nie mehr!«
»Man soll nie ›nie‹ sagen«, meinte Tanjas Mutter. Vielleicht bist du auch ein bißchen schuld?«
»Ich? Nie!«

Abends fand Tanja auf ihrem Kopfkissen ein Buch. Bei einer Geschichte hatte ihre Mutter einen Zettel hineingelegt. Tanja las vor dem Zubettgehen die Erzählung von den Brüdern aus dem alten China. Sie fand die Idee gut, daß die Brüder nach einem Streit an ein Wasser gingen und Steine hineinwarfen. Mit jedem Stein schrien sie den Ärger über den anderen aus sich heraus. Dann vertrugen sie sich wieder. Aber das war doch nicht mit ihr und Mark zu vergleichen! Mark hatte sie schwer gekränkt, wegen einer Kleinigkeit.
Aber waren da nicht im Laufe der Zeit zu viele an solchen Kleinigkeiten zusammengekommen, die den heutigen Streit ausgelöst hatten?
Tanja dachte an die Sache mit den Tulpen – erst abends war Mark eingefallen, daß seine Oma Geburtstag hatte. Ohne zu fragen hatte er damit angefangen, die Tulpen aus ihrem Garten abzuschneiden. Hätte er gefragt, ich hätte ihm die schönsten gegeben, dachte Tanja. So aber war es zum Krach gekommen.

Dafür war Tanja am nächsten Tag beim Sport in die Gegenmannschaft gegangen, und die Niederlage seiner Mannschaft war ihrer Treffsicherheit zu verdanken gewesen.
Oder die Sache mit dem Wandertag. Tanja hatte genau gesehen, daß Marks Trinkflasche im Bus liegenblieb. Bei der Rast hatte sie ihm nichts angeboten. Und so war das bei vielen anderen Gelegenheiten auch gewesen. Einer hatte dem anderen wehgetan. Bis heute.
Tanja dachte: Wenn das mit Steinen so einfach aus der Welt zu schaffen wäre! Es tut weh, mit jemand im Streit zu leben, den man mag.

Am nächsten Tag lief Mark ohne Gruß an ihr vorbei, als er sie auf dem Schulweg überholte. Tanja hatte eine Plastiktüte dabei, in die sie schöne runde Steinchen sammelte. Sie verriet auch nicht, was es mit den Steinen auf sich hatte, als die anderen in der Klasse sie danach fragten. Sie wollte Mark neugierig machen. Aber der fragte nicht. Es war ein schöner Nachmittag. Tanja wußte, daß sich Mark oft mit seinem ferngesteuerten Schiff am Fluß aufhielt. Sie sah ihn schon von weitem, wie er das Schiff bis zur Flußmitte steuerte und dann wieder zurückholte, wie er es große Bogen fahren ließ und zwischen den Enten hindurchbugsierte. Sie setzte sich ein Stückchen abseits. Dann warf sie ein Steinchen nach dem anderen in den Fluß und rief ihren Ärger auf Mark hinterher. Nach einer Weile kam Mark zu ihr. »Was machst du denn da?« fragte er. »Ich rede mit dir!« sagte Tanja. Wieder flog ein Stein mit einem Vorwurf in hohem Bogen in den Fluß. Mark begriff schnell. Er nahm einen Stein und warf ihn ins Wasser. Dazu rief er laut, was ihm an Tanja mißfallen hatte. . .

Sie brauchten gar nicht alle Steine, die Tanja gesammelt hatte. Die Plastiktüte war noch halbvoll, als sie lachend mit dem Spiel aufhörten.

»Prima Idee!« sagte Mark. Und dann: »Willst du mal mein Schiff fernsteuern?«

»Ja«, sagte Tanja. »Bis nach China.«

85 Umwelt

Technik

Schöpfung (bewahren)

Biblischer Bezug:	Jona 3, 1-9; 1. Mose 2, 15
Biblische Erläuterung:	Noch rechtzeitig umgekehrt
Kreativer Zugang:	169, 170, 171, 172, 173, 183, 189, 190, 195
Inhalt:	Männer in Schutzanzügen entführen Natascha und Oleg aus dem Wald. Man bringt sie nach Hause. Von der Lehrerin erfahren sie, daß ein Atomreaktor explodiert ist. Sie sollen umgesiedelt werden.

Es geschah am 26. April 1986

Erzählung von Hans Hoffmann

Natascha und Oleg gehen die Landstraße entlang nach Süden. Die Gegend ist ganz flach, deshalb können sie den Wald schon von weitem sehen.

»Glaubst du, die Vögel sind schon wieder alle da?« fragt Oleg. »Ganz sicher«, antwortet Natascha, »heute ist doch schon der 26. April. Und schau doch da!« Sie zeigt in die Luft. Weiße Kirschenblüten schweben in der Luft, werden vom Wind weitergetragen.

Die beiden wollen im Wald den Vogelstimmen lauschen, und sie möchten herausbekommen, wie viele verschiedene Vogellaute sie unterscheiden können. Ihre Lehrerin, Frau Charschunowa, hat gesagt: »Es wäre schön, wenn ihr zudem in der Biologiestunde ein paar Vogelstimmen nachmachen könntet. Wir wollen dann gemeinsam herauszufinden versuchen, um welche Vogelarten es sich dabei handelt.«

Dort, wo der Wald anfängt, steht ein Schild mit der Aufschrift: **Tschernobyl 89 km.** In dem Augenblick, in dem Natascha und Oleg in den Wald hineingehen wollen, hält ein Lieferwagen, der hinten ganz geschlossen ist. Der Fahrer springt heraus, packt die beiden an den Armen, schubst sie in den dunklen Laderaum, schließt die Tür und läuft zurück zum Fahrersitz. Er trägt genauso wie sein Beifahrer einen weißen Schutzanzug, der auch den Kopf verdeckt. Vorne sind nur zwei Sehschlitze und ein kleines Atemloch.

Das Auto fährt sehr schnell. Natascha und Oleg schreien, schlagen und treten gegen die Vorderwand, doch die Männer rasen weiter, so als würden sie verfolgt. Durch eine kleine Luke können Natascha und Oleg in das Führerhäuschen schauen. Sie fahren gerade durch ihr Dorf. Eine Frau schaut aus dem Fenster, doch sie achtet nicht auf das Auto. Der Beifahrer hält von Zeit zu Zeit ein schwarzes Kästchen durch das geöffnete Fenster und schaut dann, wohin der Zeiger tanzt. Er tanzt ziemlich weit rechts. Sie rasen weiter. Oleg sagt: »Ob die uns entführen wollen?«

»Nein«, antwortet Natascha, »unsere Eltern haben kein Geld, deshalb könnten Entführer von ihnen kein Geld erpressen.« »Vielleicht sind es Wesen von einem anderen Stern, die die Erde erobern wollen«, sagt Oleg. Natascha zuckt die Schultern. Sie sieht sich im Fernsehen niemals Zukunftsfilme an. Tierfilme sind ihr lieber.

Wieder hält der Beifahrer das Kästchen durch das Fenster. Der Zeiger ist jetzt ziemlich weit links. Sie halten. Die Männer ziehen ihre weißen Schutzanzüge aus und verbrennen sie in einem Feld. Dann lassen sie Natascha und Oleg heraus. Der Fahrer sagt: »Gleich kommt ein Dorf. Dort ist auch eine Tankstelle. Wartet da, bis ein Auto kommt, das euch wieder zurück nach Hause mitnimmt. Noch etwas: Geht nicht in den Wald, spielt überhaupt nicht draußen, wascht euch, wenn ihr draußen etwas angefaßt habt.«

»Warum?« fragt Oleg. »Es ist etwas passiert«, sagt der Fahrer. »Und jetzt los!«

Zu Hause erzählen Natascha und Oleg, was sie erlebt haben. Nataschas Mutter meint: »Das waren zwei Verrückte.« Ihr Mann sagt: »Am besten ist, wir fragen Frau Charschunowa, was wohl mit den beiden Männern gewesen sein könnte.« Die Lehrerin hört sich alles an, fragt

zweimal: »Kamen sie aus Richtung Tschernobyl?« Natascha und Oleg nicken. Frau Charschunowa wird ganz ernst. Nataschas Eltern fragen: »Was ist?« Die Lehrerin antwortet: »Ich bin noch nicht ganz sicher. Natascha und Oleg, ihr geht in jedes Haus und sagt, niemand soll mehr in den Wald und auf die Felder gehen.«
Zwei Tage später gibt das Fernsehen bekannt, daß in Tschernobyl ein Atomreaktor explodiert sei. Dabei sei radioaktive Strahlung freigesetzt worden. Die Leute sollten vorerst Ruhe bewahren.
Aber die Leute sind unruhig. Sie versammeln sich mit ihren Kindern in der Schule und bitten Frau Charschunowa, ihnen zu erklären, was passiert ist.

Die Lehrerin erklärt, radioaktive Strahlung sei ein ganz besonderer Feind. Man könne ihn nicht schmecken und nicht riechen, man könne ihn nicht hören, sehen oder fühlen. »Dann muß es das Werk böser Geister sein!« ruft eine Frau. »Nein«, sagt Frau Charschunowa ruhig, »das ist kein böser Zauber und keine Hexerei, sondern Menschenwerk, und weil es von Menschen kommt, kann und muß es auch von Menschen wieder in Ordnung gebracht werden.« Sie erklärt, die radioaktive Strahlung könne zu Blutarmut, Blutkrebs und anderen Krankheiten führen. Man müsse von der Regierung fordern, daß alle Menschen aus der Gegend von Tschernobyl so schnell wie möglich umgesiedelt würden. Bis dahin sollten alle sorgen, nicht mit Holz, Pflanzen und Staub in Berührung zu kommen.

Da die Kinder jetzt nicht mehr in den Wald können, richtet die Lehrerin mit ihnen in einem Nebenraum der Schule einen künstlichen Wald ein. Unverstrahltes Holz wird in sandgefüllte Eimer gesteckt: das sind die Bäume. Auf ihnen sitzen ausgestopfte oder aus Karton ausgeschnittene Vögel. Die Kinder malen weitere Tiere und Pflanzen. Natascha bringt eine lebende Maus mit, die sich in dem Klassenwald offenbar recht wohl fühlt. Die Kinder mögen ihn auch, doch sie möchten in den richtigen Wald zurück. Sie schreiben Briefe in alle Welt. Darin steht: »Wir sind wie Gefangene. Wir sind traurig, aber nicht verzweifelt. Sorgt überall dafür, daß sich so etwas wie in Tschernobyl niemals wiederholt!«

Was ist unsere Antwort auf diesen Brief?

Unrecht 86

Biblischer Bezug: Lukas 22, 47-53(54)
Biblische Erläuterung: Jesus wird eingesperrt
Kreativer Zugang: 104, 134, 135, 143, 145, 174, 191, 192
Inhalt: Die Erfahrung von Unrecht im eigenen Land hilft Antje P., bei Amnesty International für zu Unrecht Gefangene zu arbeiten.

Verfolgung

Amnesty International

Gefangene

Helfen

Randgruppen

Ich wollte Menschen helfen, die verfolgt werden

Erzählung von Antje Paetzoldt

Ich war etwa 12 Jahre alt, als ich erfuhr, daß es in Deutschland eine Zeit gegeben hatte, in der viele Menschen fliehen mußten. Sie flohen, weil sie verfolgt wurden. Verfolgt, weil sie einen anderen Glauben hatten, verfolgt, weil sie anders aussahen. Sie gingen einfach fort. Sie verließen das Haus, in dem schon ihre Eltern gewohnt hatten. Sie verließen den Garten, dessen Ecken und Winkel sie genau kannten. Und sie verließen ihre Freunde. Sie wußten nicht, ob sie jemals wieder ein Haus, einen Garten oder Freunde haben würden. Ich war sehr traurig, als ich davon erfuhr, und ich wünschte mir damals, daß es nie wieder so etwas geben würde.
Ich wurde erwachsen, und wenn ich durch unsere Stadt ging, begegnete ich Menschen, die eine andere Hautfarbe hatten, die andere Kleider trugen. Woher kamen sie, warum waren sie hier? Ich war neugierig, aber ich hatte nicht den Mut, diese Menschen anzusprechen. Nachdem ich darüber gelesen hatte, daß viele von ihnen nach Deutschland gekommen waren, weil sie in ihrem Heimatland Angst davor hatten, verhaftet oder getötet zu werden, erinnerte ich mich an meinen Wunsch von damals ...
Es war im September 1983, ein Samstag. Ich hatte meine Einkäufe erledigt und ein wenig Zeit, mir die Schaufenster anzusehen. Plötzlich sprach mich ein junger Mann an:

»Wir möchten Sie gerne über die Arbeit von amnesty international informieren. Unsere Aufgabe ist es, Gefangene zu betreuen, die ohne Schuld im Gefängnis sitzen. Wir versuchen, diesen Menschen zu helfen . . .« Während ich dem jungen Mann zuhörte, fiel mein Blick auf Plakate, Fotos und Bücher, die auf einem Tisch lagen. ai, zwei Buchstaben waren es, die meine Aufmerksamkeit erregten. Ich nahm eines der kleinen Hefte in die Hand und begann zu lesen: Amnesty international wurde 1961 von dem englischen Rechtsanwalt Peter Benenson gegründet und ist heute in mehr als 150 Ländern der Erde vertreten. Die Organisation bemüht sich darum, daß politische Gefangene, die keine Gewalt angewendet haben, freigelassen werden. Amnesty international fordert die Abschaffung der Todesstrafe in allen Ländern der Erde, daß alle politischen Gefangenen gerecht behandelt werden . . .
Während ich las, mußte ich an die Menschen denken, denen ich auf den Straßen begegnete, die anders aussehen als wir, die andere Kleider tragen. »Helft ihr auch denen?« fragte ich den jungen Mann. »Ja, wir helfen auch denen. In Deutschland gibt es ein Gesetz, nach dem jeder Mensch, der in seiner Heimat verfolgt wird, hier Schutz finden und in Frieden leben kann.«
Lange noch sprach ich mit dem jungen Mann. Eine Woche später schon wurde ich Mitglied von amnesty international. Heute kenne ich die Menschen gut, die mir noch vor 3 Jahren fremd waren: Ahmed aus dem Libanon, Iwan und Loku aus Sri Lanka, Khalid aus dem Irak, Sawar aus Afghanistan und viele andere. Sie kommen in mein Haus. Wir sind Freunde geworden.

87 Verantwortung

Veränderung

Vertrauen

Armut

Sterben

Biblischer Bezug: Josua 1, 1-11

Biblische Erläuterung: Gott hält, was er verspricht. Unbekanntes und Neues erleben im Vertrauen auf Gott

Kreativer Zugang: 124, 134, 135, 137, 146, 147, 193, 194, 195, 202, 203, 204, 213

Inhalt: Armut zwingt eine Familie auszuwandern. Beim Ausbruch einer Seuche sterben Vater, Mutter und die älteren Geschwister, so daß die Verantwortung für die Geschwister auf der zwölfjährigen Elsbeth ruht.

Elsbeth schafft es

Erzählung von Gudrun Pausewang

Vor etwa hundert Jahren, als es den meisten Leuten in unserem Land noch nicht so gut ging wie jetzt, entschloß sich ein armer Weber aus Hessen, mit seiner Frau und seinen sechs Kindern nach Amerika auszuwandern. Denn in seiner Heimat verdiente er nicht genug, um seine Familie sattzumachen.

Eine Reise nach Amerika war damals ein gefährliches Unternehmen. Sie dauerte viele Wochen auf einem Dampfschiff. Nicht wenige Schiffe gerieten in Seenot und gingen unter. Ansteckende Krankheiten brachen unter den Passsagieren aus, und viele von ihnen starben, bevor sie die Küste Amerikas zu Gesicht bekommen hatten. Das war auch kein Wunder: In den Räumen des Zwischendecks, in dem sich die Passagiere aufhalten mußten, die nicht genug Geld besaßen, um sich eine Kabine leisten zu können, war es unerträglich. Da standen Reihen von Stockwerkbetten dicht an dicht. Dazwischen drängten sich die Reisenden. Der Lärm war nicht zum Aushalten, die Luft war stickig, die Räume waren halbdunkel, und das Essen war schlecht. Wurde das Meer unruhig, übergaben sich viele Passagiere. Und die meisten von ihnen litten an Heimweh.

Auch auf diesem Schiff brach eine Seuche aus: Typhus. Der Weber und seine Frau samt dem jüngsten Kind, einem Säugling von sechs Monaten, steckten sich an. Zuerst starb die Mutter mit dem Kind. Als der Vater erkannte, daß es auch mit ihm zu Ende ging, sagte er zu seiner ältesten Tochter Wilma: »Nun mußt du dich um deine Geschwister kümmern. Du bist ja schon vierzehn Jahre alt. Bleibt immer zusammen, hörst du?«
»Ja, Vater, ich versprech dir's«, schluchzte Wilma, und als der Vater hinausgetragen worden war, kümmerte sie sich um die verstörten Geschwister: die zwölfjährige Elsbeth, den achtjährigen Heiner, den fünfjährigen Willi und die dreijährige Katrin. »Heult nicht«, sagte sie zu den Großen, und den Kleinen putzte sie die Nasen.

– Aber ein paar Tage später wurde auch sie krank.
»Jetzt bist du dran«, sagte sie zu Elsbeth. »Halte sie zusammen.«
»Aber sie werden mir nicht folgen«, sagte Elsbeth. »Sie haben immer nur dir gefolgt.«
»Gehorcht ihr«, sagte Wilma zu den jüngeren Geschwistern, »sonst schafft sie's nicht. Versprecht mir das.«
Sie versprachen es. Als Wilma nicht mehr da war, folgten sie der Elsbeth, die jetzt die Älteste war.

Solange die Reise dauerte, kümmerten sich die anderen Passagiere um die vier Waisen. Ein Stuttgarter Ehepaar wollte die kleine Katrin zu sich nehmen, ein Gießener Ehepaar den Willi, eine Frau aus dem Schwarzwald die Elsbeth. Für den Heiner hätte sich wohl auch jemand gefunden. Aber Elsbeth schüttelte nur den Kopf und sagte: »Wir sind Geschwister. Wir bleiben zusammen. So wollte es unser Vater.«
»Dummes Ding«, sagten die Leute, »wie willst du deine Geschwister denn durchbringen, wo du doch selber noch ein Kind bist?«
Und so kam's, daß die vier Weberkinder eines Tages mitten in der großen Stadt New York an einer Straßenecke, wo man sie abgesetzt hatte, auf ihrem Gepäck hockten, das viel zu schwer war, als daß sie es hätten irgendwohin schleppen können.
»Und jetzt?« fragte Heiner. »Ich habe Hunger.«
Die Kleinen weinten. Sie hatten auch Hunger. Sie waren müde von all der Aufregung und weil's auch schon Abend wurde. Regenwolken zogen sich über den hohen Häusern zusammen. Elsbeth und Heiner zerrten das Gepäck in einen nahen Hausflur. Aber da erschien eine dicke Frau und scheuchte sie in einer Sprache, die sie nicht verstanden, wieder auf die Straße.

»Heult nicht«, sagte Elsbeth zu ihren Geschwistern, genauso, wie Wilma »Heult nicht!« zu ihnen gesagt hatte. »Ich geh jetzt Brot kaufen.«
Sie kramte den Geldbeutel ihres Vates aus der großen Tragetasche, befahl dem Heiner, auf die Kleinen aufzupassen, und machte sich auf den Weg, eine Bäckerei zu suchen. In der nächsten Bäckerei konnte sie nur mit dem Finger auf ein Brot zeigen und wollte mit deutschen Münzen zahlen. Die Bäckersfrau war gutmütig und ahnte wohl Elsbeths Not. Sie schenkte ihr ein Vierpfundbrot. Elsbeth konnte sich nicht einmal bedanken. Mit dem Brot im Arm stürmte sie zu den Geschwistern zurück, die ihr vor Freude entgegensprangen. Sie mußten Stücke aus dem Brot reißen, weil sie kein Messer hatten. Aber sie wurden satt und wieder zuversichtlich.

Als es dunkel wurde, sagte Elsbeth entschlossen zu Heiner: »Ich geh jetzt ein Dach suchen, unter dem wir die Nacht über trocken bleiben. Es kann eine Weile dauern. Wenn die Kleinen müde sind, laß sie schlafen. Und behalt das Gepäck im Auge.«
»Verirr dich nicht«, jammerte Heiner. »Was mach' ich sonst?«
Elsbeth verirrte sich nicht. Sie merkte sich bestimmte Zeichen: ein Reklameschild, eine Fahne, einen kleinen Park. Sie ging immer geradeaus, bis ihr neben einem angefangenen Kirchenbau eine Baubude ins Auge fiel. Die Bude war verschlossen. Durch ein offenes Fenster spähte sie hinein. Sie sah ein paar Pritschen, staubige Männerkleider und Arbeitsgerät. Die Pritschen waren leer.
Da rannte sie zurück, ließ Heiner beim Gepäck, holte die Kleinen, die sich schlaftrunken hinter ihr herziehen ließen, hob sie durch das Fenster und bettete sie auf die Pritschen, wo sie sofort wieder einschliefen. Mit klopfendem Herzen ließ sie sie allein zurück, um Heiner und das Gepäck zu holen. Als sie ihren Bruder erreichte, berichtete er ihr tränenüberströmt, daß ihm der große Schiffskoffer gestohlen worden war.
»Zwei Männer haben ihn gepackt und auf einen Pferdewagen gehoben«, schluchzte er. »Ich hab' mich noch drangehängt, aber dann haben sie auf das Pferd eingedroschen, und da hab' ich loslassen müssen.«
»Macht nichts«, sagte Elsbeth und schluckte, um nicht zu weinen. »Den Koffer hätten wir beide doch nicht von der Stelle gekriegt.«
Als sie endlich ihr restliches Gepäck in der Baubude hatten, fielen sie todmüde auf die Pritschen. Regen trommelte auf das Dach.

Erst gegen Morgen kehrten die Arbeiter heim, die irgendwo in einer Kneipe gesessen hatten: acht Männer. Zwei von ihnen waren Deutsche. Sie fanden die Kinder schlafend auf ihren Pritschen. Sie waren gutmütige Kerle. Sie scheuchten sie nicht hinaus.
Als sie am nächsten Morgen erfuhren, daß die Kinder in die Baubude geraten waren, um zusammenbleiben zu können, ließen sie sie vorläufig dableiben.
Die Weberkinder blieben den ganzen Sommer über auf der Baustelle. Die Arbeiter gewöhnten sich an sie. Der Bauführer war auch Deutscher. Er schenkte den Kleinen oft Lakritz. Elsbeth und Heiner machten sich nützlich. Elsbeth kochte für die Leute in der Baubude. Heiner holte Bier und säuberte abends die Schaufeln und Kellen und putzte den Männern die Schuhe. So lernten sie alle vier Englisch sprechen. Sie lernten auch die Stadt kennen.
Als es zu schneien begann, sollte die Baubude geschlossen werden. Während der kältesten Monate wurde nicht weitergebaut.
»Wo sollen wir jetzt hin?« fragte Elsbeth bestürzt.
»Meine Frau hat den Vorschlag gemacht«, meinte der Bauführer, »daß ihr den Winter über zu uns kommt. Sie hat Kinder gern. Wir haben keine eigenen Kinder. Im Frühjahr können wir dann ja sehen, wie's weitergeht.« Wie's im Frühjahr weiterging? Der Bauführer und seine Frau haben die Kinder behalten.
»Prächtigere Kinder als diese vier hätten wir selber auch nicht haben können«, pflegte der Bauführer zu sagen.
»Vor allem die Elsbeth«, fügte dann seine Frau hinzu. »Wenn die ihre Geschwister nicht zusammengehalten hätte, wäre wohl ein großes Elend daraus geworden. Was die anpackt, das schafft sie!«
»Das kam halt, weil ich auf einmal die Älteste geworden war«, meinte Elsbeth verlegen.

Umkehr

Schule

Ausreißer

Schuld

Verzeihen

Biblischer Bezug: Lukas 15, 24; Psalm 103, 1-5.8-13
Biblische Erläuterung: Von der Liebe und Vergebung Gottes ist keiner ausgeschlossen
Kreativer Zugang: 133, 191, 205, 206, 207, 208
Inhalt: Willi floh wegen schlechter Schulnoten aus dem Elternhaus. Nach Jahren, in denen er erwachsen geworden war, kehrt er nach Hause zurück. Die Eltern sind überglücklich.

Das Männlein

Erzählung von Hans Hoffmann

Ich möchte gern wieder nach Hause.« »Und warum tust du das nicht?« fragte Joachim. Der Mann strich sich ein paar Tabakkrümel von seiner Hose und sagte: »Das ist nicht ganz so einfach, wie du denkst.« »Warum nicht?« fragte Joachim. »Weißt du, als ich noch jung war, bin ich eines Nachts einfach von zu Hause fortgelaufen«, erzählte der Mann. »Warum?« fragte Joachim. »Das weiß ich heute auch nicht mehr so genau. Ich glaube, es war vor allem, weil ich kein guter Schüler war. Ich habe mich so geschämt! Und da dachte ich: du versuchst anderswo dein Glück.« Nach einer Weile sagte er: »Heute weiß ich, das war falsch.« »Warum gehst du nicht einfach nach Hause und sagst: Es tut mir leid. Hier bin ich wieder.« Der Mann antwortete: »Ich habe nie ein Wort nach Hause geschrieben, und ich weiß, meine Eltern sind lange Zeit vor Kummer und Sorge nicht auf die Straße gegangen.« »Und warum hast du nie geschrieben?« fragte Joachim. »Ich weiß nicht«, antwortete der Mann. Sie saßen eine Weile schweigend da. Der Mann schaute hinunter ins Tal. »Mit wem warst du denn da eben zusammen?« fragte er. Joachim antwortete: »Mit dem Müller Bastian und einem Mann, den ich nicht kenne.« »Mit dem Müller?« fragte der Fremde. »Ja, mit dem Männlein.« »Womit?« fragte der Mann. Seine Stimme war plötzlich rauh, und er war rot geworden im Gesicht. Joachim stotterte: »Das hat der Mann zu dem Müller gesagt.« Der Fremde stampfte mit dem rechten Fuß auf den Boden und sagte: »Er ist kein Männlein. Er ist ein Mann. Ein richtiger Mann. Ein guter Mann.« »Ich weiß«, sagte Joachim leise. »Nichts weißt du«, sagte der Mann, »gar nichts weißt du.« Joachim wollte aufstehen. »Komm, bleib hier, ich will dir das erzählen«, sagte der Fremde. Seine Stimme klang wieder etwas freundlicher. »Hör zu. Einmal bin ich in der Schule sitzengeblieben. Du kannst dir vorstellen, wie mir zumute war, als ich mit meinem schlechten Zeugnis aus der Schule kam. Ich war der einzige, der sitzengeblieben war, und ich hatte Angst, nach Hause zu gehen. Ich wußte, meine Mutter würde anfangen zu weinen, und ich konnte nicht sehen, wenn meine Mutter weinte.«

Der Mann zeigte links ins Tal hinunter und fuhr fort: »Du weißt ja, wo der Weg hergeht, immer durch Wald. Ich ging an jenem Tag langsam los, ganz langsam. Ich glaube, für fünfhundert Meter brauchte ich eine ganze Stunde. Jedesmal, wenn ich von ferne einen kommen hörte, sprang ich schnell seitwärts in den Wald. So sehr schämte ich mich! Dann sprang ich wieder auf die Straße und ging weiter, und je näher ich unserem Haus kam, desto langsamer ging ich. Wieder sah ich jemanden in der Ferne kommen. Ich schaute genauer hin und erkannte meinen Vater. Ich sprang in den Wald und wartete, bis er herankam. ›Willi‹, rief er in den Wald. Ich gab keine Antwort. ›Willi‹, rief er noch einmal, ›komm her‹. Ich überlegte einen Augenblick, dann ging ich hinunter auf die Straße. Ich dachte: Jetzt schlägt er dich, oder er brüllt dich an. Aber er schlug mich nicht und brüllte mich nicht an. Er nahm mich statt dessen bei der Hand, und so gingen wir beide das letzte Stück Weg zusammen nach Hause. Vor der Tür standen ein paar Frauen und stießen sich an. Eine tuschelte der anderen ins Ohr:›Er ist sicher sitzengeblieben.‹ Mein Vater hatte das gehört und sagte: ›Ja, das ist er! Trotzdem bleibt er immer noch unser Kind.‹ Und er schob die Frauen beiseite, ging mit mir nach oben in die Küche und sagte zu Mama: ›Mach ihm das Essen warm. Er braucht jetzt etwas Ordentliches in den Bauch.‹ Beim Hinausgehen klopfte er mir leicht auf die Schulter und ging, um seine Kunden zu bedienen.« Joachim sagte nach einer Weile: »Jetzt muß ich gehen.« Die Sonne verschwand hinter den Bäumen, und es wurde schon kühl. »Auf Wiedersehen«, sagte er. »Auf Wiedersehen«, sagte der Mann.

Ein paar Tage später, als Joachim wieder am Mühlteich stand, hörte er, wie eine alte Frau zum Küchenfenster hinaufrief: »Männlein, ich brauche etwas Hühnerfutter. Komm heraus!« Es dauerte eine Weile, bis der Müller die Treppe herunterkam. Man merkte, daß ihm etwas nicht gefiel. »Männlein«, sagte die alte Frau, »wie wird der Weizen dieses Jahr?« Der Müller zuckte die Schultern und schaufelte die Körner in die Plastiktüte. Da sagte Joachim: »Warum sagst du Männlein? Er ist ein Mann!« »Ach, das sagt man doch nur so«, meinte die alte Frau, »haben wir dich nicht immer Männlein genannt, Bastian?« Der Müller wog das Hühnerfutter, ohne ein Wort zu sagen. Joachim sagte erregt: »Du sollst nicht Männlein zu ihm sagen. Er ist ein Mann.« »Und woher weißt du das?« fragte die Frau. »Oben auf der Bank hat mir einer erzählt, daß er immer ein Mann gewesen ist«, sagte Joachim. »Was hat er dir denn erzählt?« wollte die Frau wissen. »Als sein Junge in der Schule sitzengeblieben ist, da hat er ihn nicht geschlagen und nicht angebrüllt, sondern ist ruhig mit ihm nach Hause gegangen und ...« Weiter kam er nicht. Der Müller hatte sich aufgerichtet und stand mit zitternden Händen da. »Wer hat das gesagt?« fragte er Joachim. »Ein Mann da oben auf der Bank«, antwortete Joachim. »Willi!« sagte die Frau. »Wo hast du mit ihm gesprochen?« fragte der Müller. Das Sprechen machte ihm Mühe. »Das kann nur Willi sein«, stammelte er.

Wie wird die Geschichte ausgehen?

Vergeltung 89

Rache

Geschwister

Biblischer Bezug: 1. Mose 42

Biblische Erläuterung: Josef stellt seine Brüder auf die Probe

Kreativer Zugang: 184, 205, 206

Inhalt: Malte zerstört Silkes erste große Strickarbeit. Erst will sie aus Rache seine Briefmarkensammlung zerstören. Doch sie besinnt sich auf die Qualitäten des Bruders, verpaßt ihm nur einen Denkzettel.

Wie du mir, so ich dir?

Erzählung von Rolf Krenzer

Daß etwas passiert sein mußte, merkte Silke bereits, als ihre Mutter die Wohnungstür öffnete. *(Mutter konnte nicht verheimlichen, wenn sie sich ärgerte oder über irgend etwas aufregte. Je ruhiger sie sprach, um so schlimmer war oft das, was sie dann sagte.)* »Was ist?« fragte Silke deshalb gleich und überlegte kurz, ob sie irgend etwas angestellt hatte, hinter das ihre Mutter heute nachmittag gekommen war, während Silke mit Hanna zum Eisessen war. Ob es etwas mit Malte, ihrem älteren Bruder, zu tun hatte? Aber der hatte doch heute nachmittag Andreas erwartet. Sie wollten Briefmarken tauschen. Das hatte Silke gerade noch mitgekriegt, als sie sich auf den Weg zu Hanna gemacht hatte.

»Da ist eine dumme Sache passiert!« sagte ihre Mutter jetzt und führte sie in die Küche.

Auf dem Küchentisch lag etwas in Zeitungspapier eingewickelt, was Silke nicht auf den ersten Blick erkennen konnte.

»So habe ich es gefunden!« sagte ihre Mutter jetzt, und es fiel ihr offensichtlich schwer, das nur schlecht verpackte Päckchen zu öffnen.

»Silke«, sagte sie dann, »es ist ganz schlimm, und ich verspreche dir, daß ich dir ganz bestimmt helfe, weil du wieder ganz neu anfangen mußt!« Darauf schob sie die Zeitungen auseinander, so daß Silke die Stricknadeln und das weinrote Vorderteil ihres neuen Pullovers sehen konnte, an dem sie nun bereits seit mehr als vier Wochen strickte. Die erste große Strickarbeit, die sie in Angriff genommen hatte. Schwer war es ihr gefallen. Sehr schwer. Und jeden Tag hatte sie sich selbst dazu überreden müssen, wenigstens ein Stückchen weiter zu stricken. Aber jetzt war das erste Teil fast fertig. Heute abend wollte ihr die Mutter beim Abschluß helfen. Und dann wollte sie morgen bereits mit dem Rückenteil beginnen.

Wie erstarrt sah Silke jetzt auf das, was ihre Mutter zögernd immer mehr freilegte. Mit Schrecken nahm sie nach und nach wahr, daß kaum noch etwas von dem dort zu sehen war, was sie gestrickt hatte. Wolle und Stricknadeln lagen da. Und dazu noch ein Stück bereits fertig gestricktes Vorderteil. Aber alles so schief, so verzogen und so durcheinander, daß es unmöglich war, hier noch weiter zu stricken.

»Das muß alles wieder aufgezogen werden!« sagte Mutter mit trostloser Stimme. »Soll ich dir das Vorderteil wieder stricken?« fragte sie dann leise.

»Wer war das?« schrie Silke und spürte, wie die Wut in ihr hochstieg. »Wer war das?« brüllte sie und konnte nichts dagegen tun, daß ihr die Tränen in die Augen schossen. »Es ist nicht zu fassen!« Mutters Stimme war sehr ärgerlich. »Der Pullover lag im Wohnzimmer auf dem Tisch, und irgendwie haben sie begonnen, damit Unfug zu machen. Zuerst müssen sie wohl damit geworfen haben. Und dann haben sie herausgefunden, daß man die Maschen herausziehen kann . . .« Empört fügte sie hinzu: »Man glaubt nicht, daß beide fast vierzehn sind!«

Fassungslos packte Silke das zusammen, was noch von dem Vorderteil übrig war. »Das zahle ich ihm heim!« schrie sie, als sie dann, das Bündel fest an sich gepreßt, aus der Küche hinauf in ihr Zimmer stürmte. Ihre Mutter sah ihr schweigend nach. Und jetzt stand Silke in Maltes Zimmer und riß die drei dikken Briefmarkenalben aus dem Regal über seinem Bett heraus. Dem würde sie es zeigen! Heimzahlen würde sie es ihm.

Als sie die Alben auf das Bett knallte und das erste aufschlug, überlegte sie kurz, ob sie die Marken zerreißen und im Zimmer zerstreuen sollte. Dann entschloß sie sich dazu, alle drei Briefmarkenalben auszuleeren und die Marken überall im Haus zu verstecken. Sie wußte, wie sehr Malte an seinen Briefmarken hing. Aber war das nicht eine gerechte Strafe? Das Vorderteil ihres Pullovers war kaputt. Sie würde nichts zerreißen, nichts kaputt machen. Nur suchen sollte er nach den Marken. So lange, bis sie das wieder gestrickt hatte, was von ihm und seinem Freund zerstört worden war.

Als sie aber dann die ersten Marken herausgenommen hatte und jetzt in ihrer Hand hielt, steckte sie sie doch nach langem Zögern wieder in das Album zurück. Sie brachte es nicht fertig, sie so einfach herauszureißen. Sie sah Malte vor sich, erinnerte sich daran, wieviel Zeit er mit diesen Alben verbrachte und wie wichtig sie ihm waren. Und Malte war ihr Bruder.

Manchmal krachte es zwischen ihnen. Manchmal hatte sie eine Stinkwut auf ihn. So wie jetzt. Aber manchmal war er auch anders, ganz anders. Ja, manchmal war sie richtig stolz, daß sie Malte hatte, ihren großen Bruder. »Wenigstens die Briefmarkenalben verstecke ich ihm!« sagte sie schließlich, als sie mit den drei dikken Bänden unterm Arm aus seinem Zimmer herauskam und ihrer Mutter auf der Treppe begegnete. »Da kann er suchen, bis er schwarz wird! Mindestens bis heute abend!«

Und ihre Mutter hinderte sie nicht daran.

90 Verleugnung

Petrus

Passion

Bekennen

Biblischer Bezug: Markus 14, 26-31.66-72
Biblische Erläuterung: Die Verleugnung des Petrus
Kreativer Zugang: 114, 158, 160, 161, 162, 196, 197
Inhalt: Der Wetterhahn auf der Kirchturmspitze als Mahner an uns, in unserem Leben Jesus nicht zu vergessen.

Der Hahn

Erzählung von Wolfgang-Jürgen Stark

Wer unterwegs ist, kann viele Städte und Dörfer sehen. An riesigen Fabrikanlagen, qualmenden Schornsteinen und wuchtigen Wohnblöcken sind die Städte schon von weitem zu erkennen. Viel versteckter liegen die Dörfer in Tälern, hinter Wäldern und Hügelketten. Hier fällt wohl zuallererst der Blick auf den Kirchturm, der über die Dächer der meist niedrigen Häuser hinausragt. Da gibt es breite und schlanke Türme, aus Ziegelsteinen oder Beton, mit altem Verputz oder leuchtend hell, Türme mit Hauben oder Spitzen, flach oder mit Zwiebeln, wahrhaft abwechslungsreich und interessant.

Wer genauer hinsieht, entdeckt auf dem Kirchturmdach vielleicht einen besonders schönen Abschluß: ein **Kreuz,** eine **Wetterfahne** oder einen **Hahn.**

Was soll das auf einem Kirchturm? Vielleicht habt ihr euch schon so gefragt.

Ein **Kreuz,** das leuchtet ein. Es ist das besondere Zeichen von Christus, das Rettungszeichen, das Gott über unserer Welt aufgerichtet hat, das Erinnerungszeichen an Gottes große Liebe zu uns Menschen.

Schwieriger wird es schon bei der **Wetterfahne.** Die im Winde flatternde Fahne verkündet auf vielen Bildern den Ostersieg des auferstandenen Christus. **Kreuz** und **Fahne** sind somit Zeichen des Retters und Siegers. Was aber hat ein **Hahn** mit Christus zu tun? Reicht es schon aus, ihn als Wetteranzeiger auf den Kirchturm zu setzen, weil er zu den Geschöpfen Gottes gehört, die uns den strahlenden Tag ankünden?

Das Krähen des Hahnes hat Petrus daran erinnert, wie schnell es geht, zu einem zu werden, der Jesus nicht mehr kennen und nicht mehr mit ihm leben will. Petrus hatte Angst, selbst verhaftet und verurteilt zu werden. Deshalb sagte er dreimal: »Ich kenne Jesus nicht.«

Als Petrus den Hahn krähen hörte, fiel ihm auf, daß

er versagt hatte. Und er schlich hinaus und weinte sehr.
Sooft ich auf einer Kirchturmspitze einen sich im Winde drehenden **Hahn** aus Eisen oder Messing entdecke, werde ich an diese Petrus-Geschichte erinnert. Da ist es dann plötzlich ganz nebensächlich, woher der Wind weht. Da wird der stumme **Wetterhahn** zu einem lauten Mahner an uns Menschen, in unserem Leben nicht Jesus zu vergessen.
So kann er auch uns anzeigen, woher bei uns der Wind weht, ob wir in der Nähe von Christus leben oder ob uns die Vorteile des eigenen Lebens immer weiter von ihm wegtreiben.
Der **Wetterhahn** hat wahrhaftig eine ganz wichtige Aufgabe. Manchmal denke ich: nur gut, daß er nicht krähen kann, sonst käme er oft den ganzen Tag und die ganze Nacht nicht zur Ruhe! – Und doch freue ich mich schon auf meine nächste Begegnung mit einem **Wetterhahn**.

Versprechen 91

Vertrauen

Gewissen

Glaubwürdigkeit

Beharrlichkeit

Helfen

Tiere

Biblischer Bezug: Josua 2 in Auswahl; Josua 6, 22-25.27
Biblische Erläuterung: Wo Menschen Versprechen einhalten, können sie damit rechnen, daß Gott auf ihrer Seite steht

Kreativer Zugang: 143, 189, 193, 202, 203, 204

Inhalt: Martin unterschreibt einen Mitmachaktions-Aufruf für ein Tierheim. Als es ernst wird, will er sich mit einer Geldspende der Zusage entledigen. Doch am Ende treibt ihn sein Gewissen, bei einer Aktion fürs Tierheim mitzuarbeiten.

Wir machen mit

Erzählung von Susanne von Schroeter

Der Dackel rannte kläffend zum Gartenzaun. Als Martin ihn zurückrufen wollte, sah er die seltsamen Gestalten: Zwei Clowns, eine Tänzerin im roten Ballettröckchen und ein zotteliges Etwas mit Löwenmähne kamen durch den Vorgarten aufs Haus zu. Der Dackel geriet fast außer sich vor Aufregung. Die Gestalten blieben vor Martin stehen.
»Guten Tag!« sagte der Löwe artig und die Tänzerin knickste. »Du hast doch auch versprochen, bei uns mitzumachen.«
Martin glaubte, sich verhört zu haben. »Wir haben hier die Liste«, sagte einer der Clowns, »die Liste von allen, die versprochen haben, mitzumachen.«
Er hielt Martin ein großes, gelbes Blatt Papier vor die Nase. Namen standen darauf, Adressen. Der Clown zeigte auf einen Namen. Martin sah erstaunt, daß es sein eigener Name war, und – kein Zweifel – das war seine eigenhändige Unterschrift.
Er starrte auf das gelbe Blatt Papier, und plötzlich erinnerte er sich: Vor 14 Tagen in der Bahnstraße! Ein paar Kinder hatten dort einen Stand aufgebaut, bunt dekoriert, mit Luftballons, Papierblumen und Bildern, und mit einem großen Schild: »Wir brauchen ein Tierheim in unserer Stadt.« Martin erinnerte sich auch an die Collage aus Zeitungsartikeln und Schlagzeilen, wie z. B. »Wohin mit Bello, wenn die Familie verreist?« und »Setzt keine Tiere aus!« und an den Brief der Bürgermeisterin, daß sie die Tierheim-Aktion unterstützte, erinnert er sich auch. Auf der gelben Liste mit der Überschrift »Tierheim-Aktion! Ich mache mit!« hatten viele Leute unterschrieben, Martin auch. Er hatte einen der Handzettel mitgenommen, die die Kinder verteilten. Den Bericht über ausgesetzte und alleingelassene Tiere hatte er flüchtig gelesen und den Zettel dann in die Tasche gesteckt und vergessen, und das Tierheim und die Namensliste ebenfalls.
Jetzt hielt Martin diese Liste in der Hand, und eine der vielen Unterschriften war seine eigene.
»Wir machen eine Aktion«, erklärte der Löwe eifrig.
»Wir spielen Zirkus«, rief die Tänzerin.
»Der Erlös ist fürs Tierheim«, sagte der eine Clown.
»Und wir brauchen noch Helfer«, ergänzte sein Kollege. »Ja, aber«, Martin wußte nicht recht, was er sagen sollte, »so war das doch nicht gemeint!«
Er wurde verlegen vor den vier enttäuschten Augenpaaren. »Wartet mal«, sagte er hastig. Er kramte in seinen Taschen und steckte dem Löwen dann ein 50-Pfennigstück zu. »Fürs Tierheim!«
Sie bedankten sich zwar, aber sie sahen doch nicht glücklich aus. Als sie weggingen, hörte Martin den Löwen sagen: »Und ich hatte gedacht, die wären wirklich tierlieb.«
»Wirklich tierlieb«, murmelte Martin wütend vor

sich hin, als er ins Haus ging. Der alte Dackel trottete zufrieden hinter ihm her und begrüßte schweifwedelnd den Kater, der in der Sonne döste. Man sah doch, wie gut es den beiden ging!
Aber das mit dem Versprechen ging ihm doch nicht aus dem Kopf. Er suchte den Handzettel von neulich und fand ihn in einer Hosentasche. Jetzt las er den Bericht aufmerksamer, las, wie Tiere ausgesetzt wurden wegen der Ferienreise, zurückgelassen auf Parkplätzen an der Autobahn, einfach irgendwo angebunden. Sogar in Mülleimern hatte man Kätzchen und junge Hunde gefunden.
Immer wieder mußte Martin an die Sache mit dem Tierheim denken. Als er abends den Hund ausführte, traf er die Zirkusleute wieder. Sie sahen müde aus und nicht sehr lustig. »Na?« fragte er ein bißchen unsicher. »Na, gar nichts!« antwortete der eine Clown. »Versprochen haben viele, daß sie mitmachen, aber keiner hält sein Versprechen.«
Abends saß Martin vor dem Fernseher, aber er sah den Film gar nicht. Immer mußte er daran denken, wie ihm einmal jemand etwas versprochen und es dann einfach vergessen hatte.
Der Film war zu Ende. Die Liste der Mitwirkenden flimmerte über den Bildschirm, ein Name nach dem andern tauchte auf und verschwand. Es schien Martin, als würde die Namensliste kein Ende nehmen. Vor seinen Augen tauchten all die Listen auf, in die er sich schon eingetragen hatte: »Ich mache mit«, »Ich bin auch dafür«. Wie oft sah man solche Listen! Man trug seinen Namen ein für einen guten Zweck, für eine Idee, für den Frieden, die Umwelt, den Tierschutz. Man unterschrieb, und dann vergaß man das Versprechen. Am nächsten Tag erkundigte Martin sich, wo der »Zirkus« probte. Sie übten in einer Garage. Es war nicht schwer, sie zu finden.
Der Clown erkannte ihn und winkte. Martin setzte sich auf einen alten Autoreifen und sah zu, wie sie probten: Löwennummer, Clowns, Seiltänzerin. Ein paarmal mußte er lachen, es war wirklich lustig, was sie sich da alles ausgedacht hatten, und sie gaben sich so viel Mühe, aber irgendwie fehlte der Pfiff. Der Pfiff, das war es! »Es fehlt die richtige Musik«, sagte Martin laut.
Im Nu standen sie alle um ihn herum. Natürlich fehlte die Musik, aber sie hatten nichts Besseres als einen alten Cassettenrecorder. Auch sonst könnte man noch Hilfe brauchen! Sie redeten ganz aufgeregt durcheinander. Und die Premiere sollte doch schon nächste Woche sein, in der Turnhalle für die Schulanfänger, und vielleicht noch eine Aufführung im Seniorenheim, und, und und . . . Die Ideen sprudelten nur so hervor.
»Die halben Ferien haben wir dafür geübt«, sagte die kleine Seiltänzerin. »Wenn es doch nur gut würde!«
»Es wird gut«, versicherte Martin und stand auf. »Und die Musik übernehme ich.«
Auf der gelben »Ich-mache-mit«-Liste hatte Martin die Namen einiger Freunde entdeckt. Es war gar nicht so schwer, sie zum Mitmachen zu überreden. Einer wollte Schlagzeug spielen, einer Gitarre, und Christiane würde kommen mit ihrer silbernen Flöte.
In alle Briefkästen mit Namen von der gelben Liste steckte Martin Sondereinladungen. »Liebe Freunde und Förderer des Tierheims«, hatte er darüber geschrieben, und überall klebte er Plakate: »Zirkus-Erlös fürs Tierheim«. Die Premiere in der Turnhalle war fast ausverkauft. Aber das war gar keine Turnhalle mehr! Das war ein buntes Zelt! Von einem Holzreif an der Decke hingen bunte Bänder, an den Seiten hochgerafft und an den Wänden befestigt. So einfach – und es sah doch aus wie eine Zirkuskuppel! Die Löwen saßen schon unruhig auf ihren Hockern, schüttelten die Wollmähnen über den bunt geschminkten Raubkatzengesichtern und schlugen flink mit den Pranken nach jedem, der in die Nähe kam, wie richtige Löwen. Auf dem Boden lag ein dickes, blaues Seil. Die kleine Tänzerin hielt ein winziges Schirmchen in der Hand und balancierte zum Takt des Schlagzeugs über das Seil. Je länger man hinschaute, desto mehr vergaß man, daß das Seil nur auf dem Boden lag! Beifall brauste auf, als die Tänzerin glücklich auf der andern Seite angekommen war, und das Schlagzeug spielte einen Trommelwirbel. »Es wird noch viel besser«, raunte ein Löwe dem Publikum zu.
Vier Clowns mit Trompetenmusik gab es und die Zaubernummer. Dazu schoben sie einen riesigen Karton in die Manege. Ein Zauberer mit sternenbeklebtem Mantel und Zuckertütenhut öffnete den Karton, der leer zu sein schien. Dann machte er »Hokuspokus«, aus dem Karton sprang die kleine Tänzerin und knickste, und dann zog sie zu dem zauberhaften Klang der Silberflöte einen hellblauen Schleier aus dem Karton und warf ihn ins Publikum, und noch einen, noch einen, noch einen, alle aneinandergeknotet, wie eine lange blaue klingende Kette, die sich schließlich durch den ganzen Saal spannte, wo einer sie dem andern weiterreichte.
Viele sagten nachher, so einen schönen Zirkus hätten sie noch nie gesehen, und soviel Spaß hätte es noch nie gemacht, ein Versprechen zu halten.

Sprache

Fremdsein

Ausländer

Hände

Umzug

Verände-
rung

Biblischer Bezug: 3. Mose 19, 33f.; Römer 15, 5-7
Biblische Erläuterung: Mit Fremden heimisch werden

Kreativer Zugang: 110, 112, 163, 176, 195, 199, 200, 201

Inhalt: Jasmins Vater wird nach Rumänien versetzt. Sie fühlt sich ausgeschlossen, weil sie die Sprache nicht versteht. Doch sie findet ein Mädchen, das etwas ihre Sprache kann. Die beiden helfen sich gegenseitig.

Jasmin versteht kein Wort

Erzählung von Manfred Mai

Familie Sommer saß beim Abendbrot. Papa und Mama schauten sich an. Papa stöhnte. »Also«, begann er, »hör bitte mal zu, Jasmin. Mama und ich . . . wir müssen dir etwas sagen.«
Jasmin hörte auf zu kauen. Wenn ihr Papa so umständlich redete, bedeutete das meistens nichts Gutes.
»Also«, sagte er noch einmal, »um es kurz zu machen: unsere Firma hat in Rumänien eine neue Fabrik gebaut. Und ich soll in den nächsten zwei Jahren in dieser Fabrik arbeiten.«
»Nein!« rief Jasmin. »Du darfst nicht nach Rumänien gehen. Du sollst bei uns bleiben!«
»Ich bleibe ja bei euch«, sagte Papa. »Wir . . . wir fahren alle zusammen nach Rumänien.«

Die ersten Tage in Rumänien waren fast wie Urlaub. Familie Sommer wohnte in einem schönen Hotel. Das Wetter war herrlich. Und zweimal fuhren sie sogar an einen See zum Baden.
Aber dann mußte Jasmin in die Schule. Am ersten Tag ging ihre Mama mit ihr. Der Schulleiter konnte ein wenig Deutsch und begrüßte Jasmin freundlich. »Du in Klasse zu Herr Gryzmek kommen.« Er brachte Jasmin in ihre neue Klasse, sagte etwas zu den Kindern, gab Jasmin einen aufmunternden Klaps und ging wieder. Herr Gryzmek nahm Jasmin an der Hand und führte sie zu dem leeren Platz neben einem Mädchen. Das Mädchen rückte ein bißchen weg von Jasmin, als hätte die Flöhe oder eine ansteckende Krankheit.

Herr Gryzmek brachte Jasmin ein Buch und schlug es auf. Er zeigte auf die Überschrift einer Geschichte und sagte: »Noi citim.« Jasmin versuchte , die Überschrift zu lesen. »Zicători şi povestiri vesele.« Die Buchstaben kannte sie. Es waren dieselben wie in ihrem Lesebuch. Aber die Worte sahen so komisch aus. Die verstand Jasmin nicht.
Ein Junge fing an, die Geschichte laut vorzulesen: »Ian si Boris agaţă un balon umplut cu apă pe tavanul clasei exact deasupra scaunului Profesorului.«
Plötzlich lachten und prusteten die Kinder los. Jasmin begriff nicht, was geschehen war. Sie saß zwischen den lachenden Kindern und fühlte sich furchtbar einsam und hilflos. Tränen liefen ihr über die Backen, sie schluchzte leise.
»Cea nouă plînge«, sagte ein Mädchen neben Jasmin. Alle Köpfe drehten sich, alle Augen schauten Jasmin an. Herr Gryzmek strich Jasmin über den Kopf. Dann sagte er zu den Kindern: »Voi trebuie sa fiţi draguţi cu ea. Pentru ea este la început totul foarte greu aici la noi.«

Das stimmte. Für Jasmin war in diesem fremden Land wirklich alles sehr schwer. Zu Hause war sie in der Schule eine der Besten gewesen. Zu Hause hatte sie Oma und Opa und viele Freundinnen. Hier hatten alle Kinder Freundinnen und Freunde, nur sie nicht. In den Pausen stand sie abseits, wenn die anderen Kinder spielten und lachten. Sie dachte an zu Hause und wurde immer trauriger. Einmal kam ein Junge auf sie zu und sagte: »Noi ne jucam de ascunsa şi tu trebuie sa ne gaseşti!«

Jasmin verstand kein Wort und wollte weglaufen. Aber der Junge hielt sie fest. »Stai! Stai!« Er schob Jasmin zu einem Baum und drückte ihr ihre Hände vor die Augen. »Nu te uita!« Langsam begriff Jasmin. Sie sollte die anderen suchen. Ganz automatisch begann sie zu zählen: »Eins, zwei, drei . . . neun, zehn – ich komme!« Sie nahm die Hände von den Augen und schaute sich um. Hinter dem Mülleimer entdeckte sie ein Mädchen aus ihrer Klasse. Aber sie kannte ihren Namen nicht. »Du da, hinter dem Mülleimer! Ich habe dich gesehen!« rief sie.
Das Mädchen rührte sich nicht. Jasmin ging langsam in Richtung Mülleimer. Da kamen die anderen Kinder aus ihren Verstecken, rannten schnell zum Baum und riefen: »Am ajuns! Am ajuns!« Dabei lachten sie über Jasmin, weil sie niemanden gefunden hatte. Jasmin stand zwischen Baum und Mülleimer, und wie so oft in den letzten Wochen liefen ihr dicke Tränen über die Backen.

Obwohl Jasmin nach einigen Wochen schon viele rumänische Wörter kannte, verstand sie im Unterricht kaum etwas. Dafür redeten Herr Gryzmek und die Kinder viel zu schnell. Und wenn Jasmin versuchte, etwas auf rumänisch zu sagen, dann lachten die Kinder sie aus, weil sie die Worte nicht richtig aussprechen konnte. Deswegen schwieg sie lieber.
Eines Morgens ging Jasmin wie meistens allein den Weg zur Schule. Da kam ein Mädchen, blieb vor ihr stehen und fragte: »Du deutsch?«

Jasmin starrte das Mädchen mit großen Augen und offenem Mund an. Dann nickte sie langsam.
»Du nicht sprechen?« fragte das Mädchen.
Wieder nickte Jasmin. »Doch.«
»Wie du heißen?«
»Jasmin.«
»Ich Katinka.«
»Wie . . . warum . . . warum kannst du deutsch?« stotterte Jasmin. »Mein Großvater und mein Großmutter aus Deutschland«, erklärte Katinka. »Die haben mir deutsch gelernt. Aber ich nicht gut sprechen.«

Doch, du sprichst gut«, sagte Jasmin. »Ich verstehe alles. Wenn ich nur so gut rumänisch könnte.«
»Wenn du wollen, ich dir helfen.«
»Wirklich?« fragte Jasmin ungläubig. »Das wäre ja toll!«
Die Schulglocke bimmelte zum Unterrichtsbeginn.
»Ich in Pauza auf dich warten«, sagte Katinka.
»Pauza« war eines der ersten Worte, die Jasmin gelernt hatte.
»Pauza« klang schön, fand Jasmin.
Die beiden Mädchen liefen schnell in ihre Klassenzimmer. Und Jasmin freute sich zum erstenmal auf die große Pause, seit sie in die neue Schule mußte.
Die zwei Schulstunden gingen noch langsamer vorüber als sonst. Zumindest schien es Jasmin so, weil sie die Pause kaum erwarten konnte. Als es endlich soweit war, rannte sie schnell hinaus. Herr Gryzmek schaute ihr hinterher und schüttelte den Kopf. Es dauerte nicht lange, bis auch Katinka auf den Schulhof kam. Jasmin winkte heftig und rief: »Hallo, Katinka!«
Die beiden packten ihre Pausenbrote aus. Katinka klappte ihr Brot auf. »Bäh, schlechte Wurst!« Sie packte ihr Brot wieder ein. »Willst du meines?« fragte Jasmin und gab Katinka ihr Brot. »Du nicht Hunger?«
»Doch«, sagte Jasmin. »Aber wir können ja tauschen.«
»Ich gebe dir mein Brot, du gibst mir dein Brot. Dann haben wir getauscht. Ich verstehen«, sagte Katinka. »Aber mein Brot nicht gut.«
Jasmin streckte Katinka die offene Hand entgegen. »Laß mich mal probieren.«
Beide schnupperten wie zwei Hunde an den getauschten Broten herum. Dann bissen sie hinein.
»Schmeckt prima«, sagte Jasmin.
Katinka sah Jasmin eigenartig an. »Dein Brot viel besser.«
»Nein, deines ist besser.«
Und plötzlich lachten beide laut los.
Katinka und Jasmin schlenderten über den Schulhof. Ein paar Mädchen hatten ein langes Hüpfseil. Zwei Mädchen schlangen, zwei hüpften. Jasmin und Katinka wollten auch gerne einmal hüpfen. Katinka fragte die Mädchen, und sie durften. Die Mädchen schlangen das Seil zuerst extra langsam.
»Mai repede!« rief Katinka.
Die Mädchen schlangen schneller und schneller. Katinka konnte nicht mehr und sprang hinaus. Sie klatschte im Takt mit und feuerte Jasmin an. Es kamen noch andere Kinder und klatschten ebenfalls mit. Jasmin hüpfte wie noch nie in ihrem Leben. Bis ein Mädchen das Hüpfseil schnappte. »Aceea imi apartine mie.« Sie gab Jasmin einen Stoß. »Intindeo aici, tu!«

Jasmin sah hilfesuchend zu Katinka. »Was hat sie denn?«
»Ist böse, weil du kannst besser . . . fugi.«
»Aber . . . ich . . . « Jasmin wußte nicht mehr, was sie sagen sollte. »Ist nicht schlimm«, sagte Katinka. »Andere Kinder sich freuen.« Jasmin drehte langsam den Kopf und sah viele freundliche Gesichter. Plötzlich schob sich ein Mädchen zwischen den Kindern durch. Das Mädchen hatte ein Hüpfseil in der Hand, blieb damit vor Jasmin stehen und nickte ihr lächelnd zu.

Biblischer Bezug: 1. Mose 11, 1-9
Biblische Erläuterung: Der Turmbau zu Babel
Kreativer Zugang: 110, 111, 112, 163, 164, 176, 199, 200, 201
Inhalt: Trotz anfänglicher Feindseligkeiten mit den Kindern im fremden Land freunden sich Ralf und Vicky über eine gemeinsame Hilfsaktion mit den fremdsprachigen Kindern an.

Fremde

Ausländer

Pfingsten

Hände

Mit Händen und Füßen

Erzählung von Elke Bräunling

Ätzend langweilig ist es hier, murrten Sina und Rolf übellaunig. Die Mutter seufzte. Das hatte sie befürchtet, als ihnen dieser interessante Auslandsjob für zwei Jahre angeboten wurde. Es war eine große Chance für die Eltern. Doch was sollte aus den Kindern werden? Zu Hause lassen? »Kommt überhaupt nicht in Frage«, hatte Vater gesagt. »Entweder gehen alle – oder keiner.«
Und nun waren sie nach Muab, einem russischen Taiga-Dorf, übersiedelt. Fremde lebten hier einträchtig mit einheimischen Bauern und Holzfällern zusammen. Schön war es in dem kleinen Dorf mit seinen bunten Holzhäusern inmitten der weiten Waldlandschaft. Aber es war viel einsamer, als es sich Sina und Rolf in ihren kühnsten Träumen ausgemalt hatten. Wie sollten sie hier zwei Jahre überstehen?

Hier wohnt nur eine deutsche Familie, jammerte Rolf. »Mit 'nem kleinen Mädchen, der Vicky. Mit wem soll ich denn hier spielen?«
»Keine Panik«, prahlte seine Schwester. »Man muß eben mit Händen und Füßen sprechen. Warte nur ab!« Am nächsten Tag schlenderten sie mit Walkman und Fußball kickend durchs Dorf. »Wenn die uns so sehen, kommen sie bestimmt.« Rolf schielte verstohlen nach allen Seiten und sah hier und da Köpfe hinter Gardinen verschwinden. Es zeigte sich niemand. »Feige Bande«, tobte Sina. Zornig schoß sie den Ball in einen Garten. Und sie hatte Erfolg: Bald tauchten zwei Jungen mit dem Ball auf. Sie redeten in einer seltsamen Sprache und deuteten auf Sina, so, als wollten sie sie beschimpfen.
»He, das ist mein Ball!« brüllte Rolf.
Verständnislos starrten die beiden Fremden auf den Ball.

Rück' den Ball 'raus, aber dalli! Wieder diese Sprache als Antwort. »Die schau'n so finster«, flüsterte Sina. »Das gibt Ärger.«
»Ich dachte, du kannst mit Händen und Füßen sprechen. Nun mach mal!« Und Sina sagte: »Do you speak English?« Wortlos kamen die beiden näher. »Paß auf, die greifen an!« Rolf nahm Anlauf und stürzte sich mit einem »Laßt bloß meine Schwester in Ruhe« auf die Fremden – und schon war eine wilde Keilerei zugange.
»Das sind doofe Affen«, sagte Rolf am Abend. »Mit denen will ich nichts zu tun haben.«
»Genau. Die kapier'n gar nichts.«
»Weswegen hattet ihr eigentlich Streit?« fragte der Vater.
Ja, warum? Sina und Rolf schwiegen.

Schweigsam blieben sie auch in der nächsten Zeit. Einem Zusammentreffen mit Altersgenossen gingen sie aus dem Weg.
»Ihr lernt euch sicher besser kennen, wenn die Schule beginnt«, tröstete die Mutter. »Die meisten Kinder sind auch neu hier wie ihr.«
Eines Tages herrschte große Aufregung. »Habt ihr Vicky gesehen? Sie ist verschwunden«, jammerte Vicky's Mutter.
»Wir helfen suchen«, erboten sich Sina und Rolf. Doch es gab keine Spur von dem kleinen Mädchen. Im Dorf konnte es nicht sein. Sie hatten alles abgeklappert. Ob es in den Wald gelaufen war? Da tauchten plötzlich die beiden fremden Jungen mit einem zotteligen Hund auf. Sie redeten wild durcheinander und deuteten aufgeregt zum Wald und auf den Hund.
»Wir sollen ihnen wohl folgen«, rätselte Sina und schaute zum Wald. Einer der Jungen nickte heftig und sagte: »Mäd-d-ä-schen . . .« »Also los, gehen wir.«
Die beiden Fremden klatschten erfreut in die Hände und ließen den Hund frei. Der trabte geradewegs zum Wald. Unterwegs schlossen sich ihnen viele Kinder an, und als sie den Waldrand erreichten, waren sie zu einem großen Suchtrupp angewachsen.

Laut rufend durchstreiften sie den dichten Wald. »Vicky – Hallo – Vicky !!!???« Immer wieder. Stundenlang. Als sie schon entmutigt aufgeben wollten, stolperte Sina über eine Puppe. Vicky's Puppe. Endlich!
»Wir sind auf der richtigen Spur.« »Hurra!« Aus allen Kehlen ertönte ein vielstimmiges und vielsprachiges Freudengeheul. Der Hund beschnupperte die Puppe und rannte zielstrebig zu einer Kiefernschonung – und dort saß Vicky und spielte seelenruhig mit Fliegenpilzen.
Die Jungen packten die Ausreißerin und trugen sie »huckepack« ins Dorf. An diesem Abend gab es ein großes Freudenfest mit Würstchen, Kartoffelsalat und Malzbier – und viel Lachen.
»Man kann sich ja wirklich mit Händen und Füßen unterhalten«, sagte Rolf grinsend zu seiner Schwester.

Klassensprecher

Biblischer Bezug: Apostelgeschichte 6, 1-7
Biblische Erläuterung: Die erste Gemeinde wählt Armenpfleger

Kreativer Zugang: 121, 202, 203, 204, 213

Inhalt: Die Klasse erörtert, welche Eigenschaften ein Klassensprecher braucht. Das Wichtigste ist, daß er das Vertrauen der anderen besitzt.

Vertrauen schenken

Erzählung von Manfred Mai

Die Sommerferien sind vorbei. In der ganzen Schule riecht es nach Putzmitteln und frischer Farbe. Die Schüler laufen und rufen aufgeregt durcheinander; sie suchen ihre neuen Klassenzimmer.
Die 3 b hat ihres im Erdgeschoß hinten rechts. Dort warten die Mädchen und Jungen gespannt auf ihre neue Lehrerin.
»Guten Morgen, Kinder«, grüßt sie freundlich, als sie hereinkommt. »Guten Morgen, Frau Zeller«, antwortet die Klasse.

Wir haben es also in diesem Schuljahr miteinander zu tun«, sagt Frau Zeller. »Ich hoffe, daß wir gut miteinander auskommen.« Dann erzählt sie von sich, fragt die Kinder dies und das, teilt Bücher und Arbeitshefte aus, schreibt den Stundenplan an die Tafel und so weiter. Nachdem alles erledigt ist, sagt sie: »So, jetzt fehlt uns noch etwas ganz Wichtiges.«
»Die Namensschilder«, ruft Axel.
»Nein, viel wichtiger: Ein Klassensprecher.«
»Daniel ist doch unser Klassensprecher«, ruft Anne.
»Der wollte ja immer nur alleine bestimmen.« Markus schüttelt den Kopf. »Den will ich nicht mehr.« »Du willst ja bloß selber Klassensprecher werden«, sagt Daniels Freund Tobias. »Aber dazu fehlt es dir hier.« Tobias tippt sich an die Stirn.
»Du bist ein . . .«
»Halt, halt!« ruft Frau Zeller dazwischen. »So hat das keinen Zweck.

Mit Vorwürfen und Streit kommen wir nicht weiter. Ihr solltet erst mal in Ruhe überlegen, was ihr von eurem Klassensprecher erwartet. Und ich notiere alles an der Tafel.«

Er muß mutig sein.
Er darf nicht nur an sich selber denken.
Er muß gut reden können.
Er soll nett sein.
Er darf nicht frech sein.
Er darf nicht dumm sein.
Er muß tun, was die Klasse will.
Er darf kein Angeber sein.

Frau Zeller kann kaum schnell genug schreiben.
»Sonst noch etwas?« fragt sie, nachdem alle Schülermeinungen an der Tafel stehen.
Daniela hebt die Hand. Frau Zeller nickt ihr zu.
»Sie haben immer ›Er‹ geschrieben. Aber ein Mädchen kann doch auch Klassensprecher sein.«
»Ein Mädchen?!« fragt Michael und verdreht die Augen.
»Ja, ein Mädchen«, sagt Daniela spitz.

Natürlich, da hast du recht.« Sofort schreibt Frau Zeller vor jedes »Er« ein »Sie«. »Daran hab ich gar nicht gedacht. Für mich war das ganz selbstverständlich.«
Ein paar Jungen tuscheln miteinander. Frau Zeller räuspert sich. »Möchtet ihr noch etwas dazu sagen?«
Die Jungen werden verlegen und schütteln schnell die Köpfe.
»Dann habe ich noch einen Punkt«, sagt Frau Zeller.
Man muß ihm oder ihr vertrauen können,
schreibt sie an die Tafel. »Die wählen doch alle nur ihre Freunde«, sagt Axel.
»Dich wählt jedenfalls keiner«, ruft Tobias.
»Sei nicht so vorlaut«, sagt Frau Zeller. Und zu den andern: »Lest bitte alles noch einmal genau durch und überlegt dabei, ob wir davon etwas streichen können.«
»Er soll nett sein, könnte weg«, schlägt Petra vor.
»Einverstanden?« fragt Frau Zeller in die Klasse.

Die meisten nicken.
Alles andere möchten die Schüler stehenlassen.
»Also dann«, sagt Frau Zeller. »Ihr kennt einander ja gut. Das ist die Voraussetzung für eine sinnvolle Wahl. Und bevor ihr wählt, solltet ihr euch fragen: Wer entspricht am meisten dem, was an der Tafel steht? Wem möchte ich mein Vertrauen schenken?«

Anerkennung

Biblischer Bezug: 1. Samuel 16, 1-13
Biblische Erläuterung: Der Hirtenjunge David wird zum König gesalbt
Kreativer Zugang: 121, 202, 203, 213
Inhalt: Der schwächliche Jens erhält in der Schwimmstaffel auf einem Turnier das Vertrauen des Trainers. Die Mannschaft gewinnt. Jens hat das Vertrauen in ihn gerechtfertigt.

Jens kommt groß raus

Erzählung von Klaus Grünwaldt

Das Schwimmfest war fast zu Ende. Die letzte Kraulstaffel mußte die Entscheidung bringen: die Entscheidung, welche Mannschaft den Pokal erringen würde. Die schnellsten Jungen versammelten sich um Herrn Lemke, den Trainer. »Wer soll bei uns der Schlußschwimmer sein?« fragte Matthias aufgeregt. »Die aus Scheeßel stellen den schnellen Heiko auf, das weiß ich.« Herr Lemke dachte nach. »Jens soll es machen!« bestimmte er. »Warum Jens?« fragten alle verwundert. »Der Kleine ist doch noch gar nicht lange bei uns, und durch gute Zeiten ist er auch noch nicht aufgefallen. Der ist doch nur Mittelmaß.« »Ganz einfach«, antwortete Herr Lemke, »ich weiß, daß er es schaffen wird.«
Der Startschuß war gefallen, und als die Schlußschwimmer dranwaren, hatte die Staffel aus Scheeßel schon einen Vorsprung von 5 Metern. Heiko schwamm los, Jens hinterher. Nach der Hälfte der Strecke hatte Jens den Vorsprung schon aufgeholt. Lautstark wurden die beiden angefeuert: »Hei-ko, Heiko!« – »Jens, Jens, Jens!« Am Ende hatte tatsächlich Jens die Nase vorn. Er hatte den Pokal für seine Mannschaft gewonnen. Seine Kameraden und auch Herr Lemke liefen zu ihm, nahmen ihn in die Arme und gratulierten ihm. »Mensch, Jens, das hätte ich nie gedacht, daß du das schaffst. Du warst doch noch nie so schnell. Wie hast du das bloß geschafft?« wollte Matthias wissen. »Ganz einfach«, antwortete Jens, »Herr Lemke hat mir vertraut, und sein Vertrauen hat mich stark gemacht.«
Sowas gibt's: Da kommt plötzlich einer groß raus, von dem man das nie gedacht hätte. Wie bei David. Damals ging es dem Volk Israel schlecht. Die Philister bekämpften es, und die hatten viel bessere Waffen. Israels König Saul konnte sie kaum zurückhalten. Israel brauchte einen neuen König. Deshalb sagte Gott zu seinem Diener, dem Propheten Samuel: »Geh zu Isai und mache einen seiner Söhne zum König über Israel.« Samuel ging hin und sah Isais ältesten Sohn. Er war groß und stark. »Der muß es sein«, dachte Samuel, aber Gott sagte: »Achte nicht auf die Äußerlichkeiten, die Größe oder die starken Muskeln. Darauf kommt es nicht an.« Einer nach dem anderen von den Söhnen Isais ging an Samuel vorüber, aber jedesmal sagte Gott: »Der ist es nicht.« Endlich fragte Samuel: »Waren das schon alle deine Söhne?« »Nein, mein jüngster Sohn David hütet die Schafe«, antwortete Isai. Da befahl Samuel: »Laß ihn herkommen.« Als Samuel den David sah, war er verwirrt. Er sah zum Himmel und dachte: »Mein Gott, soll ich wirklich diesen kleinen Hirtenjungen zum König salben?« »Ja, Samuel«, antwortete Gott, »er ist zwar klein, aber ich weiß, daß ich ihm mein Volk anvertrauen kann.«

Wasser

Angst

Beten

Gottvertrauen

Biblischer Bezug: Psalm 139
Biblische Erläuterung: Gott läßt es sich nicht nehmen, uns immer zu begleiten
Kreativer Zugang: 108, 109, 115, 116, 121, 148, 202, 203, 204, 210, 211, 212, 213
Inhalt: Vater und Tochter erleben eine überraschend stürmische Bootsfahrt, finden in der Ruhe der Seeleute ihr Vertrauen und entdecken sich beim Beten.

Zwischen Wind und Wellen

Erzählung von Wolfgang Gerts

Kannst du dir das mit geschlossenen Augen vorstellen: Du bist auf einem kleinen Boot, unter der Kajüte Platz für 20 Mann, auf Deck vielleicht noch 10 – in der Kajüte selber sitzen ein paar Frauen mit ihren Kindern.

Das Meer ist tiefblau, kräuselnde Wellen lassen das Boot ein wenig schaukeln. Wir fahren an einer langgestreckten Insel entlang. Wenige Touristen, die von der kleinen Insel Fourni nach Samos wollen. Vor allem aber Fischer, Einheimische, Marktfrauen. Ein paar Frauen wollen wohl zum Markt fahren. Sie tragen leere Einkaufstaschen und Plastiktüten bei sich.

So strahlend blau ist der Himmel, daß man kaum daran glauben kann, es habe jemals auf diesem Wasser einen Sturm gegeben.

Aber der Eindruck täuscht. Je weiter wir das schützende Ufer der Insel verlassen, um so höher werden die Wellen. Unregelmäßig geht das Boot auf und nieder, manchmal mit heftigen Stößen. Die Frauen klammern sich fest. Die wenigen Kinder werden in die Mitte genommen. Ich sitze hinten, draußen vor der Kajüte, habe Anna, 4 Jahre alt, auf dem Schoß, sitze auf einer Bank. Dort hinten sitzt der Motor, da ist die Schwankung am geringsten. Einer hat seine Beine zwischen die Reling und die Kajütenwand geklemmt. Bei einem heftigen Stoß der Wellen kracht es, und wir sehen, wie der Holzlauf der Reling einbricht. Glücklicherweise geht der Mann nicht über Bord. Manchen ist augenscheinlich schlecht.

Einmal ist der Stoß auch so heftig, daß ich samt Anna von der Bank fliege und fast in die Kajüte rutsche. Langsam bekomme ich etwas Angst und beobachte, wie die griechischen Männer sich verhalten. Aber die sehen aus, als sei gar nichts. Sie stehen einfach nur da, lesen Zeitung, halten vielleicht eine Hand an die Kajütenwand. Die Beine etwas breitbeinig, sie gleichen jeden Stoß in aller Seelenruhe aus, das erinnert mich ein bißchen an Reiter zu Pferde. Auch der Kapitän steht an seinem Steuer und tut nichts, als dem Motor ab und zu eine andere Geschwindigkeit zu geben und das Steuer zu halten. Wenn er eine schwere Welle bemerkt, drosselt er ab und zu den Motor völlig ab.

Anna, meine Tochter, hat gebrochen. Aber sonst ist sie ganz ruhig, wie diese Griechen. Es ist auch nicht ihr erster Sturm in diesen Gewässern. Sie liegt entspannt und schläft und weiß, daß ich sie festhalte. Nur im Gesicht ist sie trotz der vielen Sonnentage, die hinter uns liegen, ganz weiß geworden.

Als wir wieder in ruhigere Gewässer kommen, müssen wir uns erst einmal orientieren. Der Kapitän hat den kürzesten Weg genommen. Ich muß insgeheim diese Männer bewundern, die so viel Ruhe gezeigt haben. Dabei weiß ich, daß viele auf ihren Fischerbooten oder beim Tauchen den Tod schon mit vierzig oder fünfundvierzig Jahren finden. Das gehört so sehr dazu für sie, daß es sie wohl nicht mehr aus der Ruhe bringt. Ich muß an den Psalm denken, den ich vorhin leise, daß es die anderen nicht hören konnten, gebetet habe:

Von allen Seiten umgibst du mich, und du hältst deine Hand über mir. Diese Erkenntnis ist mir zu wunderbar und zu hoch. Ich kann sie nicht begreifen. Wohin soll ich gehen vor deinem Geist, und wohin soll ich fliehen vor deinem Angesicht? ... Am Ende bin ich noch immer bei dir!

Genau, denke ich! Manchmal ist das bedrohlich, so ausgeliefert zu sein. Aber jetzt bin ich froh. Ich setze meinen Fuß auf festen Boden und denke: **Gut, lieber Gott, daß du immer bei mir bist.**

Biblischer Bezug: Matthäus 8, 23-27
Biblische Erläuterung: Um vom Mißtrauen zum Vertrauen zu kommen, braucht man Zeit
Kreativer Zugang: 108, 121, 202, 203, 204
Inhalt: Nicki mißtraut dem "neuen Vater", trotz dessen Bemühungen. Erst als seine Angst beim Alleinsein zu groß wird, beginnt er, ihm zu vertrauen.

Angst
Eifersucht
Mißtrauen
Stiefeltern
Alleinsein

Die Gruselgeschichte

Erzählung von Susanne von Schroeter

Nicky konnte sich noch gut an seinen Vater erinnern. Groß war er gewesen, und er hatte oft gelacht. Er hatte Nicky auf den Schultern getragen und ihm das Schwimmen beigebracht.
Den Tag, als der Vater verunglückte, würde Nicky nie vergessen, auch die Beerdigung nicht, die vielen Blumen und die Menschen, die weinten. Zuerst hatte Nikky gedacht, die ganze Welt würde stillstehen, es würde nie mehr Sommer werden, und nichts könnte mehr sein wie früher. Aber der Sommer kam trotzdem, die Mutter ging jetzt mit Nicky schwimmen. Sie versuchte, mit ihm zu lachen und Spaß zu machen, so wie der Vater früher, und Nicky tat, als merke er nicht, wie traurig sie war. Es war ein Jahr nach Vaters Tod, als Nicky auffiel, daß die Mutter wieder fröhlicher wurde. Wenn sie lachte, sahen ihre Augen nicht mehr traurig aus, und einmal hörte er sie in der Küche singen. »Wir bekommen am Sonntag Besuch«, sagte sie so wie nebenbei, aber sie deckte den Kaffeetisch ganz sorgfältig, fast wie für einen Geburtstag. Der Besuch, der am Sonntag anrückte, gefiel Nicky gar nicht. Es war ein Mann. Damit hatte Nicky nicht gerechnet. Er hatte irgendeine Tante oder Nachbarin erwartet, statt dessen stand da nun dieser rundliche Mann mit einer bunt eingepackten Schachtel unterm Arm. Dabei hatte doch niemand Geburtstag!

Aber was Nicky mit besonderer Verwunderung und mit wachsendem Mißtrauen beäugte, war der Blumenstrauß, ein riesiger Strauß aus roten Rosen! Die Mutter freute sich so offensichtlich über die Rosen, daß Nicky sich ärgerte.
»Karlchen« nannte sie den Fremden, und wieder ärgerte sich Nicky, über den vertraulichen Ton.
Die bunt eingepackte Schachtel war für Nicky. Bei jedem andern Besuch hätte er das Geschenk begeistert ausgepackt, aber bei diesem fremden Mann wurmte ihn etwas: die Art, wie er die Mutter so liebevoll anlächelte und so bewundernd hinter ihr hersah, gerade so, als ob sie ihn irgend etwas anginge.
Nicky packte die bunte Schachtel nur langsam aus. Es war ein tolles Autospiel, aber Nicky legte es gelangweilt beiseite, was die Mutter sehr verlegen machte.
Der Fremde, der Karlchen hieß, lächelte gutmütig.
Nicky belauerte ihn mißtrauisch, den ganzen Nachmittag. Was hatte Karlchen vor? Wollte er noch öfter kommen? Wollte er vielleicht immer soviel mit der Mutter reden, daß sie kaum Zeit hatte für Nicky?

Karlchen kam tatsächlich noch öfter. Er fuhr mit der Mutter und mit Nicky zum Schwimmen. Am Sonntag ging er mit ihnen wandern. Er kaufte Nicky Eis und einen Fußball, aber es half nichts. Nickys Mißtrauen wuchs von Mal zu Mal.
Wenn die Mutter telefonierte, spitzte er die Ohren, um zu hören, ob sie etwa mit Karlchen sprach. Einmal schlich Nicky hinter der Mutter her, als sie sagte, sie gehe zum Friseur. Vielleicht ging sie zu Karlchen. Aber sie ging tatsächlich nur zum Friseur.
Es kam noch schlimmer, als Nicky befürchtet hatte: Karlchen heiratete Nickys Mutter. Er zog zu ihnen in die Wohnung, legte seine Sachen überall hin, so als ob er dazugehörte, und war weiterhin freundlich zu Nicky. »Wie ist deine neue Regierung?« fragte Dennis, sein Nebenmann in der Schule.

Nicky zuckte die Schultern.
»Der verstellt sich noch«, sagte Dennis.
Das war genau das, was Nicky vermutete.
Kurz vor den Ferien mußte die Mutter plötzlich ins Krankenhaus, wegen einer Blinddarmentzündung.
»Jetzt wird dein neuer Alter den Herrn im Haus spielen«, prophezeite Dennis, »jetzt wo deine Alte k.o. ist«.
Nicky ärgerte sich, daß Dennis die Mutter Alte nannte, aber als Dennis ihm ein paar Videokassetten anbot, »weil ja jetzt bei dir die Luft rein ist«, wie er sagte – da nahm Nicky die Kassetten doch.
Jeden Nachmittag sah er sich jetzt Videofilme an, manchmal zwei hintereinander. Es waren Filme, die der Mutter nicht gefallen hätten. Immer handelte es von Mord und Totschlag und anderen Verbrechen. Nicky fragte sich, wo Dennis all diese Kassetten herbekam, aber der wollte es nicht verraten.
Aufgaben machte Nicky keine mehr, und die Zensuren wurden schlechter. Der Lehrer drohte, er würde zu Hause anrufen.
»Dann wird dein Stiefvater aber toben!« sagte Dennis.
Karlchen tobte überhaupt nicht, als der Anruf kam. Sein Gesicht war ganz besorgt und sogar ein bißchen schuldbewußt, als hätte er etwas falsch gemacht. Er half jetzt bei den Aufgaben, wenn er nach Hause kam. Karlchen wußte über vieles Bescheid, und er erklärte manchmal besser als der Lehrer. Fast hätten die Aufgabenstunden Nicky Spaß gemacht, aber er hütete sich, das durchblicken zu lassen.
Einmal sagte Karlchen, er würde am nächsten Tag später kommen, wegen eines Betriebsausfluges.

»Es kann zwei Uhr werden«, sagte er, »aber keinesfalls später.«
Er ließ Nicky sogar eine Telefonnummer »für alle Fälle«.
Nicky lieh sich vier Videos aus, statt nur zwei.
»Mann«, sagte Dennis, »wenn die Luft bei dir so rein ist, geb ich dir noch was extra Gutes. Da stehen dir die Haare zu Berge!«
Nicky schaute am Nachmittag zwei Filme an. Fürs Abendessen nahm er sich kaum Zeit. Er hatte Kopfschmerzen und wäre gern noch einmal an die frische Luft gegangen, aber es war schon dämmerig und regnete. Es sah nach Sturm aus. So blieb er zu Hause und legte die nächste Kassette ein, eine von Dennis' extra-guten.
Es war furchtbar gruselig. Ein blutsaugender Vampir trieb sein Unwesen, schauerliche Schreie gellten, und das Blut tropfte nur so.

Es war schon 12 Uhr, als der Film zu Ende war. Inzwischen stürmte es draußen. Nicky fiel ein, daß er die Fensterläden schließen sollte, aber er traute sich nicht mehr ans Fenster, weil der Vampir immer an den Fenstern gelauert hatte.
Er traute sich nicht mehr, die vierte Kassette einzulegen, aber vielleicht würde er den Vampir vergessen, wenn er etwas anderes sah. Wenn der Film nur nicht noch schlimmer war!
Er war noch schlimmer! Diesmal waren es nämlich Zombies, die aus den Gräbern stiegen. Ihre grauen Haare, die wie Spinnweben aussahen, flatterten im Nachtwind, und die Zombies starrten ihre Opfer aus toten Augen an.
Nicky fühlte schaudernd, wie er eine Gänsehaut bekam. Es überlief ihn eisig, und er hörte seine eigenen Zähne klappern. Der Sturm heulte schauerlich vor dem Fenster, und die Fensterläden quietschten.
Wenn er sie doch nur zumachen könnte! Aber er wagte sich nicht mehr von seinem Sesselplatz weg. Der Baum vor dem Fenster bewegte sich im Sturm und warf gespenstische Schatten. Vom Fernseher gellten schrille Schreie. Nicky dachte an die Nummer, die Karlchen neben das Telefon gelegt hatte. Wenn er ihn anrufen könnte! Karlchen käme bestimmt, um die Videos abzustellen. Das Problem war nur, daß das Telefon direkt neben dem Bildschirm stand, und da wagte Nicky sich nicht mehr hin. Die Uhr schlug leise einmal. Ein Uhr! »Es kann 2 Uhr werden«, hatte Karlchen gesagt. Die Zombies scheuchten einen schreienden Mann durch den Urwald. Es war 1 Uhr 15. Ein Lichtschein glitt über die Zimmerwand, und ein Quietschen ertönte. Nicky wußte nicht, ob es vom Video oder von draußen kam. Knirschende Schritte gingen draußen über den Kiesweg. Ein Uhr 20! Wenn doch nur Karlchen käme! An der Haustür war ein Geräusch. Der Zombie hatte sein Opfer fast gepackt. Nicky verkroch sich im Sessel, so tief es ging. Seine Zähne schlugen aufeinander fast so laut wie ein Preßlufthammer. Die Zimmertür ging auf. – Karlchen stand da! Ein Staunen ging über sein dickes Gesicht und dann so etwas wie Verstehen. Mit zwei langen Schritten war er beim Fernseher und schaltete ab, und dann saß er neben Nicky und legte die Arme um ihn. Nicky spürte, wie er ruhig wurde. Das Zittern hörte auf, nur die Zähne klapperten noch ein bißchen.
»Ich wußte, daß du kommst«, sagte er, »du hast ja gesagt, daß du kommst!« Jetzt konnten sie ihm alle nichts mehr anhaben, weder die Vampire noch die Zombies!

Biblischer Bezug: Lukas 7, 36-50
Biblische Erläuterung: Jesus vergibt einer Frau, die auf der Suche nach Liebe ihren Körper für Geld verkauft
Kreativer Zugang: 131, 136, 198, 205, 206, 207, 208
Inhalt: Mona macht ihrer besten Freundin heimlich Schwierigkeiten in der Schule. Als Lucie ihr auf die Spur kommt, erfährt sie, daß Mona sich zurückgesetzt fühlt. Sie verzeiht Mona.

Vergeben

Freundschaft

Liebe

Schuld

Neid

Streiten

Freundinnen

Erzählung von Isolde Heyne

Lucie beteuerte immer wieder:
»Ich habe die Hausaufgaben gemacht, Frau Bergmann. Das Heft ist einfach weg.« Lucie weinte. Sie war Klassenbeste gewesen. Aber nun passierten immer Dinge, die vorher bei ihr undenkbar gewesen wären: Hausaufgabenhefte verschwanden auf unerklärliche Weise, Bücher bekamen Eselsohren, Zeichnungen waren verwischt. Jeden Tag etwas anderes. Lucie war verzweifelt.

Die Klassenlehrerin schüttelte nur mit dem Kopf. Eine Eintragung war unvermeidlich.
Am darauffolgenden Tag kam Lucie auf eine Spur, die so ungeheuerlich war, daß sie es kaum glauben konnte. Ihre beste Freundin Mona verklebte blitzschnell die Seiten des Mathebuches und legte es dann auf Lucies Platz zurück. Das Buch war verdorben. Lucie aber schwieg. Sie wollte sichergehen.
Am nächsten Tag waren die sorgfältig getrockneten Gräser für das Herbarium zerbröckelt und dadurch unbrauchbar geworden. Auf Monas Tisch lag ein trockenes Blättchen. Jetzt war Lucie sicher, wer ihr Schaden zufügte. »Warum tust du das?« fragte sie.
Mona leugnete. »Kannst du beweisen, daß ich es war?«
»Ich habe dich beobachtet, weil ich nicht glauben wollte, daß du so gemein sein kannst.«
Fast eine Woche sprachen sie nicht miteinander. In dieser Zeit passierte nichts mehr mit Lucies Heften und Büchern. Aber die Mädchen gingen den Schulweg getrennt.

Lucie war traurig. Warum hat sie das nur getan, fragte sie sich immer wieder. Wir waren doch gute Freundinnen. Immer haben wir einander alles anvertraut. Warum hat sie das getan?
Ich muß mit Mona reden, dachte sie. Und das tat sie dann auch. »Erkläre mir, warum du mir so viel Ärger gemacht hast. Das muß doch einen Grund haben!«
Monas Gesicht verschloß sich. »Das hilft nun auch nichts mehr«, sagte sie schroff. »Ich habe es gemacht, und jetzt willst du sowieso nichts mehr mit mir zu tun haben. Geh doch zu Frau Bergmann! Sag ihr doch alles. Dann bist du wieder ihr Liebling.« Ohne eine Antwort abzuwarten, lief Mona davon.
Lucie schaute ihr nach. Was Mona da gesagt hatte, stimmte sie nachdenklich. Mona war eifersüchtig geworden, weil Frau Bergmann sie, Lucie, so oft als Vorbild hingestellt hatte. Ihr fiel es auch leicht, ordentlich zu sein, alles schnell zu begreifen, im Unterricht konzentriert zuzuhören. Das war bei Mona anders. Trotzdem waren sie seit Jahren gute Freundinnen gewesen. Es wäre Lucie gar nicht in den Sinn gekommen, Mona könnte ihr die guten Leistungen in der Schule nicht gönnen.

Am nächsten Tag wartete Lucie auf Mona. »Entschuldige«, sagte sie. »Ich hatte nicht bemerkt, daß du Probleme hast. Wenn du willst, lernen wir jetzt wieder zusammen, wie früher. Warum haben wir eigentlich damit aufgehört?«
Mona konnte kaum glauben, daß Lucie ihr verzieh und auch noch die Schuld auf sich nahm. »Du konntest Dinge tun, die ich nicht durfte – Klavierstunden, Reiten, Ballett – dafür hatten meine Eltern kein Geld, und du hattest immer weniger Zeit für mich. Ich bin neidisch geworden – deshalb habe ich das alles gemacht. Es hat mir wehgetan – aber ich konnte nicht damit aufhören . . .«
Mona sah hilflos aus und wirkte so verlassen. Sie konnte die Tränen kaum noch zurückhalten.
»Reden wir nicht mehr davon«, sagte Lucie. Und dann: »Heute nachmittag – bei mir?«
»Danke«, sagte Mona. »Ich komme sehr gern.«

99 Verzeihen

Vergeben

Liebe

Schuld

Stehlen

Biblischer Bezug: Lukas 7, 36-50

Biblische Erläuterung: Jesus vergibt einer Frau, deren Liebe er höher schätzt als ihren schlechten Ruf

Kreativer Zugang: 191, 205, 206, 207, 208

Inhalt: Erzählung von der Hure, die Jesu Füße salbt, verbunden mit einer Episode, wie ein Vater liebevoll reagiert, als sein Sohn beim Stehlen erwischt wird.

Wirklich liebhaben

Erzählung von Dietrich Steinwede

Eine Frau kommt mit Salbe, mit Öl, das wunderbar duftet in einem Fläschchen.
Sie kommt zu Jesus.
Sie gießt das Öl über seine Füße aus.
Sie trocknet seine Füße mit ihrem Haar. Sie sagt gar nichts.
Sie weint.
Ihre Tränen fallen auf seine Füße. Sie küßt seine Füße.
Wer ist diese Frau? Eine Frau, die Strafe verdient hat.
So denken es jedenfalls ihre Landsleute.
So denken es Menschen heute vielleicht auch:
Sie verkauft ihren Körper. Für Liebe!
Männer kommen und schlafen mit ihr.
Sie bezahlen dafür.
Käufliche Liebe, das ist schlimm, das muß bestraft werden.
Die Frau findet das furchtbar.
Sie möchte loskommen davon, daß sie ihre Liebe, ihren Körper, verkaufen muß.
Darum kommt sie zu Jesus.
Sie möchte sein Erbarmen.
Sie schenkt ihm etwas, liebevoll.
Wer soll ihr denn sonst helfen ...
Und Jesus sieht, was los ist mit ihr.
Jesus will ihr helfen.
Er sagt: »Ich merke, du brauchst Liebe.
Du kannst auch Liebe geben, Liebe des Herzens.
Du hast meine Füße gesalbt und abgetrocknet.
Du kannst einen Menschen wirklich liebhaben.
Du sollst aufstehen, Frau.
Du bist gut. Gott ist mit dir.
Du möchtest Liebe, die auf den Menschen schaut, auf das Herz.
Ich gebe sie dir.
Ich vergebe dir.
Alles, was du getan hast, das soll vergessen, vergeben sein.
Du sollst wieder leben können.
Du sollst wieder glücklich sein.«
Da steht sie auf, die Frau, voller Glück, voller Liebe ...
Ich kann diese Frau verstehen.
Ich wurde einmal angerufen:
»Kommen Sie bitte sofort zu Hertie!
Ihr Sohn hat gestohlen.
Er ist erwischt worden.«
Ich schrecke auf aus meiner Nachmittagsarbeit am Schreibtisch: ›Mein Gott, warum hat er das bloß getan?‹
Ich springe auf. Ins Auto! 3 km bis Hertie.
»Ja, bitte hier durch«, sagt man bei Hertie, als ich frage.
Dann sehe ich ihn, zitternd, mit verweintem Gesicht.
Neben ihm sein Freund Thomas und der Detektiv, der ihn erwischt hat.
Tausend Gefühle, Gedanken durchschießen mein Herz, meinen Kopf: ›Jacob, mein Sohn, ein Dieb!‹
Unsere Blicke treffen sich.
Erbarmenswert schaut er mich an:
›Gib mir jetzt Liebe, Vater, keinen Zorn.
Laß mich nicht verzweifeln.
Ich habe dich doch auch lieb.‹
»Es war ein Päckchen Kaugummi«, sagt der Detektiv, »er wollte seinem Freund seinen Mut beweisen.«
›Ein Päckchen Kaugummi, mein Gott, alles um ein Päckchen Kaugummi.‹
›Hilf mir bitte.‹
Immer noch schaut mein Sohn mich an:
›Erbarme dich doch.
Wer soll mir denn sonst helfen?
Ich habe etwas Schlimmes getan.
Aber bitte, schimpf mich nicht aus.
Laß mich nicht im Stich.‹
Kein Wort ist gefallen zwischen uns.
Alles in den Blicken.
Ich sage nichts.
Der Detektiv, er ist ganz ruhig, ja, eigentlich freundlich, blickt mich an:
»Ihr Sohn gehört zu denen, die so etwas einmal in ihrem Leben probieren und dann nie wieder.«
Ich nehme Jacob an die Hand.
Wir gehen zur Kasse, bezahlen das Päckchen. Wir gehen hinaus. Freund Thomas mit uns.
Niemand spricht ein Wort.
Aber dann zu Hause, da fließen Jacobs Tränen.
Jacob, ich gebe dir meine Liebe.
Ich vergebe dir.
Alles, was du getan hast, das soll vergessen, vergeben sein.
Du sollst wieder leben können.
Du sollst wieder glücklich sein ...

Biblischer Bezug: Psalm 31, 16
Biblische Erläuterung: Meine Zeit steht in deinen Händen
Kreativer Zugang: 180, 218, 219, 220, 221
Inhalt: Zeit vergeht schnell, wenn uns etwas Freude macht. Das erfährt der kleine Kai, als er mit seinem Papa drei kurze lange Tage an der Ostsee verbringt.

Meine Zeit steht in deinen Händen

Erzählung von Wolfgang Longardt

»Drei lange Tage hab' ich frei, und wir beide können noch einmal zu Tante Ida an die Ostsee fahren«, rief Papa zu Kai, als er die Wohnungstür aufmachte. »Drei Tage mit dir am Strand? Prima«, antwortete Kai. Schon im Sommer hatte er 14 Tage mit seinem Papa bei Tante Ida gewohnt und täglich am Strand herumgetobt. »Jetzt ist es zwar ganz schön kühl am Strand, aber wir nehmen warme Sachen mit«, sagte Papa noch, »und bald beginnen wir zusammen einen kleinen Koffer zu packen.«
Wie immer nahm Kais Papa auch die Gitarre im Auto mit. Sie gingen gleich nach der Ankunft ans Meer und wanderten am Strand entlang. Langsam wurde es dunkel, sie setzten sich auf einen großen Stein, und Kais Papa sang zur Gitarre Abendlieder, auch das, was Kai gerade im Kindergarten gelernt hatte: »Schenk uns Zeit, schenk uns Zeit, Zeit aus deiner Ewigkeit«.
»Drei Tage lang, das ist schön«, sagte Kai. Obwohl oft schon ein starker Herbstwind blies, verbrachten beide herrliche Tage. Sonntag morgen gingen sie noch vor dem Gottesdienst zum Strand, sie waren etwas traurig, denn jetzt merkten sie, die drei Tage waren eine so kurze Zeit. Sie sammelten noch ein paar Muscheln, und dann ließ Kai immer wieder aus einer vollen Hand Sand durch die Finger rieseln. Wie aus Händen der Sand, so war die Zeit verronnen, dachte Kais Papa.
Nach dem Gottesdienst sahen sich beide noch die Kirche an, seit dem Sommer hatte man sie renoviert, und nahe bei der Kanzel war jetzt eine alte, große Sanduhr angebracht. »Haben die aber eine große Eieruhr«, meinte Kai. »Das ist eine Sanduhr«, erklärte ihm sein Papa und las die kleinen goldenen Buchstaben vor, die darunter standen: «Meine Zeit steht in Gottes Händen«. Als sie aus der Kirche herausgingen, sagte Kai: »Gott soll mal machen, daß die Zeit auf der Uhr nicht so schnell geht.« Noch eine Nacht konnten beide bei Tante Ida bleiben. Tante Ida tröstete die beiden: »Es war doch eine schöne Zeit.« – »Bloß zu kurze drei Tage«, sagte Kai. Wie zu Hause spielte Kais Papa zur guten Nacht ein paar Lieder auf der Gitarre. Heute aber hörte Kai ein ganz neues: »Zeit verrinnt wie aus Händen der Sand und wieviel Zeit bleibt, ist unbekannt, doch Gottes Liebe und Licht verläßt uns nicht.« Kai fand das Lied ein bißchen traurig und er betete: »Schade, lieber Gott, daß du die Zeit hast so schnell gehen lassen, du hast doch gesehen, schöne Sachen können wir beide zusammen machen. Gib Papa bald wieder freie Zeit und behüte uns. Amen.«

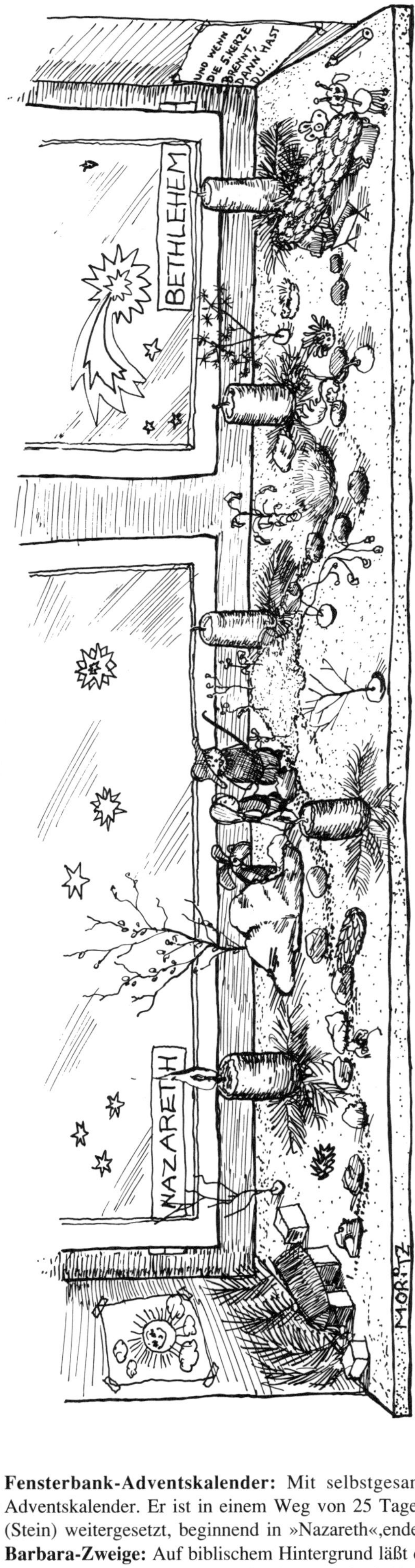

Die Kinder sammeln 25 kleine Steinchen, dazu auch Rindenstücke, schöne trockene Halme, Zapfen, Zweige, Moos, trockene Blüten usw. Im Gruppenraum brauchen wir zum Basteln außerdem Knetmasse und zwei Zettel.

Unser Adventskalender befindet sich auf einer Fensterbank. Ganz links klebt das kleine Schild »Nazareth«. Ganz rechts ist »Bethlehem«. Wir erzählen den Kindern von Josef und Maria als eine Weg-Geschichte, also, wie sie den Weg von Nazareth nach Bethlehem zu Fuß zurücklegen müssen (ohne Esel; den haben die Leute sich erst später ausgedacht!). Aus der Modelliermasse formen wir Josef und Maria. Zwischen Nazareth und Bethlehem formen wir aus allen Teilen eine Landschaft. Für jeden Tag der Adventszeit legen wir einen Stein auf den Weg. Jeder Sonntag (oder Tag des Kindergottesdienstes/der Religionsstunde o.ä.) ist durch eine Adventskerze herausgehoben.

Es ist der 1. Dezember (oder 1. Advent). Die Reise kann beginnen. Täglich rücken Maria und Josef einen Stein weiter. Die Kinder bekommen eine Vorstellung von der Zeit, die es noch bis zum Heiligabend dauert.

Weg

Weihnachten

Zeit

Warten

Lk 2, 1-7

Geschichten: 1, 2, 3, 35

102

Barbara-Zweige

werden die Kirschzweige genannt, die man am 4. Dezember, am Barbara-Tag, schneidet. **Machst du mit?**

Es ist bestimmt auch für dich ein Erlebnis, das Wachsen der Knospen und das Aufbrechen der Blüten mitten im Winter zu sehen. Lege die Kirschzweige über Nacht in der Badewanne in lauwarmes Wasser, bevor du sie in die Vase stellst. Achte darauf, daß jeden dritten Tag das Wasser gewechselt wird. Wenn ihr keinen Garten habt: Barbarazweige gibt es auch in Gärtnereien und Blumenläden.

Viel Erfolg!

Weihnachten

Warten

Zeit

Jes 11, 1-10

Geschichten: 1, 2, 3

Fensterbank-Adventskalender: Mit selbstgesammelten Materialien bauen die Kinder sich einen Fensterbank-Adventskalender. Er ist in einem Weg von 25 Tagen unterteilt. Die Josef- und Maria-Figuren werden täglich einen Tag (Stein) weitergesetzt, beginnend in »Nazareth«,endend in »Bethlehem«.

Barbara-Zweige: Auf biblischem Hintergrund läßt das Wachsen und Blühen der Zweige im Winter auf den »Reis« (EKG 21!) deuten, der gegen alle Befürchtungen doch blüht. Daraus ist ein alter Brauch entstanden.

103 Anders(sein)

Vorurteile

Außenseiter

Mt 7, 1-5

Geschichten:
5, 6, 50, 51,
52, 70

Vorurteile können zu Fehlurteilen führen. Diese Erfahrungen haben Kinder sicherlich schon schmerzhaft am eigenen Leib gemacht. Deshalb können sie in einem Rollenspiel zu diesen Bildern erlittene »Fehlurteile« aufarbeiten.

Helfen
Antisemitismus
Ausländer
Fremde
Fremdsein
Freundschaft
Einsamkeit
Behindert
Menschenwürde
Randgruppen

Mt 25, 31-46

Geschichten: 5, 6, 12, 13, 30, 32, 33, 34, 48, 49, 55, 70, 86

HELFERSPIEL

Das Helferspiel erfordert einige Vorarbeiten, bevor Ihr es spielen könnt. Also – frisch ans Werk!

1 Zuerst den Spielplan 2 x kopieren (am besten in doppelter Größe). Eine Foto-Kopie als Spielplan auf kräftige Pappe kleben und bunt anmalen.

2 Nun aus Zeichenkarton 24 gleich große Kärtchen schneiden. Aus der zweiten Kopie die Bilder ausschneiden und auf 12 Kärtchen kleben. Ebenfalls bunt bemalen.

3 Die restlichen 12 Kärtchen nun passend zu den dargestellten Situationen beschriften. Das unten gezeigte Muster soll nur Anregung sein!!

Die Bildkärtchen sind die EREIGNISKARTEN. Die Textkärtchen sind die HELFERKARTEN. Beim Spiel kommt es darauf an, die Notsituation zu erkennen und zu helfen.

Nun braucht ihr noch einen Würfel und pro Mitspieler eine Spielfigur, dann kanns losgehen:

Zuerst werden die Ereigniskarten gemischt und verdeckt ausgeteilt. Jeder Mitspieler bekommt die gleiche Anzahl (2 Spieler = 6 Karten / 3 = 4 / 4 = 3). Die Helferkarten liegen umgedreht auf einem Stapel neben dem Spielplan. Nun wird reihum gewürfelt. Wer auf ein farbiges Feld kommt, nimmt sich ein Helferkärtchen vom Stapel. Paßt es zu einer Ereigniskarte, dürfen beide als Paar auf oder neben dem Spielplan abgelegt werden. Paßt das Helferkärtchen nicht, wird es zurück auf den Stapel gelegt. Es wird so lange vorwärts und rückwärts gespielt, bis aus allen Kärtchen Paare geworden sind.

Dieses Spiel hat keinen Sieger! Bestimmt habt ihr auch Ideen, wie die Spielregeln noch erweitert werden können!

Komm, spiel mit uns!	Ich helfe dir tragen!	Ich mache mit dir eine Spazierfahrt!
Ich lese dir eine Geschichte vor.	Erzähle mir von deiner Heimat!	Ich schenke dir Kleidung, die ich übrig habe.
Ich besuche dich am Krankenbett!	Ich helfe dir beim Lernen!	Warum weinst du?
Erzähle mir von deinen Problemen!	Du bist mein kleiner Freund.	Wollen wir Ball spielen?

D.W.

Der Spielplan

für das »Helferspiel« (Kopiervorlage) befindet sich im Schlußteil des Buches unter der Kenn-Nummer **104**

Ein Würfelspiel zum Selberbasteln. Kindern wird der Blick geschult, Notsituationen zu erkennen und eine Idee zur Hilfe zu entwickeln.

105 Anders(sein)

Annehmen

Phantasieren

Rolle

Selbstvertrauen

Mut

Röm 15, 7

Geschichten: 5, 7, 65, 74, 75

106

Annehmen

Lügen

Rolle

Phantasieren

Selbstvertrauen

Mut

Röm 15, 7

Geschichten: 5, 6, 7, 64, 65, 74, 75

Kinder denken sich Phantasiegeschichten aus, versetzen sich dabei in neue Rollen. Sie lernen damit Nähe und Abstand zu sich selbst, sich auch in verschiedenen Zusammenhängen zu erproben und anzunehmen, sich in allen möglichen Rollen auszuprobieren, sich von sich selbst zu distanzieren und neu anzunehmen ...

Annehmen

Rolle

Identität

Verantwortung

Röm 15, 7

Geschichten: 7, 11, 43, 74, 75

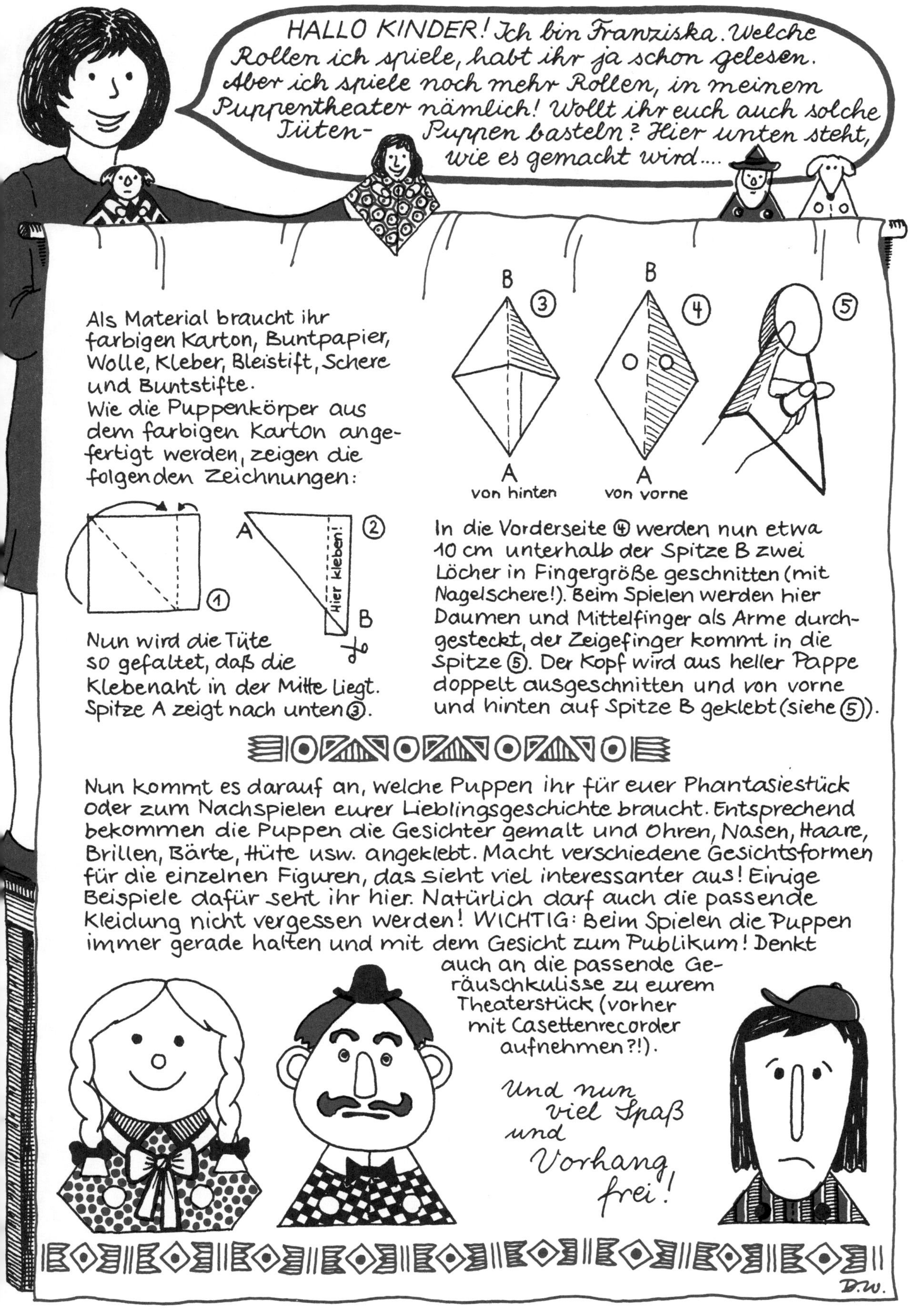

Figuren entstehen schnell und ohne großen Aufwand. Damit kann ein Theaterstück aufgeführt werden. Die Kinder probieren sich in verschiedenen Rollen und Identifikationen aus.

Joh 16, 33
Lk 22, 39-46

Geschichten:
8, 9, 10, 68,
71, 96, 97

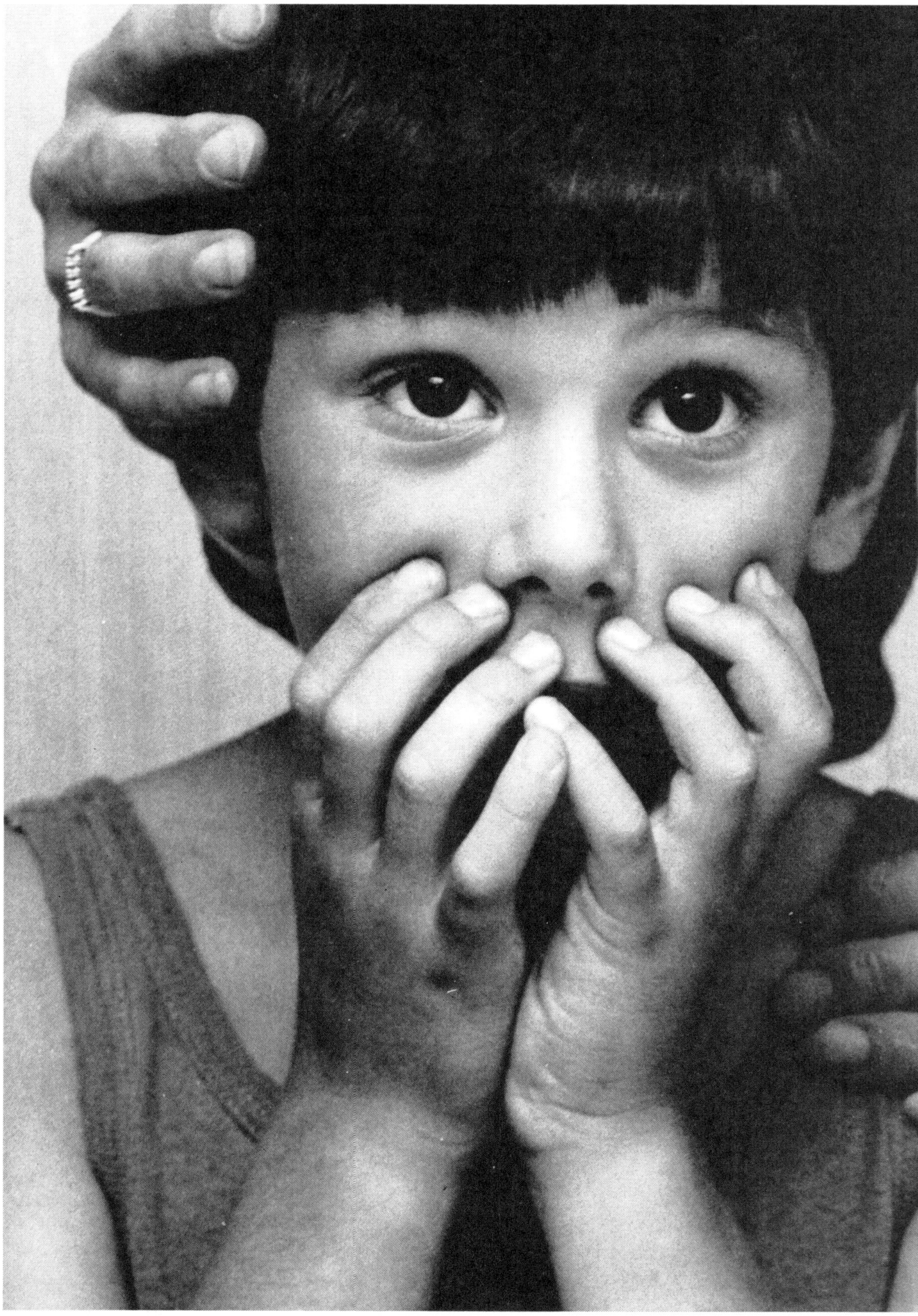

Wovor hat das Kind Angst?

Identifikation: Die Kinder malen, was dieses Kind sieht. So sind sie nicht gezwungen, ihre eigenen Ängste offenzulegen. Jedes Kind bekommt eine Kopie des Bildes (oder das Bild sichtbar an die Wand hängen).

Joh 16, 33
Lk 22, 39-46

Geschichten:
8, 9, 10, 68,
71, 96

Bildfolge ergänzen: Die Kinder können dann nach gleichem Muster eine Bildfolge ihrer eigenen Ängste entwerfen.

Fremde

Fremdsein

Anders(sein)

Asylbewerber

Ökumene

Vorurteile

3. Mose 19, 33-34
Buch Jona
Mt 5, 1-12; 25, 31-46

Geschichten: 5, 6, 12, 13, 30, 47, 51, 54, 55, 67, 70, 74, 83, 92, 93

AUFKLEBER SELBSTGEMACHT: Gestalte die Vorlage farbig nach deinen Vorstellungen, schneide das Oval aus, überziehe die Vorderseite mit Klarsichtfolie und beklebe die Rückseite mit doppelseitigem Klebeband.

111

s. Nr. 110

1C - 2B - 3D - 4F - 5B - 6G - 7B - 8E - 9A - 10G - 11C - 12G - 13F - 14B - 15C

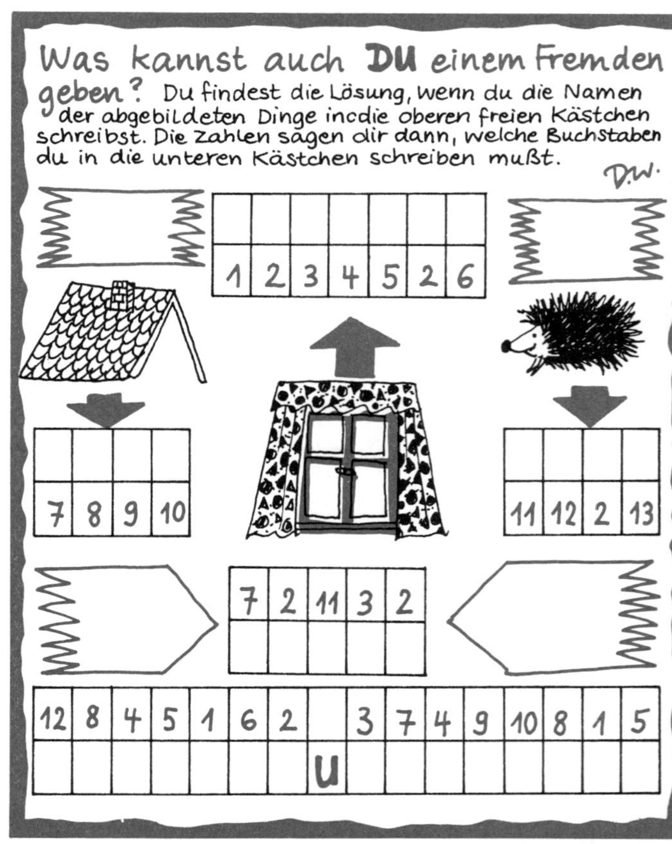

Deine Gastfreundschaft

Anstöße zum Thema»Ausländer«: Nur wenn ich den anderen kennenlerne, lerne ich ihn verstehen und meine Vorurteile abzubauen.

Made in Germany: Wir profitieren täglich von Erfindungen und Leistungen anderer Völker und Kulturen. Zur Vertiefung Klassensatz:»Die neuen Nachbarn« herausgegeben von »Aktion Gemeinsinn e.V.«, Prinz-Albert-Str. 30, 5300 Bonn 1; dort besonders:»Was ist eigentlich deutsch?«, S. 12 (Beate Winkler), und »Fernöstliches an der Spree«, S. 9.

Fremde

Fremdsein

Anders(sein)

Asylbewerber

Vorurteile

3. Mose 19, 33-34
Buch Jona
Mt 5, 1-12; 25, 31-46

Geschichten:
5, 6, 12, 13, 30, 47, 51, 54, 55, 67, 74, 83, 92, 93

Türkische Rezepte zum Ausprobieren

Mücver = Zucchinifrikadellen

für 4 Personen:
1 kg Zucchini,
200 g Zwiebeln,
2 Bund Dill,
4 Eier, Pfeffer, Salz,
80 g Mehl
ca. 1/4 l Sonnenblumenöl

Die Zucchini wie Möhren schaben, waschen und in große Würfel schneiden. Die Zwiebeln schälen und grob hacken. Beides mit einem Mörser (oder Fleischwolf oder Pürierstab des Handrührgerätes) fein pürieren. Die Masse in einer Schüssel mit dem feingehackten Dill, den Eiern, Pfeffer, Salz und Mehl zu einem gleichmäßig glatten Teig verkneten. Nun das Öl in einer Pfanne erhitzen, je einen Eßlöffel von der Teigmasse reingeben, flachdrücken und wie Kartoffelpuffer unter Wenden ausbacken. Sofort servieren!

Ayran = erfrischendes Joghurtgetränk

für 1 Person:
75 g Joghurt (1/2 Becher)
225 g Wasser (2 1/2 Becher)
Salz nach Belieben,
Eiswürfel

Den Joghurt nach und nach mit dem Wasser und wenig Salz verrühren, mit dem Schneebesen oder im Mixer aufschlagen und kalt stellen. Vor dem Servieren noch einen Eiswürfel hineingeben.

Zusammen mit einem **Salat** aus frischen Tomaten, Zwiebeln, Peperoni (scharf oder mild) schwarzen Oliven, abgeschmeckt mit Zitronensaft, Olivenöl, Salz, Dill und Petersilie ergibt dies eine wohlschmeckende Mahlzeit.

AFIYET OLSUN! GUTEN APPETIT!

Die türkischen Wörter werden ganz anders geschrieben als gesprochen. Hier steht, wie sie gesprochen werden, du kannst also gleich drauflos reden...

türkisch	deutsch
Jji günler	Guten Tag
Naßilßinis	Wie geht's dir?
Teschekkürler	Danke
evet / hajir	ja / nein
Benden hoschlanijorum	Jch mag dich
alaasmárladik	Auf Wiedersehen
Arkadasch olabilirmijiß	Wollen wir Freunde sein?
güsel	schön

KENNST DU DIE TÜRKEI?

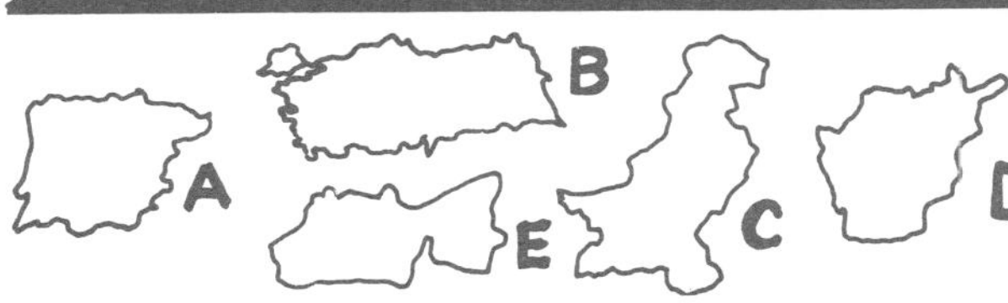

1. Welcher Umriß stellt die Türkei dar?

2. Wie heißt die türkische Hauptstadt? A ISTANBUL B ADANA C ANKARA D IZMIR

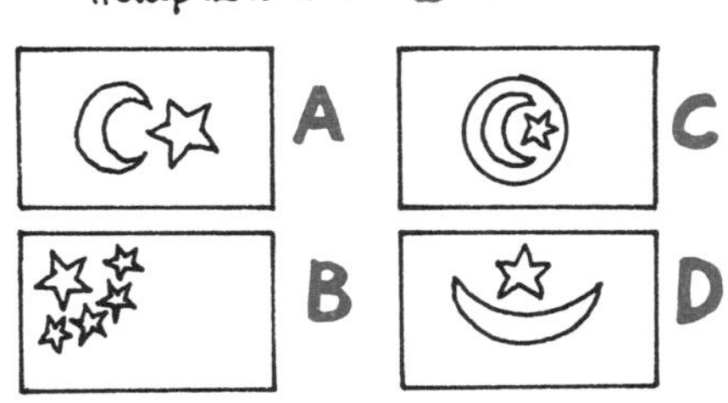

3. Welche Flagge gehört zur Türkei?

Was weißt du sonst noch darüber?

1B / 2C / 3A

Türken sind unsere Nachbarn! - Ein spezielles Problem bilden die türkischen Kurden. Der offene Streit, ob Flüchtlinge aus einem Natoland »Asylanten« werden können, ist nicht beigelegt. Was denkt ihr darüber?

113 Behütetsein / Bekennen

Geborgenheit

Schützen

Segen

Ps 127, 1

Geschichten: 39, 81

Ein Tischhaus als Spielhaus

ist einfach und schnell gemacht: Ihr besorgt euch ein altes Bettlaken, das zerschnitten werden darf; für einen großen Tisch braucht ihr zwei aneinandergenähte Laken. Nun legt ihr dieses große Tuch so auf den Tisch, daß alle Seiten bis zum Boden reichen. Nun markiert ihr die Tischkanten und die Höhe, breitet den Stoff auf dem Boden aus und zeichnet mit Filzer euer Haus nach nebenstehendem Plan auf. Schneidet dann mit einer scharfen Schere die 4 Ecken ab (schraffierte Flächen), ebenso Tür und Fenster. Wenn Tür und Fenster verschließbar sein sollen, darf die Tür nur aus zwei senkrechten Schnitten bestehen. Die Fenster müßt ihr dann

← so schneiden (zum Öffnen mit 2 Wäscheklammern festklammern). Wenn ihr wollt, könnt ihr euer Tischhaus mit Stoff- oder Acrylfarbe bemalen. Sobald die Farbe trocken ist, näht ihr an den 4 Ecken jeweils die gestrichelten Linien aneinander. Über den Tisch stülpen – fertig!

114

Bekennen

Mission

Christentum

Lk 5, 1-11
Joh 21, 1-17

Geschichten: 44, 45, 90

Das Fischerspiel

ist ein Spiel für viele Kinder. Die Hälfte sind Fischer, die anderen die Fische. Die Fischer fassen sich an den Händen und bilden so das Fischernetz. Die Fische „schwimmen" auf einem vorher abgegrenzten Spielfeld herum und werden nun von den Fischern eingekreist. Die Fische versuchen natürlich zu entkommen und durch die Maschen des Netzes zu schlüpfen. Wer gefangen wird, scheidet aus. Dann werden die Rollen getauscht, aus den Fischen werden Fischer und umgekehrt.

Tischhaus: Häuserbauen entspringt einem Grundbedürfnis der Kinder, durch geschützte Umgebung Geborgenheit zu suchen.
Fischerspiel: Ein fröhliches Spiel baut eine Brücke zwischen dem »Fisch« (Geheimsymbol der ersten Christen) und dem bibl. Begriff »Menschenfischer«, der Christen eine Aufgabe zuweist.

Zuflucht

Hoffnung

Trost

Lk 11, 1-13

Geschichten:
40, 61, 96

Gebetswand: Gemeinsam beten. Entweder erhält jedes Kind die kopierte Vorlage und kann auf dem freien Raum eigene Gebete eintragen. Oder jedes Kind schreibt ein Gebet auf einen Zettel, alle Gebete werden zu einer Pinnwand (Bogen Papier) zusammengefügt. Es entsteht ein Gruppengebet.

116 Beten / Brot

Trost

Glauben

Lk 11, 1-13

Geschichten:
44, 61, 74,
96

Zahlen-Rätsel

6	2	13	10	2	12

5	3	9	2

7	1	8	9

11	12	4	7

Schreibe die Namen der abgebildeten Dinge in die oberen freien Kästchen. Die Zahlen sagen dir dann, welchen Buchstaben du in die unteren Kästchen mit der gleichen Zahl schreiben mußt. Wie heißt der Lösungssatz?

5	4

11	1	8	8	9	10

7	3	10	10

1	6	6	2	9

9	1	7	2	8

Du kannst Gott alles sagen

117

Brot

Erntedank

Lk 12, 16-20

Geschichten:
16, 17, 18,
19, 27

Backstube von 1836

Kennst du alle Getreidesorten? Weißt du auch, was daraus gemacht wird?

Das Rätsel kann als Einstieg in ein Gespräch über das Beten eingesetzt werden.

Brot: Das Thema kommt auch im Sachkundeunterricht der Grundschulen (3./4. Klasse) vor, die Kinder haben zum Teil also schon eigene Erfahrungen!

Die Getreidesorten: 1= Gerste, 2 = Weizen, 3 = Roggen, 4 = Hafer, 5 = Reis

VOM KORN ZUM BROT

Die Bildfolge ist vertauscht. Betrachte die Bilder genau und bringe sie in die richtige Reihenfolge, dann findest du den Lösungssatz.

I

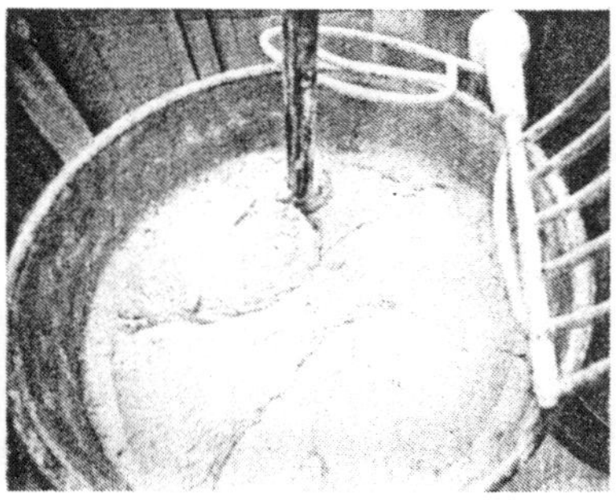
T_2

R

N

S

E_2

B_2

B_1

T_1

E_1

O

L

Erntedank

Abendmahl

Teilen

Lk 12, 16-20
2. Mose 16
Ps 104,14-15
Joh 6, 22-35

Geschichten:
16, 17, 18,
19, 27

Bilderpuzzle, vorher zerschneiden! - Die Kinder legen es in der richtigen Zuordnung (»Vom Korn zum Brot«) zusammen. Lösungssatz: »Brot ist Leben«. - Abstimmen mit Sachkundeunterricht!

Erntedank

Danken

Lk 12, 16-20

Geschichten:
16, 17, 18,
19, 27

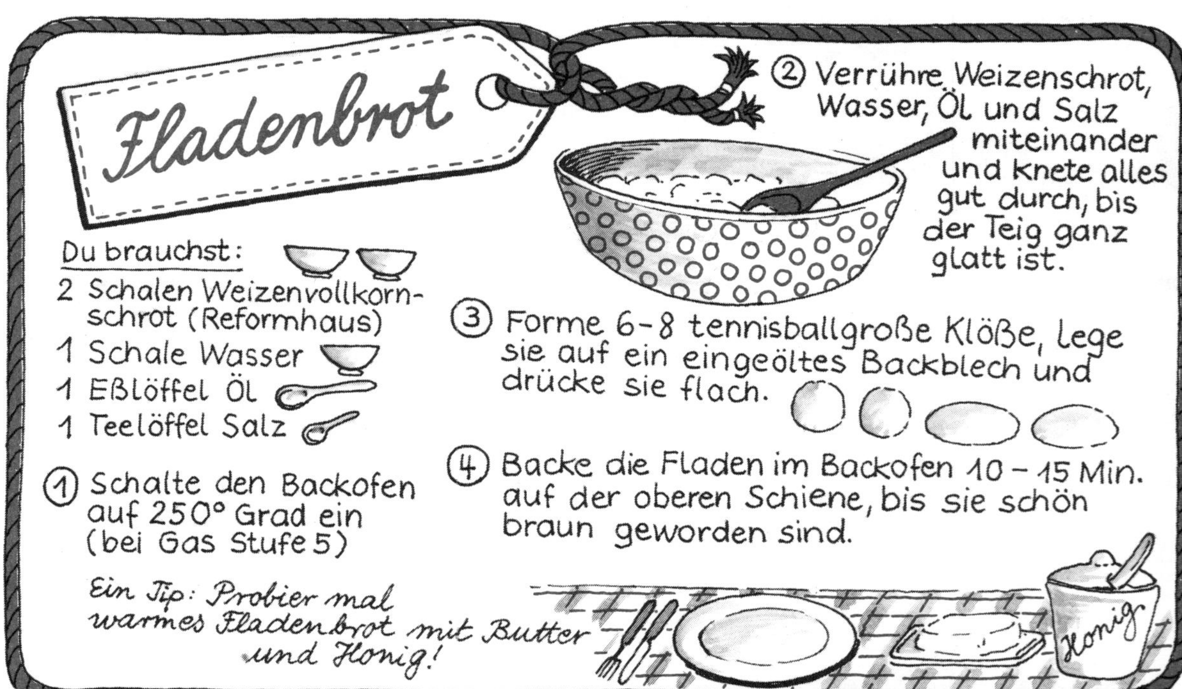

Brotrezepte: Welche Rezepte kennen die Kinder selbst?

Eifersucht 120

Freund-schaft

Aufeinander zugehen

Vertrauen

1. Mose 37, 1-11

Geschichten: 20, 21, 22, 32, 33, 34, 49, 58, 59, 68

121

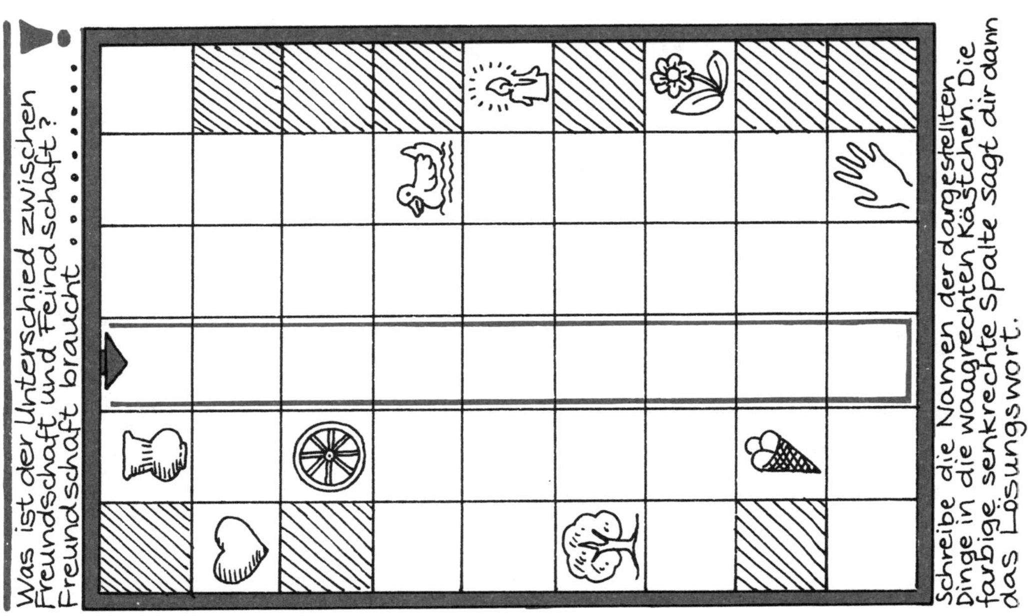

Freundschaft

Vertrauen

Ps 139

Geschichten: 9, 20, 21, 22, 26, 32, 33, 34, 49, 63, 68, 94, 95, 96, 97

Eifersüchtig: Im Gespräch finden die Kinder heraus, wie sie sich selbst in einer solchen Situation verhalten möchten.

»**Freundschaft** braucht Vertrauen« - dieser Lösungssatz des Rätsels bringt den Kindern eine wichtige Voraussetzung für Freundschaft nahe. So kann Eifersucht besiegt werden.

122 Engel

Weihnachten
Advent

Lk 2, 1-14
Ps 91

Geschichten:
1, 35, 81

Vorlage kopieren, farbig gestalten, auf Pappe kleben, ausschneiden, Aufstellungsvorrichtung auf Rückseite anbringen.

Weihnachten

Advent

Lk 2, 1-14
Ps 91

Geschichten: 1, 35, 81

Was sind Engel?

Beginne hier ⦿ und folge den Linien von Buchstabe zu Buchstabe, dann findest du die Antwort.

REZEPT:

400 g Mehl •
1 Prise Zimt •
50 g Puderzucker •
1 Prise Salz • 60 g Zucker •
1/2 Päckchen Vanillezucker •
175 g Butter • 50 g Kokosplattenfett •
1 Eßl. Rum • 1 Eigelb

Mehl sieben und mit Zimt, Puderzucker, Salz, Zucker und Vanillinzucker in einer Schüssel mischen. Butter und Kokosfett schmelzen und wieder leicht abkühlen lassen, dann Eigelb und Rum zugeben. Alles erst mit den Knethaken des Handrührgerätes, dann mit den Händen kurz kneten. Zugedeckt über Nacht in den Kühlschrank stellen.

Das Blech mit dem backfertigen Engel in den kalten Backofen schieben und bei 150°/Gas Stufe 1 etwa 35 Minuten backen.

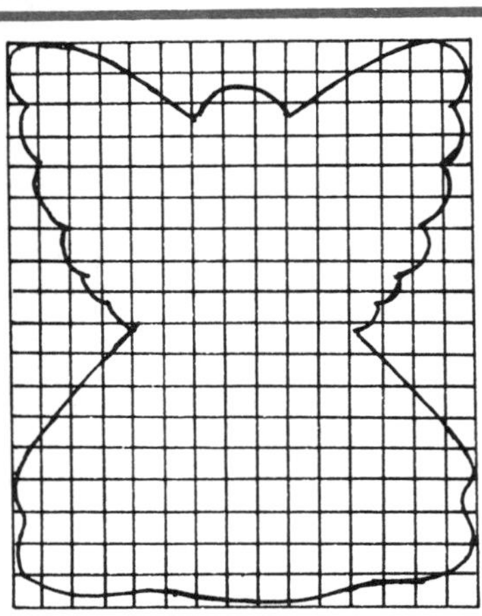

Ein Engel aus dem Backofen

Der Teig dafür wird nach nebenstehendem Rezept einen Tag vorher zubereitet. Weiter geht es dann so: Der fertige Teig wird auf Backtrennpapier mit einer gut bemehlten Kuchenrolle zu einem Rechteck (ca. 30 cm mal 35 cm groß) ausgerollt. Eine Schablone aus festem Papier wie im nebenstehenden Beispiel herstellen, ausschneiden und auf den Teig legen. Die Umrisse des Engels ausschneiden und die Form mit dem Backtrennpapier auf das Blech legen. Aus dem restlichen Teig Sterne ausstechen. Nach dem Backen alles gut auskühlen lassen, dann Engel und Sterne mit farbigem Zuckerguß, Zuckerperlen, Mandelstiften und vielem mehr schön dekorieren.

Das Rätsel kann zum Einstieg in das Thema »Engel« verwandt werden. Die Lösung lautet: »Engel sind Brücken zwischen Gott und den Menschen«.

Für den Backengel kann die nebenstehende Bastelvorlage als Anregung dienen. Die Engelbäckerei sollte nicht ohne Bezug auf den Friedensengel der Weihnachtsgeschichte geschehen.

Geschwister

Verantwortung

1. Mose 45-47

Geschichten: 28, 66, 87

Josefs Heimat

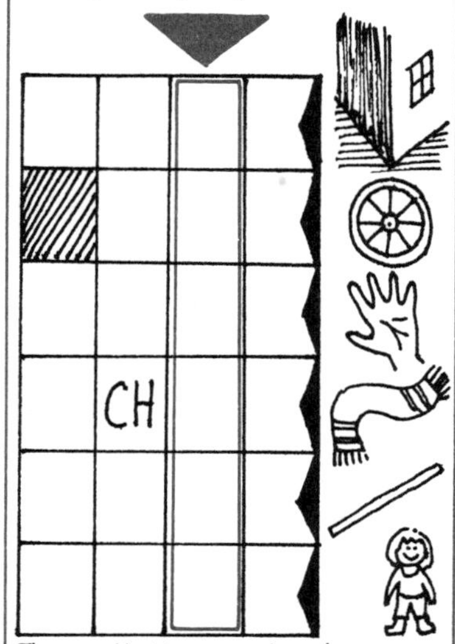

Trage die Namen der dargestellten Dinge waagrecht in die Kästchen ein. Die farbige senkrechte Spalte sagt dir dann das Lösungswort.

ZAHLEN-RÄTSEL

8	4	5	9

1	6	7	10	11	6	12

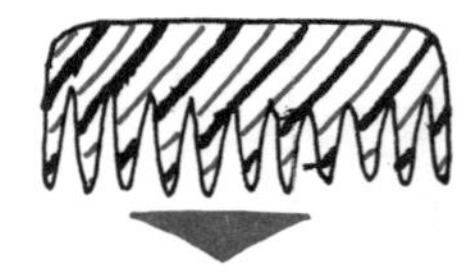

13	2	3	3

1	2	3	4	5	4	6	7	8	2	7	9	6

10	4	7	9

10	11	2	6	12	13	6	12

Schreibe die Namen der abgebildeten Dinge in die oberen Kästchen. Die Zahlen sagen dir dann, welchen Buchstaben du in die unteren beiden Kästchenreihen schreiben mußt. Gleiche Zahl = gleicher Buchstabe. Wie lautet der Lösungssatz?

Wie hieß der Ägypter, dem Josef als Sklave gedient hatte?
Die Anfangsbuchstaben der dargestellten Dinge, in Pfeilrichtung gelesen, sagen es dir.

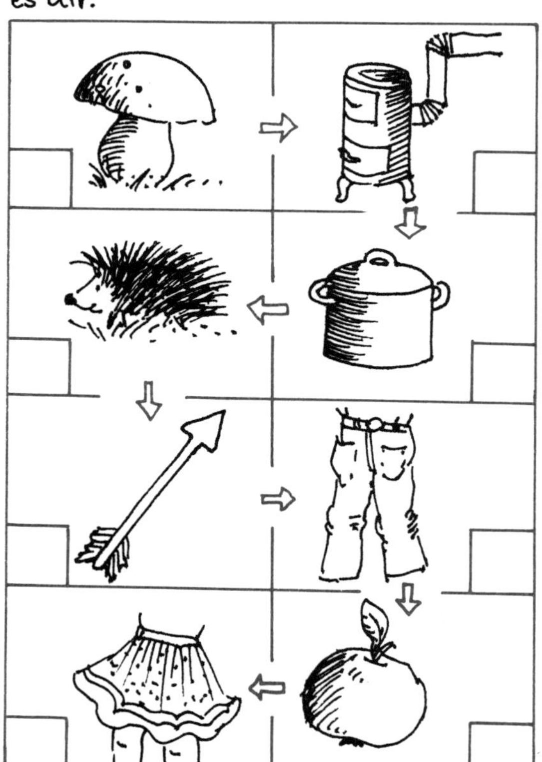

SCHAU GENAU: Josef hatte 11 Brüder. Kannst du alle ihre Namen entdecken?

JOSEFJOSEFJOSEFJOSEFJOSEFJOSEFJOSEFJO
FJOSEFJOSEFJOSEFJOSEFJOSEFJOSEFJOSEFJ
EFJUDAFJOSEFJOSEFJOSEFJOSEFRUBENJOSEF
SEFJOSEFJOSEFJOSEFJOSEFJOSEFJOSEFJOSE
OSEFFJOSEFLEVIJOSEFJOSEFJOSEFASSERJOS
JOSEFJOSEFJOSEFJOSEFSIMEONOSEFJOSEFJO
FJOSEBULONFJOSEFJOSEFJOSEFJOSEFJOSEFJ
EFJODANJOSEFJOSEFJOSEFJOGADJOSEFJOSEF
SEFJOSEFJOSEFJOSEFJOSEFJOSEFJOSEFJOSE
OSEFFJOSEFOSEFJOSEFJOSEFISSASCHARFJOS
JOSEFNAPHTHALIFJOSEFJOSEFJOSEFJOSEFJO
FJOSEFJOSEFJOSEFJOSEFJOSEFJOSEFJOSEFJ
EFJOSEFJOSEFJOSEFJOSEFJOSEFJOSEFJOSEF
SEFJOSEFBENJAMINEFJOSEFJOSEFJOSEFJOSE
OSEFJOSEFJOSEFJOSEFJOSEFJOSEFJOSEFJOS

4 Rätsel zu Josefsgeschichten: Die Lösung des **Zahlenrätsels** zeigt einen der Grundgedanken der Geschichten von Josef und seinen Brüdern: »Familienbande sind stärker«.
Josefs Heimat: Kanaan / **Ägypter:** Potiphar / **Josefs Brüder:** Juda - Ruben - Levi - Assar - Simeon - Sebulon - Dan - Gat - Issaschar - Naphtali - Benjamin

Feinde 125

Streit

Ausländer

Rassismus

Krieg

Frieden

Mt 5, 38-42

Geschichten:
12, 13, 29,
35, 54, 55,
57, 66, 83,
84

Bitte ausfüllen!

MEIN FEIND:

Bitte ausfüllen!

WIE SIEHT ER AUS? ______
(Bild in nebenstehende Fläche malen oder kleben)
____

WAS TUT ER? ________
____
____

WARUM IST ER MEIN FEIND? __
____
____
____

▲BILD▲

WAS KANN ICH TUN, DAMIT WIR FREUNDE WERDEN? ____________
____
____

Du hast keinen Feind? Dann ersetze das Wort „Feind" durch „Freund". Was kannst du tun, damit ihr Freunde bleibt?

Kinder haben selten eine genaue Vorstellung vom Feind. Der Fragebogen macht ihnen Feindbilder, Vorurteile, Fehleinschätzungen bewußt. Er bietet eine Grundlage zum Gespräch.

Freude
Spielen
Aufeinander zugehen

1. Mose 2, 2
2. Mose 35, 2

Geschichten: 31, 59, 82

Das Reisespiel

ist ein Würfelspiel zur Vorbereitung auf die Ferien, in den Ferien, oder zum Einstieg in das Berichten von Ferienerlebnissen. Ferien sind am schönsten, wenn man etwas miteinander tut, zum Beispiel: spielen.
Spielplan und Spielanleitung befinden sich im Schlußteil des Buches unter der Kenn-Nummer **126**

127

Freude
Spielen
Freundschaft

Jos 3 und 4

Geschichten: 31, 32, 33, 34, 84

»Über Stock und Stein«:

Wenn Steine reden könnten, hätten sie viel zu erzählen, Malsteine, Grenzsteine, Steine des Anstoßes. Leicht stolpert man über sie! - Zum Beispiel Urlaubserfahrungen erzählen unter der Verwendung von »Stein-Erlebnissen«!
Spielplan und Spielanleitung befinden sich im Schlußteil des Buches unter der Kenn-Nummer **127**

128

Freude
Geschwister
Verlorengehen
Verzeihen

Lk 15, 11-32

Geschichten: 31, 53, 66

SCHACHTEL KINO

Hier siehst du eine angefangene Bild-Geschichte. Wie geht sie weiter? Das sollst Du dir ausdenken und daraus ein Schachtelkino bauen:
Suche eine passende Schachtel (z.B. leere Streichholzschachtel oder ähnliches), beklebe und verziere sie. Schneide nun aus Schreibmaschinenpapier passende Streifen zurecht (für eine Streichholzschachtel müssen sie ca. 30 mm breit sein). Achte auf gerade Schnittkanten! Unterteile nun die Streifen in gleich große Felder, die Länge wird von deiner Schachtellänge bestimmt (bei einer Streichholzschachtel ist ein Feld ca. 48 mm lang). Vergiß nicht die Klebelasche an jedem Streifenende! Male nun deine Geschichte auf die Papierstreifen und klebe sie in der richtigen Reihefolge an den Klebelaschen zu einem einzigen langen Streifen zusammen. Falte ihn

wie eine Ziehharmonika und klebe das unbemalte Ende des „Film"streifens im Boden der Schublade fest. Falte den Streifen zusammen und schließe die Schachtel. Zum Erzählen und Betrachten deines „Films" ziehst du langsam Bild für Bild aus der Schachtel.

Zum Aufbewahren faltest du die Ziehharmonika wieder sorgfältig zurück.

Kinder zeichnen die angefangene Bildfolge - nach Absprache, wer welchen Teil übernimmt - gemeinsam zu Ende und stellen damit das Schachtelkino her.

Lachen

Feiern

Spielen

1. Mose 18, 1-15; 21, 1-7

Geschichten: 31, 58, 59

130

Lachen

Feiern

Rolle

1. Mose 18, 1-15; 21, 1-7

Geschichten: 31, 58, 59

SPONTAN-THEATER

Dazu braucht ihr nur Phantasie und eine gut gefüllte Verkleidungskiste mit alten Kleidern, dazu Hüte, Handschuhe, Stöcke, Schirme, Brillen, Tücher, Schals usw. usw. Weil sich das alles nicht in 5 Minuten finden läßt, solltet ihr schon einige Tage vor dem Fest mit der Vorbereitung beginnen und auch bei Oma, Onkel und Tante nach alten Sachen fragen. Und wie wird nun Theater gespielt? Ganz einfach! Jeder sucht sich aus der Verkleidungskiste ein phantasievolles Kostüm zusammen. Zuerst können die Verkleidungen als „Modenschau" vorgeführt werden. Anschließend denken sich alle ein zu den Kostümen passendes Theaterstück aus und spielen es ohne langes Proben. Auch kurze Zwei-Personen-Stücke eignen sich gut, z.B. Witze nachspielen! Übrigens: Das macht nicht nur an Geburtstagen Spaß!

Die fröhlichen Clownbilder passen gut zu fröhlichen Themen, aber auch zu Fasching in der Klasse. Man kann sie auch in anderen Farben ausmalen, so daß jedes Kind sein unverwechselbares Bild besitzt.

Stegreif-Theater: Viele Themen können durch Stegreif-Rollenspiele vertieft werden. Sie helfen, ein Problem besser zu verstehen. Schließlich machen sie auch noch viel Spaß.

Behindert

Lk 19, 1-10; 24, 13-35

Geschichten: 14, 24, 32, 33, 34, 48, 49, 55, 73, 84, 98

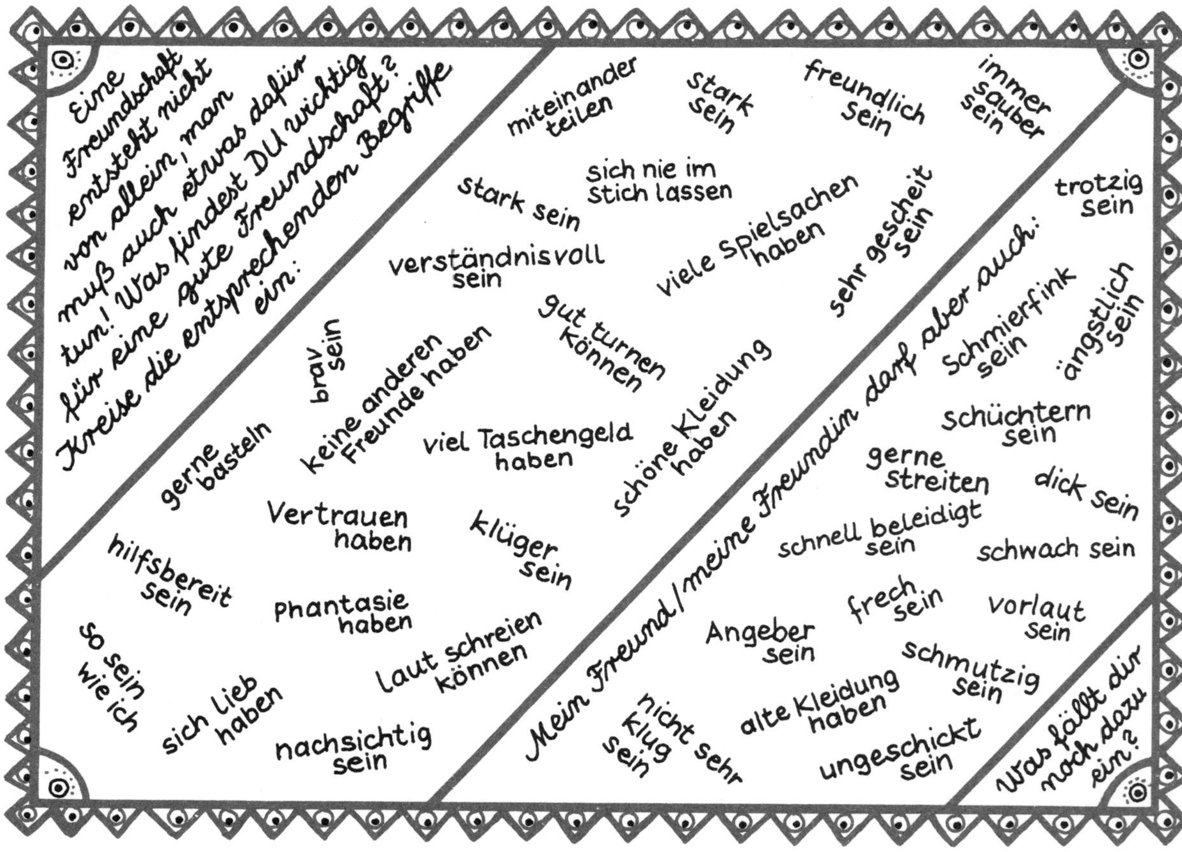

F	A	Y	L	X	M	E	P	S	T
B	R	S	D	C	F	T	O	B	X
S	V	E	R	S	T	E	H	E	N
A	T	L	U	H	S	T	N	I	R
U	L	K	C	N	X	B	E	K	T
C	U	I	Z	B	D	L	F	U	O
H	S	W	O	R	T	E	G	R	B

BUCHSTABEN-SALAT

Hier sind waagrecht, senkrecht und diagonal SECHS Wörter versteckt, die zusammen etwas über FREUNDSCHAFT aussagen. Ordne sie in der passenden Reihenfolge.

_ _ _ _ _ _ _

_ _ _ _ _ _ _ _ _   _ _ _ _

_ _ _ _   _ _ _ _   _ _ _ _ _

Spiele zum Thema »Freundschaft«: Die Spiele dienen als Einstieg zur Behandlung des Themas. Über den Wert der einzelnen Eigenschaften kommen die Kinder ins Gespräch, wenn sie feststellen, daß sie zu unterschiedlichen Ergebnissen gekommen sind.
Lösung »Buchstabensalat«: Freunde verstehen sich auch ohne Worte.

Spielen

Advent

Weihnachten

Freude

Mi 4, 3
Sach 8, 4-5
Mt 5, 9
Mt 21, 1-9

Geschichten:
1, 2, 3, 4, 35, 57, 66, 83, 84

Wir spielen vor Freude

Eine phantasievolle Anleitung zu »Friedensspielen« in der Gruppe, Familie, unter Freunden. Sie eignen sich nicht nur für die Weihnachtszeit! Das Bild ist als Poster erhältlich bei: Beratungsstelle für Gottesdienste und andere Gemeindeveranstaltungen, Eschersheimer Landstraße 565, 6000 Frankfurt/M.

Wir spielen vor Freude

Hast Du Dir das Bild auf der Titelseite genau angesehen? Dann hast Du sicher gemerkt, daß Du selbst drauf bist.
Nein? Dann studier' noch einmal. In einem kleinen Figürchen entdeckst Du vielleicht Dich selbst. Ich meine damit: Du entdeckst, was Du jetzt selbst gern machen möchtest:
Auf Kisten und Töpfen trommeln wie eine Wilde. Oder: mit zwei Becken laut musizieren. Oder: zappeln, tanzen und alle Glieder ausschlenkern. Vielleicht bist Du aber auch der, der mit dem Stuhl herumrennt und laut schreit.

Du zuckst ein bißchen mitleidig die Achseln, weil ich Dich nicht richtig kenne. Du bist nicht so für's wilde Toben?
Na, dann habe ich mit einem anderen Vorschlag vielleicht mehr Glück: Du bist eine von denen, die am liebsten ganz still in einer Ecke sitzen und vor sich hinträumen? Oder Du bist damit zufrieden, andern einfach bei ihrem Treiben zuzuschauen: wie sie malen oder singen oder schattenspielen?
Liege ich damit auch schief? Egal – auf diesem Bild von Tom Röder sind so viele glückliche Menschen zu entdecken, daß jeder von uns etwas von sich selbst wiederfinden kann.
Ja! Heute bin ich auch voller Bewegungsdrang. Gestern war ich der Müde. Morgen bin ich vielleicht der Träumer und hoffe: Wenn ich doch nur auch jemand zum Vorlesen hätte oder zum Fußballspielen! Ach, wenn mich meine Eltern endlich mal allein zelten ließen!
Nur Geduld! Bald ist es soweit! Merkst Du, warum mir dieses Bild mit seinen über 100 Figuren so gut gefällt?
Es erinnert mich an viele glückliche Stunden, wo ich auch so friedlich spielen konnte. Da hatte ich Spaß zu leben und war vergnügt zusammen mit vielen Menschen.
Durch dieses Bild werden aber auch meine Träume belebt, und ich hoffe auf zukünftiges Glück: Irgendwann werde ich Zeit haben, einen so dicken Stapel Bücher in Ruhe lesen zu können. Irgendwann werde ich zusammen mit meinen Kindern eine Radtour ans Meer machen. Irgendwann einmal werde ich noch Gitarre spielen lernen. Du hast sicher andere Träume von einem glücklichen Leben.
Was hältst Du von den Friedenshoffnungen in diesem Weihnachtslied?

Willst Du noch einmal auf unser Bild schauen? Sind da eigentlich Kinder oder Erwachsene gezeichnet? Ja, das kann man gar nicht so genau sagen. Vielleicht sind es Kinder, die schon ziemlich groß aussehen. Vielleicht sind es Erwachsene, die wie Kinder spielen.
Auch darum ist es ein Traum- und ein Hoffnungsbild. Denn normalerweise ist das ja klar: Ihr Kinder könnt (und dürft) noch ziemlich gut spielen. Wir Erwachsenen aber müssen viel arbeiten und können schlecht spielen. Wahrscheinlich ist unsere Welt deswegen so unordentlich!

Glücklich und selig die Kleinen, die noch spielen können

So ähnlich hat Jesus einmal gesagt. Er – das Kind Gottes – konnte wirklich gut spielen. Und er meinte, wir Erwachsenen müßten da etwas von Euch Kindern lernen. Jesus hat die neue Welt Gottes gespielt. Das heißt: Er hat sie ausprobiert. Die alte Bibel ist voll von großartigen Friedenshoffnungen und -vorhersagen.

Jesus hat sie ganz ernst genommen und gesagt: »Das wollen wir doch mal probieren. Mal sehen, was dann aus der kaputten Welt wird – die Gott ja ganz anders haben will.«
Deswegen hat er einmal eine solche träumerische Vorhersage vom Propheten Sacharja durchgespielt und ist tatsächlich auf einem Eselsfüllen zusammen mit seinen Freunden und Freundin-

nen in Jerusalem eingezogen. Die Leute, die das sahen, erinnerten sich an die Träume des Sacharja und fingen an zu jubeln: »Da kommt endlich der gerechte Helfer! Na, dann wird das andere ja auch wahr werden, was zu dieser Vorhersage gehört: ›Die Kriegswagen werden verschrottet, und die Bogen, Pfeile, Gewehre und Raketen ebenfalls! Friedlich werden alle, nämlich die alten Menschen zusammen mit den Kindern werden die Straßen und Plätze mit Leben erfüllen und glücklich spielen.‹« Siehst Du: So wächst der Friede langsam wie ein Baum beim Spielen!

Freut Euch, der König des Friedens kommt.

Tips für Spiele

Wenn Du jetzt so kurz vor Weihnachten Langeweile hast oder noch nicht alle Geschenke beisammen, dann gibt Dir unser Bild mit dem Friedensbaum gute Anregungen. Vielleicht triffst Du Dich heute nachmittag mit ein paar netten Leuten. Wenn Ihr Euch dann das Bild anschaut, wird Euch genug einfallen. »Ja, das wollten wir doch schon längst mal machen!« Wenn Euch aber die Entscheidung schwerfällt, macht doch das Auswählen schon zu einem Spiel.

* Spiel aufspießen

Ihr sitzt im Kreis auf einem Teppich. Mitten zwischen Euch liegt das Bild. Einem werden die Augen verbunden. Er hat eine Nadel in der Hand, läßt die Hand langsam über dem Bild kreisen, bis er schließlich irgendwo einsticht. Was im Bild getroffen ist, wird gespielt . . . bis der Nächste ein anderes Spiel »aufspießen« darf.

* Gruppen nachbauen

Wenn Euch das Spaß gemacht hat, könnt Ihr auch ganze Gruppen des Bildes nachstellen. Vielleicht übt Ihr die schönsten Gruppen ein und zeigt sie dann beim »Adventsstündchen« den Eltern. Sie sollen raten, was Ihr darstellt oder welchen Abschnitt Ihr aus dem Bild gewählt habt.

* Stuhlspiele machen

Auf dem Bild gibt es viele Stühle und Hocker. Überlegt, welche Spiele Ihr kennt, bei denen man unbedingt Stühle braucht. Spielt das schönste, bis ihr »vom Hokker fallt« (z. B. Die Reise nach Jerusalem – Stühle beschuhen – Mein rechter, rechter Platz ist leer . . .).

* Was kann man mit Stühlen noch machen?

Probiert aus, was man alles spielen kann, wenn man ein paar Stühle als Spielgegenstand benutzt: Z. B. kann ein Stuhl zum Motorrad werden oder zum Auto. Man kann Türme und Häuser bauen. Stühle können zu Musikinstrumenten werden. Man kann aber auch spielen, wie ein König von seinem Thron gestürzt wird. Natürlich könnt Ihr das nur mit alten und stabilen Stühlen probieren. Beim Bauen müßt ihr sehr vorsichtig sein, daß nichts umfällt und niemand verletzt wird. Denkt daran, daß es um **Friedensspiele** geht, bei denen zwar viel Spaß herrschen soll, aber nichts kaputtgehen und niemand verletzt werden darf.

* Tischspiele

Genauso läßt sich mit einem alten stabilen Holztisch sehr lange und prima spielen, z. B. wenn Ihr ihn umdreht und zwischen den Beinen Tücher spannt oder Decken auslegt. Schon habt Ihr eine Höhle, ein Haus, die Arche Noah. Vielleicht baut Ihr damit ein Kasperle-Theater und spielt den Erwachsenen Euer »Spiel vom Frieden« vor.

* Theaterspielen

Wenn Ihr selbst Theater spielen wollt, müßt Ihr Euch natürlich richtig verkleiden. Schaut noch einmal aufs Bild: Wie wird bei Euch. das »Stück von Königen« verlaufen?

132 Frieden

* Figuren-Theater

Die Figuren auf unserem Titelbild sind zu klein für's Ausschneiden. Aber wenn Ihr sie ein bißchen größer auf dünne Pappe zeichnet, könnt Ihr sie als Püppchen ausschneiden, mit denen Ihr dann viele Theaterstücke erfindet und aufführt. Vielleicht macht Ihr noch Eure eigenen Figuren dazu. Probiert aus, ob damit auch die Weihnachtsgeschichte zu spielen ist.

* Letzte Weihnachtsgeschenke

Natürlich hast nicht nur Du an solchem Figurentheater Dein Vergnügen. Andere würden damit auch gern spielen. Wäre das also nicht ein gutes Geschenk für die Schwester oder den Opa oder für wen Du sonst noch kein Weihnachtsgeschenk hast?

* Ehren-Oma

Vielleicht hast Du gar nicht so viele gute Freundinnen und Freunde, mit denen Du Deine Spielwünsche verwirklichen kannst. Großeltern gibt es auch keine (in der Nähe). Jesus verspricht eine Friedenszeit, in der Alte und Kinder friedlich miteinander spielen. Um Dich herum gibt es genug alte Menschen, die eigentlich viel Zeit für das Ausprobieren der neuen Welt Gottes haben. Viele trauen sich nur nicht, mit fremden Kindern »Mensch ärgere dich nicht« oder »Playmobil« zu spielen. Mach Du den Anfang zu einer neuen Freundschaft und such Dir eine nette stellvertretende Oma (oder Opa) in Deiner Nachbarschaft. Überreiche Ihr eine selbstgemalte Ernennungsurkunde mit Gutschein und Deinen Wünschen.

> Liebe Frau Weis!
> Ich ernenne Dich hiermit zu meiner Stellvertretenden OMA. Einmal in der Woche möchte ich mit Dir spielen. Mir paßt am besten Mittwoch um 3 Uhr. Und das wird beim ersten Mal gespielt: Halma + Mühle
> Deine Silke

* Friedenswünsche an den Weihnachtsbaum

Meine letzte Idee: Tom Röder hat sein Bild in Form eines Baumes gemalt.
In wenigen Tagen wird bei Euch im Zimmer auch ein Baum stehen, der an die Geburt des Friedenskönigs erinnern soll. Bereite heimlich eine Weihnachtsüberraschung vor: Male und schreibe auf kleine bunte Zettel Deine Friedenswünsche. Mach Zwirnsfäden dran und hänge sie damit am ersten Weihnachtstag an Euren Christbaum. Mache ihn damit zu einem Friedenswunschbaum und warte gespannt auf die Reaktion der anderen.
Ich wünsche Dir viel Freude beim Spielen – und damit viel echten Frieden!

Paul Martin Clotz

133

siehe nächste Seite

Puzzle

Die Puzzle-Teile befinden sich im Schlußteil des Buches unter der Kenn-Nummer **133**

Hier ist das fertige Puzzlebild zu sehen, wenn die Teile richtig zusammengeklebt sind.

Puzzle »Frieden braucht Geduld«: Die sauber ausgeschnittenen Einzelteile sorgfältig (Ränder!) auf einen Bogen Papier kleben, dann farbig ausgestalten.

Krieg

Vergeben

Aggression

Streit

Geduld

Versöhnung

Wut

Mt 5, 9;
5, 38-48;
18, 21-35

Geschichten:
3, 4, 6, 13,
34, 35, 40,
55, 57, 66,
73, 84, 88

Konflikte und Aggressionen sind im Zusammenleben von Menschen und Völkern natürlich. Im persönlichen wie im weltumspannenden Bereich müssen aber zur Vermeidung von Kriegen jeglicher Art immer neue friedliche Konfliktlösungen gesucht und erprobt werden! Siehe dazu auch Arbeitsblatt **»Wohin mit der Wut«**. Es befindet sich im Schlußteil des Buches unter der Kenn-Nummer **133, links neben der Kenn-Nummer 173.**

133 Frieden

Streit muß nicht in Gewalt münden. Es gibt viele andere Wege, die weder feige noch egoistisch sind, trotzdem die Möglichkeit zu einem friedlichen Miteinander eröffnen und den Kreislauf der Gewalt durchbrechen.

FINDE DEN WEG!

Die Sprüche, die auf den Wänden stehen, sind die „Wegweiser" durch das Labyrinth: Parolen gegen den Frieden führen in Sackgassen. Sind die Aussagen aber ein Schritt zum Frieden, führen sie auch ein Stück weiter durch das Labyrinth.
Zur besseren Orientierung kannst du die Richtungspfeile wie bei einer Verkehrsampel GRÜN oder ROT malen.
Auf die freien Wände sollst du eigene Sprüche für und gegen Frieden schreiben und so den Ausgang des Labyrinthes finden.

Das Rätsel »Buchstaben-Salat« bietet mit seinem Lösungssatz »Frieden kommt von innen« einen Einstieg in die Thematik des »Weges zum Frieden«.

133 Frieden / Füreinander

Krieg
Aktion Sühnezeichen

Lk 6, 27

Geschichten:
3, 4, 13, 35, 57

WIR BAUEN EIN FRIEDENSHAUS Dazu braucht ihr viele möglichst große Pappkartons, die so zerlegt werden, daß große Flächen erhalten bleiben. Die einzelnen Stücke werden bemalt und mit Friedenswünschen beschriftet. Dann baut ihr gemeinsam daraus ein Haus. Als Mörtel dienen breites Klebeband (von innen und außen), Kleister oder Schnüre. Klebestellen übermalen! Nun könnt ihr zusammen in eurem Friedenshaus Lieder singen und Geschichten erzählen und Spiele machen und ...

134

Füreinander
Miteinander
Verantwortung
Helfen
Gemeinde

Jer 29, 7
1 Kor 12 i.A.

Geschichten:
21, 25, 26, 38, 48, 49, 50, 53, 75, 86, 87

BASTELBOGEN: Eine Stadt planen

Kinder lernen mit diesem Spiel ihr soziales Umfeld kennen und in seinen Funktionen zu begreifen. Die vorgegeben Einrichtungen sind nicht komplett. Brauchen sie nicht auch einen Spielplatz, eine Sporthalle usw.? Was fehlt noch? Beim Herstellen eines **großen Stadtplanes** diskutieren die Kinder die Wichtigkeit der einzelnen Einrichtungen für ihre Bedürfnisse.
Der Bastelbogen mit Arbeitsanweisung befindet sich im Schlußteil des Buches unter der Kenn-Nummer 134

135

Miteinander
Verantwortung
Helfen
Gemeinde

Apg 6, 1-7
1 Kor 12 i.A.

Geschichten:
21, 25, 26, 38, 48, 49, 50, 52, 53, 75, 86, 87

Friedenshaus: Ein richtiges großes Friedenshaus steht in Sievershausen (Niedersachsen) und ist eine Erfindung der »Aktion Sühnezeichen«.
Omnibus heißt: Für alle. Den Bus vergrößern! In die freien Felder malen die Kinder Personen oder schreiben sie Gruppen/Institutionen, die für das Zusammenwirken einer Gemeinschaft/Gemeinde/eines sozialen Netzes bedeutend sind. Alle Teile sind füreinander wichtig!

Neid

Teilen

Recht

Jes 5, 1-7
Mt 20, 1-15

Geschichten:
3, 20, 34, 41, 98

Betrachte die Bilder. Kannst du zu jedem Bild eine gerechte Lösung

finden? Schreibe deine Vorschläge in die freien Felder.

Was haben diese Szenen gemeinsam?

Den Kindern werden die Bilder mit der obigen Frage vorgelegt. Sie bekommen heraus: Alle drei Bilder zeigen Konfliktsituationen, denen Kinder täglich ausgesetzt sind. Über deren Lösungen ergeben sich Gespräche.

137 Gerechtigkeit

Teilen
Hunger
Armut
Mission
Ökumene

1. Mose 1, 27
Mt 5, 1-12; 25, 31-46

Geschichten: 12, 24, 27, 38, 41, 87

Bastelbogen: Menschen auf unserer Erde

Bitte hierzu eine »normale« Weltkarte (Merkator-Projektion) heraussuchen. Dort ist z.B. Grönland größer als Australien. In Wirklichkeit, wie auf dieser Karte, ist es umgekehrt. Vielleicht sehen wir auch die Probleme der sogenannten »Dritten Welt« immer ganz klein und unsere ganz groß.
Der Bastelbogen befindet sich im Schlußteil des Buches unter der Kenn-Nummer **137**

138

Neid

Mt 5, 1-12; 20, 1-16

Geschichten: 34, 38, 41

Das Bilderrätsel ist nach Kenntnis des Gleichnisses Mt 20, 1-16 gelöst. Der Lösungssatz wird Ausgangspunkt für weitere Diskussionen. Das Gleichnis sollte auch gespielt werden (z.B. als Erzählpantomime), damit die Gegenpositionen besser verstanden werden.
Lösungssatz: »Ist das gerecht? Ja, denn jeder bekam das, was er für einen Tag zum Leben für sich und seine Familie braucht.«

Lügen

Vorurteile

Wahrheit

Mißverständnis

2 Sam 15, 1-12
2. Mose 20, 16

Geschichten:
42, 50, 63, 64

Bildbetrachtung: Das Gerücht (von A. Paul Weber).
Üble Gerüchte werden manchmal bewußt, meist aber fahrlässig und unbedacht in die Welt gesetzt. Das Bild verrät, was dabei herauskommen kann. Auch Kinder leiden unter falschen Gerüchten.

Bekennen

Mk 15, 20-41
Apg 2 i.A.

Geschichten:
44, 45, 46

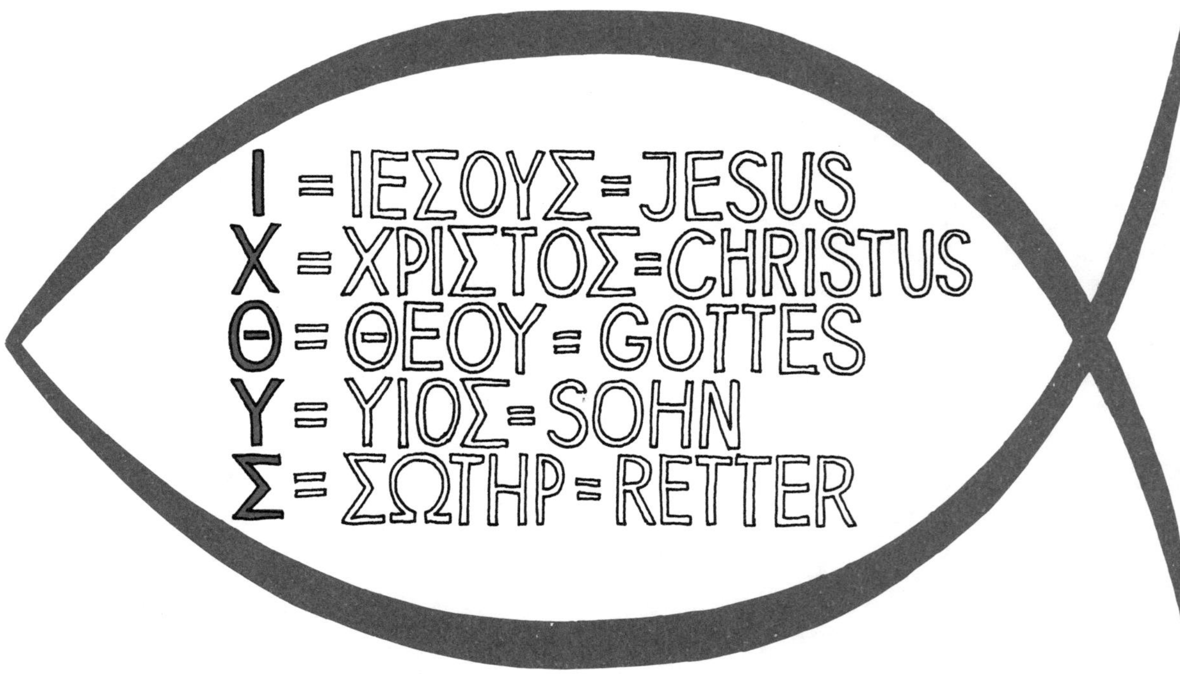

141

Vertrauen

Lk 23, 30
1 Kor 13, 2

Geschichten:
40, 44, 45,
46

Geheimzeichen »Fisch«: Das Symbol der verfolgten Christen war der Fisch (ΙΧΘΥΣ). Für Kinder sind geheime Zeichen immer interessant. Sie können sie gestalten als Plakat, Wandbild, Postkarten, Kartoffelstempel.
Das Rätsel kann einen Einstieg in das Thema »Glaube« (Lösungswort) geben.

Hallo!

Stell dir vor, du bist Stefan. Geht natürlich schlecht, wenn du ein Mädchen bist, dann bist du eben Stefanie.
Auf jeden Fall ist dir doch schon etwas ähnliches passiert, oder?
Schreibe auf, wie diese Geschichte ausgegangen sein kann. Was hätte deine Mutter oder dein Vater mit dir gemacht?

Lest euch gegenseitig eure Geschichten vor!

Freundschaft
Gebote

Lk 6, 1-5

Geschichten:
32, 33, 34, 48

Helfen – aber richtig!

143

Hier siehst du verschiedene Situationen, in denen du helfen kannst. Aber wie?

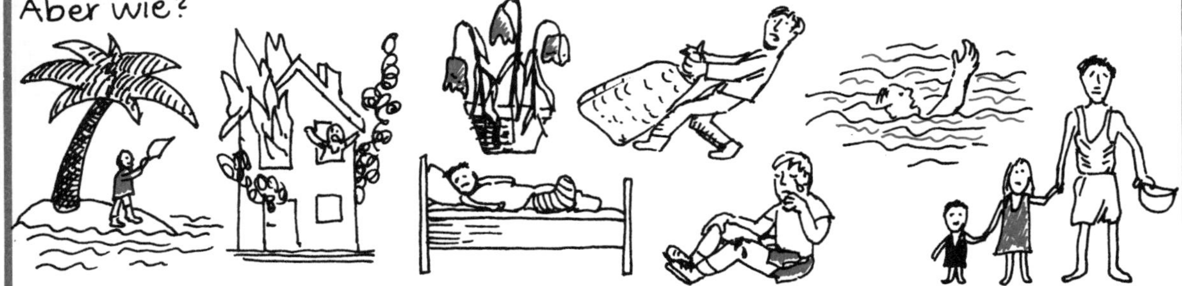

Suche dir aus, welche Hilfe du passend findest. Du kannst mehrere Möglichkeiten wählen.

Einsetzen (sich)
Verantwortung
Armut

Mt 14, 22-33; 25, 31-46

Geschichten:
23, 24, 25, 48, 49, 50, 51, 86, 91

Diese Aufgabe soll helfen, sich auf eigene ähnliche Entscheidungssituationen zu besinnen. Eine positive oder negative Beurteilung des Ergebnisses sollte aber vermieden werden. — zu Nr. 142

Gutgemeinte Hilfe am falschen Platz kann schlimmer sein als gar keine Hilfe. Die Bildfolge soll für diese Einsicht öffnen. — zu Nr. 143

Nächsten-
liebe

Mt 25, 31-46
Lk 10, 25-37

Geschichten:
48, 51, 52

ERSTE-HILFE-QUIZ

Wenn etwas passiert ist..... was ist zu tun? Weißt du es?
Kreuze die richtigen Antworten an:

I. Wenn die Nase blutet:

A Kalte Umschläge im Nacken, z.B. mit einem nassen Waschlappen

B Kopf möglichst weit nach hinten biegen

C Kopf leicht nach vorn beugen und in die Hände stützen

II. Leichte Verbrennung:

A Die Hautstelle dick mit Hautcreme bedecken

B Betroffene Hautfläche sofort unter kaltes Wasser halten

C Festen Verband anlegen und ruhigstellen.

III. Wespenstich im Mund:

A Sofort kalten Umschlag um den Hals legen oder Eis(würfel) lutschen, damit der Hals nicht so schnell zuschwillt.

B Aus Flaschen oder Dosen nur noch mit Trinkhalm trinken.

C Sofort Erwachsene benachrichtigen oder Notruf 110 anrufen.

IV. Unter Strom:

A Sofort das defekte elektrische Gerät aus der Hand reißen

B Rettungsdienst 110 anrufen, weil die Gefahr eines Kreislaufstillstandes besteht.

C Sofort den Stromkreis unterbrechen (Stecker ziehen!)

X Aufgepaßt: Es können jeweils mehrere Antworten richtig sein!

ERSTE-HILFE-QUIZ AUFLÖSUNG:

Diese Antworten sind richtig:
I. A+C
II. B
III. A+B+C
IV. B+C

Hast du alle Antworten gewußt? Wahrscheinlich nicht! Kein Wunder, sogar vielen Erwachsenen ergeht es so. Willst du das ändern, damit du in Notfällen Bescheid weißt? Hilfsorganisationen wie Rotes Kreuz, Johanniter-Unfall-Hilfe, Maltheser-Hilfsdienst und andere geben dir sicher gern Auskunft, was du tun kannst. Im Südwest-Verlag sind auch in Zusammenarbeit mit dem Roten Kreuz bunte Bildergeschichten mit hilfreichen Tips für Notfälle erschienen. Das Buch heißt: „Was Kinder wissen müssen – Wenn's passiert ist....." und wendet sich an Kinder von 8-12.

145 RATE MAL

Nächsten-
liebe

Mt 25, 31-46

Geschichten:
9, 22, 48, 49,
50, 51, 52,
86

was diese Zeichen bedeuten könnten. Richtig ergänzt ergeben sie einen Satz, der uns alle angeht. Ein Tip: Ein Hinweis ist hier im Text versteckt. Wenn du der Sache auf die Spur gekommen bist, kannst du eine Geheimschrift daraus entwickeln.

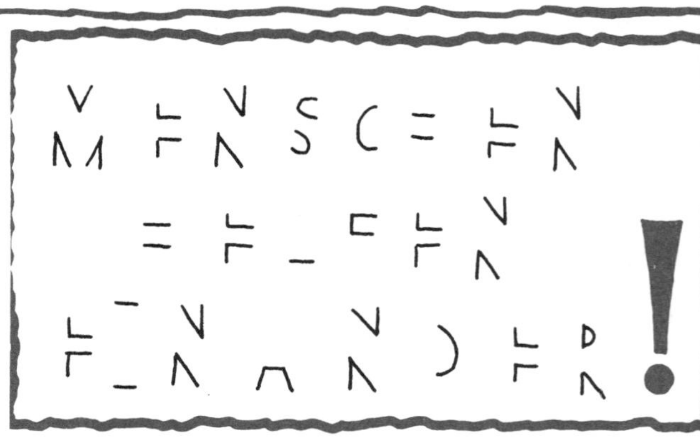

Erste Hilfe: Die Kinder lernen, wie in Notfällen zu reagieren ist. Das Quiz läßt sich erweitern. Es hilft, überkommene Vorstellungen zu präzisieren.

Rate mal: Beim Ergänzen und Entziffern der Schriftzeichen erfahren die Kinder einen schlichten Satz, der sich ihnen hoffentlich einprägt: »Menschen helfen einander«:

Geborgen-heit

Verantwor-tung

Ps 23
Joh 10, 11-16
Lk 15, 4-6

Geschichten:
39, 53, 81, 87

So sieht das Schaf aus, das sich hier im Garten Eden mit vielen anderen Tieren aufhält. Kannst du es finden?

Suchbild: Das Schaf ist auf Feld B4 - Eine vergrößerte Kopie kann farbig gestaltet werden. Auf dem Bild sind außer dem versteckten Schaf viele Tiere zu entdecken! Mit Hilfe der Randmarkierungen läßt es sich auch in Puzzleteile zerlegen und dann wieder zusammensetzen.

Geborgenheit

Verantwortung

Ps 23
Joh 10,11-16
LK 15, 4-6

Geschichten:
39, 53, 81, 87

Such das Schaf

Zuerst bastelt jedes Kind ein Schaf. Das ist ganz einfach: Du faltest kräftiges weißes Papier in der Mitte und malst auf eine Seite das Schaf mit 2 Beinen und so, daß der Rücken oben am Falz anstößt. Dann schneidest du den Umriß aus (beide Seiten auf einmal) und schon hat dein Klapp-Schaf 4 Beine, auf denen es stehen kann (siehe Abbildung). Bemale dann das Schaf und schreibe deinen Namen darauf.

DAS SPIEL: Ein Kind verläßt kurz den Raum. Die anderen Kinder verstecken inzwischen dessen Schaf. Das Kind muß nun sein Schaf suchen, die anderen helfen durch „Heiß" und „Kalt".

Dann geht das Spiel umgekehrt weiter: Ein Kind versteckt sein Schaf und alle Kinder suchen es. Es wird so lange gespielt, bis alle einmal dran waren. — Wer will, kann die Schafherde noch durch einen Hirten und einige Hütehunde ergänzen.

148

Vertrauen

Geborgenheit

Ps 23, 1

Geschichten:
39, 53, 96

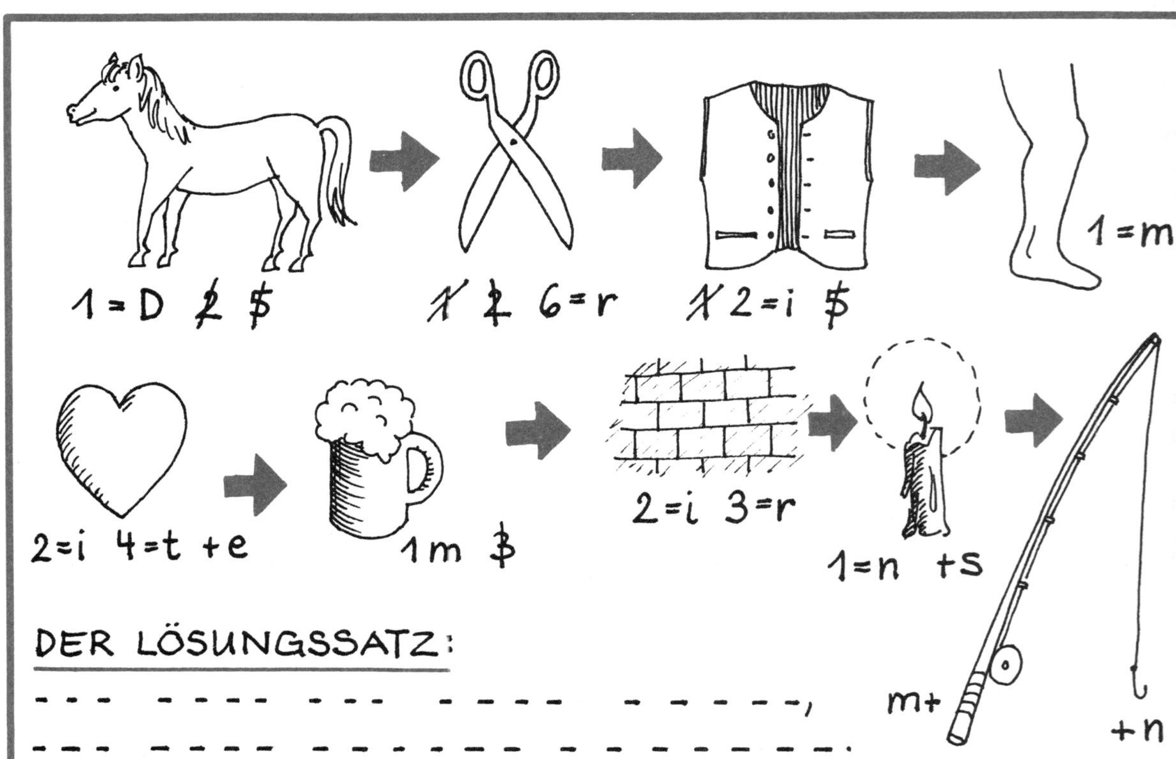

Suchspiel: Die Kinder identifizieren sich spielend mit der Verantwortlichkeit eines Hirten für seine Herde oder der Geborgenheit des Schafes.

Rebus zu Psalm 23: Das Rätsel vertieft den 1. Vers des 23. Psalms: »Der Herr ist mein Hirte, mir wird nichts mangeln« (Lösung).

Wahrheit

Ehrlichkeit

Betrügen

2. Mose 20, 16

Geschichten: 15, 42, 63, 64, 65

150

Ehrlichkeit

Betrügen

Gewissen

Fantasieren

2. Mose 20, 16

Geschichten: 15, 63, 64, 65

Arbeitsblatt zu Martin Luther

151

Die wichtigsten Daten und Fakten des Lebens und Werdegangs des Reformators werden spielerisch in Form eines 10-teiligen Kettenrätsels geordnet und vertieft. Das Arbeitsblatt befindet sich im Schlußteil des Buches unter der Kenn-Nummer **151**

Reformation

bitte durch Fremdtexte (Religionsbücher) ergänzen!

Lügenwurm: Je »dicker« die Lügen sind, um so dicker wird der Wurm. Die Steigerung kann mit immer kräftigeren Farben nachvollzogen werden. Gespräch: Wann ist bei mir einmal der Lügenwurm geplatzt?

Scherz oder Lüge: Kinder lernen zu unterscheiden zwischen Fantasie und Lüge. Dazu werden die Ballons unterschiedlich bemalt.

Licht

Lk 6, 27

Geschichte: 29

Diese Anregung entstand in Verbindung mit der Geschichte über Martin von Tours. Laternenbauen braucht aber viel Zeit und sorgfältige Vorbereitungen.

Laternen, die die dunkle Nacht heller machen

»Laterne, Laterne, Sonne , Mond und Sterne«, so heißt ein Lied, das ihr sicher kennt. Habt ihr Lust, die von Barbara vorgezeichneten Laternen zu basteln?
Zunächst meine ich aber, ihr solltet wissen, warum und wieso dieser Brauch entstanden ist.

Wenn der Winter kommt, werden die Tage kürzer. Es wird morgens erst viel später hell und abends wird es sehr viel früher dunkel. Wer zur Schule oder in den Kindergarten geht, muß morgens oft noch im Dunkeln aus dem Haus. Im Sommer dagegen ist es um diese Zeit schon hell. In der vorchristlichen Zeit wurden in vielen Gegenden Feuer angezündet, um die Nacht zu erhellen.
Man glaubte, daß dies die Geister vertreiben würde. Die Römer nahmen Kerzen aus Talg, Pech oder Wachs. Um die Zeit der Geburt Christi nahm man bereits Laternen. Also ein Gehäuse, damit das Feuer keinen Schaden anrichtete. Eine Laterne in der Dunkelheit bedeutet, da ist noch jemand Lebendiges. Also - ein Licht in der Dunkelheit. Früher begann der Advent bereits im November und wurde mit dem Martinstag eingeleitet.

1 Bastelanleitungen für die Laternen:

Sternenhimmel:

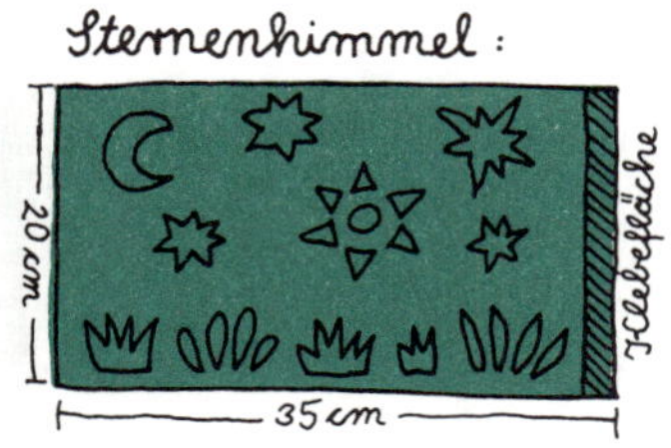

Laternenstreifen auf Karton malen und ausschneiden. Verschiedene Sterne und Gräser ausschneiden. Hinter jede Öffnung farbiges Transparentpapier kleben. Das Ganze zu einer Röhre zusammenkleben. Die Bodenfläche auf Karton aufmalen. Klebeecken dazumalen und ausschneiden. Ecken hochklappen. Unteren Laternenrand von innen mit Klebstoff bestreichen. Boden von oben durchschieben und andrücken. Halterung für das Teelicht ausschneiden, auch mit Klebeecken. Auf den Laternenboden kleben und das Licht hineinstellen. In den oberen Laternenrand 2 Löcher machen und mit Blumendraht die Aufhängung biegen.

2 Leuchtendes Städtchen:

Laternenstreifen ausschneiden. Verschiedene Fenster- und Türöffnungen hineinschneiden und farbiges Transparentpapier dahinterkleben. Alles zu einem Viereck zusammenkleben. Zuletzt den Boden hochklappen und festkleben. Die Teelichthalterung wie in der oberen Anleitung herstellen und auf den Boden kleben. Löcher zum Aufhängen nicht vergessen.

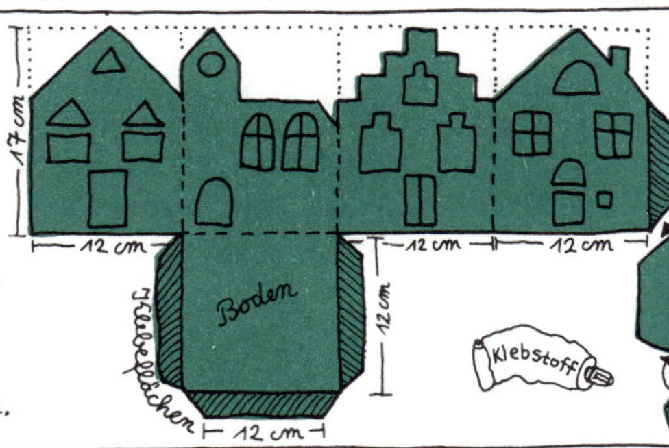

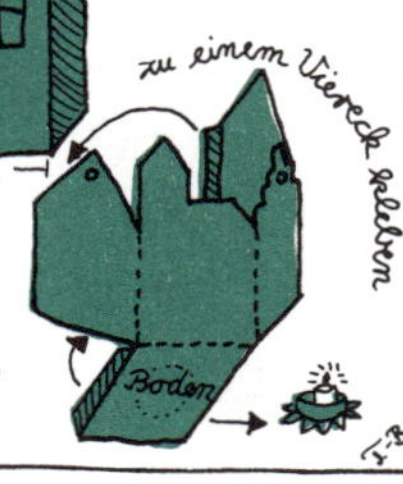

3 Schillernde Paradiesvögel:

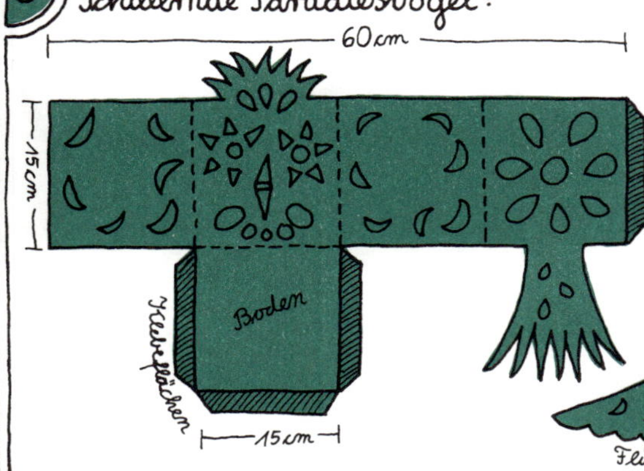

Laterne wie bei den "Leuchtenden Städtchen" zu einem Viereck zusammenkleben. Anschließend den Boden ankleben, dabei die Klebeflächen nach oben knicken. Die Flügel wie auf der Abbildung ausschneiden und an die Seiten kleben. Der Schnabel ist aus rotem Tonpapier. In der Mitte knicken und ins "Gesicht" kleben. Augen und kleine Muster ausschneiden und farbiges Transparentpapier hinterkleben. Kerzenhalterung und Aufhängung wie bei den anderen beiden Laternen.

153 Miteinander

Religionen

Ausländer

Ökumene

Islam

Judentum

Christentum

1. Mose 22
1. Mose 16,
u. 21, 8-21

Geschichten:
12, 13, 38,
44, 67

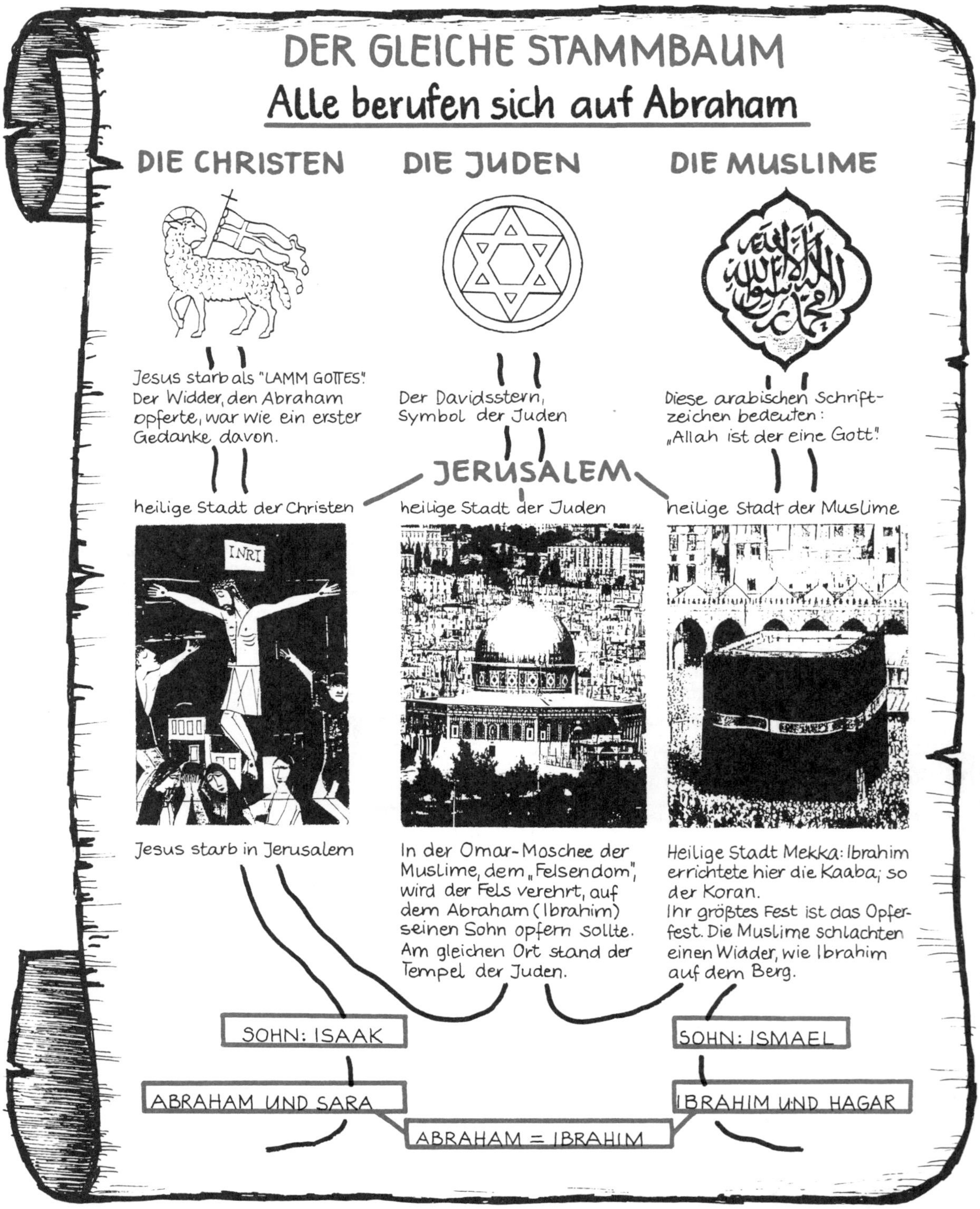

Der Stammbaum gibt Einsicht in die gemeinsame Geschichte dreier Weltreligionen. Vielleicht zieht man hier den Koran heran. Das Thema wurde zum ersten Mal aufgebracht in Lessings berühmter »Ringparabel«.

WER HAT WELCHEN NAMEN? Schreibe jeden Namen auf den richtigen Platz:

	Familie:	Vatertier:	Muttertier:	Jungtier:
A	Schwein			
B	Pferd			
C	Ente			
D	Reh			
E	Elefant			
F	Hund			
G	Eichhörnchen			
H	Wildschwein			
I	Fasan			

1 Bache · 2 Bock · 3 Bulle · 4 Eber · 5 Ente · 6 Erpel · 7 Ferkel · 8 Fohlen · 9 Frischling · 10 Hahn · 11 Hengst · 12 Henne · 13 Hündin · 14 Kalb · 15 Kater · 16 Kätzchen · 17 Katze · 18 Keiler · 19 Kitz · 20 Kuh · 21 Küken · 22 Ricke · 23 Rüde · 24 Sau · 25 Stute · 26 Welpe

Identität
Familie
Tiere

Jes 43, 1
1. Mose 1, 27
2. Mose 3, 14

Geschichten: 28, 43, 54

Ballonspicken

Jeder Mitspieler schreibt auf einen aufgeblasenen Luftballon seinen Namen. Alle Kinder stehen im Raum verteilt. Wenn Musik beginnt, schickt jeder seinen Ballon los. Jeder andere Ballon wird beim Vorbeiflug mit einem Finger angetippt und so weiterbefördert. Wenn die Musik abbricht, sucht jeder seinen Ballon wieder und das Spiel beginnt von neuem.

ALS KENNENLERN-SPIEL kann es so gespielt werden: Einer beginnt und schickt seinen Ballon auf die Reise. Nach einigen Runden soll er wieder bei seinem Besitzer landen. Wissen alle noch, zu wem er gehört? So lange spielen, bis alle dran waren. ODER: 2 weit auseinander stehende Spieler versuchen, ihre Luftballons trotz „Störversuchen" auszutauschen.

155

Identität

Jes 43, 1
1. Mose 1, 27
2. Mose 3, 14

Geschichten: 43, 54

Namen stehen auch für Funktionen in einer Familie. Das macht der Vergleich mit Tierzeichnungen deutlich. Wie sieht dasselbe beim Menschen aus? Lösung: A4/24/7 - B11/25/8 - C6/5/21 - D2/22/19 - E3/20/14 - F23/13/26 - G15/17/16 - H18/1/9 - I10/12/21

Ballonspicken ist ein Kennenlern- und Namensspiel. Es hilft, die Namen der anderen zu behalten und macht zusätzlich noch Spaß.

Identität

Jes 43, 1
1. Mose 1, 27
2. Mose 3, 14

Geschichten: 43, 54

Alle Namen haben eine Bedeutung. Das Arbeitsblatt stellt einen Einstieg dar, über Prägung und Wirkung von Namen nachzudenken. Am besten fortsetzen mit den Namen in der Klasse/Gruppe: Bedeutungen finden sich in Namenslexika.

Auferstehung

Angst

Neubeginn

Mt 28, 1-10
Mk 16, 1-8
Lk 24, 1-12
Joh 20, 1-18

Geschichten:
8, 56, 69, 71

Die Beschäftigung mit dem Ostersymbol »Ei« soll verdeutlichen, daß es mehr als ein Gegenstand der Sättigung ist. Aus dem scheinbar »toten« Ei kann neues Leben entstehen.

Passion

Osterhase

Lk 24, 1-12

Geschichten:
56, 71, 72,
90

WIR BASTELN FÜR OSTERN

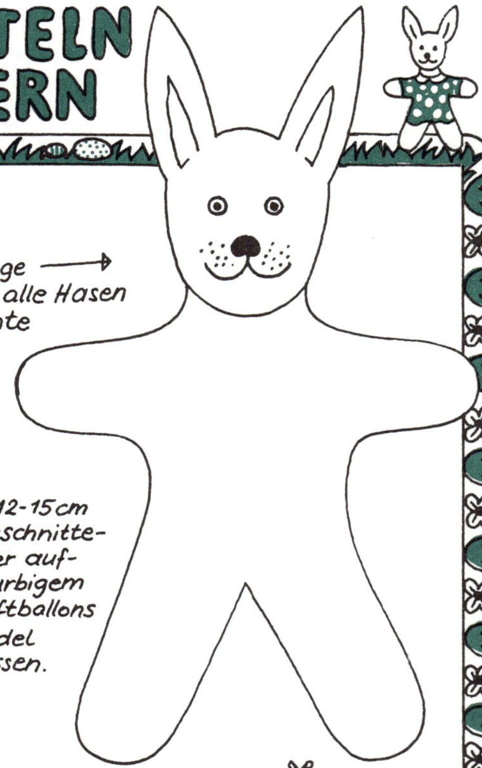

Hasenparade

Zeichne einen Hasen oder pause ihn von dieser Vorlage → mehrmals auf dünnen weißen Karton ab. Schneide alle Hasen sauber aus und male ihnen von beiden Seiten bunte Kleider. Klebe sie dann an den Händen zu einer Kette und anschließend zu einem Kreis zusammen und lasse sie auf dem Ostertisch Ringelreihen tanzen.

Rieseneier

bekommst du, wenn du kleine Luftballons auf ca. 12-15 cm Durchmesser aufbläst, sie verknotest und in Streifen geschnittenes, in dünnen Tapetenkleister getauchtes Seidenpapier aufklebst (etwa 4 Schichten). Dann Muster aus andersfarbigem Seidenpapier aufkleben. Nach dem Trocknen die Luftballons mit einer Nadel platzen lassen.

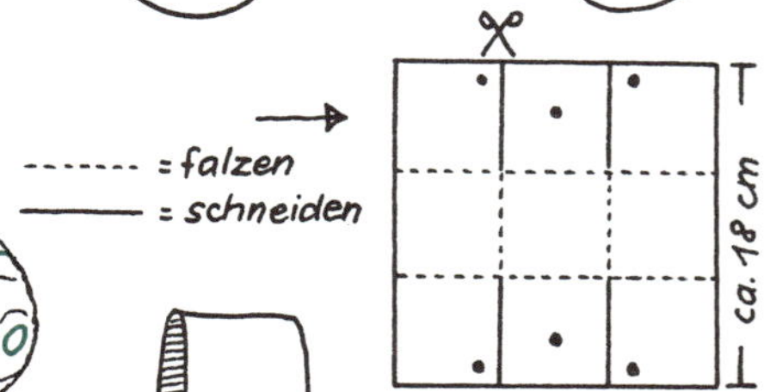

Eierkörbchen

Diese hübsche Verpackung für Ostereier ist schnell gemacht. Du brauchst dazu quadratische Bögen farbiges Papier, das das du nach dem nebenstehenden Plan faltest und an den bezeichneten Stellen mit der Schere einschneidest. Die mit einem Punkt gekennzeichneten Stellen klebst du aufeinander, dann kommt noch ein Papierstreifen als Henkel daran. Nun kannst du das Körbchen noch mit Buntpapier schön schmücken.

Die Osterbasteleien beginnen **vor** Ostern, also in der Passionszeit. So sind auch schwere Tage schon von Hoffnungen begrenzt.

Ostereier-dorf

Damit das Dorf sich länger hält, nimmt man am besten ausgeblasene Eier. Die Eier werden bunt gefärbt und anschließend Fenster und Türen mit Tusche darauf gemalt. Für die Dächer werden Kreise aus etwas dickerem Papier ausgeschnitten, die an einer Stelle bis zur Mitte eingeschnitten werden. An der Schnittstelle wird das Papier mit den Kanten übereinandergelegt und geklebt, so daß Dächer in »Hütchenform« entstehen. Die Dächer können dann noch mit flachgebügelten Strohhalmen beklebt werden. Anschließend kann man die Häuser in eine Landschaft aus Ostergras setzen.

159

Passion

Neubeginn

Hoffnung

Tod

Joh 12, 24

Geschichten: 69, 71 und andere Ostergeschichten

Osterzöpfe

oder

Osterzöpfe wurden früher zum Verschenken oder für den festlichen Ostertisch gebacken. Vielleicht können dir die Mutter oder ältere Geschwister beim Backen helfen? Man braucht 500g Mehl · 35g Hefe · 2 Eier · 1/8 l Milch · 60g Butter oder Öl · 1 Prise Salz · ungekochte Eier zum Einbacken. Alle Zutaten müssen Zimmertemperatur haben! Nachdem aus den Zutaten ein glatter Teig geknetet und dieser etwa 1 Stunde gegangen ist, wird der Teig in gleich große Portionen aufgeteilt und zu langen, zweifingerdicken Rollen geformt. Die ungekochten Eier werden in die Mitte gelegt, der Teig ringsherum gut angedrückt und die Enden zu Zöpfen gedreht. Den Teig nun nochmals kurz gehen lassen, dann mit Eigelb bestreichen. Die Eier dürfen kein Fett oder Eigelb abbekommen, sonst nehmen sie keine Farbe mehr an. Die Zöpfe 20-25 Minuten bei Mittelhitze backen, nach dem Auskühlen die Eier schön bemalen.

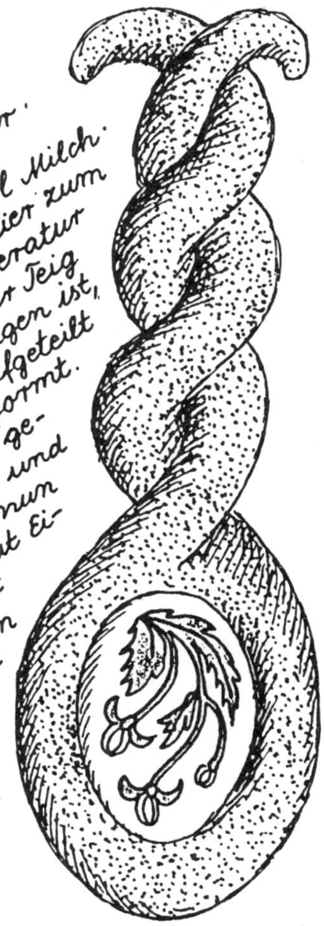

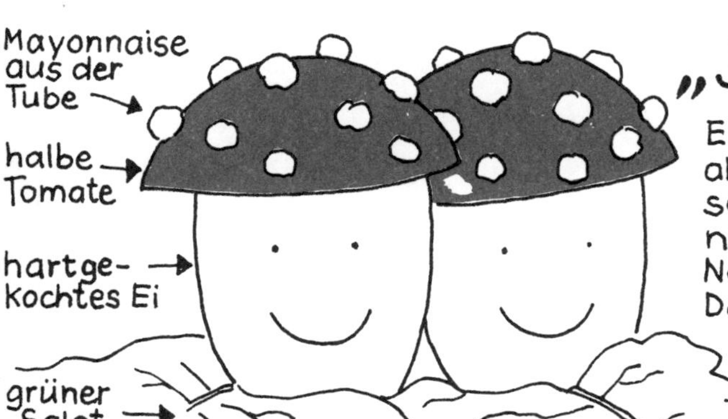

„Fliegenpilze"

Eier schälen und das obere Drittel abschneiden. Tomatenhälfte draufsetzen, mit Mayonnaisepunkten garnieren und in grünen Salat setzen. — Noch besser schmeckt es, wenn du die Dotter vorsichtig herausnimmst, sie mit der Gabel zerdrückst und mit etwas Senf oder Mayonnaise + Salz vermischst. Anschließend wieder einfüllen.

Spielerisch und ganz praktisch werden alte Traditionen neu aufgenommen und wieder verständlich. Allerdings stehen meist vor Ostern (Passionszeit) Inhalt des Besprochenen und Kreativers (Osterbasteleien) etwas unverbunden nebeneinander.

160 Passion

Ostern

Füreinander

Tod

Leiden

Joh 17, 1; 18, 11

Geschichten: 36, 38, 63, 71, 72, 90

Male den Garten mit Buntstiften farbig und suche dabei die im Bild versteckten Buchstaben. Schreibe sie dann hier unten in die freien Felder. Die Zahlen zeigen dir den richtigen Platz.

1 2 3 4 5   6 7 8 9   10 11 12 13 14 15 16 17 18

Mit dem farbigen Ausmalen des Bildes wird das Kind an den Ort versetzt, wo die Passion Jesu beginnt. Die Lösung: »Jesus wird verhaftet« gibt einen Anknüpfungspunkt.

Passion / Pfingsten 161

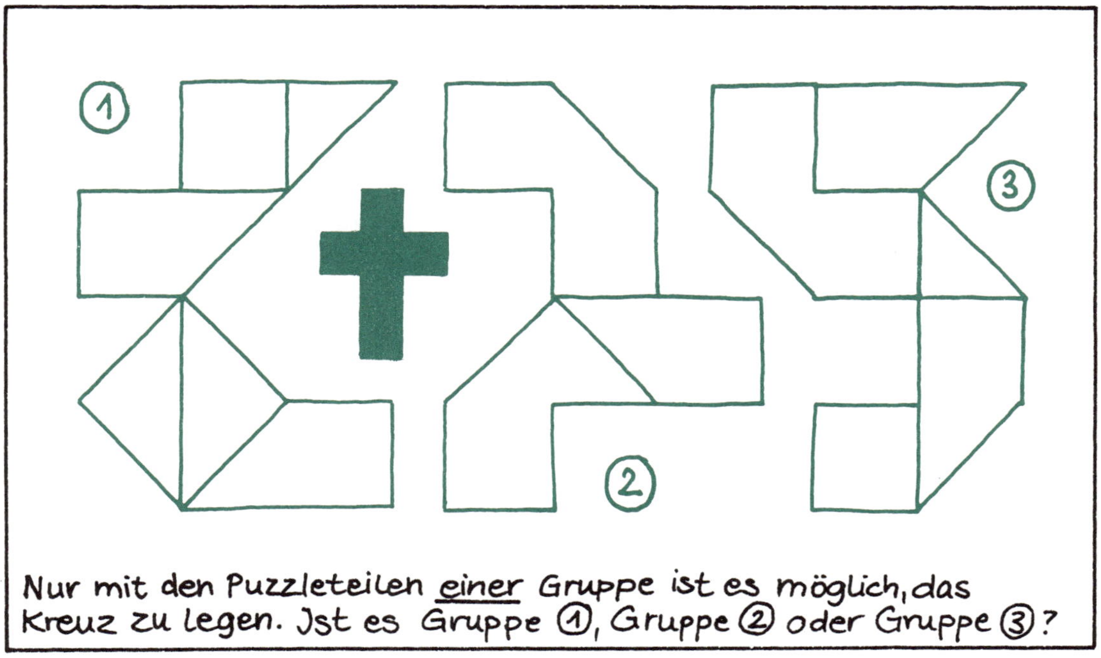

Gruppe ②

Ostern
Leiden
Kreuz
Schuld
Sterben

Joh 19, 6-37 und Parallelen

Geschichten: 56, 60, 71, 72, 90

162

Bastelbogen »Kreuzweg«

Darauf ist die Passion Jesu in sieben Stationen dargestellt. Freie Bildlücken werden durch die passenden ausgeschnittenen Bilder gefüllt, der Kreuzweg wird so vertieft.
Der Bastelbogen befindet sich im Schlußteil des Buches unter der Kenn-Nummer **162**

Weg
Karfreitag
Kreuz
Hoffnung
Ostern
Tod
Leiden

Mt 27, 32f.
Mk 15, 21f.
Lk 23, 26f.
Joh 19, 17ff.

Geschichten: 3, 36, 40, 56, 60, 61, 63, 69, 71, 90

163

Die Pfingsttaube

ist das Zeichen (Symbol) für den heiligen Geist. Habt ihr Lust, weiße Tauben aus Papier zu basteln? Als Geschenk für einen guten Freund, als Schmuck für einen Raum oder um sie vom Kirchturm fliegen zu lassen.....

SO WIRD'S GEMACHT:
Aus festem, weißem Karton den Körper ausschneiden ①. Als Flügel Schreibmaschinenpapier rund schneiden ② und wie eine Ziehharmonika falten ᴧᴧ. Das Schwanzstück ③ ebenso ᴧᴧ falten. Flügel in den Rückenschlitz stecken ④ und festkleben. Schwanz aufstecken und von 2 Seiten gut festkleben. Auge aufmalen und bei Bedarf Aufhängefaden hier • befestigen.

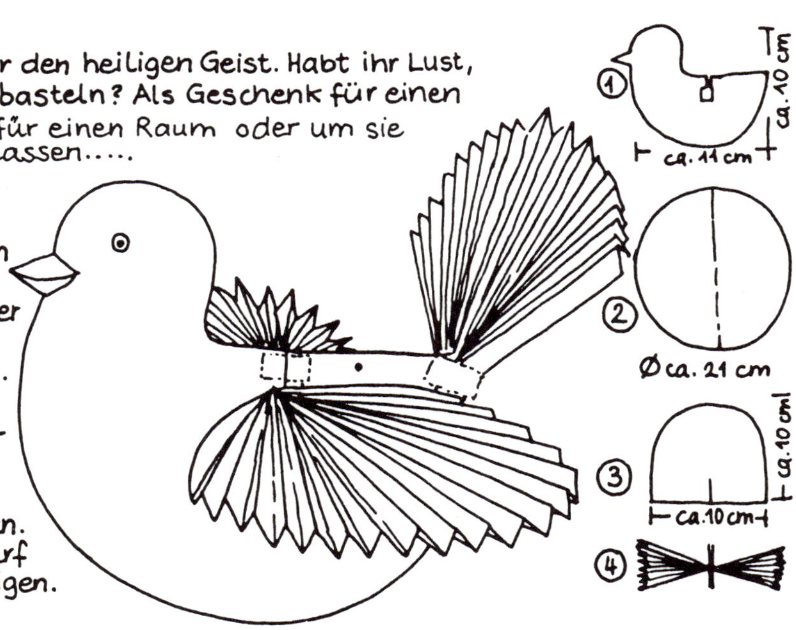

Pfingsten
Verstehen
Christentum

Mk 1, 9-13
Apg 2, 1-12

Geschichten: 14, 44, 92, 93

Das Puzzle gibt einen Einstieg zur Beschäftigung mit Kreuz und Passion. Ein Gespräch wie etwa in der Geschichte 56 kann folgen. Geeignet für größere Kinder.
Die Pfingsttaube ist ein Zeichen für den Geist Gottes. Im Markus-Evangelium tritt er in Gestalt einer Taube auf. - Eine andere Verwendung des Motivs: 1. Mose 8 (Friedenstaube mit dem Ölzweig).

164 Pfingsten / Religionen

Verstehen

Apg 2, 1-12

Geschichten: 14, 93

165

Islam

Judentum

Christentum

1. Mose 22
1. Mose 16 u. 21, 8-21

Geschichte: 67

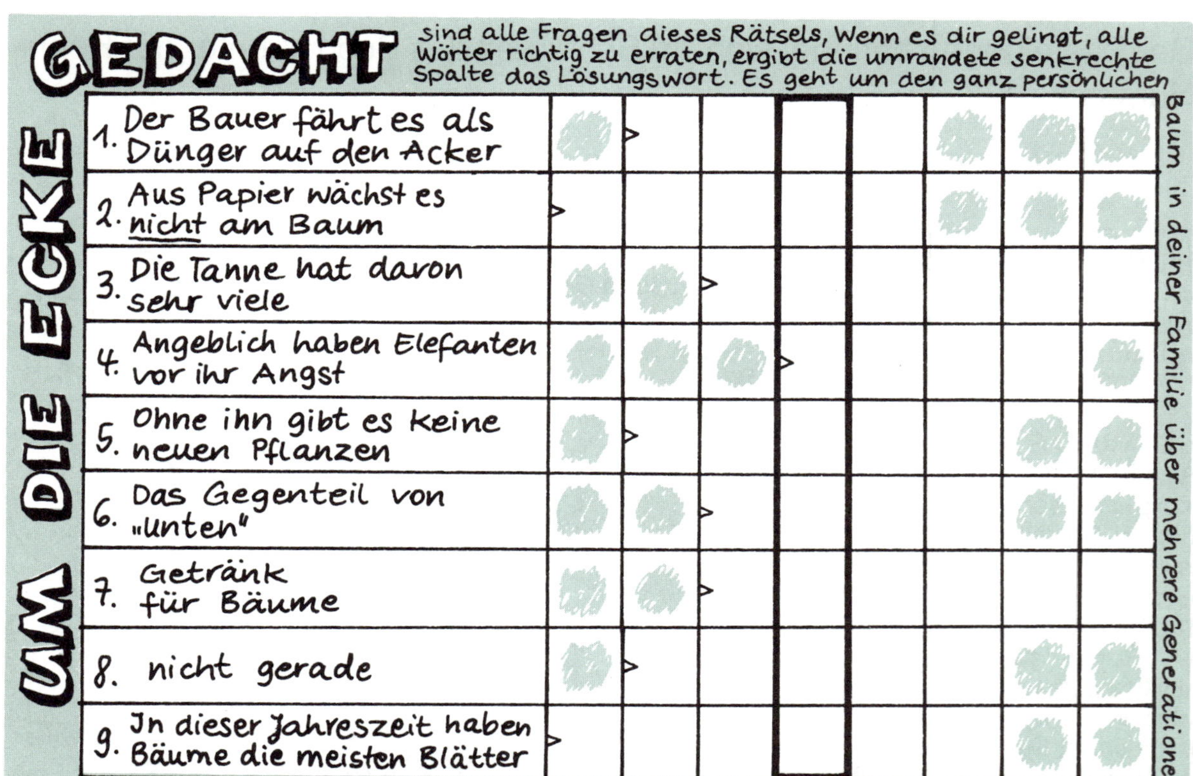

STAMMBAUM - 1. Mist - 2. Blatt - 3. Nadeln - 4. Maus - 5. Samen - 6. oben - 7. Wasser - 8. krumm - 9. Sommer

Ein Rätsel als Einstieg in das Thema »Pfingsten«. Lösungswort: »Frohe Pfingsten«. Ein Brainstorming kann den Einstieg fortsetzen.

Um die Ecke gedacht: Erster Einstieg zu der Geschichte 67 und zur Aufgabe 153. Lösungswort: »Stammbaum«.

Islam
Judentum
Ökumene
Ausländer
Miteinander

1. Mose 16
1. Mose, 21, 8-21
1. Mose 22

Geschichten: 12, 13, 38, 67

Am eigenen Stammbaum erfährt jedes Kind von seinen Wurzeln. Wie verschiedene Menschen haben auch verschiedene Völker und Religionen gemeinsame Wurzeln. Die Zusammenhänge lassen sich durch diese Aufgabe erkennen.

Riesenspieltuch

Fröhlichkeit

Spielen

Lebensfreude

2 Sam 6

Geschichten:
37, 58, 59,
62, 82

Unser Riesenspieltuch

So ein Riesenspieltuch macht einen Riesenspaß!

Selber machen geht so:

a) Ihr – Euer Pastor – Eure Eltern – wer auch immer, Hauptsache, jemand machts, besorgt lauter alte Bettücher und näht sie zu einem großen Tuch (vielleicht drei mal drei oder vier mal vier Bettuchlängen) zusammen.
Außenkante mit Saumband fest einsäumen!
b) Ihr kauft Nesselstoff vom Meter und näht mehrere Bahnen zusammen. Nessel ist strapazierfähig und billig, hält also länger als Bettücher.
c) Viele bunt gebatikte kleine Spieltücher – je ein gebatiktes ausgedientes Bettuch – sollten ohnehin schon in jedem Kindergottesdienst zum Spielen und Verkleiden selbstverständlich sein!
c) Am besten geht es natürlich mit Riesenspieltüchern aus **Fallschirmseide.** Die nennt man „Riesenschwungtücher" und bekommt man bei:
Firma Karl H. Schäfer, Großer Kamp 6–8, 4937 Lage/Heiden, 0 52 32/6 59 82.
Diese leichten Tücher fliegen viel höher und sind vor allem von den Kleinen besser zu handhaben.

Was man alles damit machen kann:
* Zuerst: nur so »rumspielen«, alles ausprobieren, wild mit herumtoben, Wind und Sturm machen.
* Zur Ruhe kommen: Jedes Kind darf zweimal kurz und fest schütteln: eine Welle läuft über das ganze Tuch.
* Bälle und andere Gegenstände springen lassen.
* Bälle von einem Kind zu einem anderen »schikken«!
* Alle heben gleichzeitig die Arme und treten auch ganz schnell drei Schritt nach vorn. Das Tuch bildet einen hohen Turm!
* Nach einiger Übung: Alle heben gleichmäßig, nicht zu schnell die Arme und laufen in der Mitte zusammen, lassen sich vom Tuch bedecken.
* Langsam und gleichmäßig Wind oder Wellen machen. Gleichmäßige, langsame Auf- und Abbewegungen.
* Alle heben gleichzeitig die Arme, treten etwas zur Mitte, lassen gleichzeitig das Tuch los. Wehe dem, der zuletzt losgelassen hat: Das Tuch wird auf ihn zufliegen und ihn unter sich begraben!
* Einige wedeln, andere legen sich unter das Tuch, lassen sich den Wind um die Nase wehen. Besonders zu empfehlen bei Temperaturen von über 30 Grad (für die eine Hälfte jedenfalls!).
* Schließlich:

Wenn Ihr eine (biblische) Geschichte spielen wollt. Ihr könnt vieles mit dem Tuch machen: Ein Zelt oder Haus, wo ihr eng mit dem alten Geschichtenerzähler zusammenkuschelt. – Das Meer, die Wellen, das Boot, den großen Walfisch, eine Höhle, ein Erdbeben, einen Teich, der sich bewegt, ach, was weiß ich nicht alles!
Mehr Ideen gibt es mit jedem Riesenschwungtuch bei obiger Anschrift. Aber Ihr habt sicher selber noch tausend gute Einfälle, wenn ihr erst mal so ein Tuch in Händen habt.

Erst einmal sollten die Kinder mit dem Tuch herumtollen dürfen. Nach und nach wird ein ruhiger Umgang mit ihm geübt. Schließlich können ausdrucksvolle Bewegungen probiert werden.

Annehmen

Spielen

Röm 15, 7

Geschichten:
7, 65, 74, 75

Jedes Kind bekommt mehrere Bildvorlagen und darf sie verschieden ausmalen und benennt jeweils das Besondere an einem Bild. - Natürlich ist Selberschminken und -verkleiden auch schön. Schminke für Gruppen: Kryolan, Berlin 88.

169 Schöpfung

Sonntag

Erntedank

Danken

Ps 104

Geschichten:
3, 16, 17, 27,
37, 77, 78,
79, 80, 82,
85

Du siehst hier Texte und Bilder.
Wenn es dir Spaß macht, kannst du die Texte zu den Bildern zuordnen.
Ein paar Texte sind gedruckt, und wir haben dazu keine Bilder. Diese Texte bilden den Anfang und das Ende von Psalm 104.
Wolfgang Gerts hat für euch den Psalm 104 nacherzählt.

Und du sorgst dafür, daß das Wasser beide nicht für immer bedecken kann, sondern sich im Meer sammelt.

**Herr, ich lobe dich von Herzen.
Ich habe dich, Gott, sehr lieb.
Du bist wirklich prächtig geschmückt!**

Aber aus den Bergen fließt genug Wasser ins Tal, daß alle Lebewesen davon zu trinken haben.

Das Licht ist wie ein schönes Kleid, das du anhast.

Es ist auch genug für die Vögel, die den Himmel mit Gesang erfüllen.

Der Himmel ist wie ein Teppich.

Und überall läßt du Früchte wachsen und Gras fürs Vieh und Saat für uns, damit wir uns Brot machen können.

Alles über den Meeren ist wie eine Wohnung von dir.

Brot und Wein und Öl sind von dir, damit wir uns stärken können.

Wolken sind wie Kutschen, mit denen du über die Welt fahren kannst.

So viele fruchtbare Bäume gibt es. Sie gehören dir. Da können Vögel drin nisten.

Und der Wind trägt dich mit breiten Flügeln.

Und manche Tiere finden in den hohen Bergen und in Felsspalten eine Wohnung, die sie beschützt.

Hohe Berge und tiefe Täler hast du gemacht.

Mond und Sonne teilen uns die Zeit ein.

Wenn die Sonne aufgeht, ist die Zeit für uns Menschen zum Spielen und Arbeiten.

Wir staunen darüber, was du alles gemacht hast.

Psalm 104 als Puzzle: Natürlich läßt sich der Text auch auf andere Art kreativ entfalten: Nach eigenen Vorstellungen wandeln die Kinder den Psalm in einen bunten Bilderbogen um.

Alles ist voll von deinen Geschenken. Alle hast du weise aufeinander abgestimmt. Alle dürfen darauf vertrauen, daß du sie zur rechten Zeit ernährst.
Du öffnest deine Hand, und alle werden davon satt.
Aber alle Lebewesen läßt du auch vergehen, daß sie wieder zu Staub werden.
Und du schaffst wieder neue Lebewesen mit deinem Atem, du machst die Erde immer wieder neu.

Ich wünsche, daß deine herrliche Erde immer bleibt.

Solange ich lebe, will ich staunen und singen und dich loben, denn ich freu mich über dich.

Vielleicht gefällt dir, was ich jetzt sage, aber hilf, daß ich mithelfen kann, deine große Schöpfung zu bewahren.

Herr, ich lobe dich von Herzen!

Halleluja!

170

Umwelt

1. Mose 1-2; 4a
Ps 104
siehe auch Nr. 169

Geschichten:
43, 77, 78, 80, 85

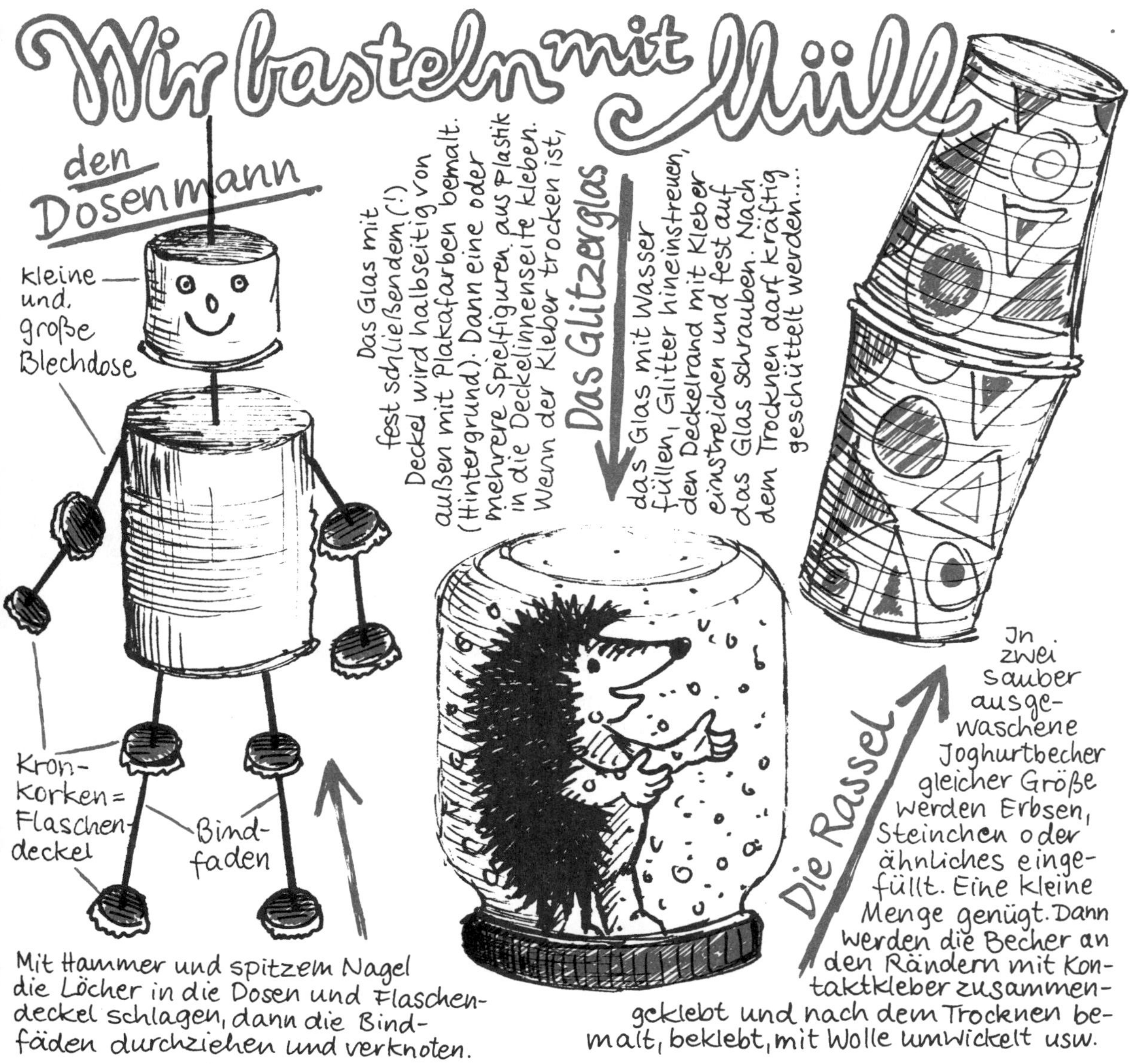

Einfache Ideen zum Basteln mit Müll. Anregungen bei Brot für die Welt. Es zeigt, wie Kinder in Afrika ebenfalls mit Müll spielen und basteln. Eigene Ideen sammeln und durchführen!

Wasser

Umwelt

1. Mose 1-2, 4a
Ps 104
siehe Nr. 169

Geschichten:
43, 77, 78, 79, 80, 85

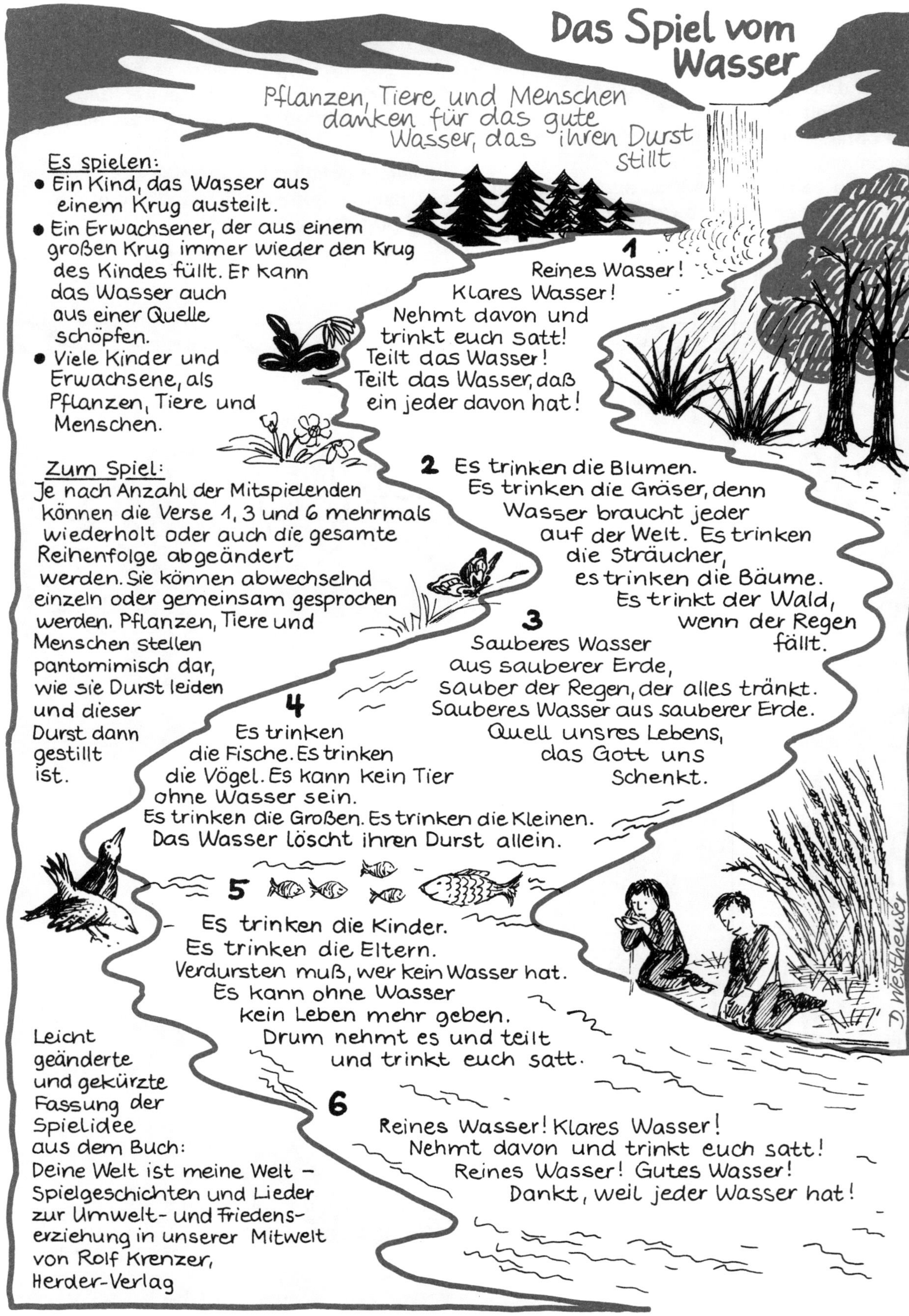

Einsetzbar bei allen Themen mit Umwelt, Schöpfung, Wasser.

Umwelt
Umkehr
Wasser

1. Mose 6-8 in Auswahl

Geschichten: 77, 78, 79, 85

Wie entsteht ein Regenbogen?

Für unsere Augen erscheint das Sonnenlicht farblos. Erst wenn die Sonnenstrahlen auf Wassertropfen in der Luft treffen, können wir (mit dem Rücken zur Sonne), das auf diese Weise „gebrochene" Licht in den Regenbogenfarben sehen. Die Farben haben immer die gleiche Reihenfolge: Unten rot, dann orange, gelb, grün, hell- und dunkelblau, oben violett.

Regenbogen selbstgemacht:

- Stelle ein Glas mit Wasser auf ein sonnenbeschienenes Fensterbrett. Halte ein Blatt weißes Papier in die Sonnenstrahlen, die durch das Glas scheinen, dann siehst du dort einen Regenbogen.
- Setze dich mit einem halben Glas Seifenwasser in die Sonne und mache mit einem Strohhalm Seifenblasen. Weil diese das Sonnenlicht ebenfalls brechen, kannst du an den Seifenblasen alle Regenbogenfarben erkennen!

Mache mit einem Gartenschlauch einen feinen Sprühregen gegen die tiefstehende Sonne....

Arbeitsblatt »Luft« 173

Die Luft ist unsere Lebensgrundlage. Das Arbeitsblatt sensibilisiert für Zusammenhänge, in denen Luft lebensnotwendig ist. Es befindet sich im Schlußteil des Buches unter der Kenn-Nummer 173

Umwelt
Luft

1. Mose 1-2, 4a
Ps 104
(siehe Nr. 169)

Geschichten: 43, 77, 78, 79, 85

Die schwächste Maus

Viele Mäuse und ein Kater, der der Fänger ist.
Der Kater steht allein an der gegenüberliegenden Seite eines Spielfeldes. Macht das Spielfeld nicht zu groß!

Die Mäuse verabreden nun, wer die schwächste Maus ist. Der Kater darf es aber nicht hören. Diese Maus muß so geschickt geschützt werden, daß der Kater es nicht merkt, wer die schwächste Maus ist. Der Kater oder die Katze (wie ihr wollt) laufen jeweils gegeneinander – von einer Linie zur anderen. Alle, die von der Katze abgeschlagen werden, scheiden aus. Es wäre gut, wenn ihr vereinbart, daß der Kater oder die Katze nur einen abschlägt. Wenn es euch Mäusen gelingt, die schwächste Maus so zu schützen, daß sie als letzte abgeschlagen wird, habt ihr gewonnen. Spielt ruhig dieses Spiel öfter, dann wißt ihr, wie ihr die schwächste Maus am besten durchbringt.

174

Schützen
Helfen

Ps 104 (siehe auch 169)

Geschichten: 9, 22, 48, 50, 51, 52, 86

Regenbogen: Anleitung, des Entstehen eines Regenbogens auszuprobieren. Hinführen zum Staunen über das Symbol der Treue Gottes zum Menschen.
Die schwächste Maus: Helfen ist nicht nur eine Sache der uneigennützigen Hingabe.Das Spiel zeigt, daß Helfen mitunter viel Spaß machen kann!

175 Sehen

Vorurteile

1 Sam 16, 1-13

Geschichten: 5, 42, 46

DAS SIEHT JA GANZ ANDERS AUS ALS ICH DACHTE – das werdet ihr bestimmt nicht nur einmal sagen, wenn ihr mal mit dem Vergrößerungsglas (Lupe) in eurer vertrauten Umgebung spazierengeht und alles ganz nah und genau betrachtet.
Wenn ihr keine Lupe habt, versucht es so: Schneidet in ein Stück dünnen Karton (ca. 20 x 30 cm groß) ein kleines rundes Loch von ca. 1 cm Durchmesser. Diesen Karton haltet ihr nun vors Gesicht und schaut mit einem Auge durch das Loch....

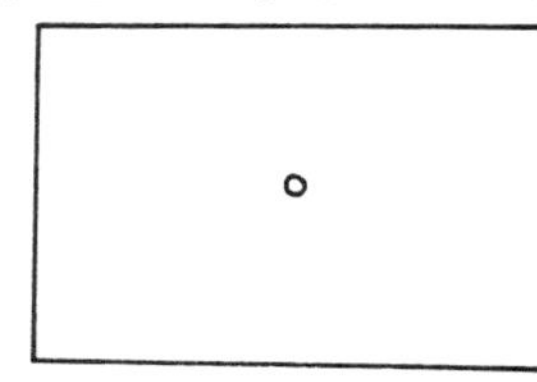

Übrigens, auch eure Mitmenschen solltet ihr mal auf diese Weise „mit anderen Augen" sehen – wer weiß, was ihr da alles Neues entdeckt.....?!

176

Verstehen

Licht

Apg 2 i.A.
Ps 119, 105; 23, 4

Geschichten: 14, 46, 92, 93

Lichtzeichen in der Dunkelheit

Das Morse-Alphabet, so genannt nach seinem Erfinder Samuel Morse, dient seit über 150 Jahren der Nachrichten-Übermittlung. Im Telegrafenverkehr werden die Zeichen auf elektrischem Wege schriftlich, im Funkverkehr durch lange und kurze Töne übermittelt. Für euch ist es am einfachsten, die Zeichen durch Lichtsignale mit einer Taschenlampe weiterzugeben. D.W.

Wenn ihr das Morse-Alphabet auswendig lernt, könnt ihr euch jederzeit mit Licht- oder Klopfzeichen verständigen.

Findest du heraus, welche Botschaft die folgenden Morse-Zeichen übermitteln?

. – – – | . | . . . | . . – | . . .
. . | . . . | –
. . – | – . | . . . | . | . – .
. – . . | . . | – – – – | – |
– . . . | . – . . | . . | – . – . | – . –

Als Pausen zwischen den Zeichen könnt ihr „Ein-und-zwan-zig" zählen.

. . . – . = kurz kurz kurz lang kurz			
a . –	k – . –	u . . –	1 . – – – –
ä . – – . –	l . – . .	ü . . – –	2 . . – – –
b – . . .	m – –	v . . . –	3 . . . – –
c – . – .	n – .	w . – –	4 . . . . –
d – . .	o – – –	x – . . –	5 . . . . .
e .	ö – – – .	y – . – –	6 – . . . .
f . . – .	p . – – .	z – – . .	7 – – . . .
g – – .	q – – . –	? . . – – . .	8 – – – . .
h	r . – .	ch – – – –	9 – – – – .
i . .	s . . .	Warten . – . . .	0 – – – – –
j . – – –	t –	Ende . – . – .	Verstanden . . . – .

Die vollständige Liste der Morse-Zeichen steht in jedem Lexikon.

Jesus ist unser Lichtblick

zu Nr. 175 **Genaues Hinsehen** baut Vorurteile ab. Beim Experimentieren mit diesem Vorschlag machen die Kinder diese nüchterne Feststellung. Trifft das auch zu für meine »Meinung« über andere Menschen?

zu Nr. 176 **Morse-Zeichen:** Eine Möglichkeit, ohne Sprache und Schrift Botschaften auszutauschen. Einsetzbar bei vielen Gelegenheiten.

Passion

Ostern

Verstehen

Glauben

Behindert

Joh 20, 19-29

Geschichten:
14, 44, 46,
71

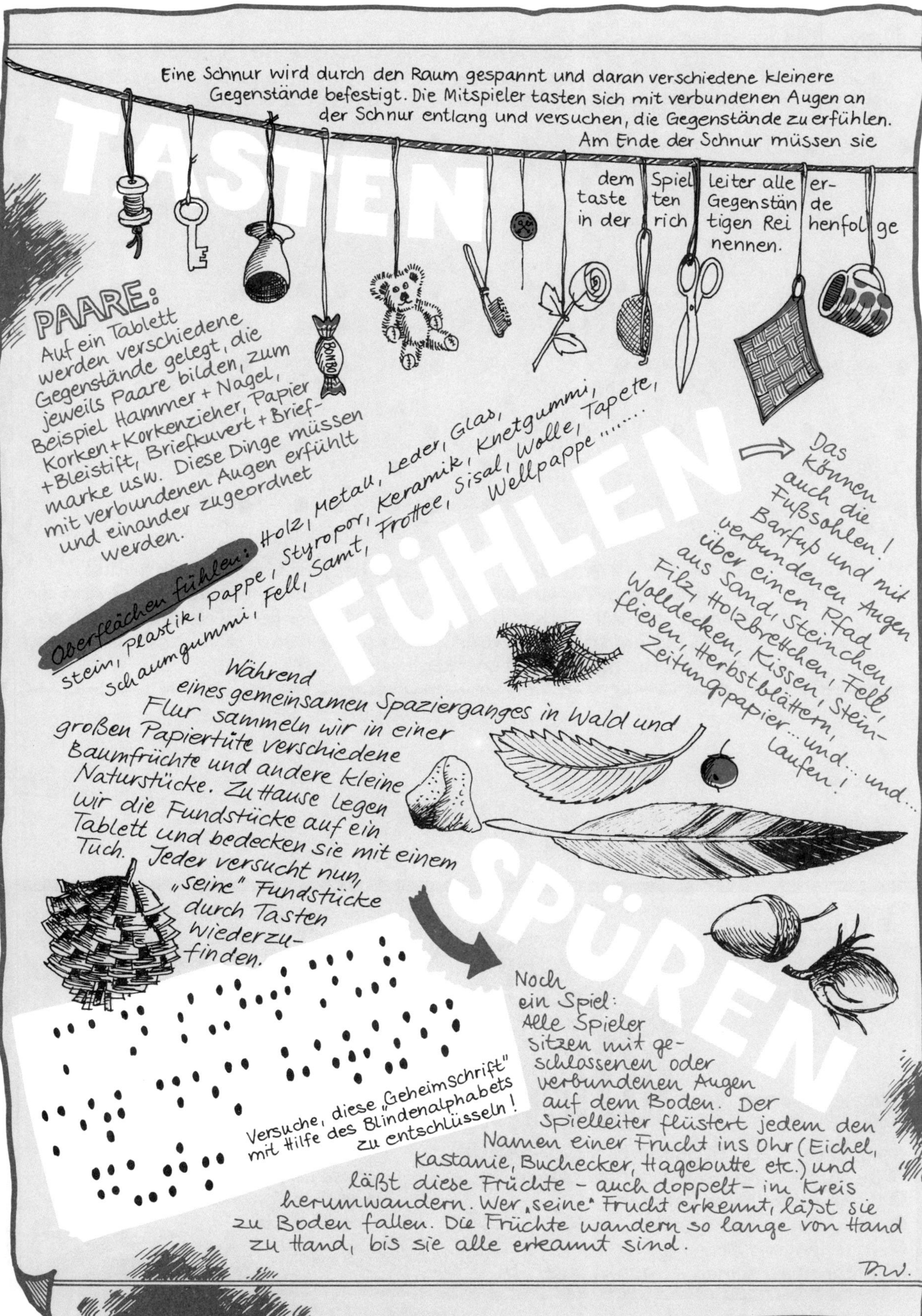

Durch Ertasten und Erspüren die Probleme von Behinderten begreifen lernen. Verstehen geht auch ohne Worte.

Lösung des Blindenschrift-Rätsels: Man sieht nur mit dem Herzen gut.

(Blindenschrift-Alphabet Nr. 178)

Glauben
Behindert
Ostern

Joh 20,19-29

Geschichten:
14, 44, 46, 71

Das Blindenalphabet In den Büchern für Blinde sind diese Punkte nicht schwarz – wie hier abgebildet – sondern erhöht gedruckt, weil sie ja gefühlt werden müssen, um sie lesen zu können.

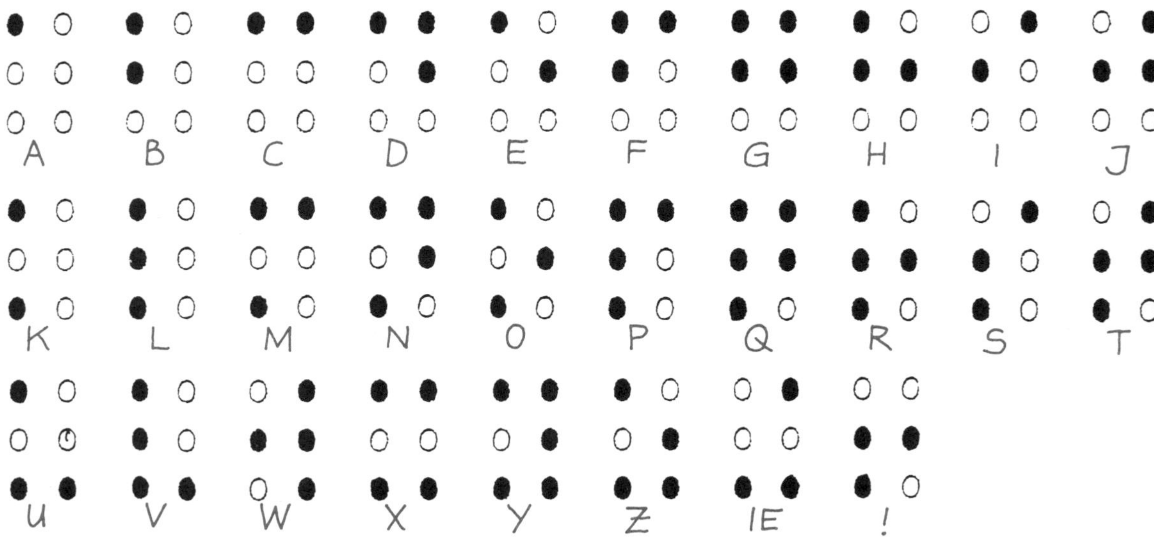

Wenn du die Blindenschrift möglichst „echt" schreiben willst, mußt du das Papier auf eine weiche Stoffunterlage legen und die Punkte auf der Rückseite mit einem stumpfen Bleistift seitenverkehrt(!) eindrücken. Wenn du anschließend das Papier umdrehst, kannst du die erhöhten Punkte fühlen.

179

Glauben
Unglaube

Joh 20,19-29

Geschichten:
45, 46

Es gibt viele Sprichwörter und Redensarten über SEHEN und AUGEN:

Welche Sprichwörter sind hier gemeint?

MALE BILDER ZU FOLGENDEN REDENSARTEN:
- Die Augen sind größer als der Magen....
- Wenn Blicke töten könnten....
- ...mit den Augen essen....
- ...auf jemand ein Auge werfen
- jemand wie seinen Augapfel hüten...

In der Gruppe könnt ihr ein

Spiel

daraus machen: Schreibt auf kleine Zettel pro Mitspieler eine Redensart. Faltet diese Zettel wie Lose, und mischt sie in einem Topf. Dann zieht sich jeder ein „Los" und malt nun das entsprechende Thema. Hinterher raten alle, welcher Begriff gemeint ist.

Blinden-Alphabet: Bei Blinden nimmt die Schärfe der anderen Sinne zu. Diese Erfahrung machen die Kinder mit dem Blindenalphabet auch selbst. Denkbar ist, eine Blindenschule zu besuchen und aus »erster Hand« zu erfahren, was die Kinder im Experiment erahnt haben.
Sprichwörter malen als spielerischer Einstieg in das Thema.

Ferien

Zeit

Schöpfung

Lebensfreude

Ps 104 (siehe Nr. 169)

Geschichten: 59, 62, 82, 100

1 Wir bauen uns ein Städtchen: Jeder baut ein Haus aus Sand, einer baut die Kirche, einer die Schule. Wir verzieren die Häuser mit Gräsern, Blättern, Steinchen und Muscheln. Mit kleinen Ästen und Stöckchen pflanzen wir „Bäume" und bauen Zäune. Wer hat Lust, einen Bach anzulegen? Alle dürfen mitmachen!

2 Namen schreiben: Jedes Kind sucht sich einen Stock. Ein Mitspieler nennt einen Buchstaben aus dem Alphabet, und nun muß jedes Kind versuchen, einen Namen mit diesem Anfangsbuchstaben so schnell wie möglich in den Sand zu schreiben. Wer zuerst fertig ist, hat gewonnen und darf den nächsten Buchstaben nennen.

3 Hüpfmännchen: Wir malen auf die Straße oder in den Sand ein Männchen aus lauter Hüpfkästchen. Wir schreiben die Zahlen von 1–7 hinein und hüpfen auf einem Bein los. Nur auf der 4 dürfen wir mit beiden Beinen ausruhen. Auf jedem Feld denken wir uns ein anderes Tier aus oder eine Pflanze.

Sandspiele für den Sandkasten oder den Strand - gemeinsam spielen macht nicht nur in den Ferien Spaß!

181 Spielen / Sterben

Fröhlichkeit
Ferien
Schöpfung
Feiern

2 Sam
6, 12-19
oder nach
Festmotto

Geschichte:
37

Arbeitsblatt »Luftballonfest«

Spielvorschläge für gemeinsames Feiern und Spielen rund um Luftballons. Zur Nachahmung und eigenen Weitergestaltung im fröhlichen Kreis.
Das Arbeitsblatt befindet sich im Schlußteil des Buches unter der Kenn-Nummer **181**

182

Leben
Krankheit
Auferstehung
Sterben
Hoffnung

Lk 23, 32-47

Geschichten:
7, 11, 36, 56,
60, 61, 63,
69, 71

183

Leben
Umwelt
Schöpfung
Hoffnung

1. Mose
1, 11-13
1. Mose
2, 8

Geschichten:
3, 69, 77, 78,
79, 80, 85

Lebloser Samen? Der Übergang von scheinbar Totem zum neuen Leben läßt sich im Experiment eindrucksvoll begreifen.
Freundschafts-Baum: Baumsterben - davon haben alle Kinder schon gehört und machen sich ihre eigenen Gedanken dazu. Ein Baumbuch gibt die Möglichkeit, eine persönliche Beziehung zu Bäumen zu entwickeln und Angst in Hoffnung und Tat zu wandeln.

Versöhnung

Geschwister

Feinde

Lk 6, 27

Geschichten:
29, 73, 76,
83, 84, 89

Frank und Dirk
-zwei Brüder-

1

2

3

4

5

6

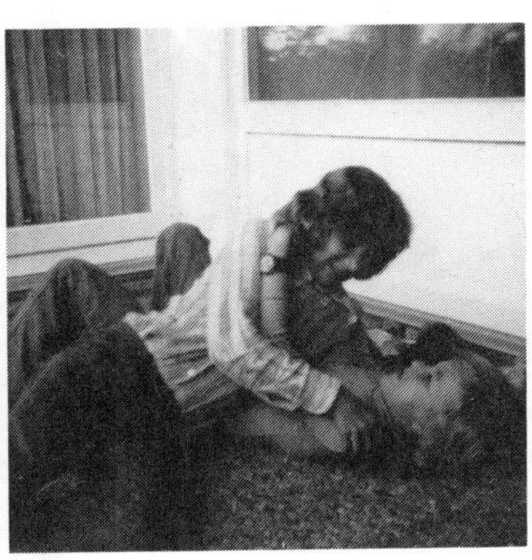
7

8

9

Es fing alles ganz harmlos an. Sie spielten friedlich mit ihren Autos. Plötzlich-ja, was kann denn nur in den einen gefahren sein?
Versuche doch einmal daraus eine Geschichte zu machen.

Streiten und versöhnen: Eine gut gelungene Geschichte kann auch im Rollenspiel nachvollzogen werden. Es gibt verschiedene Möglichkeiten von Konfliktlösungen!

Hunger

Armut

Mt 20, 1-16
Hes 18, (5)7-9

Geschichten:
27, 38, 41

Wenn es dir gelingt, aus diesen 8 Puzzle-Teilen einen Kreis zu legen, erfährst du auch, was dir dieser Aufkleber zu sagen hat.

Einstieg und Vertiefung zum Thema »Teilen«: Das Puzzle-Rätsel »Teilen macht Freu(n)de« kann einen Schlüsselsatz des Themas herausstellen. Die beiden anderen Spiele bilden eine Aufforderung zum gerechten Teilen und eine Anregung zu einer konkreten Aktion (Brot für die Welt).

Wenn ich Hungernde sehe,
schmeckt mir mein Brot nicht mehr.
Wenn ich vor Bettlern stehe,
schäme ich mich sehr.
Warum gibt es Arme?
Warum bin ich reich?
Warum sind nicht alle Menschen gleich?
Herr Gott, entschuldige mein Fragen –
aber kannst du mir eine Antwort sagen?

Gudrun Pausewang

Brot

Erntedank

Hunger

Nächsten-
liebe

Gerechtig-
keit

Frieden

Mt 25, 31-46;
5,1-12
Joh 6, 22-35

Geschichten:
16, 17, 18,
19, 27, 35,
41, 52

Das SPIEL VOM TEILEN könnt ihr auch so spielen:
Auf diesem Bild seht ihr viele Dinge, die gerechter zwischen armen und reichen Menschen verteilt werden sollen. Viele Dinge fehlen noch, welche fallen euch ein? Sucht in Zeitschriften und Illustrierten nach Abbildungen solcher Sachen. Schneidet sie aus und klebt sie auf Karton, damit sie mehr aushalten und nicht so schnell zerreißen. Ihr könnt auch selbstgemalte Bilder verwenden. All diese Bilder kommen nun statt der Glasmurmeln und anderen Dinge in den Spielkorb/Becher zum Verteilen. Sprecht auch darüber, welchen Sinn oder Un-Sinn viele Gegenstände haben und wieviel sie wirklich wert sind.

Der Spielplan und die genaue Spielanleitung für das »Spiel vom Teilen« befindet sich im Schlußteil des Buches unter der Kenn-Nummer **186**

187 Teilen

Hunger
Miteinander
Armut
Fremde
Reichtum
Ausländer
Gerechtigkeit

Mt 25, 31-46
Lk 16, 19-31

Geschichten:
12, 13, 24, 27, 30, 38, 41

Bastelbogen »Memory»

Ein Memory-Spiel zum Selbstbasteln. Die Bildkarten bestehen zur Hälfte aus vorgegebenen Motiven aus dem Leben von Kindern in armen Ländern. Die andere Hälfte wird von den Kindern mit entsprechenden Motiven aus ihrem eigenen Leben ergänzt. Einzel- oder Kleingruppenarbeit. Zusammenhänge zwischen der Ersten und der Dritten Welt werden sichtbar. Eine kritische Frage: Sind wir (Reichen) wirklich glücklicher?

Die Bildkarten-Vorlage mit Arbeitsanweisungen befindet sich im Schlußteil des Buches unter der Kenn-Nummer **187**

Das Spiel umfaßt 24 Karten. Es gelten die üblichen Memory-Regeln.

So könnt ihr das Memory-Spiel herstellen:

Schneidet aus stabilem Karton die benötigte Anzahl Kärtchen aus, jedes 7x7 cm groß. Wichtig: Alle Schnittkanten müssen ganz gerade (mit Papiermesser und Lineal schneiden) und alle Rückseiten ganz gleich sein! Schneidet nun die kopierten Memory-Bilder aus und klebt je 1 Bild auf 1 Kärtchen. Ergänzt dann die Paare in der angegebenen Weise; ihr könnt selbstgemalte Bilder aufkleben, Fotos oder ausgeschnittene Bilder aus Zeitschriften. Habt ihr Ideen, wie sich das Spiel erweitern läßt?

188

Helfen
Einsetzen (sich)
Umwelt
Reichtum
Flohmarkt

Geschichten:
23, 27, 48, 50

Aktionsposter »Flohmarkt«

Zu kirchlichen Festen und Schulfesten gehören auch Flohmärkte. Unabhängig vom jeweiligen Motto üben sie einen kritischen Umgang mit dem Geist unserer Wegwerfgesellschaft ein. Die Kopie kann zum Poster vergrößert und farbig gestaltet werden. Motto hervorheben!

Die Kopiervorlage befindet sich im Schlußteil des Buches unter derKenn-Nummer **188**

Schöpfung

Tiere

1. Mose
1, 27-31;
2, 15

Geschichten:
3, 7, 11, 43,
77, 78, 79,
80, 85, 91

Dieses Bild lädt ein zu der Frage, ob nicht jeder einzelne etwas tun kann. Vieles ist in der Gruppe leichter.

WELCHE BIBELSTELLE IST GEMEINT?

Anregungen zur Beschäftigung mit der Umwelt: Die Spiele sind in verschiedenen Zusammenhängen verwendbar. Interessant wäre auf jeden Fall die Beschäftigung mit dem Grundkonflikt: Die Erde beherrschen (1. Mose 1, 27) oder die Erde bewahren (1. Mose 2, 15). Wo liegt der richtige Mittelweg?

Tiere
Schützen

Bist du ein Tierfreund in ?

Welche Antworten findest du richtig?

1 Du wünschst dir ein Haustier. Was mußt du dabei bedenken?
- ◐ Endlich habe ich einen Spielkameraden!
- ▲ Seine Farbe muß zu den Möbeln passen.
- ⊙ Ich muß wissen, welche Eigenarten das Tier hat, was es braucht und gern hat.

2 Wie spielst du mit einem Hund?
- ▲ Ich ziehe ihm meine Kleider an
- ◐ Ich fahre ihn mit dem Fahrrad spazieren
- ⊙ Ich laufe mit ihm um die Wette

3 Welche besondere „Pflege" braucht ein Haustier?
- ◐ Regelmäßig füttern und sauberhalten genügt
- ⊙ Man muß sich mit ihm beschäftigen, mit ihm sprechen und spielen
- ▲ Keine besondere Pflege nötig

4 Darf man sein Haustier einfach weggeben, wenn es lästig wird?
- ◐ Ja, denn das Tier kann sich nicht wehren
- ▲ Ja, dann bin ich es los.
- ⊙ Nein, denn auch ein Tier hat Gefühle und ist KEINE SACHE.

5 Was ist ein Tierheim?
- ◐ Ein schönes Zuhause für Tiere
- ⊙ Eine Auffangstation für herrenlose und vernachlässigte Haustiere
- ▲ Eine bequeme Einrichtung, um ungeliebte Haustiere loszuwerden.

6 Tierkinder sind besonders niedlich. Aber was mußt du beachten?
- ◐ Sie machen viel Blödsinn
- ⊙ Ein junges Tier muß meist noch „erzogen" werden.
- ▲ Jetzt habe ich ein lebendiges Kuscheltier.

7 Siehst du dir im Fernsehen auch Tiersendungen an?
- ▲ Nein, die sind langweilig
- ◐ Manchmal, wenn sie von meinen Lieblingstieren handeln
- ⊙ Meistens, weil ich sie interessant finde

8 Was machst du, wenn eine Spinne/Wespe/Biene im Raum ist?
- ◐ Ich renne schreiend davon
- ⊙ Ich öffne das Fenster und helfe ihr behutsam hinaus
- ▲ Ich schlage sie tot

9 Wie denkst du über für Menschen gesperrte Schutzgebiete, die wildlebenden Tieren Ruhezonen geben sollen?
- ⊙ Ich halte mich an das Verbot und betrete diese Gebiete nicht.
- ◐ Ich betrete diese Gebiete, bewege mich aber leise und vorsichtig.
- ▲ Alles Quatsch. Verbieten ist verboten!

10 Wann ist man WIRKLICH ein Tierfreund?
- ◐ Wenn man jede Menge Haustiere hat
- ▲ Wenn man einen besonders gut dressierten Hund hat
- ⊙ Wenn man Tiere nicht nur nach ihrem „Nutzwert" bewertet und jedes Leben achtet.

⊙ = 1 PUNKT ◐ = 3 PUNKTE ▲ = 5 PUNKTE

Zähle deine Punkte zusammen!

10 – 16 PUNKTE
Du bist ein(e) echte(r) Tierfreund(in) und weißt gut über Tiere Bescheid. Super! Mach weiter so! Vielleicht kannst du andere Kinder und Erwachsene damit „anstecken"?

17 – 30 PUNKTE
Deine Tierliebe ist vielleicht groß, aber du hast nicht viel Ahnung von deinen Lieblingen. Du solltest versuchen, besser Bescheid zu wissen über Tiere.

31 – 50 PUNKTE
An dir ist wahrhaftig kein Tierfreund verloren gegangen. Als Haustier solltest du ein Plüschtier bevorzugen. Es wird Zeit, daß du dein Denken und Verhalten änderst!

INFO-MATERIAL ANFORDERN: Deutscher Tierschutzbund e.V. Baumschulallee 15 5300 BONN 1 Postkarte genügt!

INFO-MATERIAL ANFORDERN BEI WWF Deutschland Hedderichstraße 110 6000 Frankfurt/Main Postkarte genügt!

Auch Tierschutz ist Naturschutz!

Die Tiere brauchen die Menschen nicht!

Artgerechte Tierhaltung oder gar keine!

Tiere haben Anrecht auf ungestörten Lebensraum!

Ein Tierfreund Was ist das? Was tut er?

Bist du ein Freund/eine Freundin für Tiere?

Was denkst du über diese Sprüche?

Tiere

Schützen

Kennst du den VOGEL DES JAHRES 1991?

Du findest seinen Namen, wenn du die rechts aufgeführten Vogelnamen waagrecht und senkrecht in den Kästchen suchst und sie farbig kennzeichnest. Wenn du alle 20 Namen gefunden hast, bleiben einige Buchstaben übrig. Sie ergeben – der Reihe nach gelesen – das Lösungswort.

M	S	A	R	S	P	E	C	H	T
E	T	M	A	D	L	E	R	E	A
I	A	S	F	O	R	A	B	E	U
S	R	E	I	H	E	R	B	H	B
E	G	L	N	L	E	R	C	H	E
F	A	L	K	E	F	A	S	A	N
X	N	U	U	E	U	L	E	H	T
N	S	C	H	W	A	L	B	E	E
B	L	A	U	S	P	E	C	H	T

ADLER
AMSEL
BLAUSPECHT
DOHLE
ENTE
EULE
FALKE
FASAN
FINK
GANS
LERCHE
MEISE
RABE
RALLE
REIHER
SCHWALBE
SPECHT
STAR
TAUBE
UHU

(Rebhuhn)

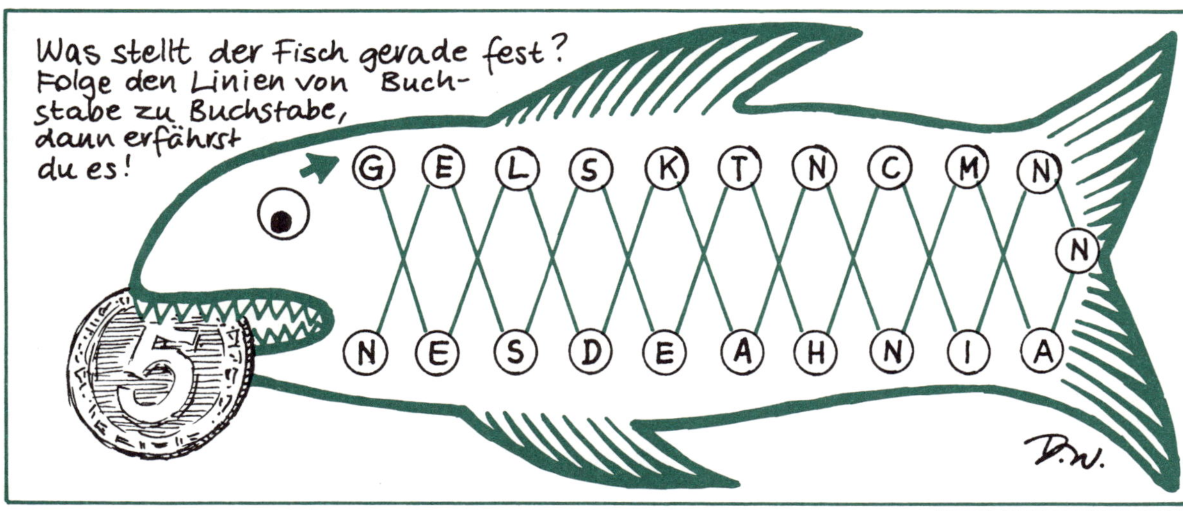

Geld kann man nicht essen!

Bastelbogen »Friederich, der Fisch«

Der Fluß, in dem Friederich der Fisch lebt, verändert sich auf seinem Weg. Die Kinder malen und kleben in die kopierte Vorlage alles, was das Wasser verschmutzen kann. So erkennen sie Zusammenhänge und werden auch auf eigene Gedankenlosigkeit aufmerksam.

Bastelbogen »Wir Menschen leben nicht allein auf der Welt«:

Die Kinder malen und kleben in eine vorgegebene Landschaft alle ihnen bekannten Tiere, die zu Lande, zu Wasser und in der Luft leben. Dabei wird deutlich, daß die Menschen nicht die Erde für sich allein beanspruchen dürfen.

Die Bastelbögen befinden sich im Schlußteil des Buches unter der Kenn-Nummer **189**

Schöpfung

1. Mose 2,15

Geschichten:
3, 77, 78, 79,
80, 85

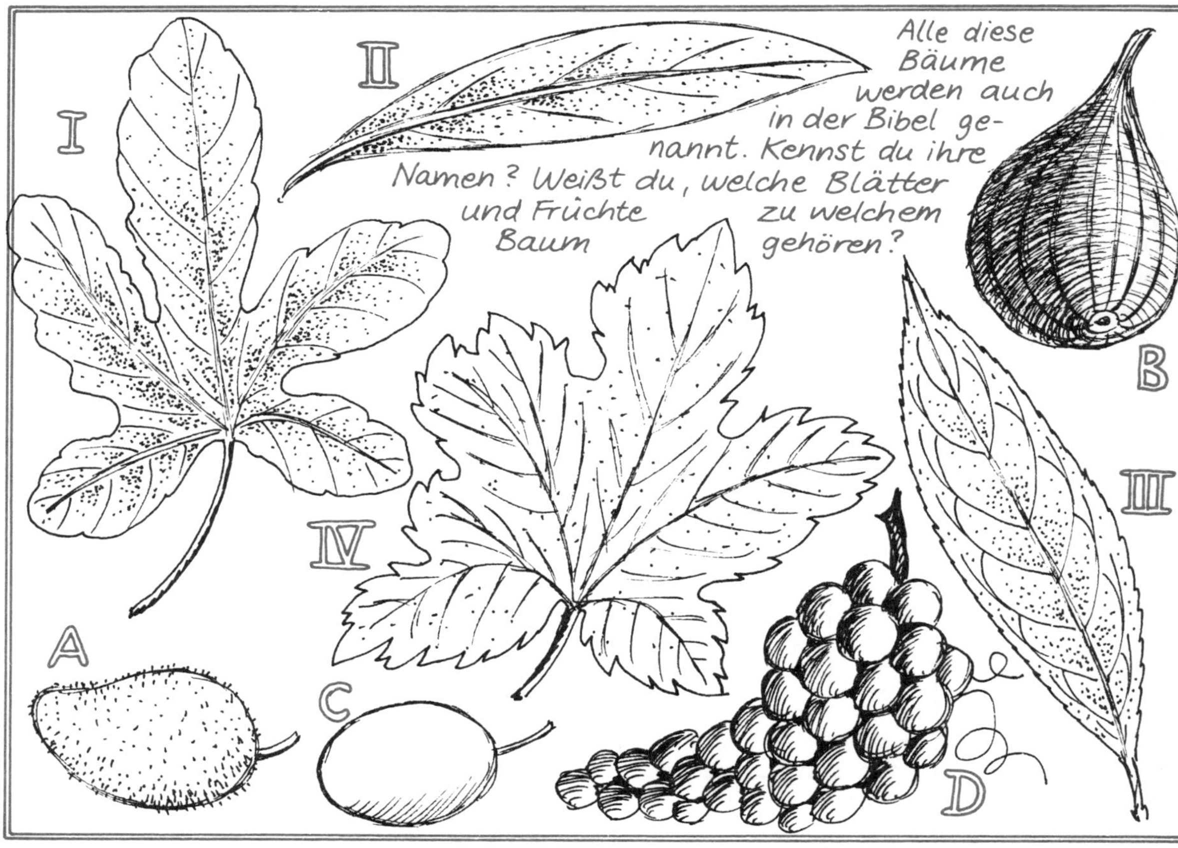

Wie heißen die Bäume? I + B Feigenbaum - II + C Ölbaum/Olive - II + A Mandelbaum - IV + D Weinstock

(92 Jahre)

(C)

Ideenbörse zur Beschäftigung mit der Umwelt: Warum gibt es überhaupt einen Vogel des Jahres? Was heißt »Welttierschutztag«? Wann findet die Welttierschutzwoche statt? Warum werden Tiere ausgesetzt? Wer will eine Patenschaft für ein Tier im Tierheim übernehmen? Was bedeutet »Baumsterben«? Welche »bedrohten« Tierarten kennen wir? Einen Baum pflanzen und hegen...

Schuld

Recht

Stehlen

Gerechtigkeit

Mt 5, 11ff.;
7, 1-5;
26, 57-68

Geschichten:
3, 41, 76, 86, 88, 99

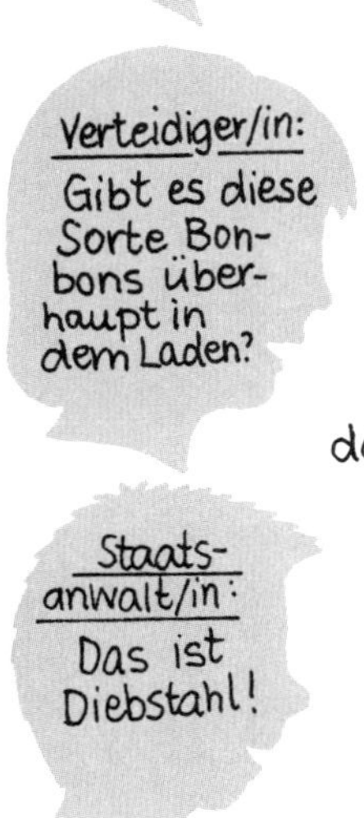

DAS ROLLENSPIEL: Jn der Vorbereitungsphase werden die Rollen verteilt (die Zahl der Zeugen richtet sich nach der Größe der Gruppe). Dann müssen die Aufgaben der einzelnen Mitspieler besprochen werden. Ein Richter oder eine Richterin soll am Ende des Spiels das gerechte Urteil sprechen, nachdem er/sie die Aussagen der Angeklagten, von Verteidiger, Staatsanwalt und Zeugen ganz genau geprüft hat. Der Richter leitet die „Gerichtsverhandlung" und sollte vielleicht bei der Vorbesprechung nicht dabei sein, um wirklich „neutral" sein zu können.
„Jhr werdet bei dem Spiel sehen, wie schwer es manchmal sein kann, die Wahrheit herauszufinden und wie leicht unschuldige Menschen falsch beschuldigt werden können.

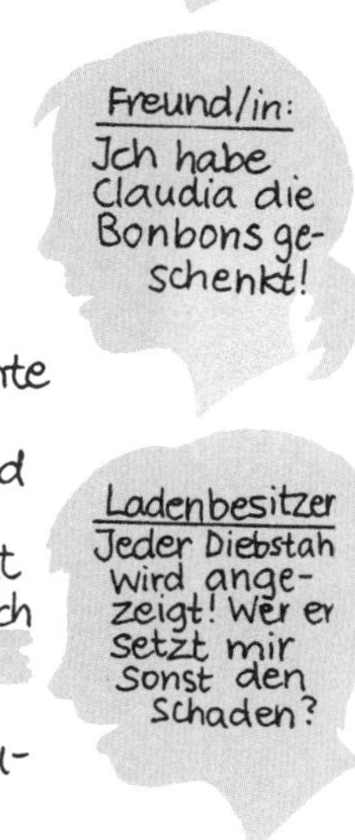

Rollenspiel: Kinder nehmen es sich tief zu Herzen, wenn sie einmal zu Unrecht beschuldigt werden. Oft tragen sie diese »Verletzung« jahrelang mit sich herum. Deswegen ist es notwendig, diese Situation zu behandeln und die Kinder zu ermutigen, über ähnliche Erfahrungen zu sprechen. Im Rollenspiel arbeiten sie die »Fehlurteile« auf.

192 Unrecht / Verantwortung

Amnesty International

Verfolgung

Gefangene

Lk 22, 47-54

Geschichte: 86

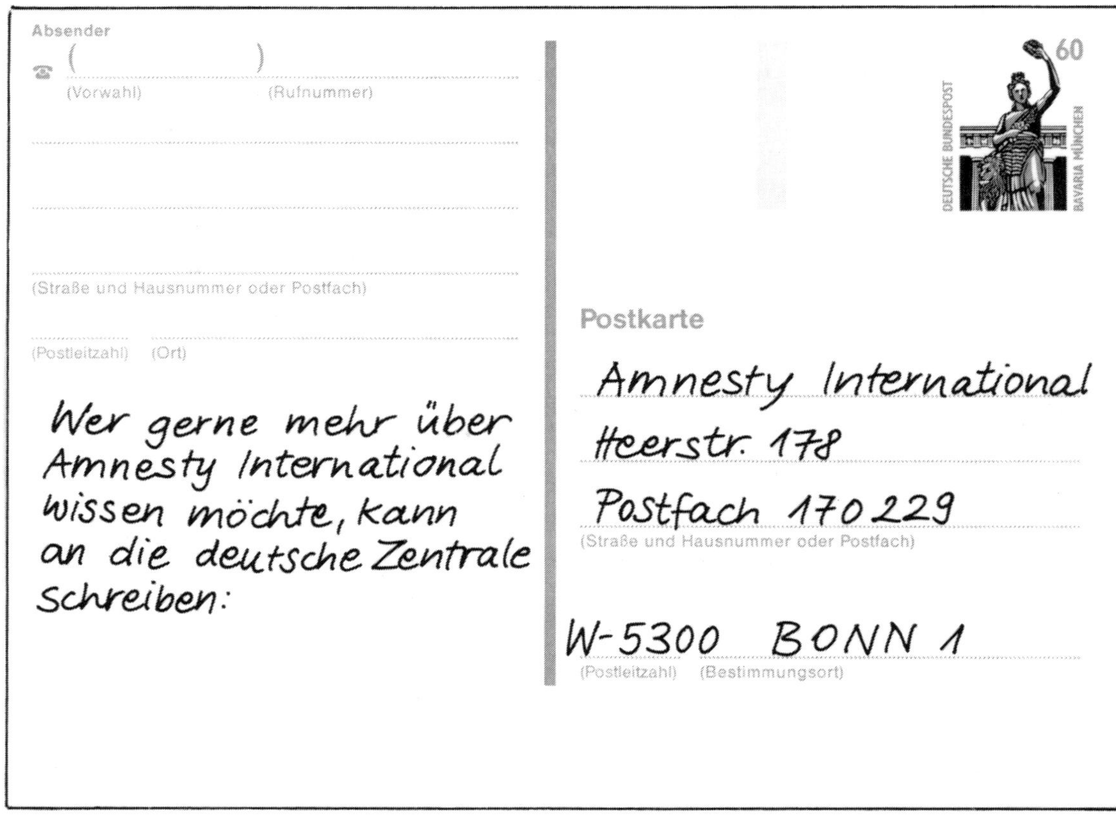

193

Helfen

Verantwortung

Mt 25, 31-46

Geschichten: 21, 48, 49, 50, 51, 52, 53, 87, 91

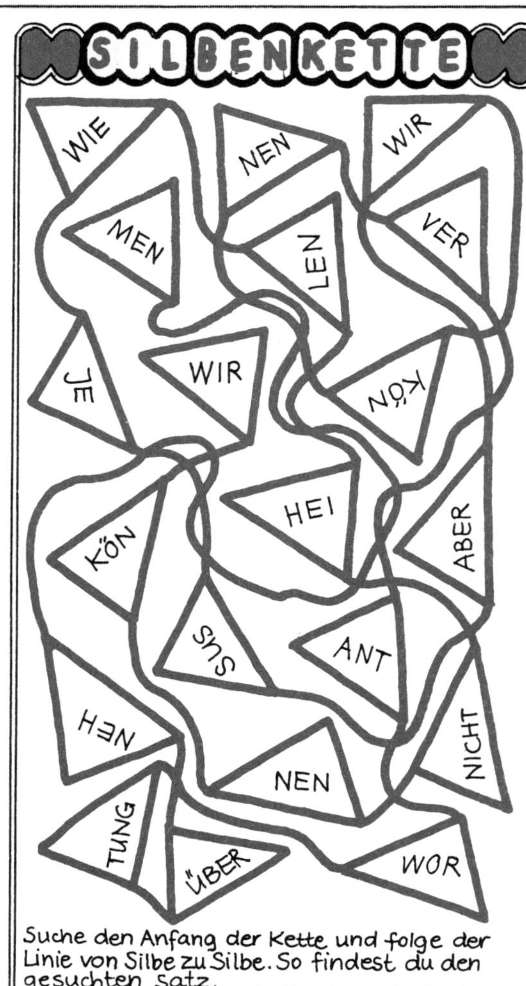

Informationen einholen über Amnesty International: Kinder wissen meist wenig über die Arbeit von Amnesty International, doch gerade in politischen Wirren wie heute gewinnt diese Organisation an Bedeutung.

Silbenkette: Der Lösungssatz »Wir können nicht heilen wie Jesus, aber wir können Verantwortung übernehmen« läßt sich auf viele Lebensbereiche anwenden.

Helfen

Nächsten-
liebe

Pflegekind

Joh 10,
11-16

Geschichten:
21, 25, 30,
48, 49, 50,
51, 52, 53,
66, 87

Bildbetrachtung zum Thema »Verantwortung«: Verantwortung übernehmen bedeutet Verzicht, aber auch Gewinn. Beides gilt es gegeneinander abzuwägen. Die Tiergeschichte kann anregen, ähnliche Situationen in der eigenen Familie, Klasse usw. zu entdecken.

195 Veränderung

Umzug

Heimweh

Umwelt

Jos 1, 1-11;
2 i.A.

Geschichten:
10, 47, 85,
87, 92

Auf Wohnungssuche: Spontan zu den Bildern ähnliche Erfahrung äußern, die mit einem Umzug zusammenhängen. Auch unter der Thematik »Zerstörte Umwelt / bedrohte Tierwelt« anwendbar.

Passion

Petrus

Verrat

Mk 14,
26-31.66-72

Geschichten:
72, 90

Zum Buntmalen!

Malen und Puzzlen mit »Hähnen«: Das biblische Symbol des Hahns wird kreativ ausgestaltet, z.B. als meterhohes Wandbild, als Mobile oder als Aufstellfigur.

197 Verleugnung

Petrus

Bekennen

Passion

Mk 14,
26-31. 66-72

Geschichten:
45, 90

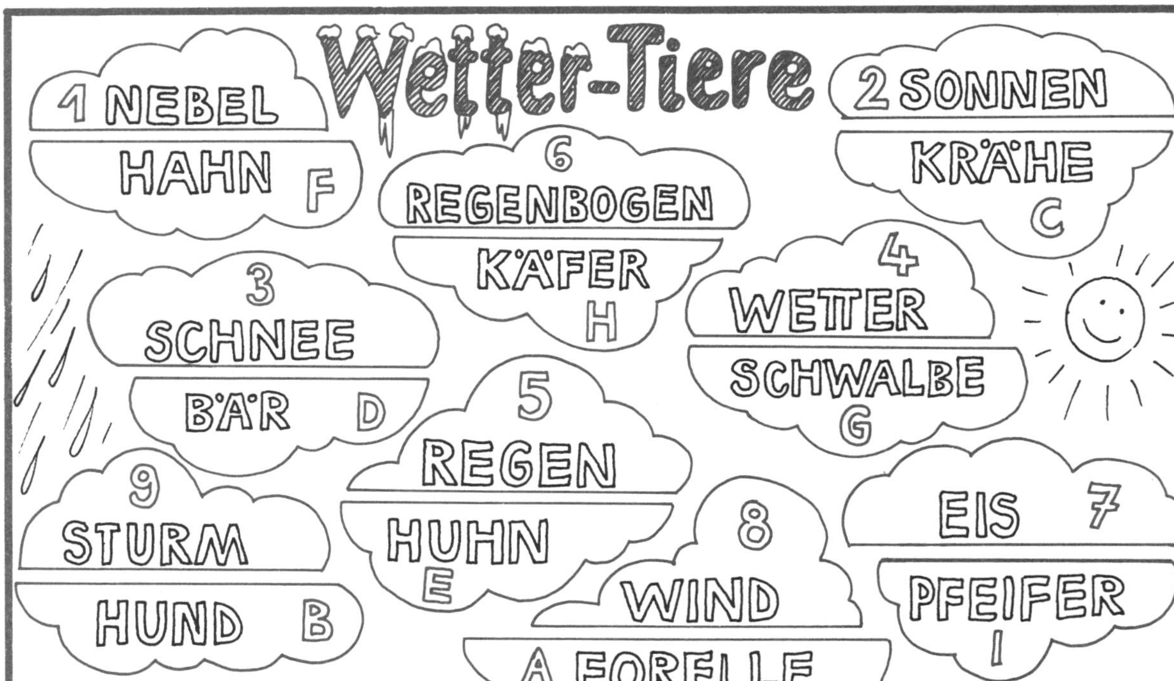

Kennst du diese Tiere? Nein? Kein Wunder, denn die einzelnen Namensteile sind durcheinander geraten. Hilfst du mit, die Wolkenhälften neu zu ordnen? Welche Teile gehören zusammen? Ein Wetter-Tier hat sich eingeschmuggelt, das hier fehl am Platz ist. Welches Tier ist das?

1C 2H 3E 4F 5I 6A 7D 8B 9G Wetterhahn

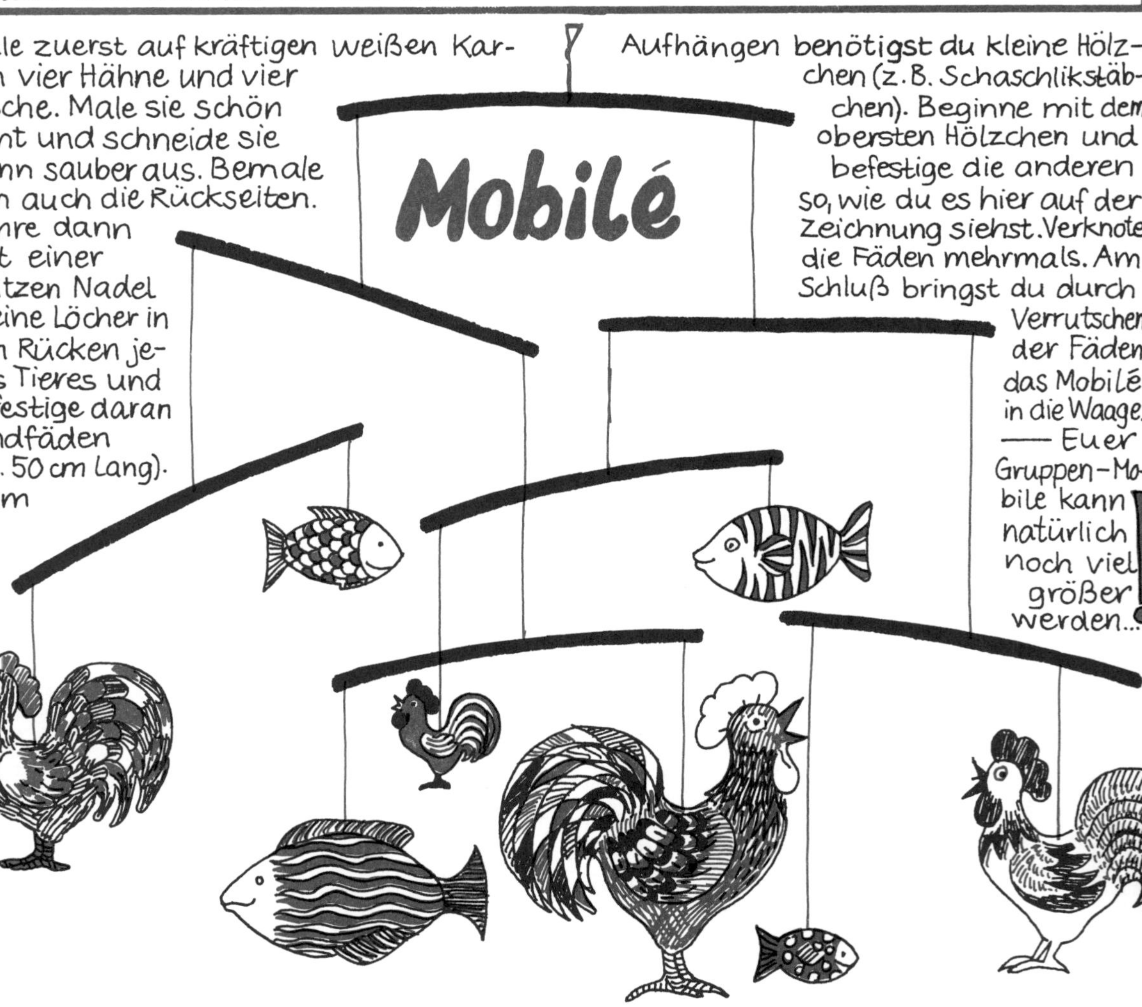

Male zuerst auf kräftigen weißen Karton vier Hähne und vier Fische. Male sie schön bunt und schneide sie dann sauber aus. Bemale nun auch die Rückseiten. Bohre dann mit einer spitzen Nadel kleine Löcher in den Rücken jedes Tieres und befestige daran Bindfäden (ca. 50 cm lang). Zum Aufhängen benötigst du kleine Hölzchen (z.B. Schaschlikstäbchen). Beginne mit dem obersten Hölzchen und befestige die anderen so, wie du es hier auf der Zeichnung siehst. Verknote die Fäden mehrmals. Am Schluß bringst du durch Verrutschen der Fäden das Mobilé in die Waage. — Euer Gruppen-Mobile kann natürlich noch viel größer werden…!

Der Fisch (für Christus) und der Hahn (als mahnendes Symbol zum Bekennen) finden sich auf vielen Kirchturmspitzen. Nebenbei zeigen sie auch noch die Windrichtung an. Die Verbindung von »Wetter« und »Tieren« wird spielerisch entfaltet.

Frieden

Streiten

Lk 6, 27

Geschichten:
4, 31, 35, 57,
73, 76, 84,
98

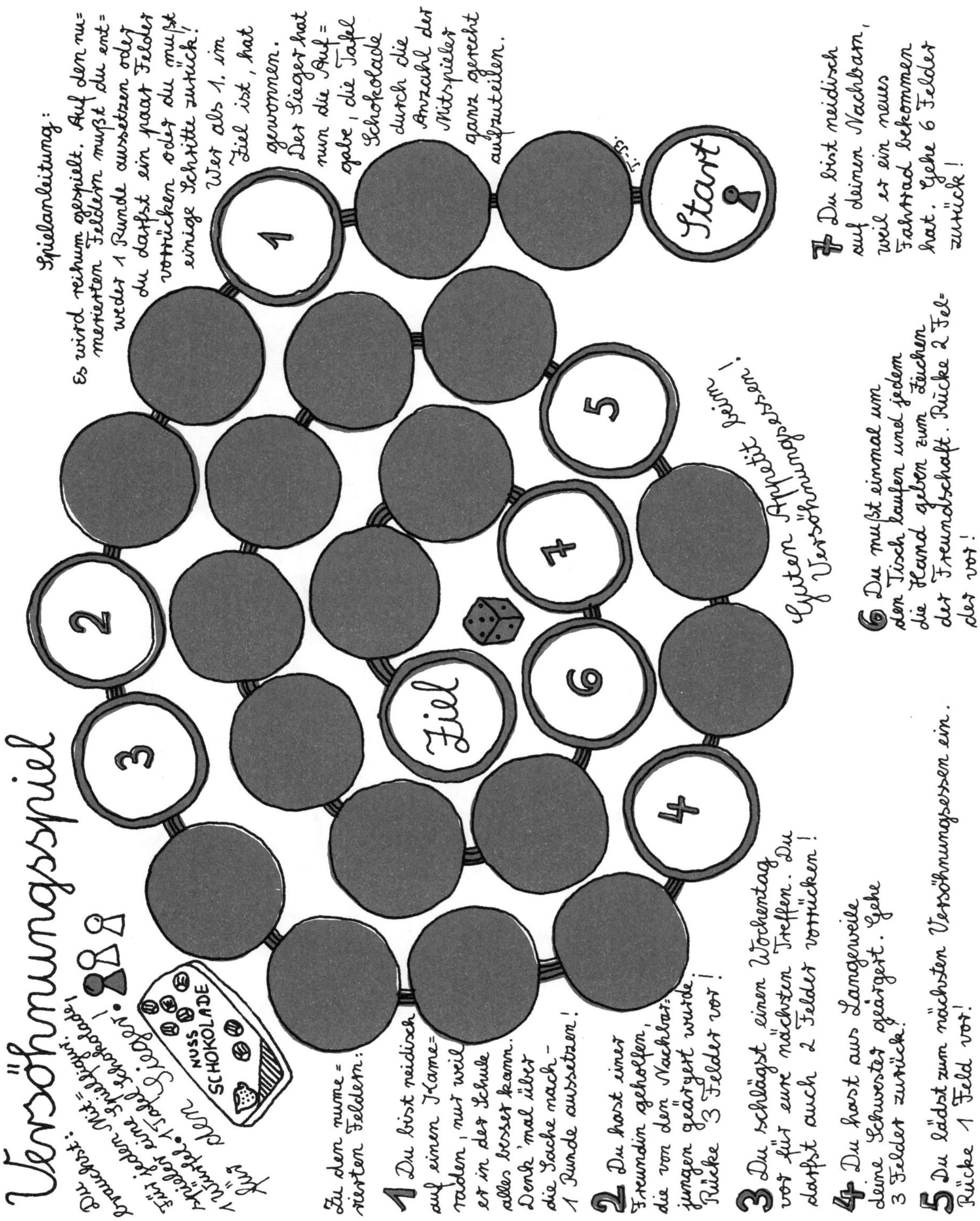

Neue Spielregeln und Aufträge im Sinne des Spielzieles erfinden!

Fremde

Asylbewerber

1. Mose 11, 1-9

Geschichten: 6, 12, 13, 14, 19, 54, 92, 93

AUFLÖSUNG SCHRIFTEN-RÄTSEL:
① Chinesisch ② Persisch ③ Russisch
④ Arabisch ⑤ Griechisch ⑥ Hebräisch
Alle Wörter bedeuten dasselbe: GOTT

Das Spiel soll eine Ahnung vermitteln, daß auch Fremde eine eigene Kultur, Sprache und Lebensart mit vielen interessanten Zügen besitzen. Es lohnt sich, sich darauf einzulassen.

Verstehen 200

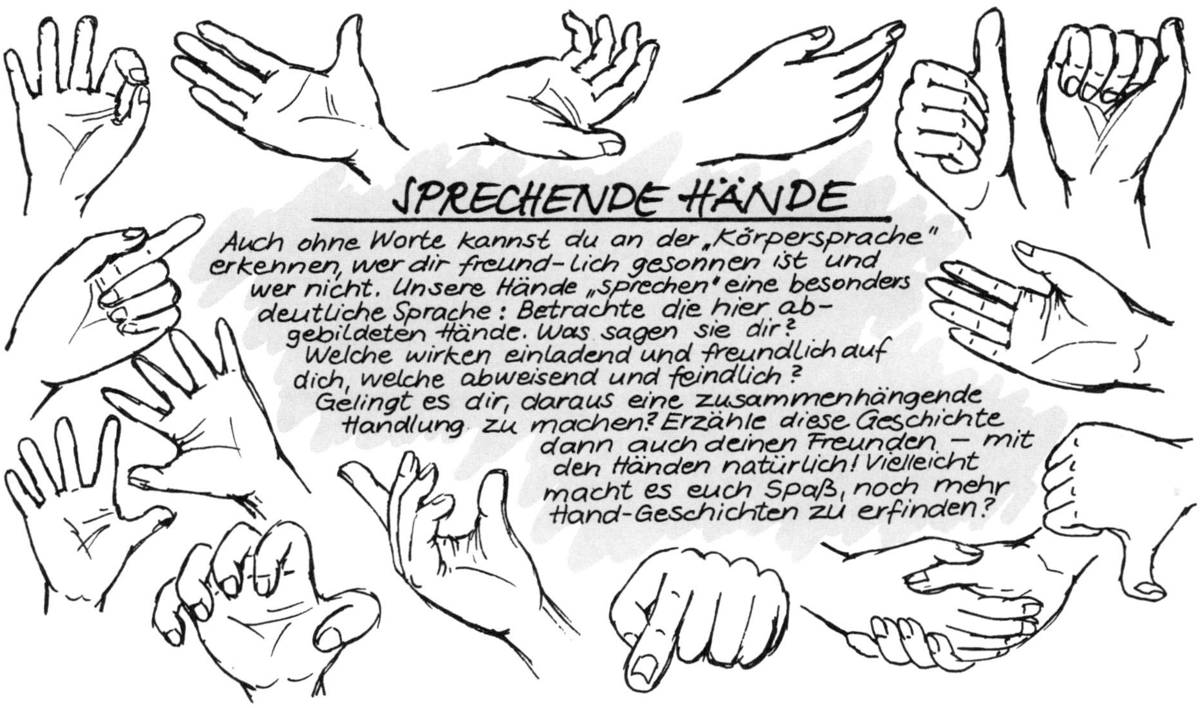

Behindert
Fremde
Fremdsein
Miteinander
Hände
Pfingsten

Apg 2, 1-12

Geschichten:
9, 13, 14, 30, 38, 66, 92, 93

201

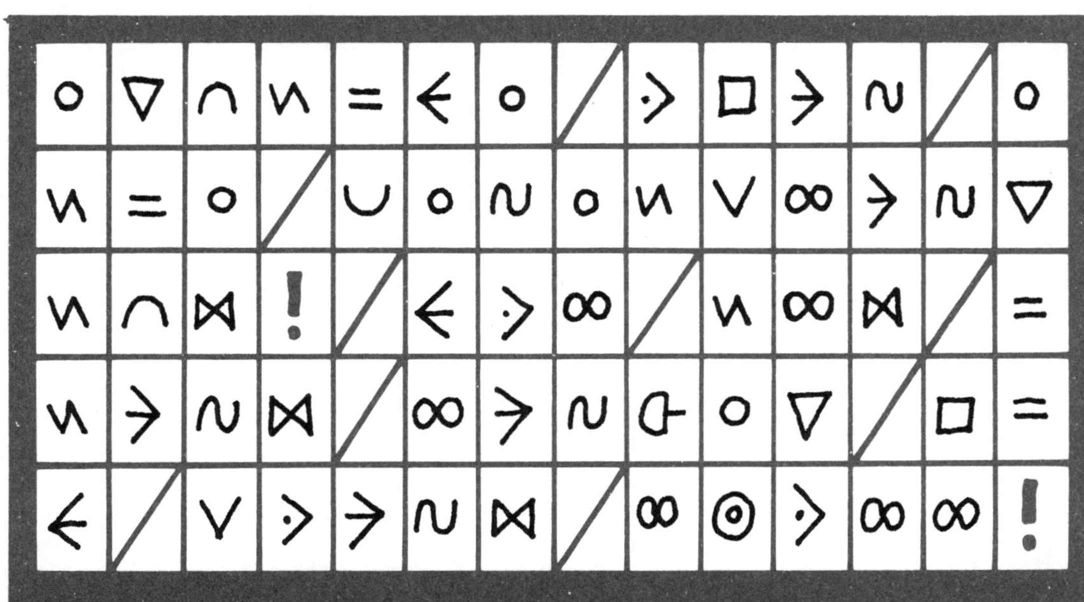

Fremde
Fremdsein
Miteinander
Pfingsten
Verstehen

Apg 2, 1-12

Geschichten:
13, 14, 38, 66, 92, 93

Lösungsschlüssel:

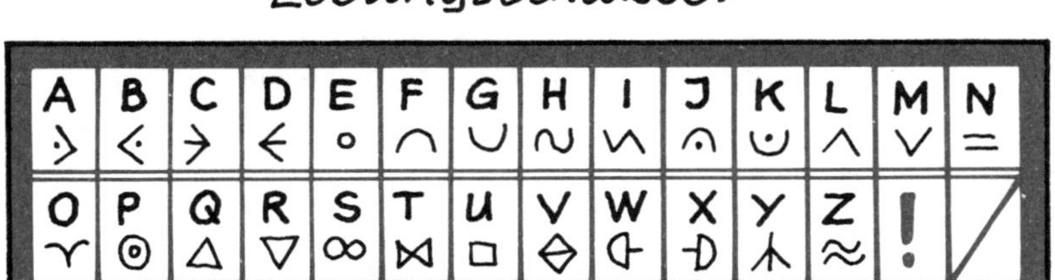

Unbewußt sprechen wir alle mit Händen. Unter Gehörlosen hat sich sogar eine »Händesprache« entwickelt. Mit dem Körper zu sprechen ist oft ausdrucksvoller und vielsagender als mit Worten. Solch ein tieferes Verständnis können wir mit unseren Händen einüben.

Geheimschrift: Jede Schrift besteht aus Zeichen, die eine bestimmte Bedeutung haben. Die Lösung des Rätsels ist eine Aufforderung, sich selbst eine Schrift auszudenken: »Erfinde auch eine Geheimschrift! Das ist nicht schwer und macht Spaß!«

202 Vertrauen

Angst

Zuversicht

Mt 8, 23-27

Geschichten: 8, 9, 10, 63, 87, 91, 94, 95, 96, 97

SILBEN-RÄTSEL: Streiche alle Wörter, die du hier abgebildet siehst, aus der Silbentafel. Die Silben, die übrigbleiben, ergeben hintereinander gelesen unseren Lösungssatz.

Ba	Ver	ko	lam	mo
Lo	Ka	trau	Brief	en
be	Ta	na	siegt	len
ken	die	mar	der	nen
ti	pe	Angst	ve	schen

203

s. Nr. 202

204

Freundschaft

Treue

Sehen

Lk 14, 25-33; 24, 13-35

Geschichten: 9, 10, 26, 32, 33, 34, 46, 47, 49, 55, 63, 68, 73, 84, 87, 91, 94, 96, 97

BLINDENHUND wird gespielt in 2er-Gruppen. Ein Mitspieler verbindet dem anderen mit einem Tuch die Augen und übernimmt die Rolle des Blindenhundes, d.h. er führt den anderen durchs Zimmer oder durchs Gelände. Schwieriger ist es ohne Sprechen, z.B. zur Verständigung nur Zeichen geben durch Händedruck.
In einer größeren Gruppe kann das Spiel erweitert werden zur BLINDEN SCHLANGE: Ein Mitspieler wird ausgelost, er ist der Schlangenkopf und kann sehen. Alle anderen verbinden sich die Augen, fassen sich an Händen oder Schultern und werden nun kreuz und quer (nicht zu schnell!) herumgeführt. NICHT LOSLASSEN!

Silbenrätsel: Die Lösung lautet:»Vertrauen besiegt die Angst«. Einstieg ins Thema.
Bildbetrachtung: In Notsituationen sind wir auf Vertrauen angewiesen. Die Kinder kennen eigene Beispiele.
Blindenhund (Führspiel): Dieses Spiel gehört in den weiten Bereich der »Führspiele«, die Vertrauen und das Vertiefen von Beziehungen einüben können.

Rache

Streiten

Haß

Eifersucht

Liebe

1. Mose 42

Geschichten:
20, 31, 73, 76, 83, 84, 88, 89, 98, 99

206

s. Nr. 205

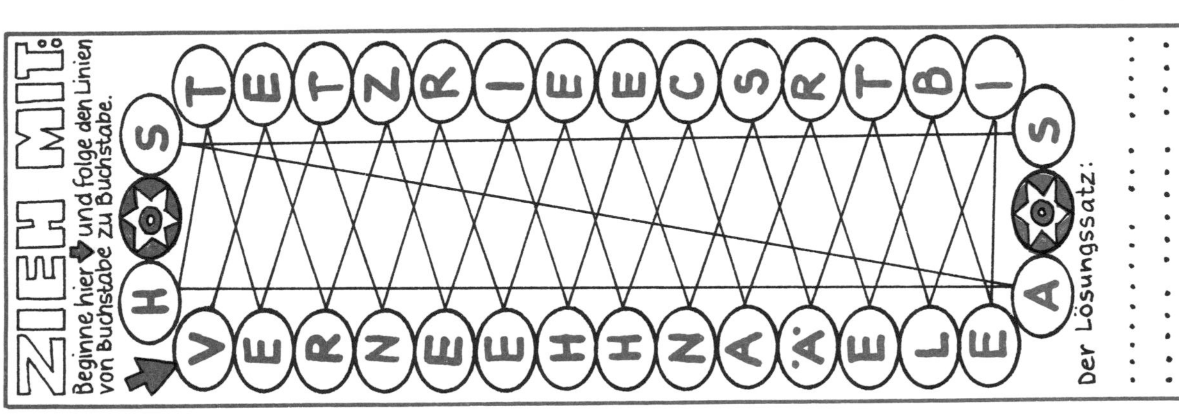

Rache führt zum **Haß** (1. Lösungswort), **Liebe** führt zum Verzeihen (2. Lösungswort). Die Kinder sortieren, welche Begriffe zu welchen Wegweisern gehören und finden so die Lösung. Es ist aber wichtig, daß sie alle Begriffe verstehen!

Der Lösungssatz »Verzeihen sät Liebe, Rache erntet Haß« bildet einen Schlüssel zum Verstehen der Josefsgeschichten. Ob er für sie zutrifft, darf aber diskutiert werden.

207 Verzeihen

Freundschaft
Liebe
Schuld
Stehlen
Versöhnung

Lk 7, 36-50

Geschichten:
31, 32, 33,
34, 66, 73,
76, 84, 88,
98, 99

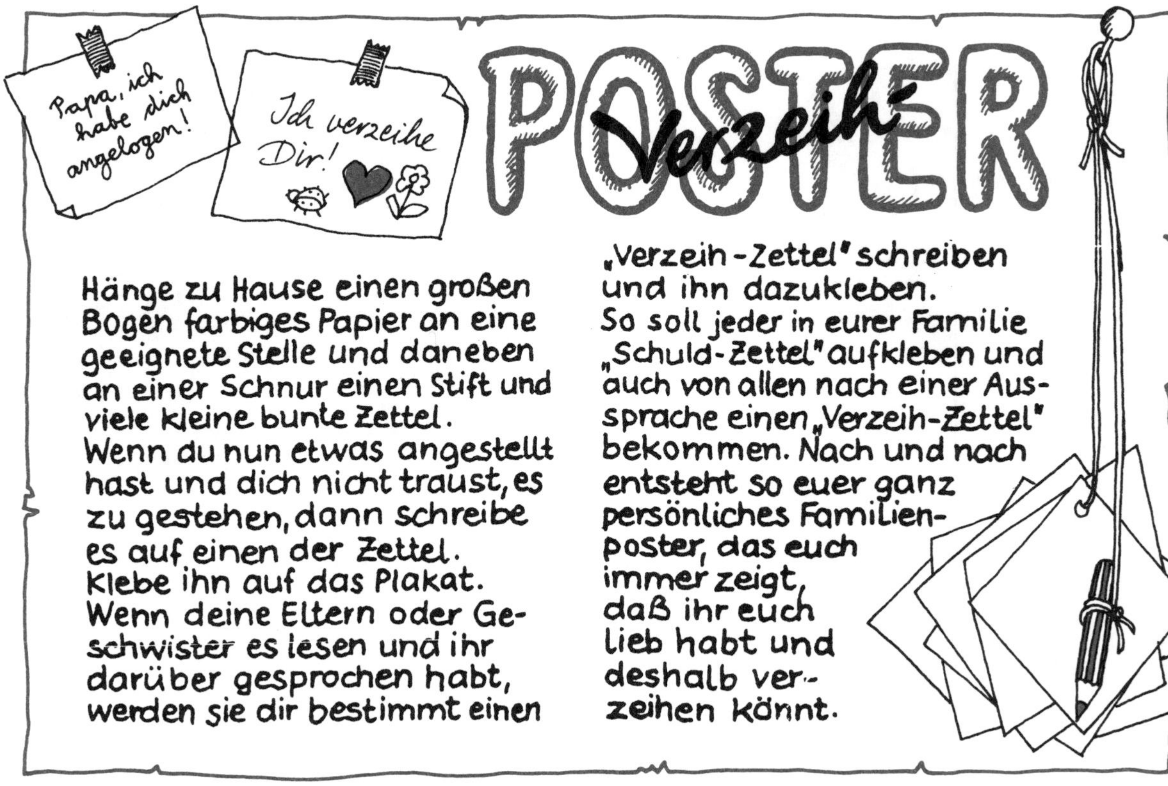

208

Reue
Schuld
Vergeben

Lk 15, 11-32
Mt 5, 38-46;
6, 12

Geschichten:
66, 88, 98,
99

Das Verzeih-Zettel-Poster ist eine Hilfe, mit seiner Schuld umgehen zu lernen, Konflikte zu bearbeiten und einem konstruktiven Ziel zuzuführen. Auch als Klassen-Poster denkbar.
Vergebungsschlüssel: Die richtigen Worte finden, wenn man Unrecht getan hat, fällt oft schwer. Der Schlüssel erleichtert, den ersten Schritt zu tun und kann damit zum Spiel werden.

Ausländer

Anders(sein)

Außenseiter

Nationalsozialismus

Antisemitismus

Rassismus

Mt 7, 1-5

Geschichten: 5, 6, 12, 13, 55, 83

VORURTEILE ABBAUEN

1

Welche Eigenschaften hat Deiner Meinung nach EIN FEIND oder jemand, den du nicht magst?
Du kannst mehrere Eigenschaften ankreuzen!

- ☐ schwach
- ☐ lustig
- ☐ häßlich
- ☐ gescheit/klug
- ☐ dumm
- ☐ faul
- ☐ herrschsüchtig
- ☐ aufgeschlossen
- ☐ besitzgierig
- ☐ stark
- ☐ fleißig
- ☐ gerecht
- ☐ schön
- ☐ feige
- ☐ sauber
- ☐ hinterhältig
- ☐ offen
- ☐ freundlich
- ☐ fortschrittlich
- ☐ angriffslustig
- ☐ grausam
- ☐ tapfer
- ☐ friedlich
- ☐ schmutzig

2

Welche Bezeichnung, welcher Spitz-Name, welche Eigenschaft fällt dir ein, wenn du die Namen von folgenden Völkern hörst? Schreibe hinter die Namen der Völker, was dir dazu einfällt:

AMERIKANER: ____________________

ITALIENER: ____________________

TÜRKEN: ____________________

SPANIER: ____________________

GRIECHEN: ____________________

JUGOSLAWEN: ____________________

RUSSEN: ____________________

FRANZOSEN: ____________________

ENGLÄNDER: ____________________

OSTDEUTSCHE: ____________________

JAPANER: ____________________

3

Welche Eigenschaften haben deiner Meinung nach die DEUTSCHEN? Du kannst mehrere Eigenschaften ankreuzen.

- ☐ schwach
- ☐ lustig
- ☐ häßlich
- ☐ gescheit/klug
- ☐ dumm
- ☐ faul
- ☐ herrschsüchtig
- ☐ aufgeschlossen
- ☐ besitzgierig
- ☐ stark
- ☐ fleißig
- ☐ gerecht
- ☐ schön
- ☐ feige
- ☐ sauber
- ☐ hinterhältig
- ☐ offen
- ☐ freundlich
- ☐ fortschrittlich
- ☐ angriffslustig
- ☐ grausam
- ☐ tapfer
- ☐ friedlich
- ☐ schmutzig

VORURTEILE ABBAUEN

Die Listen zum Ankreuzen helfen den Kindern, sich selbst zu prüfen, ob Meinungen über Menschen begründet sind oder auf Vorurteilen beruhen.

210 Wasser

Angst
Vertrauen
Gottvertrauen
Ps 139
Geschichte: 96

211

Vertrauen
Miteinander
Gottvertrauen
Gemeinde
Mt 8, 23-27
1. Mose 6-8
Ps 139
Geschichten: 38, 66, 67, 78, 96

Bastelbogen »Wir sitzen alle in einem Boot«

Ein leeres Schiff schwimmt auf den Wellen. Es soll farbig gestaltet und beklebt werden. Dies ist auf unterschiedliche Weise möglich. Als Arche wird es mit Tieren aller Art bevölkert, als Lastenkahn mit Gütern aller Art bestückt oder dem Thema entsprechend mit Menschen dieser Erde: Arme und Reiche, Gesunde und Kranke, Junge und Alte, Farbige und Weiße, Dicke und Dünne, Traurige und Fröhliche usw.
Der Bastelbogen befindet sich im Schlußteil des Buches unter der Kenn-Nummer **211**

212

Umwelt
Taufe
Ps 139
Buch Jona
1. Mose 6-8 i.A.
Mk 1, 9-13
Joh 4, 1-24
Geschichten: 78, 80, 96

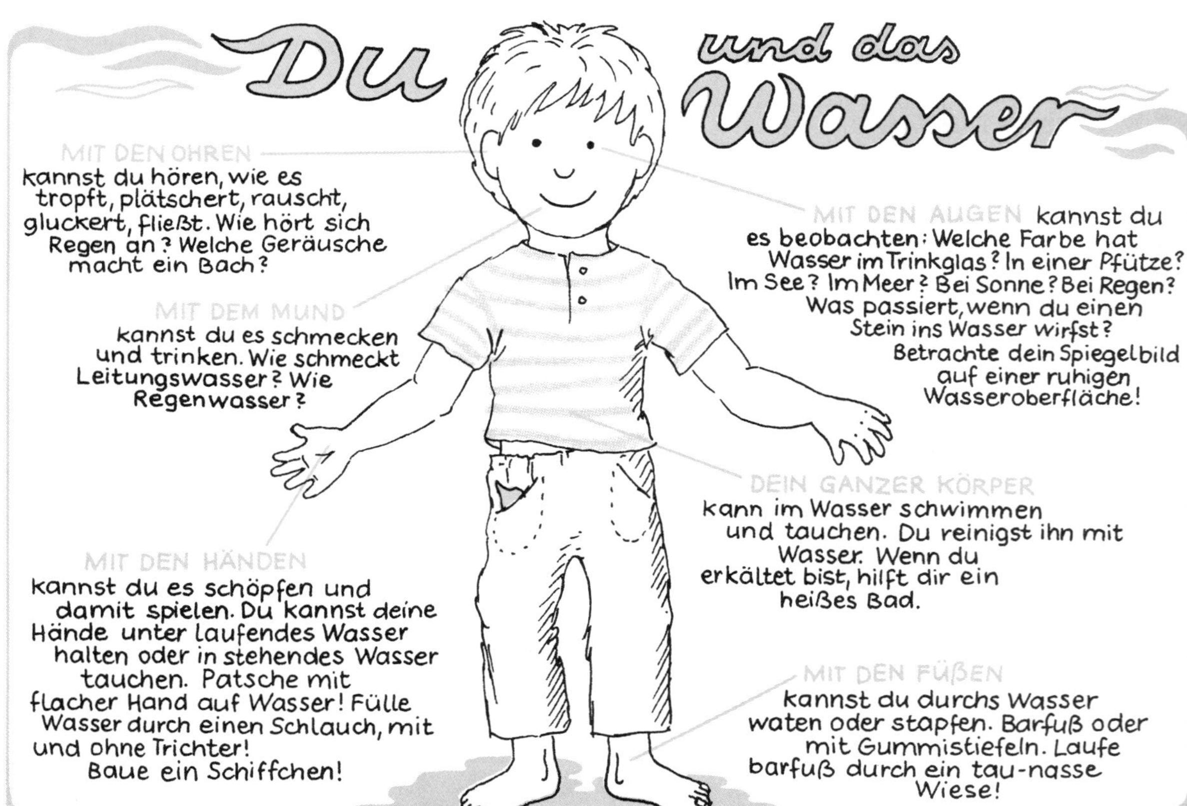

zu Nr. 210 **Wassermusik:** Die Kinder versuchen, mit der Wasserglas-Tonleiter Musik zu machen. Sie entdecken dabei eine positive Seite des Wassers.

zu Nr. 212 **Die Bedeutung des Wassers** können Kinder am eigenen Körper nachvollziehen und ihre Erfahrungen in Bildern ausdrücken.

Rund um das Boot

Auch wenn ihr keine Segler seid, ist es nützlich, die abgebildeten Knoten mal zu üben. Ihr werdet euch wundern, wo man sie überall verwenden kann! Ein gerissenes Schuhband hält mit einem Kreuzknoten viel besser als mit dem üblichen, den die Seeleute Altweiberknoten nennen.
Einen Palstek mache ich immer an das Ende einer Schlittenleine, damit ich eine schöne Schlaufe zum Anfassen habe.
Wenn ihr die Knoten beherrscht, fallen euch sicher viele Verwendungsmöglichkeiten ein.

Annette Kinder

Vertrauen

Angst

Beten

Gottvertrauen

Mt 8, 23-27
Ps 139

Geschichten:
8, 9, 87, 94, 95, 96

1) Der Kreuzknoten

Den Kreuzknoten brauchen wir, wenn wir zwei Leinen zusammenbinden wollen.

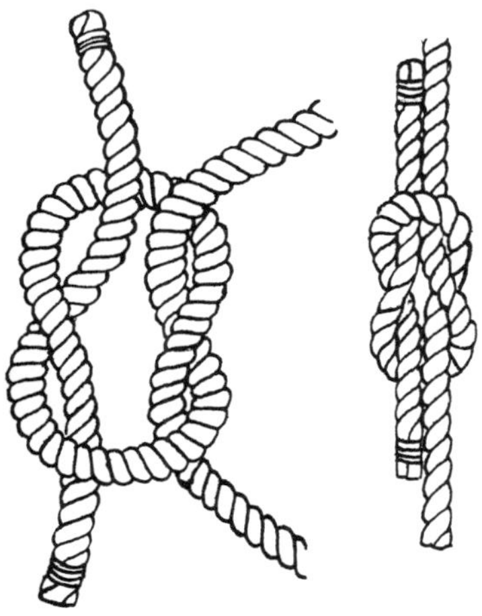

2) Der Achterknoten

Damit das Ende einer Leine nicht wegrutschen kann, befestigen wir es mit einem Achterknoten.

3) Der Palstek

Wenn wir unser Boot an einem Pfahl (Pal) festmachen wollen, kommt in das Ende der Leine ein Palstek.

Seemannsknoten: Eine Übung für den praktischen Alltag. Im übertragenen Sinn kann über Zusammenhalt und Beziehungen geredet werden. Was gut zusammenhalten soll, braucht die Möglichkeit, Freiraum für sich zu gewinnen.

214 Weihnachten

Advent

Licht

Lk 2, 1-20
Mt 2, 1-12

Geschichten:
1, 2, 35

215

s. Nr. 214

Eine Bastelanleitung, die auch die symbolischen Hintergründe einbezieht, die wir oft gedankenlos hinnehmen. Was bedeutet z.B. der Stern? Schlag nach: Matth. 2, 1-12!
An Weihnachtsbäumen mit selbstgemachtem Schmuck nehmen Kinder vielleicht größeren Anteil als an gekauftem Flitterkram. Mit den Jahren wächst ein bunter Baum mit den Kindern mit. Warum basteln wir so viel vor Weihnachten?

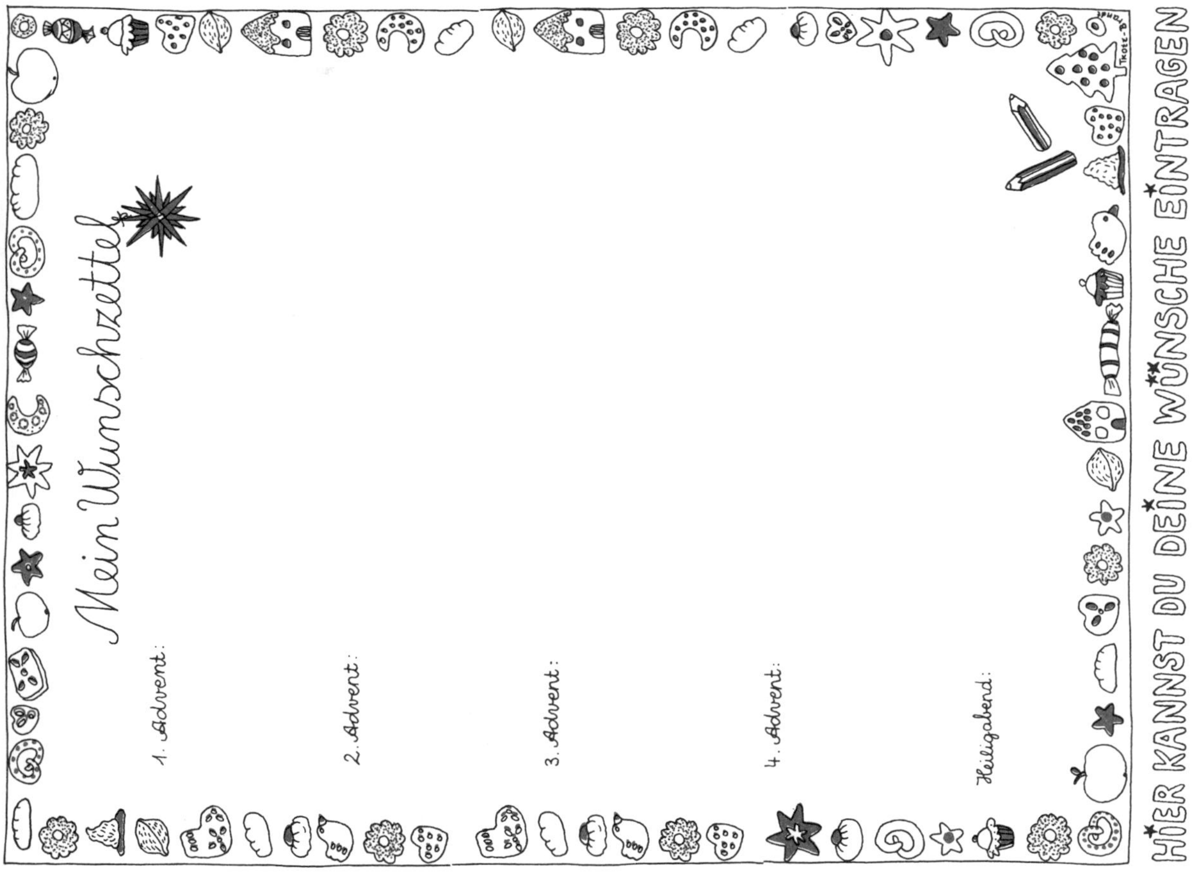

Advent

Zeit

Lk 2, 1-20

Geschichten:
1, 35

Ein »anderer« Wunschzettel: Es kommt nicht darauf an, sich »Sachen« zu wünschen. Der Wunschzettel soll anregen, in der Adventszeit besondere Unternehmungen miteinander zu teilen.

Advent

Lk 2, 1-20
Mt 2, 1-12
Geschichten:
1, 2, 35

Bedarf keiner Erläuterung. Wenn es keine Küche in der Schule gibt, hilft nur eins: Sich zum Weihnachtsbacken bei Lehrer oder Eltern einladen!

Leben

Sterben

Sinn

Totensonn-
tag

Ewigkeit

Ps 90 i.A.

Geschichten:
1, 2, 60, 61,
62, 82, 100

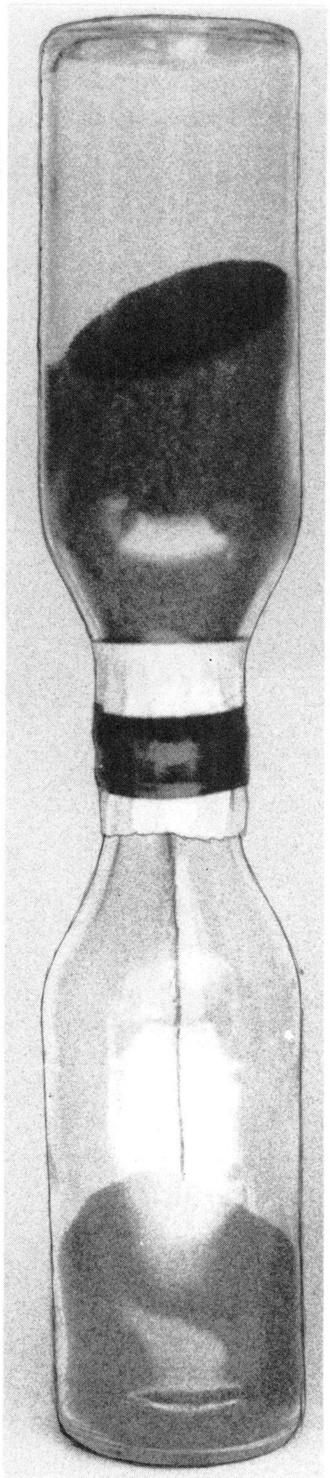

WIE DIE ZEIT VERRINNT — das kannst du gut beobachten, wenn du dir eine Sanduhr baust.
Du brauchst dazu 2 kleine, durchsichtige Gläser oder Flaschen gleicher Größe und ein rundes Stück Karton im Durchmesser der Flaschenöffnung (die Flasche umgedreht auf den Karton stellen und mit einem Bleistift umfahren). Außerdem brauchst du noch etwas Klebeband und Sand.
Fülle nun eine Flasche mit fein gesiebtem Sand halb voll. Bohre ein kleines Loch in die Pappscheibe und lege diese zwischen die aufeinandergestellten Flaschen (siehe Foto), umklebe sie dann mit Klebeband. Probiere aus, wieviel Sand nötig ist oder wie groß das Loch sein muß, damit deine Sanduhr genau 3 Minuten läuft. So lange solltest du dir täglich die Zähne putzen!

D.W.

219

Füreinander

Ps 31, 16

Geschichten:
1, 2, 25, 62,
82, 100

Zeit-Rätsel

S	E	K	U	N	D	E	F
O	L	E	X	S	T	W	R
M	I	N	U	T	E	I	Ü
M	T	R	B	U	J	N	H
E	A	M	O	N	A	T	L
R	G	A	Y	D	H	E	I
W	O	C	H	E	R	R	N
S	H	E	R	B	S	T	G

Findest du alle 11 Zeit-Begriffe, die hier versteckt sind?

Das Stundenglas (Sanduhr) ist ein altes christliches Symbol für Sterben und Tod. Mit eigenen Beobachtunge lassen sich die Kinder faszinieren und ansprechen, um über Leben und Sterben nachzudenken. Wann vergehen 5 Minuten langsam und wann schnell? Darüber tauschen wir unsere Erfahrungen aus.
Zeit-Rätsel: Die zu findenden Begriffe helfen, das Zeit-Thema zu vertiefen, wenn sie im Gespräch erläutert und angewandt werden. Lösung: Sekunde, Minute, Stunde, Tag, Woche, Monat, Jahr, Frühling, Sommer, Herbst, Winter.

Füreinander

Sinn

Ps 31, 16

Geschichten:
1, 2, 23, 25,
62, 82, 100

AUSEN · AUFRÄUMEN · MUSIK HÖREN · BASTELN · MALEN · BRIEFE SCHREIBEN · IM HAUSHALT HELFEN · SPORT · FREUNDE BESUCHEN · AUF GESCHWISTER AUFPASSEN · BETEN · MUSIZIEREN · FAULENZEN · SCHULE · HAUSAUFGABEN · LESEN · SPIELEN · SCH

DEINE ZEIT ?

DEINE ZEIT !

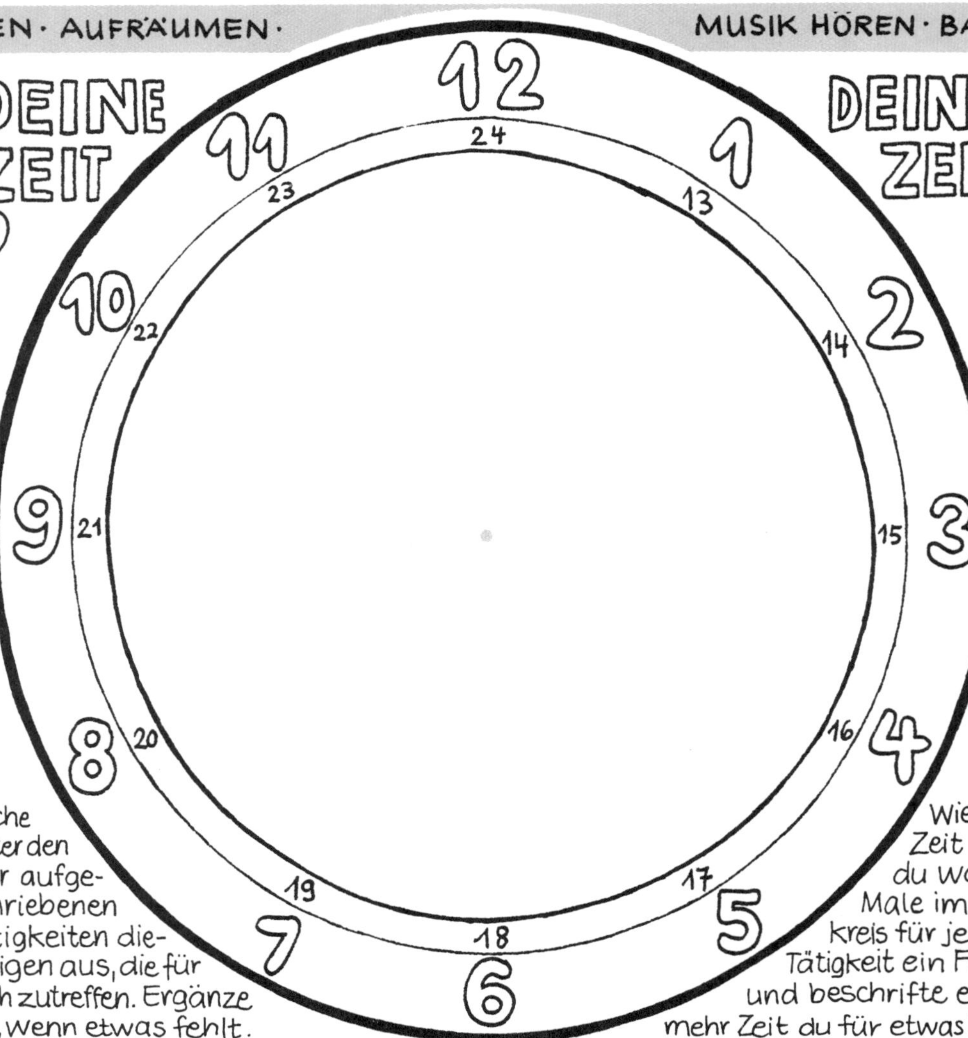

Suche unter den hier aufgeschriebenen Tätigkeiten diejenigen aus, die für dich zutreffen. Ergänze sie, wenn etwas fehlt.

Wieviel Zeit hast du wofür? Male im Uhrkreis für jede Tätigkeit ein Feld und beschrifte es. Je mehr Zeit du für etwas hast, desto größer ist das Feld. Male GELB und ROT für alles, was du gern tust, BLAU und GRÜN für alles, was du nicht so magst. Du kannst dir für jeden Wochentag eine Zeit-Uhr machen (abpausen)!

221

s. Nr. 220

Zahlen-Rätsel

8	9	13	10

1	2	3

4	5	6	7

12	11	14	14

Schreibe die Namen der abgebildeten Dinge in die oberen Kästchen. Die darunter stehenden Zahlen sagen dir, welchen Buchstaben du wohin in der unteren Kästchenreihe schreiben mußt. So erfährst du den Lösungsatz.

4	5	9	1

6	11	8	5	7

12	2	3	5	9	7	11	7	10	5	3

Mal- und Schreibspiel: »Was machst du mit deiner Zeit«: Wann ist Zeit sinnvoll genutzt? Wie sinnvoll verbringen Kinder ihre Zeit? - Die fertigen nebeneinander aufgehängten Zeituhren geben Kindern Gelegenheit zu Gesprächen darüber.

Zahlenrätsel: Der Lösungssatz »Zeit haben füreinander« hat für Kinder innerhalb ihrer Familie besondere Bedeutung, die im Gespräch vertieft werden kann.

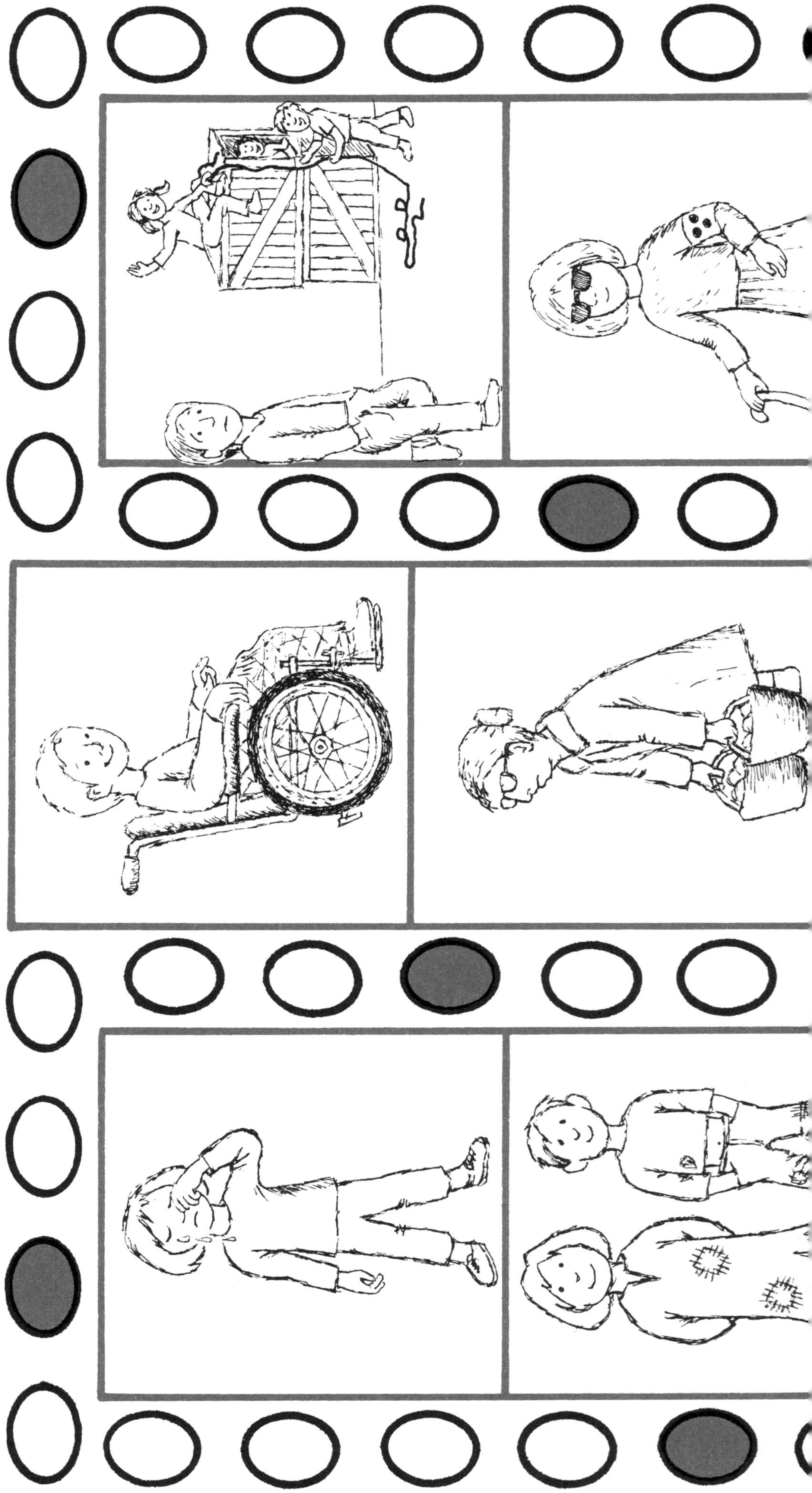

Idee + Grafik: D. Westheuser

zu Nr. 126 Ferien

für 2 – ? Personen

Jeder Spieler sucht sich einen Spielstein (Steinchen, Muscheln, Knöpfe, Münzen oder ... oder ...) und markiert ihn, falls nötig. Außerdem braucht ihr einen Würfel.

Alle Spielsteine versammeln sich im Startfeld und los gehts: Es wird reihum gewürfelt, jede Augenzahl bedeutet, entsprechend viele Felder vorrücken. Bei einer 6 nur 1× würfeln! Der Jüngste fängt an.

Ereignisfelder:

1. Du hast etwas vergessen! Zurück zum Start.
2. Würfele noch einmal; gehe bei einer geraden Zahl vor, bei einer ungeraden zurück.
3. Die Fähre fährt erst ab, wenn mindestens 2 Personen mitfahren. Warte so lange, bis du mitgenommen wirst. Bist du der letzte, bekommst du eine Sonderfahrt alleine.
4. Wenn du 3 beliebige gleiche Augenzahlen nacheinander würfelst, kannst du fliegen. Gelingt es dir nicht, spielst du einfach weiter.

Schraffierte Felder: Hier kannst du wählen – den Weg übers Gebirge (länger, aber leichter) oder durch den Tunnel (kürzer, aber schwieriger).

5. Den Tunnel kannst du erst passieren, wenn du eine 6 gewürfelt hast.
6. Gib einem Mitspieler einen Kuß und rücke 3 Felder vor.
7. Du schreibst Postkarten an deine Freunde zu Hause – 1× aussetzen.
8. Frage einen Mitspieler, was er nicht mag.
9. Du hast dich hier verabredet. Hier warten, bis ein Mitspieler eintrifft. Bist du der letzte, darfst du weitergehen.
10. Du besichtigst die Burg – 1× aussetzen.
11. Sage einem Mitspieler, was dir an ihm gefällt.
12. Wähle den Stein eines Mitspielers und setze ihn um deine gewürfelte Zahl vor.
13. Du hast Heimweh und darfst noch einmal würfeln.
14. Die Brücke ist baufällig. Vorsichtig mit kleinen Schritten weitergehen (nur 1er-Würfe gelten).
15. Überlege, wem du nach dem Spiel eine Freude machen willst. Nicht verraten!
16. Wieder zu Hause! Du darfst einen Mitspieler abholen, wenn du willst.

SESPIEL
2
3
4
5
5
5
5
10
11
12
13
IDEE + GRAFIK
J.D. Westheuser

zu Nr. 127 Ferien

Ein Spiel für 2–6 Personen

SPIELMATERIAL:

1 Würfel · 1 Spielfigur für jeden Mitspieler · 12 Kieselsteine oder aus Wellpappe geschnittene „Steinstücke", die auf die Steinfelder des Spielplanes gelegt werden.

SPIELREGELN:

Es wird reihum gewürfelt, die geworfene Zahl wird mit dem Spielstein weitergezogen.

Ein Steinfeld darf nicht übersprungen werden! Nur wenn du direkt auf dem Steinfeld landest, kannst du den Stein wegnehmen. Wenn du eine höhere Zahl würfelst, zählst du die überzähligen Punkte rückwärts und versuchst es in der nächsten Runde noch einmal. Stehst du zum Beispiel 2 Felder vor einem Steinfeld und würfelst eine 6, zählst du 2 Punkte vorwärts und 4 rückwärts. Hast du in der nächsten Runde wieder eine 6, zählst du 4 Punkte vorwärts und 2 rückwärts. Folgt anschließend eine 2, hast du das Steinfeld direkt erreicht und kannst den Stein wegnehmen. Für alle nachfolgenden Spieler zählt das leere Steinfeld nun wie ein einfaches Punktfeld.

Kommst du auf ein Stockfeld, mußt du einen Stein abgeben an jemand, der keinen oder weniger Steine hat. Hast du noch keinen Stein, mußt du 1x aussetzen. Landest du beim Vor- und Zurücksetzen öfter auf dem gleichen Stockfeld, gilt es wie ein einfaches Punktfeld. Das Spiel ist zu Ende, wenn alle Mitspieler das Ziel direkt (wie Steinfeld) erreicht haben. Sieger ist, wer die meisten Steine hat.

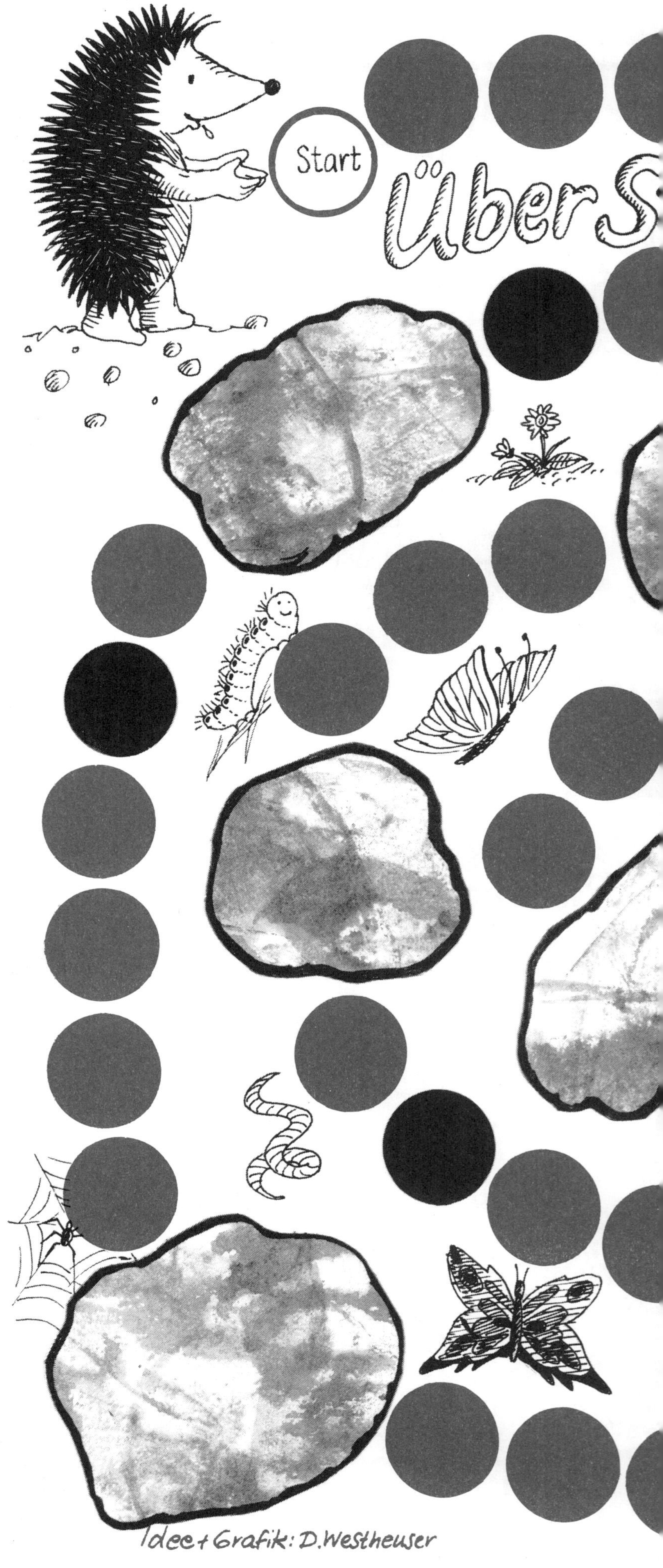

Idee + Grafik: D. Westheuser

k und Stein
Ziel

zu Nr. **133 Frieden**

Sauber ausschneiden. Aus den Teilen Bildmotiv legen. Sorgfältig auf ein Blatt Papier kleben. Mit Farbstiften schön bunt malen.
Z
Z
L
E
euser

zu Nr. **134** Füreinander

1. Male dir einen „Stadtplan" mit Wasser
anderen starken Karton, der mindestens
größer sein sollte. Zwei Beispiele, wie der
du rechts. Das alles kannst du darauf
Eisenbahnschienen, Autostraßen, Bach/F
Spielplatz, Spielwiese, Sportplatz, Tennispl
Verkehrsampel, Friedhof, Bäume, Büsch
Wege, Ruhebänke,

2. Suche dir nun unter den hier vorg
jenigen aus, die du wichtig finde
de sie aus und klebe sie auf deinen „
noch neue Geschäfte und vor allem W
ebenfalls aus und klebe sie dazu.
Haus, in dem du wohnst!

ale: Geschäfte für Möbel, Kleider, Schuhe,
umen, Werkzeuge, Schreibwaren, Tank-
elle, Leihbücherei, Jugendheim, Café,
asthaus, Restaurant ... und ... und .....

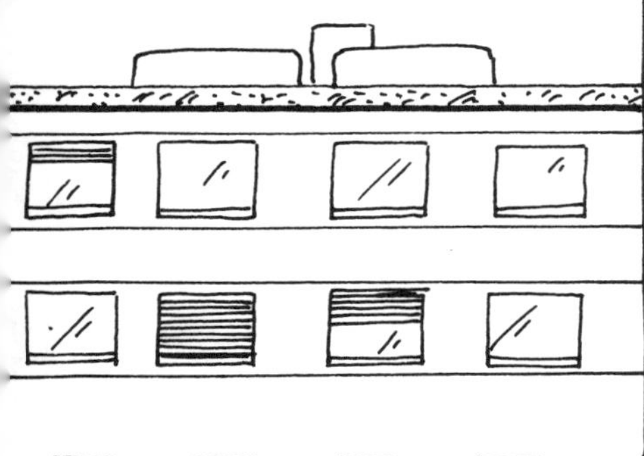

f Wellpappe oder
, besser aber noch
ehen könnte, siehst
adwege, Fußwege,
rücken, Brunnen,
ad, Telefonzelle,
nbeete, Spazier-

en Häusern die-
sie bunt, schnei-
n". Male selbst
r, schneide sie
ch nicht das

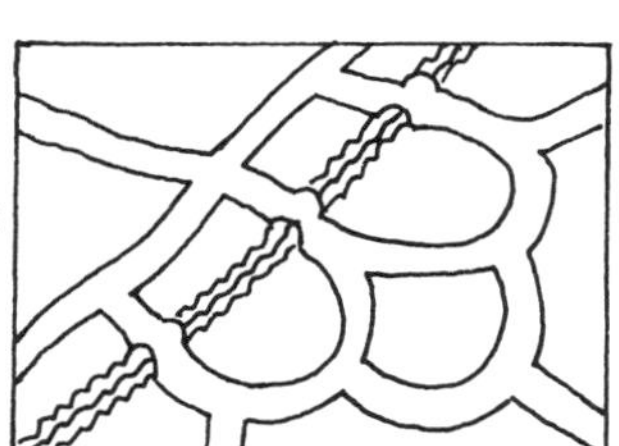

Idee+Grafik: Doris Westheuser

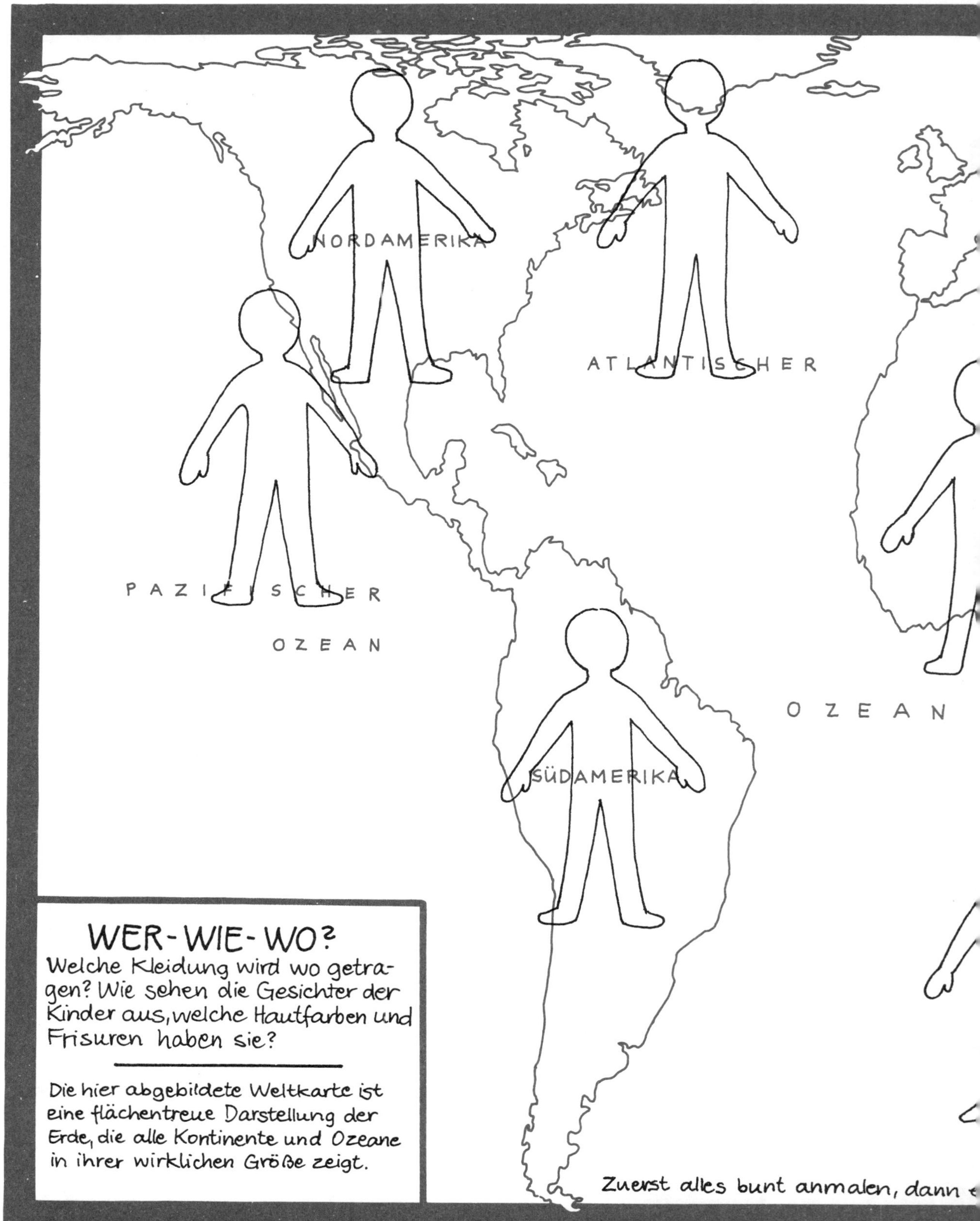

WER-WIE-WO?

Welche Kleidung wird wo getragen? Wie sehen die Gesichter der Kinder aus, welche Hautfarben und Frisuren haben sie?

Die hier abgebildete Weltkarte ist eine flächentreue Darstellung der Erde, die alle Kontinente und Ozeane in ihrer wirklichen Größe zeigt.

Zuerst alles bunt anmalen, dann

PA
ASIEN
PAZIFISCHER
OZEAN
RIKA
INDISCHER
OZEAN
AUSTRALIEN
chneiden und aufkleben!

Wer war dieser Mann?

Von ihm und seiner Arbeit handelt unser Kettenrätsel. Schreibe seinen Namen in die Kästchen und übertrage die beiden Lösungsbuchstaben in den farbigen Feldern in die nebenstehenden Kästchen mit der gleichen Nummer.

I. sein Name ist:

			25							24		

Bei jedem Einzelrätsel gibt es einen oder mehrere Lösungsbuchstaben zu finden, die du entsprechend der Zahl in die obenstehenden Kästchen einträgst. So ergibt sich der komplette Lösungssatz. Er sagt dir, warum unser gesuchter Mann es wichtig fand, die Bibel aus der „Gelehrten-Sprache" in die „Sprache der einfachen Leute" zu übersetzen.

V. In welchen Städten hat Luther gelebt?

- 3 D
- 8 E
- 20 T
- 17 E
- 11 L
- 15 I

Wittenberg, Eisleben, Worms, Eisenach, Rom, Erfurt

4 Lösungsbuchstaben: ☐☐☐☐

IV. Welches Ereignis war schuld, daß Martin Luther Gott das Versprechen gab, Mönch zu werden?

- 21 **A** Eine Hungersnot
ODER
- 9 **B** Eine verlorene Wette
ODER
- 16 **E** Ein Gewitter

1 Lösungsbuchstabe: ☐

II. Warum konnte die Bibel ab dem Jahre 1534 in deutscher Sprache und in großer Zahl gedruckt werden?

- 1 **J** Weil Johannes Gutenberg den Buchdruck erfunden hatte.
ODER
- 5 **M** Weil Martin Luther die Bibel vom Griechischen und Lateinischen in die deutsche Sprache übersetzt hatte.
ODER
- 12 **E** Weil endlich ausreichend Papier hergestellt werden konnte.

2 Lösungsbuchstaben: ☐☐

III. Wann und wo hat Martin Luther begonnen, die Bibel zu übersetzen?

- 18 **R** Während seiner Zeit als Mönch im Augustiner-Kloster
ODER
- 14 **O** in Wittenberg, als er dort Priester und Lehrer der Heiligen Schrift war
ODER
- 4 **E** auf der Wartburg während seiner Verbannung

1 Lösungsbuchstabe: ☐

…en Namen hat die Bibel noch?

6 Lösungsbuchstaben

6 E 20 | 11 Ü 23 | E 18

VII. Warum nennt man die Bibel so (siehe VI):

21 A – Weil sie schon fast 3000 Jahre alt ist
ODER
22 U – weil sie auf der ganzen Welt gelesen wird
ODER
24 V – weil sie so ein dickes Buch ist

2 Lösungsbuchstaben:

VIII.

Martin Luther hatte im Laufe seines Lebens mehrere Berufe. Welche waren das?

- 2 E – Mönch
- 7 I – Student
- 10 T – Verwalter
- 13 L – Priester
- 5 C – Kaufmann
- 14 D – Lehrer

4 Lösungsbuchstaben:

IX.

Luther ist in der gleichen Stadt gestorben, in der er geboren wurde. Wie heißt sie?

E 10 _ _ E E 12 _

2 Lösungsbuchstaben:

X.

Welchen Gedenktag feiern wir in der Ev. Kirche zu Ehren Martin Luthers?

- 14 K – den Martinstag
ODER
- 19 B – das Reformationsfest
ODER
- 26 S – gar keinen

1 Lösungsbuchstabe

ENDE

…er Lösungssatz:

1 2 3 4 5 ▪ 6 7 8

9 10 11 12 13 ,

14 15 16 ▪ 17 18

19 20 21 22 23 24 25 .

LÖSUNG:

JEDEM DIE BIBEL,
DIE ER BRAUCHT.

I = TH (Martin Luther) | V = DEEI | IX = IE…
II = JM | VI = BDRBCR (BUCH DER BÜCHER) | X = B
III = E | VII = AU
IV = E | VIII = EILD

Wenn du das alleine rausgekriegt hast, bist du SUPER

Lösung bei Bedarf abdecken!

zu Nr. 162 Passion

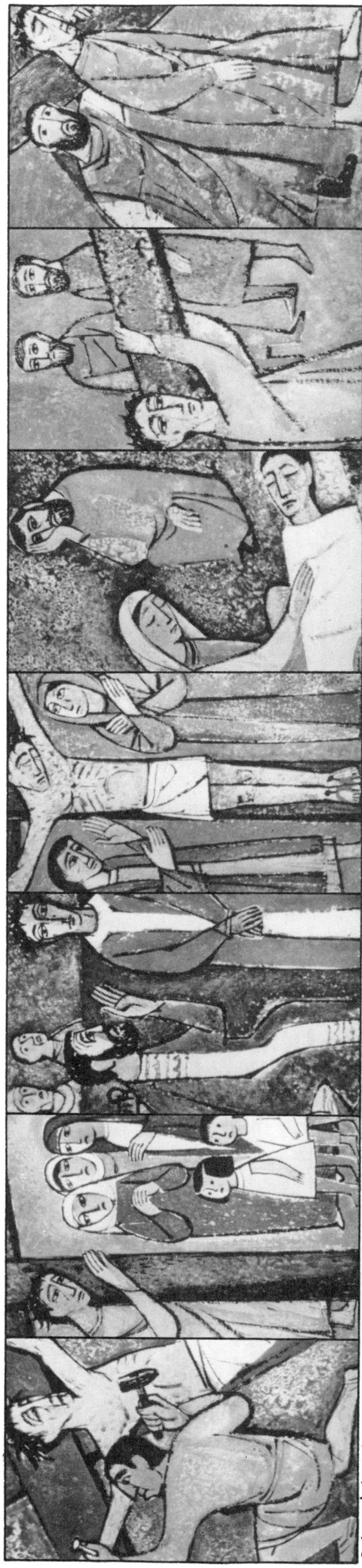

Schneide diese Bilder aus, ordne sie in der richtigen Reihenfolge und klebe sie in die passenden freien Felder!

Jesus stirbt am Kreuz
Jesus wird an das Kreuz genagelt
Jesus wird in das Grab gelegt
Simon von Cyrene hilft Jesus das Kreuz tragen
Jesus wendet sich zu den weinenden Frauen
D. Westmeier

Wohin mit der Wut?
Alte Strümpfe mit Watte oder Schaumgummi ausstopfen und sich gegenseitig damit verprügeln.
Hefeteig kneten und alle Wut hineinkneten. Er verträgt es gut, wenn man ihn mit aller Kraft boxt und schlägt und auf den Tisch wirft.
Nebenbei entsteht so noch ein leckerer Hefezopf!
WUTZETTEL
Bei Bedarf zusammenknüllen und in die Ecke oder an die Wand schmeißen!
Andere Möglichkeiten, wie ihr Zorn auf ungefährliche Weise abreagieren könnt:
Manche rennen durch den Wald....
VORSICHT! Bissiger Hund!
Allein sein ist manchmal wichtig, damit man wieder zu sich kommt.
Manche hängen ein Schild an die Zimmertür.....
Und du? Was machst du?
Manche tanzen wild zu lauter Musik, bis ihnen die Puste ausgeht.....
P.M. CLOTZ
D.W.

zu Nr. **173 Schöpfung**

DIE EINLADUNG
für das Luftballon-Fest schreibt ihr auf einen Zettel in Postkartengröße. Dann rollt ihr ihn vorsichtig zusammen und steckt die Rolle in einen Luftballon. Nun blast ihr den Ballon auf und bindet ihn zu. Wie wärs, wenn ihr die Einladungen euren Freunden persönlich vorbeibringt?
HALLO KINDER
Habt ihr Lust, auch einmal ein schönes LUFTBALLON-FEST zu feiern? Hier sind einige Vorschläge dazu! Das Fest kann überall stattfinden: Bei Sonne im Garten oder auf der Wiese, Bei Regen im Zimmer.
Ein Spiel für alle! Ihr nehmt eine Wolldecke. Daran fassen alle an. Auf die Wolldecke legt ihr viele Luftballons. Jetzt zieht ihr die Decke straff, dann laßt ihr locker. Hin und her, auf und nieder schubst ihr die Ballons. Achtung, es darf keiner herunterfallen!
Reibe
einen aufge-
blasenen Luftbo
kräftig an deinem
oder Pullover. Dann
ihn an Decke oder Wa
bleibt dort mindestens
be Stunde hängen!
Zum BALLONTAN
ihr euch zu zweit auf. Je
zer hat einen Luftballon
Fuß gebunden. Die Paare
zur Musik und versuchen,
gegenseitig den Ballon z
zertreten. Wer schaf
es am läng-
sten?
ABFALL

Für den
ROßEN
RRASCHUNGS-
ON malt ihr auf ein DIN-A4-Blatt einen
it vielen bunten Punkten.
rraten, wo ihr im Haus oder
Überraschungen versteckt
Blatt wie bei der Einladung auf,
großen Luftballon und pustet
ger eines Wettspiels darf die
holen und an einen Platz hän-
chen kann. Und dann viel
n! Aus den
ration an Schnüren aufge-
ons könnt ihr ebenfalls ein
ängt an die Ballonenden
ßigkeiten. Einer von euch
r hin und her bewegen.
e auf den Rücken, es
nappt werden —
ur mit dem
Mund!
Bei schönem Wetter könnt ihr mit Gas gefüllte Luftballons mit einer Grußkarte und eurer Adresse als LUFTPOST auf die Reise schicken. Beim BALLONZISCHEN bläst jeder zwei Luftballons auf und hält sie so fest, daß die Luft nicht entweichen kann. Auf Kommando lassen dann alle ihre Ballons loszischen...
SPIELE FÜR DRAUßEN: Alle Mitspieler bekommen einen Luftballon und müssen ihn bei der BALLONRALLYE mit Hilfe eines Stöckchens über eine bestimmte Strecke ins Ziel (z.B. Papierkorb) befördern. Hände und Füße dürfen den Ballon nicht berühren. Wer ist am geschicktesten? — Wer hüpft beim WETTHÜPFEN mit einem Luftballon zwischen den Knien als Erster durchs Ziel? — Bei der BALLONSTAFFEL versuchen zwei Gruppen mit gleicher Spielerzahl, nacheinander je einen Luftballon nur mit den Füßen über eine kurze Strecke vorwärts zu bewegen. Welche Gruppe ist schneller?
D. Westheuser

zu Nr. 186 Teilen

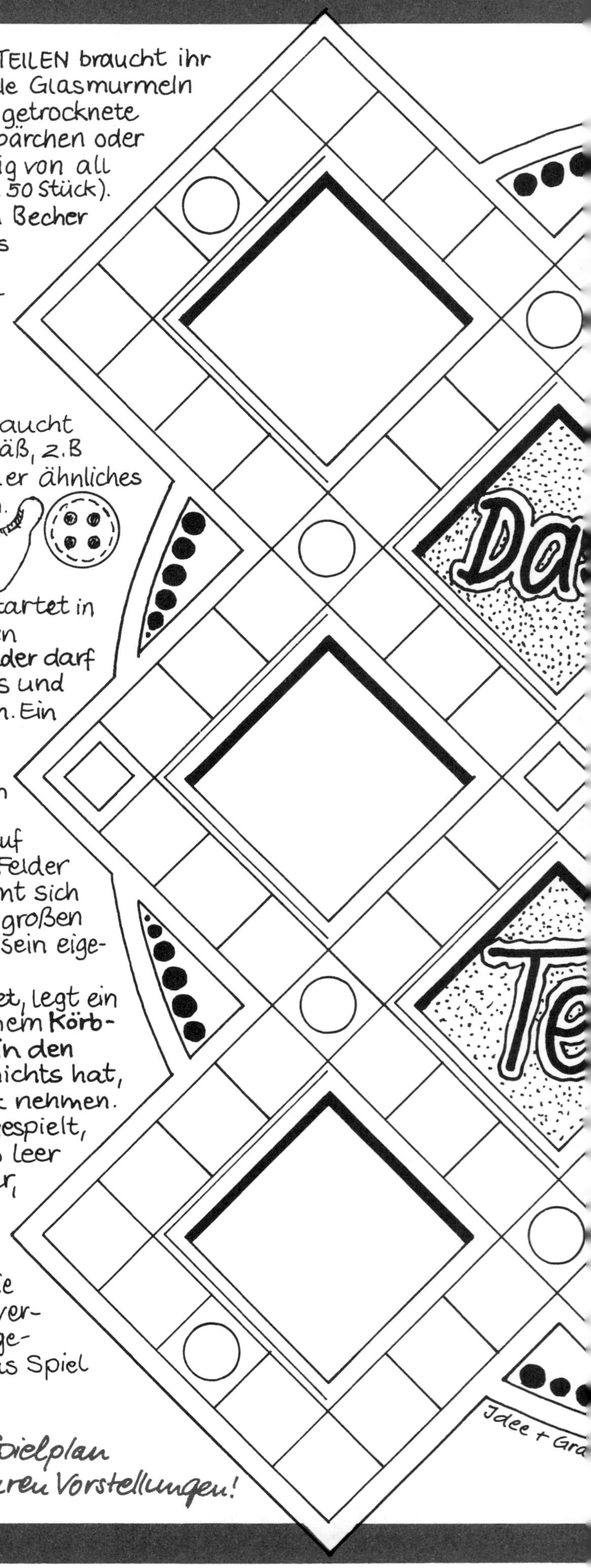

Für das SPIEL VOM TEILEN braucht ihr einen Würfel und viele Glasmurmeln oder Steinchen oder getrocknete Erbsen oder Gummibärchen oder Nüsse oder ein wenig von all diesen Sachen (etwa 50 Stück). Sie kommen in einen Becher und werden auf das runde Feld rechts oben auf dem Spielplan gestellt.
Je mehr bei diesem Spiel mitmachen, desto besser!
Jeder Mitspieler braucht noch ein kleines Gefäß, z.B einen Eierbecher oder ähnliches und einen Spielstein.

Zum Spiel:

Hier wird gestartet in eine der beiden **Richtungen. Jeder darf** vorwärts, rückwärts und um die Ecke ziehen. Ein Aufeinandertreffen von 2 Spielfiguren soll aber vermieden werden.

Wer direkt auf eines dieser Felder kommt, nimmt sich ein Stück aus dem großen Korb und legt es in sein eigenes Körbchen.

Wer hier landet, legt ein Stück aus seinem **Körbchen zurück in den großen Korb.** Wer nichts hat, darf sich ein Stück nehmen. Es wird so lange gespielt, bis der große Korb leer ist. Dann zählt jeder, wie viele Stücke er hat und alle versuchen, bei den weiteren Würfen die Stücke gerecht zu verteilen. Wenn das gelungen ist, kann das Spiel beendet werden.

Gestaltet den Spielplan farbig nach euren Vorstellungen!

Spiel
vom
len
Doris Westheuser

Teilen

Das ist Sam in seinen besten Sonntagskleidern. Wie siehst du aus, wenn du dich feingemacht hast? Klebe es hier auf!

Dieses Auto hat sich ein afrikanisches Kind selbst gebastelt. Welches Spielauto hast du? Klebe hier ein Bild davon auf.

Das ist die heiß geliebte einzige Puppe von Fatuma. Wie sieht deine Puppe aus? Oder hast du mehrere? Klebe hier das gemalte oder fotografierte Bild von deiner Puppe auf.

Mit welchen Booten spielen Kinder bei uns? Kannst du das malen und hier aufkleben?

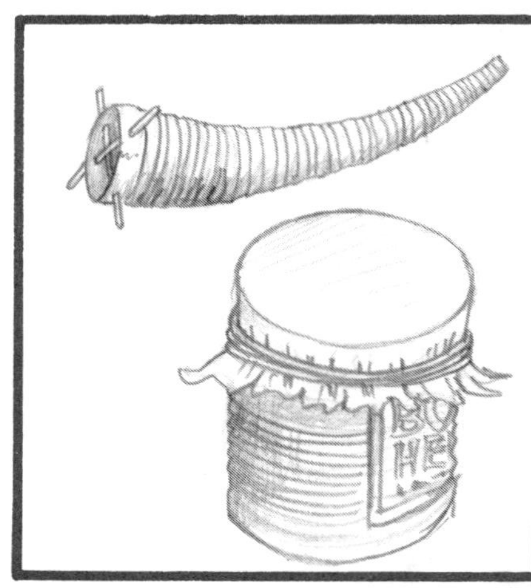

Gefällt dir dieses Spieldorf? Womit spielst du solche Spiele? Klebe hier ein gemaltes oder ausgeschnittenes Bild davon auf.

Mit Palmblattflöte und Dosentrommel läßt sich prima Musik machen. Welche Musikinstrumente gefallen dir? Womit machst du am liebsten Musik? Klebe das hier auf.

Eine Hand voll Reis am Tag – es gibt viele Menschen, die damit satt werden müssen. Male und klebe hier auf, was Du an einem Tag alles zu essen bekommst.
Mindestens die Hälfte aller Menschen der Welt benutzt solche 3-Steine-Öfen zum Kochen. Wie sieht bei uns eine Küche aus? Male es hier.
Die getrockneten Früchte des Kalebassen-Baumes dienen als Eßschalen, Flaschen, Trinkgefäße, Schüsseln usw. Welches Geschirr benutzen wir? Klebe es hier auf.
Viele Kinder haben keine Schuhe. Sie gehen immer barfuß. Wie viele Schuhe hast du? Male sie und klebe das Bild hier auf.
Das wünscht sich Manuél. Und was ist DEIN größter Wunsch? Kannst du ihn hier aufmalen und aufkleben?
Ich wünsche mir, daß ich noch länger in die Schule gehen darf, damit ich besser lesen und schreiben lernen kann und auch rechnen und sowas
Solche „Häuser" aus Pappe und Blech sieht man bei uns nicht. Wie sieht bei uns ein Haus aus? Wie das Haus, in dem du lebst? Male es hier.

FLOH
Den Erlös bekommt
MACHT M

MARKT
ICH
DU
WIR

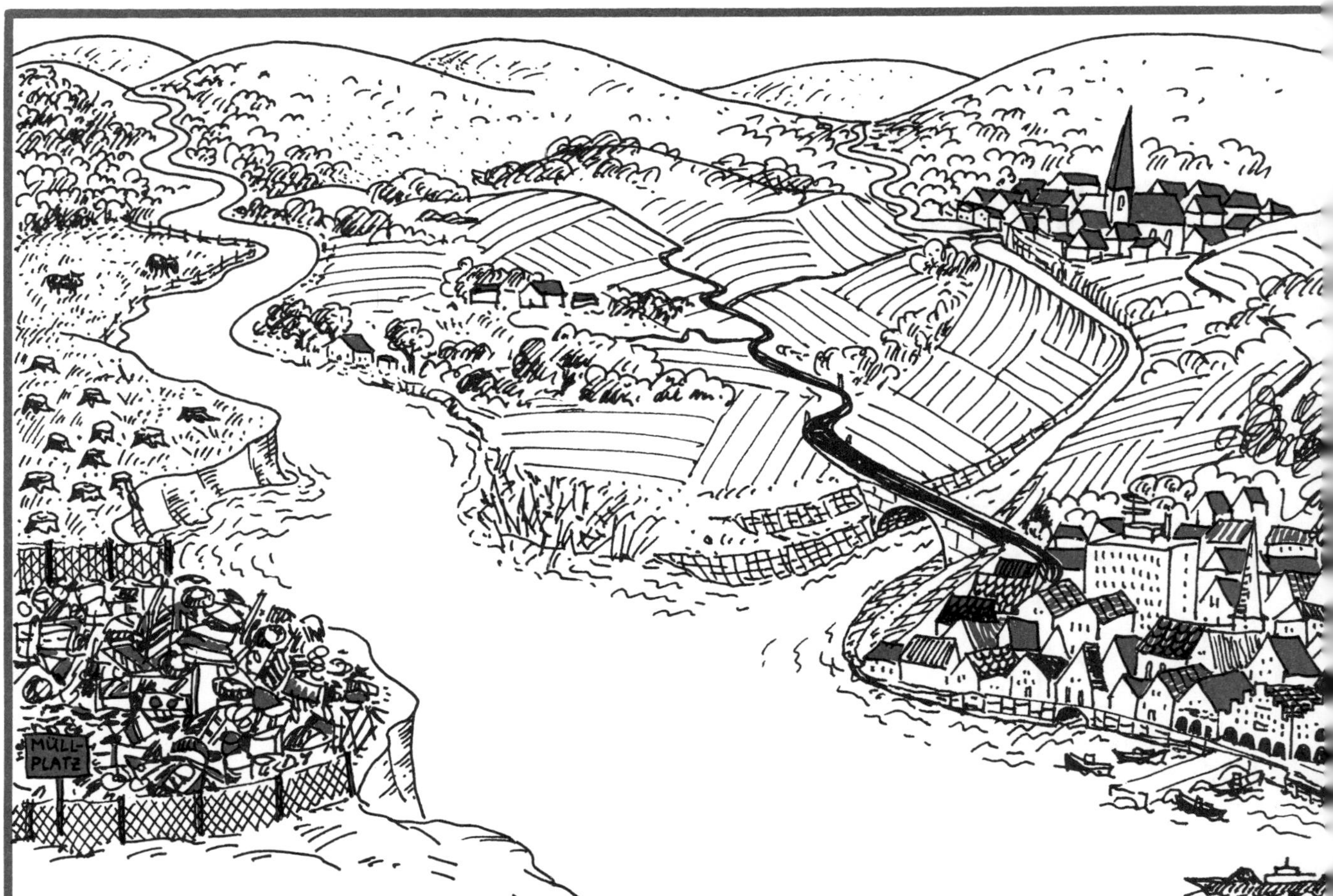

**Die Natur ist bedroht.
Bedroht von den Menschen,
von all dem Müll und Dreck,
den sie überall hinterlassen.
Gott hat das SO nicht gewollt!
Er hat uns Menschen die Welt
geschenkt. Er will, daß wir
verantwortungsvoll mit ihr
umgehen!**

Hier siehst du den Fluß, in dem Friederich, der Fisch, leben muß. Schneide aus Zeitungen und Zeitschriften alle möglichen Dinge aus, die das Wasser verschmutzen können und klebe sie in den Fluß. Oder male sie hinein. Male auch, wie sich die Farbe des Wassers verändert.

In der Gruppe könnt ihr eine Tapetenbahn mit Farbe bemalen. Sie stellt den Bach oder Fluß dar. Auch hier klebt ihr gemalte und ausgeschnittene Gegenstände hinein. Vielleicht auch reale Gegenstände wie Plastiktüten und Blechdosen? Friederich, der Fisch wird ebenfalls gemalt und ausgeschnitten. Er schwimmt zu dem Lied in diesem Fluß umher. Ihr zeigt dazu, was alles seine Wohnung verschmutzt.
Sprecht darüber, was wir alle tun können, damit es bei Friederich wieder sauber wird, damit er wieder froh sein kann.

Entschuldigungs-Lied für Friederich, den

Text: Rolf Krenzer Musik: Ludger Edelkötter

2. **Vergiftet ist das Wasser**
   bis weit ins Meer hinaus.
   Du schwimmst im Unrat hin und her.
   Du kannst ja nicht heraus.

3. **Du kannst dich nicht beschweren,**
   denn du bist leider stumm.
   So leidest du und schwimmst in
   unserem Schmutz und Gift herum.

4. **Ich hole viele Leute,**
   damit es alle sehn.
   Wir lassen das nicht länger zu.
   Es muß etwas geschehn.

Wir Menschen leben

cht allein auf der Welt
D.Westheuser

D.Westheuser